U0029556

歐洲霸權之前

1250-1350年的世界體系

Before European Hegemony

The World System A.D. 1250-1350

Janet L. Abu-Lughod

珍妮特·L·阿布-盧格霍德 著　杜憲兵 何美蘭 武逸天 譯

AGORA
廣場

紀念我的父母

他們激勵我不懈求知

序

在《科學革命的結構》一書中，湯瑪斯・孔恩（Thomas Kuhn）認為，構建有關世界變化的理論範式的一個主要途徑是經由反常現象的累積。這裡的「反常現象」指的是無法「融入」現有理論和結論，或不能為現有範式所解釋的觀察結果和資料段。不管怎樣，庫恩的論點強調「現實世界」中的發現，它們促使人們反思自己的方法。這顯現了他的假定之中基本的實證主義，如此論點只有相信存在某種柏拉圖式的「事實真相」的人才會接受。

本書的立論前提則有些不同。反常現象的發現不僅取決於被觀察的事物，也取決於觀察者眼裡有什麼，在社會科學和文化科學中尤其如此。這種相對性較強的觀點認為科學知識乃社會建構而成。如果知識不是某種與世界同構的脫離實體的產物，而是由集體界定而成，亦即，它暫時代表著人類「關於世界的共識」，由此就會得出如下結論：不只是新的訊息，就連觀察現有訊息的有利位置，都會促成範式革命。

近來社會歷史學領域的一些變革推動了先前知識的重組，有的重組源於新證據的出現，但更多的重組緣於理解者身份的變換或理解方式的變換。我挑選一些介紹如下。

首先是一些絕非史無前例但總能碩果累累的跨學科作品，它們融合了經濟學、政治學、社會學和歷史學等學科。各學科都具有各自的傳統視角，這意味著來自不同學科的觀察者會有所不同地審視同一個「現實世界」。當學者們大膽地跨越學科界線時，原創性的洞見往往成為可能。我們尤其會想到人類學家埃里克・沃爾夫和社會學家伊曼紐爾・華勒斯坦及克里斯多夫・蔡斯—鄧恩對歷史學的介入，歷史學家費爾南・布勞岱爾和菲利普・柯廷對經濟學的介入，抑或查理斯・蒂利、佩里・安德森和埃里克・霍布斯邦的著作中明顯的跨學科的交融。儘管這樣做很危險，但是，不入虎穴，焉得虎子。

我個人的研究跨越諸多學科，因為只要發現某個學科有意義，我就去瞭解它，這樣就累積增多了。起初，我是一名美國城市社會學者、人口統計學者和規劃師，研究經濟和「發展」規劃，從事後來被稱為地理學的相關工作。在埃及生活和工作期間，我被迫學習中東歷史和文化，之後又將興趣擴展到第三世界的其他地區。美國社會學只是近來才延展邊界，鼓勵更寬廣、更歷史化和更具比較性的視野。儘管我逐漸被主流美國社會學邊緣化了，但每轉換一次學科或工作地域，都有助於增進我的領悟能力。

第二種新的審視方法來自於西方世界之外的學者在歷史和社會科學諸多領域裡所作出的修正性工作。西方學界具有民族優越感，他們公認的觀點在所謂的「第三世界」裡無不遭到「庶民」（如同印度史學中的稱謂）的質疑。「庶民」們認為，在他們的歷史中，傳統並非停滯不前，而是充滿動態的變化；他們的歷史並非像大多西方學術界斷然認定的那樣——相對於西方的倒退，而是欠發達地區在附屬地位下的發展。當前，要對西方的定論和庶民的反駁作出調解殊非易事，然而，融合了勝利者和受害者的解讀而生成的想法卻可能帶來一些新的「真相」。在本書中，我力圖借助雙方去呈現一個更加均衡的圖景。

或許還有第三條知識重組的途徑，即調整觀察「真相」的距離並借此改變視野的大小。鮮有歷史學家敢於從全球角度觀察問題，阿諾德・湯因比和威廉・麥克尼爾是少數中的兩個，他們的聲譽經受住了專事狹隘時空研究者們的非難。歷史學家的社會組織非同尋常。在歷史學家的矩陣裡，縱線由時間組成，橫線由空間組成，第三維則由焦點組成，只有少數專家能涉獵成千上萬個獨特交匯點的每一處；大多專家在自己的研究領域挖得又遠又深。為了工作，他們需要畢其一生去培養語言技能，積澱文脈。他們的工作是所有通才們仰賴的基礎，然而如此專注的代價往往是週邊視野的缺失。

相比之下，本書面臨著相反的難題。不管怎樣，我都希望通過審視通常由專家們分別加以研究的眾多地理實體之間的關聯所獲得的洞見，會對採用如此全球性的觀點這一狂妄之舉帶來足夠的補償。在寫作此書的過程中，我時常感覺自己好似一個蹩腳的走鋼絲者，搖搖晃晃地穿越世界的罅隙。我唯一的保護網，就是我在歷史矩陣中找到的那些各領域的行家裡手所賜予的寬宏大量。

最後，某些觀點上的變化緣於一個學者意念中多種難以調和的訊息的獨特積累。某種程度上講，我目前的研究——甚至在意識到研究的必要性之前——萌生於我的不安。這種不安來自於「定」論和反常訊息的意外增加之間的鴻溝，至少在剛開始時如此。

我那本關於開羅歷史的著述讓我確信，有關「黑暗時代」的以歐洲為中心的觀點是錯誤的。如果說燈火已經在歐洲熄滅，那麼它們依然在中東地區光彩熠熠。在遊覽和研究中東地區的其他大城市時，我更加堅信開羅不過是高度發達的城市文明體系內的某個頂峰。這讓我對亨利·皮雷納廣受讚譽的關於歐洲復興的著作《中世紀的城市》和馬克斯·韋伯同樣備受推崇的文集《城市》產生抵觸，後者描繪了西方的中世紀城市（韋伯將其界定為真城）和東方假定中的偽城之間的顯著區別。

之後不久，我開始籌備一個有關《第三世界城市化》的文集，文集主要將注意力放在當代的城市問題上。我試圖用摘錄的形式來論證：雖然第三世界現在不幸落後於西方，但情形不會總是如此。正是那時，我首次讀到謝和耐（Gernet）關於十三世紀的杭州——當時世界上最大、最先進的城市——的研究成果。

再往後，在巴黎居住期間，我有機會在布魯日駐留並開始研讀它的歷史。布魯日是世界上得到最為精心

---

* Janet Abu-Lughod, Cairo: 1001 Years of the City Victorious, Princeton: Princeton University Press, 1971

† Henri Pirenne, Medieval Cities: Their Origins and the Revival of Trade, Princeton: Princeton University Press, 1956。

‡ Max Weber, The City, Glencoe: Free Press, 1966。此書乃馬克斯·韋伯在一九一一至一九一三年間有關城市的研究成果的彙編，一九二一年初版。

的保護和修繕的中世紀城市之一。那時，和許多人一樣，我深感被威尼斯的傳奇所迷惑。不久以後，我很偶然地邂逅了吉斯夫婦的精品之作——《一個中世紀城市的生活》，該書描述了十三世紀的特魯瓦城。的確，早在寫作本書的想法擺脫隨機利益的烏煙瘴氣之前，我就下意識地從這段經歷中構思好了框架。

我發現以上這些地點（還有其他地點）之間有很多關聯，這誘使我去搜尋歷史學家的著述，只為找到一本書能系統地從全球體系的角度闡釋我已然看到的一切。儘管我對看到的大多文獻愈加不滿，我還是翻閱了兩千張文獻卡片，但仍舊一無所獲。

那時，華勒斯坦的《現代世界體系》的前兩卷已經出版。我在興致勃勃地拜讀之餘，又滿懷「孔恩的反常」似的苦惱，因為該書傾向於將整個十六世紀內形成的歐洲居支配地位的世界體系看作是原本就存在的體系。這加重了我長久以來對德國偉大的歷史社會學家馬克斯・韋伯的著作，甚至包括馬克思關於資本主義起源的說法的「不適」感。

所及之書都無法助我答疑解惑。絕望之餘，我開始於一九八四年構思研究計畫。我本想著瞭解相關研究，而非將它寫出來。本書就是這一研究的成果，儘管它有很多瑕疵，儘管疑問多過答案，但我仍期望它將催生出另一些「反常」，從而激勵那些對研究所需語言造詣更高、史學素養更全面、對特定區域的洞察更深刻的人們，去修正我已竭力描繪的畫卷。

很多人和機構對本書作出了貢獻，遺憾的是我不能一一枚舉。威廉・麥克尼爾在早期對我的鼓勵最為重要，他欣然同意了我的初步想法，並在專案毫無頭緒的時候就主動寫信給我。在親切的來信中，他認為我正在從事一番宏偉大業。當我偶爾遇到無法承受的困難時，這封信總是以充足的理由支撐著我。

在搜集文獻的過程中，我發現，儘管很多學者勤勉有加，技藝超群，但他們都在研究問題的局部，鮮有人試圖系統地整合各部份之間的關聯。在廣泛涉獵了不同地區的獨特歷史後，我開始評價某些專家的著作，並堅定了避免自己謬誤百出的唯一出路就是仰賴那些畢生致力於深度研究的學者的寬容，因為與他們相比，我的研究還流於膚淺。很多與我有過書信往來或當面交流的專家結合他們自己的研究「區域」，在資源利用和／或章節草擬方面提供了睿智的引導。因此，除了參考文獻中列舉的出版著作外，我還從很多人那裡獲益匪淺，他們是約翰・班頓、羅伯特・勒納、大衛・尼古拉斯、萊維・帕拉特、保羅・惠特利、伊曼紐爾・華勒斯坦、大衛・勒登、羅伯特・哈特韋爾、卡爾・佩特里和K. N.喬杜里。另外，安德列・貢德・弗蘭克和羅伯特・威克斯還推薦了其他資源。

兩位令人尊敬的同事——西北大學的亞瑟・斯廷奇庫姆和社會研究新學院的查理斯・蒂利通讀了全稿並加以評論，在提出犀利問題的同時又盡力勉勵了我。

我還要感激《國際發展比較研究》雜誌的兩位編輯——傑伊・溫斯坦和南達・施雷斯塔（提前那麼多天！）邀請我為他們的二十周年系列專刊提供一篇有關十三世紀世界體系的論文，這促使我提煉出想法。他倆還約請威廉・麥克尼爾、阿拉斯泰爾・泰勒、安德列・貢德・弗蘭克、J. M. 布勞特和安東尼・德・索扎為拙文撰寫評論，他們對研究課題的回應使得本書條理更清晰，內容更精練。

社會研究新學院的研究生們在一九八七年秋選修了我的實驗課程《全球語境下的變革》，作為「普通讀者」的忠實代表，他們對文稿提出了很多重要的修正。新學院的另外一個研究生理查・甘尼斯完成了文稿的校對工作，還盡可能地核對了無數條參考文獻目錄。（剩下的錯誤在所難免，因為一些資料是我從國外圖書館搜查來的，無法在美國核實。）

對本書而言，時間和金錢缺一不可。大體說來，西北大學（我在那裡教了二十年的社會學），特別是它

---

* Joseph Gies and Frances Gies, Life in a Medieval City, New York: Apollo Editions, 1973。

的城市事務和政策研究中心（我在那裡待了十年）慷慨地資助了這一研究。在大部份書稿得以研討和寫成的那三年期間，它們減輕了我的教學負擔。文字輸入和無休止的修改由西北大學社會學系的兩位秘書——蕾拉·貢古爾和芭芭拉·威廉姆森完成，讀者可能會忽略她們的貢獻，我卻銘記在心。

差旅費也很關鍵。西北大學資助了一小部份，我得以在歐洲度過一個夏天，在比利時、法國和義大利搜集資料，查閱圖書館藏書。駐奈洛比的聯合國人居署提供了小筆限額資金，同時適當降低出入限制，為我在東非的工作提供了便利，我甚至得以抵達遙遠的巴基斯坦和中國。一九八六年春，我受邀擔任開羅美國大學社會研究中心的特聘訪問教授，這為搜集研究課題所需的中東地區的資料大開方便之門。之前，我通過富布賴特短期項目到了印度，因此除得到了社會科學研究委員會的補助外，我還能到東南亞從事研究。丈夫冷靜自如的旅行技能，極大地提高了我在歐洲、中國和東南亞的工作效率，我對他的大力幫助和貼心陪伴心懷感激。書中所及地區中，我唯一未能親往的是中亞，對此我深表遺憾，但一個人總歸是要有所期待的。

牛津大學出版社的如下兩人幫了大忙。感謝編輯瓦萊麗·奧布里，她是最熱心的讀者，也是最犀利的評論家。感謝安德魯·穆德里克，他的博學多才讓地圖充分詮釋了那句格言：「一張圖片勝過萬語千言！」

我依依不捨地作別本書，一方面因為它仍然存有瑕疵，另一方面更因為我從未如此沉迷於某一課題。我將思戀這種情愫。

J. A. 盧格霍德

一九八八年八月於紐約

目錄 CONTENTS

地圖清單

「你喜歡一個城市，不在於它有七種或七十種奇景，只在於它對你的問題所提示的答案。」
「或者在於它強迫你回答的問題，就像斯芬克斯口中的底比斯人一樣。」

伊塔洛・卡爾維諾（Italo Calvino）
《看不見的城市》（Invisible Cities）

Before European Hegemony

The World System A.D. 1250-1350

導論

第一章　形成中的體系研究

十三世紀下半葉是世界歷史上一段超乎尋常的時期。此前的舊世界從未有如此多的地區相互接觸，儘管這些交往很淺薄。西元紀年伊始，羅馬帝國和中華帝國之間曾有過間接的交往，但這些交往隨著兩個帝國的崩潰而衰微。七至八世紀，伊斯蘭國家統一了歐洲和中國之間的多處中心地區，並向東西兩個方向延伸，但這個復蘇的世界經濟體系的週邊地區仍舊彼此隔絕。直到十一世紀，乃至十二世紀，舊世界的諸多地區才漸漸融入交流體系，所有參與者都從中獲益匪淺。十三世紀末到十四世紀前十年，這種交流達到鼎盛。那時，甚至歐洲和中國都建立了相互間的直接交往，儘管這種交往明顯存有侷限。

十三世紀的非同尋常還表現在另一方面。一個又一個的地區迎來了文化和藝術成就的頂峰，舊世界在此之前從未有如此多的地區不約而同地進入文化成熟期。在中國，宋青瓷創造了陶瓷業的輝煌，唯有波斯豔麗的土耳其藍釉缽堪與之媲美。在馬穆魯克王朝時期的埃及，工匠們在精心製作嵌有錯綜複雜的金銀質阿拉伯圖飾的傢俱。而在西歐，教堂建築藝術臻於極致。十三世紀中期，就在聖路易（一二一四年至一二七〇年）的十字軍啟程東征之前，鑲有彩色玻璃窗的巴黎聖禮拜堂建成了。與此同時，南印度偉大的印度教廟宇建築群如日中天。有證據表明，世界各地幾乎都在將盈餘投入到裝飾和象徵性表達之上。這個時代在知識上同樣成果豐碩，這表明剩餘的財富不僅用於生產物品，而且還用於資助學者。

十三世紀的這兩種特質——經濟一體化的增強和文化的繁榮——並非毫不相干。科技創新和社會改革導致了盈餘的產生，然後，這些盈餘又通過國際貿易進一步刺激了發展。航海技藝和國家治理能力的同步提高，便利了相距甚遠的不同社會之間的交往，這又導致了盈餘的進一步增加。各地的繁榮，至少是統治階層的繁榮，帶動了文化的興盛。那時的歐洲還是最落後的地區，它或許從這個形成中的網絡獲益最多。

在本書中，我們探究了十三世紀的「世界經濟體系」如何幫助統治者們取得了這種普遍繁榮，並考察了該體系的形成過程。此外，本書還分析了這個良好的開端在十四世紀中期衰落的原因。在十六世紀之中，歐洲帶頭鑄造了華勒斯坦（Wallerstein, 1974）所界定的「現代世界體系」，此時，十三世紀的「世界經濟體系」還殘存幾分？在那個維持了大約五百年發端於十六世紀的世界體系，西方世界明顯居於支配地位。但是要想洞悉它的本源，我們有必要考察歐洲稱霸之前的時段。這就是本書所要講述的內容。

另外，本書還要分析下述問題。十三世紀的世界經濟體系本身引人矚目，而且還為生成於其中的世界體系提供了重要對照：十三世紀的世界經濟體系內沒有任何霸權，而「現代世界體系」乃歐洲根據自己的目的重塑而成，並由歐洲支配良久。這種對比表明，不同世界體系的特徵並非恒久不變，沒有一種獨一的法則能把世界組織起來。而且，世界體系也不是一潭死水，它們不斷演進，不斷變幻。此時此刻，肇始於十六世紀的那個世界體系就正在經受變革之痛。理解十六世紀之前的世界體系，或許有助於我們更好地理解即將發生的事情，我們將在本書的末尾回到這些主題上來，但我們首先需要對十三世紀本身進行更多的瞭解。

十三世紀：一個世界體系？

西元一二五〇年至一三五〇年，一個國際貿易經濟體在蓬勃發展，它從西北歐一路延伸到中國，這個交流網路狹長但幅員遼闊（世界範圍的），將商人和生產者捲入其中。雖然初級產品（包括但並不僅限於特定的農作物，主要是香料）在所有商品交易——尤其是短程貿易——佔了很大比重，但出人意料的是，成品才是這個體系的中心，離開它們，體系內的遠程貿易可能就無法維繫。這些物品的生產必須充足，以滿足國內和出口需求。這樣一來，體系內的所有單元都必須製造盈餘，而要想做到這一點，就需要具備非常先進的調動勞力和組織生產的方法，否則一切都將無從談起。

此外，遠端貿易還涉及世界上不同區域的眾多商人團體。儘管阿拉伯語、希臘語和拉丁方言都覆蓋了廣泛地區，中國官話是遠東地區眾多國家的通用語言，但這些商人沒有必要使用同一種語言交談或者書寫。各地的貨幣也沒有必要完全一致。白銀在歐洲價值頗高，黃金在中東地區得到重用，而銅幣則是中國的首選。各地之間的距離通常以時間加以衡量，多以週和月為準，遍歷整個體系需要數年時間。但即便如此，貨物的調度，價格的調整，匯率的商定，契約的締結，貸款（給異地的資金或貨物）的提供，合作關係的建立，當然還有記錄的備存和協定的履行，一切都井然有序。我意欲表明十三世紀的這個體系是多麼地發達，先不管它是不是「現代的資本主義」，也不管它是否能稱為「世界體系」。

在本書中，我無意陷於有關「真正」或「現代」資本主義「起源」[1]的無益爭論之中，也不想與世界體系理論家就某個力量何時從世界帝國進入全球體系之中這個問題進行同樣無謂的辯論，更不想爭執「傳統的世界經濟體」何時蛻變成現代世界體系。華勒斯坦（1974）將那些複雜而又常見的「世界經濟體」和帝國與十六世紀誕生的那個「現代世界體系」區分開來。雖然承認世界帝國在十六世紀前的存在，但他仍舊將現代世界體系看作是新生事物[2]。然而，近來參與到這一爭論中的並非僅他一人（Ekholm, 1980; Mann, 1986; Schneider, 1977; Chase-Dunn, 1989）。

歷史學家在對資本主義（相對於古典的）世界經濟體系的年代的確定上一直存有分歧。即便是馬克思有

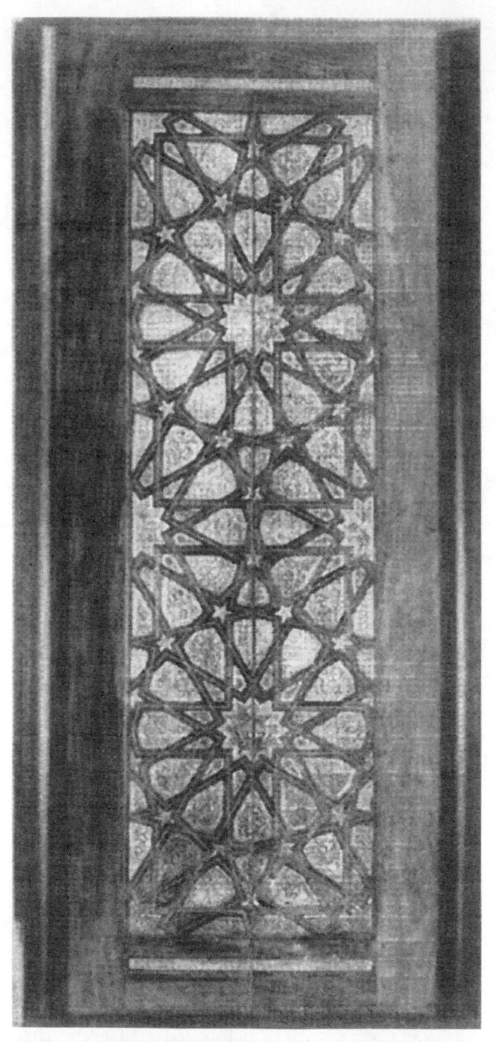

圖像一　嵌有象牙雕刻裝飾的門。埃及馬穆魯克時期，十三世紀晚期至十四世紀早期。收藏於大都會博物館；愛德華・西摩（Edward Seymour）遺贈，1891（91.1.2064）。

圖像二　青瓷花瓶，中國，十三世紀晚期至十四世紀早期。收藏於大都會博物館；無名氏所贈，1965（65.82.3）。

圖像三　彩色玻璃窗，特魯瓦教堂，法國，十二世紀晚期。收藏於大都會博物館；艾拉・布魯默（Ella Brummer）所贈，緬懷其丈夫歐尼斯特・布魯默（Ernest Brummer），1977（1977.346.1）。

圖像四　嵌銀銅缽，蒙古帝國時期的伊朗，十四世紀中期。收藏於大都會博物館，羅傑斯基金會（Rogers Fund），1935，（35.64.2）。

時也會自相矛盾，他曾將資本主義的歷史追溯至十三世紀，但後來又轉念改為了十六世紀。研究十三世紀法蘭德斯地區紡織業的學者（見Espinas, 1923, Chapter3; Laurent, 1935）據理力爭，他們以生產模式以及業主和工人之間與日俱增的對立關係（這種階級鬥爭在十三世紀後半期達到高潮）為依據，認為這一地區早已出現工業化，而且這種工業體系與已經確立的「世界市場」[3]有著千絲萬縷的聯繫。布勞岱爾（Braudel, 1984）認為，十三世紀的商業革命明確地創立了歐洲的「世界經濟」，雖然該體系或許在十四世紀中期的低谷階段暫告終結，但它預示了新體系的到來。埃里克・沃爾夫（Eric Wolf, 1982）的著作從一四〇〇年開始寫起，書中也強調其後形成的以歐洲為中心的世界體系乃是以此前的體系為基礎形成的，而那時的歐洲並不佔支配地位。歸根結底，以上這些爭論主要圍繞定義上的細節，而非真實存在展開的。考察現實層面的不間斷的歷史網路，似乎遠比因歷史時期的精確劃分問題而爭吵顯得更有意義。

當不同社會組織市場性生產時，將他們分為兩種，即資本所有權與勞動所有權沒有分離的和已經分離的，是劃定「傳統」和「現代」分期的一個實證基礎。但當我們進一步觀察時，這種區別就未必能站得住腳，因為自由勞力和交易的貨幣化在「現代工業生產」[4]之前就早已存在，而奴隸勞工和以物易物也存續到了現代。此外，有哪個城市中的「有產者」是辛苦勞作的呢？

另一組時常需要區分的概念是「商業革命」和「工業革命」，但是為它們劃清界線通常顯得過於武斷，而且也為時已晚。工業主義出現於不同時間，不同地點。十二世紀時，中國的冶金水準高超，歐洲直到十六世紀時才達到同一水準（Hartwell, 1966, 1967），中國的造紙術和印刷術也是西方在數個世紀內無法具備的（Carter, 1955; Needham, 1954-85, 1981）。雖然我們對中東和亞洲地區的生產過程的瞭解程度遠不如對歐洲相關情況的瞭解，但大量布匹的出產（阿拉伯地區的棉布和亞麻布，印度的棉布和絲綢，中國的絲綢）這一事實表明，它們的生產技術必定不亞於那些我們有據可循的地區（比如法蘭德斯）。

我們也很難在規模上把十三世紀和十六世紀區分開來。必須承認，儘管十三世紀時的生產和貿易規模高於十五世紀時的水準，但卻遜於十六世紀時的規模。不過，這樣比較是不公平的。和當今的國際貿易規模相比，十六世紀時的交流是微不足道的。重要的不是和未來對照，而是和過去對照。十三世紀裡有沒有貿易額的顯著增長？它有沒有聯結了眾多正在發展的地區？

多數中世紀史專家認為答案是肯定的。對此，洛佩斯*（Lopez, 1976:3-94）的評論十分中肯：

> 如果我們將商業革命和工業革命時期的貿易格局加以比較，乍一看時，很多差異就會撲面而來……幾乎所有的貿易規模都小得令人難以置信。奢侈品……扮演著比供大眾消費的日用品更為重要的角色。很多……商人對擴大利潤額表現出更為濃厚的興趣……而不是擴大銷售額。即便如此……〔十三世紀時的〕交易額還是非常令人震驚的……熱那亞在一二九三年的海上貿易額是當年度法蘭西王國總收入的三倍……

宋朝時期的中國同樣也出現了國際貿易額的激增。伊懋可†（Mark Elvin, 1973:171-172）描述了十三世紀時中國的國際貿易的擴展，指出當時的中國正在出口

> 銅鐵製品、瓷器、絲綢、亞麻布、化學製品、糖、大米和書籍，並交易到香料和其他舶來品。中國的部份鄉村經濟開始直接與海外市場需求相掛鉤。

相對而言，中世紀的經濟規模和「現代資本主義」早期的規模差異並不大，當我們意識到生產技術直到

十六世紀仍未有重大改進時，尤其會發覺這一點。如果我們聲稱自然力代替畜力象徵著「工業」時代的到來[5]，卻無法從技術角度得出關於這個問題的確切答案，那麼我們最好放棄之前對世界體系、現代性還有資本主義等概念的定義，除非我們將這些概念運用到——恰當區分並結合實證——對具體的一時一地的歷史的分析上。

在我讀過的評論中，費爾南・布勞岱爾的評論似乎最合乎情理[6]。他認為，在十三世紀之前世界上很多地方就存有世界經濟體，歐洲的世界經濟體無疑也在十六世紀——華勒斯坦和馬克思的某些作品[7]都特意強調了十六世紀的重要性——之前就漸趨成形了。他認為十三世紀的義大利已經具備了資本主義的所有機制，甚至包括工業生產和自由勞力的雇用，因此應該將其劃歸為資本主義世界經濟體之一（Braudel, 1984: 79, 91）。

然而，即便是睿智的布勞岱爾也會不由自主地陷入歐洲中心論。雖然他樂於承認「歐洲的首個世界經濟體〔誕生於〕十一至十三世紀之間」（1984:92），「幾個世界經濟體前後相繼……它們在地理上都歸屬於歐洲，」更確切地說，「自十三世紀以來，歐洲的世界經濟體多次變換形狀」（1984:70），但他並未告訴我最關鍵的問題。十二至十三世紀，在歐洲成為世界經濟體之一，即加入那個從地中海延伸至紅海和波斯灣，而後進入印度洋，穿越麻六甲海峽抵達中國的遠端貿易體系之前，世界上就已經存有無數個世界經濟體了。沒有那些世界經濟體，歐洲在逐漸「擴張」的過程中獲得的將是毫無意義的空間，而非財富。我打算從整體上考察這個世界體系，還歐洲以本來面目，那時它就像暴發戶一樣，處於體系的邊緣。

---

* 羅伯特・洛佩斯（Robert S.Lopez, 1910-1986），出生於義大利，長期在美國執教。歷史學家，專事中世紀歐洲經濟史的研究。

† 伊懋可（Mark Elvin, 1938—），英國歷史學家，長於中國經濟史、文化史和環境史的研究。

本書無意辨別歷史中的發端，而是致力於考察歷史上的某個關鍵時段。從時間方面來說，西元一二五〇年至一三五〇年這一個世紀的時間構成了世界歷史上的支點或關鍵性的「轉捩點」；從空間方面來說，將地中海東部與印度洋聯結起來的中東腹地構成了地理上的支點，東西方借此實現了大致的均衡。本書的論點是，沒有內在的歷史必然性在調整世界體系，讓它青睞西方，疏遠東方；也沒有內在的歷史必然性妨礙東方文明成為現代世界體系的締造者。這個論點起碼和它的對立觀點一樣有說服力。通常的研究方法是進行事後分析，即先考察現代西方的經濟霸權和政治霸權，然後回溯推理，將霸權的既成事實合理化。我想另闢蹊徑。

我並不是沒有意識到結果決定敘事的建構方式「必然會導致」上述研究方法，其實這是歷史編纂中的確存在的方法論問題。在某個特殊的語境下，熱爾梅娜·蒂利翁*對此作出的尖銳評論，給我留下了深刻印象：

> 眾所周知，事件在成為歷史之前必須遵循其本身的發展過程，因此，所有真實的歷史都因其結果而存在，相關的歷史研究也都由此開始[8]。

如果確實如此的話，那麼，從不同時刻的不同結果開始研究，將產生不同的敘述順序和解釋對象。我並不贊同那種認為工業革命的成果理所當然，並據此解釋其「成因」的做法。我找到了一個更早的切入點。雖然我的描述不見得比常規敘事更合理（也不會更荒謬），但它確實闡明了歐洲稱霸的故事情節中所遮蔽的內容和論題。

我考察了西元一三〇〇年前後的世界貿易體系，以探究世界是怎樣以及在多大程度上聯結成一個共同的、生產和交易的商業網絡。因為這種生產和交易對所有參與地區的自給經濟來說都無足輕重，所以這個論題並不是要為一個不切實際的幻覺——一個相互依存、互通有無的不可或缺的國際體系——進行辯解。然而，十六世紀也是這般境況。這樣一來，如果世界體系肇始於十六世紀這一說法成立的話，那麼世界體系早就存在這一說法同樣合理。

某種程度上，問題的關鍵在於選用體系的哪一部份去確定何時才足以「算作」這個體系的一部份。平心而論，十三世紀中期的歐洲仍是邊緣地區的重要一部份，遠端貿易對這一地區的內部經濟影響甚微，這裡還主要是農業區，致力於解決溫飽問題。然而，即便是在歐洲，義大利的「城市國家」、法蘭德斯與更邊緣的亞區域——如德意志地區和英格蘭——之間也存在著較大差異。洛佩斯（1976:93）指出「義大利台伯河北部地方與歐洲發展最遲緩的地區在商業革命時期的差異，如同工業革命時期英國或美國與印度或中國之間的差異一樣懸殊。」一旦一個人離開與外界保持聯繫的城市中心，他一定會為溫飽問題困擾。里夏爾・哈普克（Richard Haepke）曾提出「城鎮列島」（archipelago of towns）的說法，布勞岱爾（1984:30）採用這一貼切短語去描述城市發展中的斑駁陸離。這個片語似乎很敏銳地捕捉到這樣一個事實，即在同一個大致區域內，共同生存著多個社會群體。這些群體既有貨幣化的貿易中心，也有閉塞之地。前者早已從對外交易中獲益，其外緣地區已經開始生產輸出品；而後者處於蕭條的山脊和山谷地帶，絲毫不受外界影響。為此，我將研究焦點放在了城市而非國家之上，因為我想追蹤「城鎮列島」內部最為突出的那些城市之間的聯繫[9]。但需要強調的是，當時的那些城市周圍全是一望無垠的鄉村地區，其情形比現今有過之而無不及。

除了歐洲週邊地區差異懸殊外，舊世界核心區——中東、印度和中國（那時最具競爭力的霸權爭奪者）

* 熱爾梅娜・蒂利翁（Germaine Tillion, 1907-2008），法國人類學家、民族學家、社會活動家、女權運動領袖。—譯者

——之間也存在著許多差異。儘管中東地區總體上比歐洲更發達，但它囊括的很多地區無法與掌控著帝國命脈的中心地點結合起來。雖然開羅和巴格達脫穎而出，成為兩個帝國中心，但它們與陸路和海路的聯繫將它們與特定的外緣地區的「城鎮列島」捆綁在一起。安條克、阿勒坡和阿克里將巴格達和地中海聯結起來，而巴士拉則將巴格達與印度洋和東方貿易聯結起來。在東北部，巴格達穿越沙漠與東方建立了陸路聯繫，這與蒙古人在十三世紀後半期入侵巴格達的路線不謀而合。開羅通過亞歷山大港和地中海世界建立了聯繫，而尼羅河則將開羅與蘇丹國和穿越北非的沙漠之路聯結起來。沿紅海進行的海上貿易在吉達或上埃及告一段落，而後再經過亞丁前往東方。

中國也並非一成不變的龐然大物。她的遼闊疆域至少可以有三種不同的劃分方法：北部和南部，沿海和內陸，以及河域或遠離河流區域。總的來說，中國的繁榮時期與自北向南、由內陸到沿海，以及由河域到週邊地區的人口流動息息相關（見Hartwell的精細研究，一九八二）。

印度次大陸同樣複雜多變，該地區分成許多處境不同的亞區域。當與穆斯林世界關係牢固，向北前往俄羅斯以及向東前往中國的陸上通道暢通的時候，印度北部便會繁榮起來。而印度南部主要仰賴經由印度洋所進行的海上貿易，其沿海地區和內陸地區往往差異懸殊。

共性

本研究的一個重大發現是：十三世紀交易夥伴之間的共性遠遠大於差異；但凡有差異出現，西方總是處於下風。這似乎有悖於常理。此外，不管研究「西方的興起」[10]的西方學者如何強調西方資本主義獨一無二的特質，我們對經濟機制的比較考察都會揭示出亞洲、阿拉伯世界與西方資本主義體制之間眾多的共性和相似性。這一發現很有趣，因為我們都知道共性不能解釋差異。這些地區的主要共性有如下幾點：

貨幣和借貸制度的發明

這三個文化區都把貨幣看作國際貿易的必要條件，另外，如果我們的觀點沒錯，那麼西歐的貨幣不但出現得較晚，而且還是模仿來的（義大利商人從他們在中東地區的穆斯林同行那裡借鑒了已經沿用數個世紀的貨幣機制）。[11]在三個地區中，政府都在鑄造貨幣、印刷紙幣和保障貨幣流通方面發揮了重要作用。的確，在十三世紀之前，歐洲、中東乃至印度地區的國際交易中的首選硬幣是金幣，這些金幣最初由拜占庭鑄造，後來由埃及鑄造。直到十三世紀中期之後，某些義大利的城市（佛羅倫斯和熱那亞）才開始鑄造自己的金幣，但它們通常只是起到輔助作用，而非取代流通中的中東硬幣。

在中國，貨幣的發展軌跡略有不同。由於政府的強大（和對銅幣而非金幣的偏好），財富和象徵財富的貨幣之間的人為聯繫對我們而言似乎一目了然。因為貨幣得到了政府的支持（隨後是控制），所以它擁有價值。這種清晰的關聯使得中國早在唐朝時期（九世紀）就出現了紙幣，在宋元時期，紙幣進一步推廣。而歐洲直到數個世紀以後才出現了紙幣。

當然，作為合法的支付途徑，信貸是「硬」（即金屬）幣和紙幣之間的過渡手段。早在借據（實質上就是後期異地還款的承諾）頻繁地使用於西歐集市的商業交易之前，它們就在中東和中國得到了長足發展，認識到這一點很重要。

與此相似，東方出現了「莊家」這種社會角色，同樣遠遠早於義大利商人安置在香檳貿易集市上的「長凳」（bench）和「長桌」（banco）。偶爾會有西方學者指出，在其他地區，借據通常是在「有產者」和他們在國外的代理商或代理人之間使用；另外，至少在中東和印度的大部份商人，包括猶太商人之間，通過家族關係進行信貸。然而，我們必須記住，歐洲地區的交易在最初和其後很長的一段時間裡，也是通過家族關係進行的。家族商行是信貸機制的最初形式，在中世紀及其後的時間裡，信貸商行（隨後的佛羅倫斯的美第奇家族是最有名的例子）都是「家族」商行。這一機制延續至十九世紀，羅思柴爾德「家族」乃至洛克菲勒「家族」都把持著多家國際金融銀行。

資金籌集和風險分擔機制

遠端貿易尤其需要大筆啟動資金用於購買貨物，以備隨後銷售。在長途航行中，這筆「資金」完全「捆綁」於貨物之上，而這些貨物或許無法抵達目的地。運輸時限往往長達六個月，那些滿載貴重物資的船隻，有的沉沒了，有的遭到劫掠，所載財產要麼分文不剩，要麼因交付贖金而缺斤少兩[12]。

中東地區發明了合夥籌資或者按比例分紅的良策，預付貨物的商人（或提供錢財購買貨物的融資人）、照料貨物以及負責處置銷售點貨物的股東都可以獲得一定份額的利潤分成（Udovitch, 1970a）。這裡的合夥人通常同樣也都是家族成員，猶太人（以及後來的印度人，乃至海外華人）的合夥人通常歸屬同一教派或同一民族。歐洲的情況也是如此。伯恩（Byrne, 1930）描述了十二至十三世紀時熱那亞的精巧的遠端運輸體制，該體制與阿拉伯人採用的航運業機制非常相似。此外，馬可波羅的父親和叔叔——先於大名鼎鼎的馬可波羅抵達了東方的元大都——就組建了類似的家族式商行。

由於更為強勢，十三世紀的中國政府（就像是商人們看不見的股東）在貿易中扮演了更加重要的角色，掌握著貿易上的監管大權。此外，在王室政府的生產中心，奴隸對製造外貿商品所需要的勞動力的補充可能更為重要，而且大商人還用奴隸來充當代理人。馬穆魯克王朝治下的埃及同樣如此。不過，兩個地方的獨立商人都組建了強有力的行會（關於中國，參見 Kato, 1936；關於埃及，參見 Fischel, 1958，和其他人的研究）。這匯出了第三個共性。

商人的財富

傳統研究都讚美西方資本主義的「自由放任」，將歐洲經濟體系與東方強調政府強力干預的「亞洲」模式區分開來。其指導思想是歐洲商人不受政府控制，而亞洲和阿拉伯地區的商人則要依附於政府，受到另有他圖的統治者的掌控。這些陳詞濫調並不完全正確。

在這三個文化區內，獨立於政府的商人財富都是一個重要因素。雖然商人歸根結底要受統治集團的擺佈，統治者時常「借用」他們的資金而無須償還，或當政府面臨經濟困難時強制性地徵收大量「貢賦」，以充盈國庫，但商人在籌資方面還是相當自由的。這三個地區的大商人都能順利融資。

另外，雖然在理論上講，歐洲的城市國家裡有「市民」治下的政府，但這並不等於自治。在香檳集市，伯爵——城市之上的權威——發揮著重要的統治作用；法蘭德斯的紡織中心或義大利的城市國家相對較小，而且由大土地所有者和資本家構成的專斷的「貴族」基於本身利益制定的「國家」政策，並不必然就代表其他居民的利益（Lestocquoy, 1952a; van Werveke, 1944, 1946）。

為了闡明歐洲在隨後稱霸的原因，我們有必要將目光超越其內部的獨創性和她「獨有的」創業精神。十三世紀時，世界上其他勢力和直到十三世紀才加入他們的世界體系的歐洲人有著同樣大有前途的商業敏銳度，甚至他們還擁有比歐洲人更為完善的經濟機制。

差異

那麼，又是什麼將歐洲與東方這兩大區域區別開來呢？二者的區別在於——儘管歐洲在十三世紀落後於東方，但她到十六世紀時卻遙遙領先。問題是何以至此，尤其是當有人拒絕接受諸如歐洲的特質使然這類無稽之談時，疑問就更為強烈。我的觀點是：發展環境——地理的、政治的和人口的——遠比任何內部的心理或制度因素更重要，更具決定性影響。正因為「東方」暫時處於混亂之中，歐洲才處於領先地位。

雖然本書接下來將要對這個問題給出全面答覆，但我還是要在此先將一些發現扼要地介紹一下。首先，陸路貿易區曾一度處於破碎狀態。成吉思汗於十三世紀上半期將這些地區統一起來，但他的後代在十三世紀末期又肢解了它們。忽必烈（在他的安全護送下，馬可波羅家族得以遍遊整個中亞地區）統治時期之後，各派別之間的混戰打破了相對的寧靜。阿拉伯人統治的亞洲地區經歷十字軍東征和蒙古大軍對巴格達的佔領（一二五八）而倖存下來，但它似乎未能經受得住帖木兒帝國在一四〇〇年前後的劫掠。埃及的繁榮及其在世界貿易中的地位比巴格達更持久；而開羅的繁榮則在十四世紀三〇年代達到頂峰（Abu-Lughod, 1971）。

其次，在一三四八年至一三五一年這個「災難性的」時段裡，黑死病從中國一路傳播到歐洲，毀滅了世界海上貿易路線上的大多數城市，擾亂了正常秩序，交易條件也因不同的人口損失程度而改變。此外，黑死病還增強了世界範圍內的流動性，推動了重大變革的出現，有些地區因此受益，有些地區則受到損害（Gottfried, 1983; McNeill, 1976）。

在歐洲就可以看到上述現象。黑死病之前，英格蘭是邊緣地區的一部份，此後，她開始在歐洲發揮中堅作用，這緣於其人口死亡率低於歐洲大陸和義大利半島。因為義大利半島與中東地區有著密切的貿易往來，所以遭受的打擊最為慘重。義大利在文藝復興時期恢復了活力，十六世紀初，義大利的城鎮一片繁榮，生機勃勃，甚至其後還繼續控制著地中海貿易。然而儘管如此，地中海已不再是首要的貿易路線，這在某種程度上緣於地中海東部已不再是通往東方的必經之地。

很有意思的是，正是義大利城市國家的艦船在十三世紀末開闢了通往北大西洋的航線。這給存續了數個世紀的世界體系以致命打擊。十五世紀末，葡萄牙人戰略性地佔據了大西洋，「發現」了通往印度的海路，即沿大西洋的非洲海岸南下，而後沿東部海岸駛入通往至關重要的印度洋的關口，那時這一關口還處於阿拉伯和印度艦隊的控制之下（但好景不長）。其實，這根本就不是「發現」，因為阿拉伯人的航海手冊早就記錄了這片水域（Tibbetts, 1981），儘管海岸線是按照從東到西的相反順序進行描繪的（！），但手冊上的詳細描述足以讓我們相信阿拉伯/波斯水手很早就完成了環繞非洲的航行。

然而事實證明，阿拉伯和印度艦船無法抗衡在十六世紀早期出現在他們家門口的葡萄牙「戰艦」。到一五一〇年代末，葡萄牙控制了非洲重要的停靠港，挫敗了守護紅海和波斯灣入口的埃及艦隊，繼而在印度西海岸建立了灘頭堡，之後又掌控了如針眼一般的麻六甲海峽的關鍵地點，這裡是所有前往中國的船隻的必經之地。請注意，這一系列事件都遠遠早於威尼斯人挫敗奧斯曼土耳其人的雷龐多海戰（Battle of Lepanto, 1571）——布勞岱爾（一九七二）認為此次戰爭保證了歐洲力量的壯大——，也早於被華勒斯坦看作轉捩點的一五五九年。

因此，由於沒有給這段歷史一個足夠早的開端，在對西方興起的原因進行解釋時掐頭去尾，歪曲事實的情況便出現了。我希望從一個尚未形成定論的更早的時間點著手研究，借此來糾正那些錯誤觀點。十三至十六世紀是過渡時期，其間，世界體系裡的非歐洲地緣政治因素創造了一個發展機遇，沒有這個機遇，歐洲將不可能興起。這些內容將在隨後的章節裡加以探究。

不過，在進入正題之前，我們需要穿插兩個問題。第一個就是要將十三世紀和十六世紀的歐洲進行對比，以表明她是多麼戲劇性地走到了舞臺中央。第二個就是要討論一下資料、方法論，以及在著手這樣一個雄心勃勃的研究時必然會遇到的問題。

十三世紀和十六世紀的歐洲範例

想要闡明十三至十六世紀歐洲與東方關係的軌跡，我們可以比較以下兩位出類拔萃的學者或政治家在各自時代的生活以及他們的關注點（與命運）：生活在十三世紀的羅傑・培根和生活在十六世紀的法蘭西斯・培根。他們在生活上的差異清晰地印證了兩個主要變化：東方和西方在地位上的互換；歐洲教會與國家關係的變更。

羅傑・培根，英國哲學家、科學家和教育改革家，生於約西元一二二〇年，卒於約一二九二年，其創作高峰期是一二四七年至一二五七年，其間他探究了眾多新學科——數學、光學、天文學，有意思的是居然還有煉金術。羅傑・培根對語言尤其感興趣，他提倡對東方學術語言的研究，特別是借此從西班牙和中東的穆斯林那裡獲取知識。他希望通過吸收這些「高級」文明中可資利用的知識來改革歐洲教育。

理查・威廉・薩瑟恩爵士（Sir Richard W.Southern, 1962）把歐洲對中東的認知劃分成三個階段。第一階段稱為「無知時代」，大約從西元七百年至一千一百年，歐洲人的認識主要基於宗教神話和對宗教經典的演繹。第二階段始於第一次十字軍東征（一〇九九年），十字軍帶來了關於穆斯林世界的更為詳盡的情節。十二世紀上半期，關於「撒拉遜人」*、穆罕默德以及在十字軍東征中遇到的富有修養、英勇無畏的對手的作品汗牛充棟。薩瑟恩將這一階段稱為「理性和希望的世紀」。到十二世紀中期，尤其是在一一四三年古蘭經最終被譯為西方語言之後，越來越多的知識開始取代神話。[13]「有了這個譯本，西方首次掌握了認真研究伊斯蘭世界的工具」（Southern, 1980:37）。

十三世紀時，歐洲人期望十字軍東征所到之處都能皈依基督教，並期望基督教文化能夠通過伊斯蘭文化掌握的或是經由伊斯蘭文化傳播的知識而得以變強。在這樣一種背景下，羅傑・培根必定會對「東方學術語言」產生興趣，而聖托馬斯・阿奎那（約一二二五年至一二七四年）也必定會通過阿拉伯語作品來瞭解亞里斯多德的倫理學思想。恰好在十三世紀中期之前，亞里斯多德有關自然、形而上學，隨後還有倫理和政治等方面的哲學理論逐漸得以重現。阿奎那完美地調和了基督教神學和亞里斯多德哲學，直到十六世紀的宗教改革之前，二者都相安無事。

然而，到了一二五〇年，尤其是歐洲「發現」了蒙古人之後，歐洲人對非基督教世界的面積和人口有了更深的認識，他們讓整個世界都皈依基督教的良好期望破滅了。正如薩瑟恩所言（1980:42—43）：

〔歐洲與蒙古人的遭遇〕對西方基督教世界的看法的影響是全面的，多方位的……蒙古人極大地擴展了歐洲人的地理視野，讓他們認識到的世界人口規模增加了數倍……可敬的彼得〔估計〕伊斯蘭教徒佔世界總人口的三分之一，甚或二分之一……到十三世紀中期……人們的認識……顯然過於樂觀。異教徒可能十倍，或者百倍於基督徒。無人知曉確切數字，只是隨著認識的加深，這個估計也越來越高。

這種情況帶來的一個後果就是使十字軍東征看起來要麼是毫無希望了，要麼就得徹底重估東征的目的和

---

*「撒拉遜人」（Saracens），原指從今天的敘利亞到沙烏地阿拉伯之間的沙漠牧民，廣義上指中古時期所有的阿拉伯人。——譯者

方式。在中世紀的剩餘時間裡，西方世界需要從以下兩者中選擇一個：要麼不再徵召十字軍，要麼就組織更多、更有力的十字軍。

羅傑・培根就生活在西方對世界上其他地區的認知和態度發生轉變的高潮期。一二五七年是那個時代的典型年份，羅傑・培根於這一年加入一個宗教團體，告別了牛津大學的「世俗」生活。他寫信給教皇克雷芒四世，懇求他能資助一個浩大的工程——編寫一部關於自然科學領域的新知識的百科全書。阿拉伯語譯著對他的思想的影響不容忽視。就像薩瑟恩指出的那樣（1980:53），西方哲學的變化

> 主要是一小批工作在托萊多的譯員在十二世紀六〇至八〇年代專心翻譯的結果。這些人將偉大的穆斯林哲學家金迪（Kindi）、法拉比（Al-Farabi）和阿維森納（Avicenna）等人的作品引介到西方，在很大程度上讓西方首次掌握了希臘的哲學和科學思想……十二世紀末期湧現出大批這種類型的拉丁文作品，但是直到大約一二三〇年——羅傑・培根當年剛剛開始他的大學生涯〔原文如此〕——這些作品中的理念和術語才融入拉丁神學……當老一輩的神學家看到除奧古斯丁外，阿維森納的名字也被引用的時候，他們肯定會大吃一驚；但是這種變化的速度是驚人的，現代學者在十三世紀神學中發現了越來越多的受穆斯林作家影響的痕跡。

羅傑・培根充分意識到這些文獻的重要性，在寫給教皇的信中，他強調了以教育和佈道取代戰爭和東征的必要。為此，那些即將接受佈道的人需要掌握更多的語言和神學方面的知識。即便教皇死後，培根還在繼

續宣揚他的理念。一二六八年至一二七八年，他完成了大量著作，並為此遭到同時代神學家定罪和監禁。

十三世紀的羅傑・培根注重宗教，而十六世紀的法蘭西斯・培根注重政治，這是歐洲專制主義國家取代宗教秩序的明證（參見Anderson, 1974a）。法蘭西斯・培根是英國哲學家、文學家，曾任英國大法官，生於一五六一年，卒於一六二六年。他的生命跨越了伊斯蘭勢力的衰落以及歐洲在十六世紀攀升到演進中的世界體系頂峰的漫長時期。

羅傑・培根滿腔熱血而教皇毫無回報的情形，與法蘭西斯・培根與君主之間更為世俗的情形類似。一五八四年，法蘭西斯・培根成為議員，同時還是伊莉莎白女王的政治顧問。一五九七年，他出版了第一部文集和其他一些著作，但因與於一六〇〇年獲罪的埃塞克斯伯爵結為一黨而失去了女王的寵愛。一六〇三年，國王詹姆斯一世繼任後，培根又漸漸得寵。一六〇五年，他將新作《學術的進展》（*Advancement of Learning*）獻給了新國王。該書試圖整頓對自然科學的研究，而那時英國的這些科學都是土生土長的。一六一八年，他被任命為大法官，並於一六二〇年出版了《新工具》（*Novum Organum*）。一六二一年，培根因被指控收受賄賂而關進倫敦塔，雖然國王隨後減輕了對他的處罰，但他再也沒有回到議會，而是在平靜的學術活動中度過了餘生。

我們來關注一下兩個人的相似點和不同點。最主要的相似點就是二人都獻身於自然科學，並呼籲當權者支助他們的計畫，但均遭拒絕並蒙羞。兩人的差異表現在許多更有意思的地方。羅傑・培根與教會有著密切接觸，而法蘭西斯・培根生活在更為世俗的世界。羅傑希望說服教皇，而法蘭西斯向君主呼籲。然而，最顯著的區別在於他們對待學問的態度。對羅傑而言，知識源於東方，因此他關注東方語言和伊斯蘭教。而法蘭西斯認為他人身上沒有什麼可學的，並斷言隨時可以在本土習得知識。或許沒有什麼能比這更為清晰地揭示東方和西方的相對地位在這三個世紀裡是怎樣轉換的了。

一些史學方法論問題

儘管使用隱喻——比如培根式隱喻——或許可以說明一些大範圍的變化，但這很難讓細節更清晰，更具可比性。因此，我們需要評估那些彼此迥然不同的訊息來源，並按照十三世紀晚期至十四世紀早期的樣子，組裝一個可信的世界體系拼圖。要對事實作出判斷，難免要追溯各種紛亂的歷史資料，也難免要期望一些有待證明的假說。事實判斷必然是由支離破碎的材料建構而成，其中有些材料比較可信，有些則不那麼可信。事實證明，在寫作本書的過程中，這個問題帶來的麻煩超乎我的預料。以下兩個難題尤為棘手。

首先，十三至十四世紀諸文明在下列方面差異懸殊：哪些事是值得記載的重大事件；應該保存在什麼地方（以及用什麼記載，因為泥板比棕櫚葉更耐用）；應該記載多少內容以及應該多麼精確。在這樣的比較研究中，我們會理想化地希望擁有相同類型的、同樣可信的資料。一方發現了有價值的資料而另一方的資料卻寥寥無幾的情形著實令人沮喪，更糟糕的是另一方根本就沒有留存下來的資料（就像馬來亞一樣）。我將這種情況稱為「資料問題」。

其次，即便擁有資料，我們在使用它們時也必須小心翼翼。在我們手頭那些用於建構過去世界的最誘人的原始材料中，有些是由生活在那個時代的個人撰寫而成。我將這些資料和「真實世界」（相當於調查研究中的資料）之間的不一致稱為「證據問題」。最大的方法論挑戰就是，一旦讓證據講真話這一希望破滅時，如何運用那些已經失真的隻言片語，以另一種方式去「解讀」過去的歷史。我稱之為「觀點問題」。我的策略就是變換視角，留意每個社會怎樣看待自己，同時通過比較圍繞同一事實的不同觀點，盡力取得更加「客觀的」觀點。

資料問題

任何比較性分析最先遇到的都是搜集可比性資料的難題。不同文化有著不同的優勢，但或許正是這些優勢反而讓人更加沮喪。有些社會專注於事件、人物和交易的列舉、計算和記載，而其他社會並未有類似的文字記載，儘管它們或許擁有細緻的列舉條目，但後來的社會歷史學家對其毫無興趣，或者這些記載幾乎消失殆盡。

在本研究中，我無法獲得十三世紀關係愈發密切的幾個社會的所有可比性資料。熱那亞和中國是一種極端，它們擁有詳盡的資料，讓人欲罷不能。熱那亞商人在國內外貿易中心留下了成千上萬張公文，它們讓那些對商業交易感興趣的研究者頗為尷尬，因為他們永遠無法整合如此充裕的資料。（與法蘭德斯一個地區有關的研究資料彙編於杜哈特的三卷本著作中，一九四一年及其後。）同樣，在以文字記載保存下來的中文資料中，不但有世界上最早的人口統計，還有官方的原始文檔。這些資料或許沒有披露交易額和交易物，但它們起碼記載了對外貿易時的官方程序。[14]

十三世紀貿易的另外三個關鍵參與者——中亞的蒙古、麻六甲海峽沿岸諸君主國，以及參與性稍弱的伊斯蘭地區，是另一種極端。蒙古人只留下很少一部份文檔，它們主要記載了戰役、王位繼承以及征服活動。只有馬可波羅和其他旅行者的間接描述可供我們研究之用。

據保羅・惠特利（Paul Wheatley）研究，區域環境（熱帶雨林），良港的缺失（致使只有流動性商業城市，而缺乏穩固持久、檔案完備的城市），或許還有其他因素，共同導致麻六甲海峽沿岸各國除碑銘外，沒有留下任何資料。

最後，在穆斯林世界裡，有文化的神學家「烏里瑪」依然「淩駕於」低級的商業活動之上，這意味著為後嗣記載的內容（主要是宗教小冊子、法律學、法律裁決以及國王和貴族們的編年史）與當代經濟史學家意欲查找的資料相去甚遠。下面這段引述表明，某些資料幾乎讓本研究寸步難行了。

我傑出的、親愛的朋友：你向我詢問的事情我很難做到，也沒有價值。儘管一直居住於此，但我從未清點過房屋數量，沒有調查過居民人數，至於哪個人的騾子馱了什麼，哪個人的船底堆放了什麼，這些都與我毫不相干。但最重要的是，關於這個城市的歷史，真主只知道在伊斯蘭利劍到來之前不信教者吞下了多少污垢和噩運。我們調查這些事情是徒勞無益的。哦，我的靈魂！哦，我的羔羊！不要探究那些與你毫不相干的事情[15]。

這種對待世俗文化的態度，為當代學者設置了一道幾乎不可逾越的屏障。幸運的是，關於哪個人的騾子馱了什麼，哪個人的船底堆放了什麼等世俗事務的記載還是零零散散地流傳到我們手中，儘管這些樣本已經嚴重失真。開羅舊城是中世紀時期埃及猶太人團體的聚集地，這裡有個藏經庫，猶太人將所有寫著字的紙堆放其中，他們唯恐這些紙張被毀後，上帝的名字也將隨之消失。這個藏經庫即「基尼薩」（Geniza），它儲藏了許多有關日常事務的記載，這些記載是官方編年史刻意迴避的內容，也是上述作者不屑一顧的。通過刻苦研究這些零碎檔，戈伊泰因謝洛莫・多夫・戈伊泰因（Shelomo Dov Goitein，見第七章）細緻地重建了十一至十二世紀開羅城的猶太人的生活，獲得了猶太人同西班牙、北非、黎凡特甚至印度進行貿易的訊息。他還能將研究範圍擴展到穆斯林居民身上。因為那時的紙張非常稀缺，所以只能在上面多次重複書寫。如此一來，一張紙的正面可能是穆斯林的銷售帳單或租賃協議，而其背面可能列有猶太人的婚禮嫁妝清單。

研究中東的學者也能借助完全是為了用作他途而擬定的文獻，重建中東的經濟生活。比如，關於瓦合甫*的文獻記載了將財產託管給一個家庭或一個宗教機構，如學校或清真寺的契約，這些文獻也可以用於編制關於富裕家庭和公共設施場所的清單，拉皮德斯（Lapidus）就用這種方法研究了十四世紀的阿勒坡和大馬士革（一九六七）。編年史和死亡統計可以用於瞭解那些重要的大商人家族，如同維特（Gaston Wiet）對埃及的「喀里米」（karimi）大商人的研究（一九五五）那樣。或者像佩特里研究十五世紀的大人物那樣，探尋「烏里瑪」之間的相互影響，以及他們的由來和行蹤（一九八一）。即便是貨幣的推廣、貶值或接納也能間接地反映出興衰的跡象。另外，私人居所規模和面積的大致變化也能反映出人口數量的增減。（見第十一章圖一五。）

總之，可比性資料的缺失，使得我們很難探究被研究地區的生活水準以及各地區之間的關係。個人判斷通常取代社會科學家所說的「硬資料」。然而，僅僅因為資料看似「科學」就盲目採納的魯莽做法或許不亞於此。我們需要明智地謹記喬賽亞・斯坦普爵士（Sir Josiah Stamp）——一八九六年至一九一九年在英國稅務局擔任統計員——作出的反省：

> 政府非常熱衷於積累統計數字。他們收集它們，計算它們，求出它們的 n 次方，算出立方根，畫出精妙的圖表。但你千萬不要忘記，其中的每個資料起初都來自鄉村值班員，而他只記下他最喜歡的東西。

我認為，在解讀文獻中的資料時需要作出一些判斷，對於不存在資料的文獻也有必要加以判斷。就像我們即將看到的那樣，資料和證據都不是世界的真實反映。

---

* 瓦合甫（Waqf），教法中指用於宗教或慈善事業的實產或資金。—譯者

證據問題和觀點問題

關於十三世紀歐洲商業革命的敘述主要通過歐洲的（主要是義大利的）文獻得以建構起來，這些文獻包括貿易帳目、遺囑和康孟達契約*，或者差旅帳單。南歐的資料清楚地表明瞭該地區與地中海地區的直接關係，但未能表明該地區與地中海之外的地區——即印度、中國和兩國間的地區——的關係。中東港口和貿易中心的代理商被歐洲人認為是遠東物資（香料、瓷器等）的轉運者，但他們進貨的貨源地對歐洲人而言直到相當晚近的時代仍是未知的世界。因而，我們不能指望用歐洲的文獻去描述穆斯林中間商和與之貿易的印度和中國的城市中心之間的重要商業聯繫，這一方面是因為對歐洲人而言印度與中國相當陌生，另一方面，即便歐洲人發現了印度與中國，他們也會對此視而不見。

從很多方面來看，「馬可波羅的故事」都是歐洲人眼中的一粒沙子，這粒沙子使得我們對十三世紀世界體系的想像發生了重大偏差。艾琳・波沃爾（Eileen Power）為馬可波羅啟身前往中國時，威尼斯參與世界體系的情況設置了一個歐洲中心論的場景。

> 對於那些在西元一二六八年世襲繼承〔原文如此〕著絢麗的東方的鉅賈來説，生活是燦爛輝煌的。是年，商人在寬敞的石砌帳房裡工作，河水輕輕拍打著帳房。他們手握帳簿，忙著清點成包的來自印度群島的丁香、肉豆蔻乾皮和核仁、肉桂和生薑，印度支那的黑檀木棋子，馬達加斯加的龍涎香以及西藏的麝香。是年，珠寶商忙著給戈爾康達的鑽石，巴達赫尚的紅寶石和藍寶石，以及錫蘭漁場的珍珠厘定價格。絲綢商忙著堆放成捆的來自巴格達、亞茲德、馬拉巴爾和中國的絲綢、棉布和錦緞。是年，威尼斯大運河的大理石橋上……時髦的小夥子們和來自各個〔原文如此〕國家的人們互相交流，傾聽旅客在各

個地域的故事，黎明時分，他們乘貢都拉穿行於運河之上……數個世紀後的提香熱衷於描繪的威尼斯的紅衣女子踱步於宮殿的大理石石階之上，波斯錦緞輕輕拂背，阿拉伯香水溫潤著纖纖玉手。

一二六〇年，馬可波羅的父親和叔叔離開威尼斯，九年後，他們重歸故里，帶來了他們在忽必烈大汗朝廷裡的傳奇故事。忽必烈是蒙古東方帝國的首領，該帝國以中國為主要根基。返回義大利時，他們帶去了大汗寫給教皇的信。兩年後，他們再次前往東方，這次他們帶去了小馬可。在東方旅居了數十年後，馬可被熱那亞人監禁。為了消磨時光，他將旅行經歷連同「地理學」知識都告訴了獄友，並由獄友記載下來。馬可波羅的「首個」東方世界發現者的頭銜是荒謬的。如同我們將要看到的那樣，他並非首個與東方建立聯繫的歐洲人（關於更早的旅行者，de Rachewiltz, 1971 and Dawson, 1980），只是機緣巧合，他的回憶錄被記載下來而已。

但是，關於歐洲人對東方的瞭解，最重要的資料來源是什麼呢？馬可波羅的故事雜亂無序，它不是按時序，而是以地理圖集的形式進行敘述的。它描述了馬可波羅的不同行程，從一個城鎮到另一個城鎮，從一處沙漠到另一處沙漠。其中既有他的個人經歷，也有他刻意「關注」的東西。行紀是馬可波羅基於個人好惡和偶然所得文獻進行的有所選擇的描述，而非提供「真實情景」的「原始文獻」，這種解讀給歷史研究者提供了與傳統歷史敘事截然不同的詮釋方式。

就拿馬可波羅對紡織品的強烈關注來說吧。他一遍遍地提及遠東的城市，認為它們從事著多種貿易和商

---

* 康孟達（commenda）契約，是有限合夥制度的起源，於十一世紀晚期出現於義大利、英格蘭和歐洲的其他地區，到十五世紀逐漸發展成為康孟達組織。——譯者

業活動，但他詳細描述的唯一製成品就是紡織品。這是因為他的家族從事布料貿易，威尼斯主要專注於布料進口？還是因為他認為其他所有產業都想當然也是如此呢？其次還有他對香料及其生長地的關注。香料一直是歐洲從遠東進口的主要物品，知道這一點後，就比較容易理解他的想法了。他似乎對香料在東方俯拾皆是，而在歐洲卻價值昂貴，供不應求這種現象感到憤慨。寶石是馬可波羅的第三個興趣所在。在他對寶石、珍珠等物品的論述中，有個一再出現的話題是，東方統治者通常以王室壟斷的方式限制寶石的開採和流通，長期「管制寶石貿易」。他的敘述中也提到了黃金。由此可知，馬可波羅只描述那些與歐洲商人息息相關的遠東地區的部份農業和工業，並意識到了這些物資在他家鄉的「價值」。

與馬可波羅特意留心某些物品一樣有趣的，是他對其他物品的刻意漠視。他對中國、馬來亞、印尼和印度的港口大書特書，但對在這些城市中建有社區的國外商人（他們的身份是「穆罕默德崇拜者」、「撒拉遜人」和「偶像崇拜者」等）只是順便提及而已。至於他們是誰？他們經營什麼？他們長期駐留還是來回奔波？他們與所在國有什麼樣的關係？他們有何來頭？馬可波羅對此毫無興致，他沒有打聽過這些商人，從不與他們溝通，因此，他的陳述無法為近東和遠東之間頻繁的貿易提供任何佐證。

我之所以指出這一點旨在表明，包括馬可波羅在內的歐洲人的記述是將十三世紀曲解成商業革命時代（對誰而言？）的罪魁禍首，而中世紀歐洲史學家對西方文獻的情有獨鍾使得這些陳述得以長久地保存下來。

因此，和證據問題密切相關的是觀點問題。歷史難免被歷史學家的見解所「扭曲」，一方面因為問題的提出源自那些歷史學家所處文明的境遇，另一方面因為本地資料記載的不是別處發生了什麼或者那兒有什麼，而是人為挑選出的敘述內容和無論實際如何都有人認為「正確」的內容。

我們可以通過兩個例子闡釋一下，一個與評價有關，另一個與「事實真相」有關。首先，由於中世紀的原始資料出現了一些關於「他者」的看法，所以我們有對之進行審視的可能。東方和西方隔著十字軍東征這道鴻溝進行的互相審視就是一個例證。就此，可以將克雷（August Krey）編輯的《第一次十字軍東征——目擊者和參與者的敘述》（*The First Crusade, the Accounts of Eye-Witnesses and Participants*, 1921）一書與近期翻譯過來的馬盧夫（Amin Maalouf）的《阿拉伯人眼中的十字軍東征》（*The Crusades through Arab Eyes*, 1984）加以對比。或者將馬可波羅對東方的豔羨與中國的市舶司官員趙汝括*在十三世紀撰寫的《諸蕃志》進行對比，由於那時他還沒有接觸到任何歐洲人，所以該書描述的「蠻夷」人主要是阿拉伯人（一九一一年英譯本）。要麼閱讀一下翻譯過來的埃米爾・布雷特施奈德†的兩卷本著作《基於東亞資料的中世紀研究》（*Mediaeval Researches from Eastern Asian Sources*, 1875-1876）中對中國、蒙古的旅行者和歷史學家的論述，瞭解一下東方的「世界觀」。

說到事實問題，事例就更加清晰了，但依然充滿偏見。趙汝括提到的某些貨物從某個地點輸入中國的訊息顯然有誤。局外人都很清楚，他接見的那些外國商人唯恐中國人會繞過中間商，直接同貨物產地進行交易，所以他們往往不願透露供貨源。在今天看來，找到原產地不過是小事一樁，因為在今天的各種香料和貨物跨區域交易中，人們並不隱瞞貨源地所在。

訊息缺失本身就已經很靈敏地反映了觀察者對世界的看法，當觀察者真心實意地觀察世界時尤其如此。比如，運用中世紀阿拉伯地理學家或歐洲旅行者明顯有誤的描述，或許也能畫出一幅比較精確的世界地圖，

---

* 趙汝括（一一七〇年至一二三一年），有時也作趙汝适，宋太宗八世孫，曾任卿、監、郎官等。嘉定至寶慶年間任福建路市舶司提舉，期間撰成《諸蕃志》，該書是宋代海外地理名著，分上、下兩卷，分別記載了海外諸國的風土人情和物產資源。——譯者

† 埃米爾・布雷特施奈德（Emil Bretschneider, 1833-1901），漢名貝勒，俄羅斯漢學家，曾出任俄羅斯公使館駐清朝北京醫生。——譯者

而那個世界可能是他們親眼目睹的世界，也可能是從親身經歷者那裡瞭解到的世界。犬面人（比如安達曼群島上的伊德里斯）和神話人物駸駸（Chin-Chin 全身長滿毛髮，沒有膝蓋。據方濟各會修士威廉・魯布魯克*所說，它的血液可以用作渲染中國織物的紅色染料）的傳奇故事表明當代人未曾親身去過那些地區。同樣，中國人對只長棉花不長毛的水羊（water sheep）的描述，以及西方對一種罕見的、葉片為絲綿覆蓋的中國樹種的描述，表明雖然各國因為進口別國產品而對其有所瞭解，但誰都沒有見過產品的原料。

因此，我們打算把能夠反映觀點的一些素材用作附加資料。然而這些素材也許是反映了「世界」，也許是反映了對世界的認識中的曲解，只有在對這些材料的意義作出評估之後，我們才能利用它們。

本書計畫

世界體系的各部份，無論扮演主角抑或配角，都在體系中均衡地發揮著各自的作用，從這個意義上講，沒有全球的世界體系。雖然今天的世界比歷史上任何一個時期都更具全球性，但它同樣被分成幾個重要的分區或亞體系，比如北大西洋體系（西歐、美國和加拿大）、環太平洋地區（日本、臺灣、韓國、印尼和馬來西亞等）、社會主義「集團」（中國依然是其中的一員），以及西亞北非的阿拉伯世界。也許每個亞體系都有自己的核心，即一個佔支配地位的國家，該國為其「衛星國」設定貿易規則。這些核心區裡存在著約翰・弗里德曼（John Friedmann）和戈茨・沃爾夫（Goetz Wolff）所說的「世界城市」（1980）†，有些「世界城市」本身就是核心區，香港和新加坡就是如此。這些大都市從它們的腹地汲取營養，從鄉村地區乃至衛星國的中心城市吸納盈餘。

但是，這些區域性亞體系之上還有一個總體的世界體系，它通過世界城市之間日益頻繁的「交易」運轉著。值得注目的是，弗里德曼和沃爾夫借助日本航空公司提供的底圖繪製了「世界城市」圖。球極投影‡消除了墨卡托投影§中常見的東方或西方的偏見，而航線則精確地展示出某些世界城市是多麼「重要」。

同樣，十三世紀也存有一些亞體系（由語言、宗教和帝國界定而成），它們由首都或核心城市掌控著，通過各地區之間的貿易建立聯繫。儘管它們的互動遠不如今天這麼密切，但它勾勒了大體系的輪廓。海道、河道和眾多的陸路——有些從古代就開始沿用——而非航空線，將城市聯繫起來。港口和綠洲如同空港一樣，把遠方的貨物和人匯集在一起。

然而，由於早期的運輸技術較為落後，體系兩端的世界城市很少進行直接的生意往來。由於行程被地理所阻隔，所以在把貨物運往更遠的市場的過程中，兩個側翼之間的中樞就充當了貨物「集散」地和交易場所。那時的世界也不是如今的「地球村」，無法在國際性勞動力大分工的背景下共用消費目標和流水線作業。那時很少出現一個地方製造產品，另一個地方加工、組裝產品的情況，儘管也不是從未出現過。十三世紀的亞體系比今天的亞體系更加自給自足，因此它們不會為了共存而緊密地相互依賴。尤為引人注目的是，

---

* 方濟各會修士威廉・魯布魯克（Friar William of Rubruck，約一二一五年—一二七〇），又譯魯不魯乞，法國方濟各會教士，一二五二年曾受法國國王路易九世派遣，出使蒙古帝國，抵達首都哈拉和林。著有《魯不魯乞東遊記》。—譯者

† 一九八〇年應為一九八二年，詳見Friedmann J., Wolff G. "World City Formation: An Agenda for Research and Action," International Journal of Urban and Regional Research, vol.6, no.3 (1982), pp.309-344。—譯者

‡ 球極投影（polar projection），發端於古希臘天文學研究的一種數學方法，後用於地圖投影。其原理是：假設球體是透明的，而光線也是沿直線前進的。然後在球的南極（或北極）放置一個投影點，在赤道放置一個平面，讓光源向平面發光，進而在平面上看到除南極點之外球面上所有點的投影。該投影方式的重要特性是保圓性和保角性，可以幫助人們很好地測量天體和研究天文學。—譯者

§ 墨卡托投影（Mercator projection），由荷蘭地圖學家墨卡托(Gerhardus Mercator，一五一二至一五九四年)於一五六九年創擬的正軸等角圓柱投影。其原理是：假想一個與地軸方向一致的圓柱體面切於地球，將經緯網投影到圓柱面上，將圓柱面展開為平面所得到的一種等角投影。在地圖上保持方向和角度的正確是該投影的優點，因此墨卡托投影地圖常用作航海圖和航空圖。—譯者

儘管困難重重，那時仍有很多遠程貿易。

當時大約有八個互相聯結的亞體系，我們進而可以將它們劃分為三大中心地區——西歐、中東和遠東。（見圖一中這些亞體系及各體系中心城市位置的大體「輪廓」。）我按這種順序編排了正文內容：從第一部份的歐洲亞體系開始，繼而向東，雖然這種順序在概念層面上站不住腳。然而，由於我試圖駁斥歐洲生來優越這種想像，所以，在行文伊始證實歐洲在中世紀時期相對落後就非常重要了。

十三世紀中期時，歐洲的三個中心點組成了獨特的交易區：法蘭西中部與東部的四個城鎮主宰著香檳集市——特魯瓦和普羅萬是交易和生產中心，奧布河畔巴爾和拉尼是兩個較小的交易中心（將在第二章論述）；法蘭德斯的紡織品生產區，其中布魯日是最重要的商業和金融中心，根特是最重要的工業城市（將在第三章談到）；以及義大利半島兩側的國際性貿易港口——朝西的熱那亞和朝東的威尼斯（將在第四章探討）。

誠然，以上三個中心點絕不是正在演進中的歐洲「世界經濟體」僅有的參與者，因為眾多經常光顧這裡的「外國」商人就足以清楚地證明這一點。我之所以選擇這些共同體，不僅因為它們都是四面八方的商人的交匯點，還因為它們內部都循環運行著非地方性貿易，為它們的繁榮打下基礎。我們可以將那時該體系的其餘部份看作是衛星國或支脈，它們必定與核心區保持著聯繫，但這種聯繫更淡薄，更粗疏。如果將貿易區設想為一個網路的話，那麼香檳集市城鎮、法蘭德斯諸城市以及義大利的港口則是其中的內核，因為它們的連結是綿密的，多線的，而且輻射更廣闊。

正因為這種廣闊的輻射，才使得我們無法將歐洲（第一個）亞體系與跨地中海地區（第二個）亞體系孤立開來單獨探討，因為後者聯結著義大利港口與西亞。我們在第二部份討論中東貿易時也不能撇開義大利人不管，因為他們在中東建立了三個至關重要的灘頭堡。

其中的一個灘頭堡建在黑海之上，第三個亞體系借此在君士坦丁堡和中國之間建立了聯繫。十三世紀的這個橫跨大陸的聯繫網的建立，應該歸功於蒙古人統一了中亞地區，其實還有他們對中國的征服。相關內容將在第五章探討。

第二個灘頭堡坐落在巴勒斯坦海岸上，建在這裡的短暫的十字軍王國將歐洲與第四個亞體系聯繫起來。該體系在陸上延伸至巴格達，其後一分為二，一支沿東北方向加入了中亞的商隊區域，另一支南下經波斯灣抵達印度洋。後面這支商業區還包括位於波斯灣側面（如荷姆茲和西拉夫），或阿拉伯半島南部海濱沿岸（如亞丁）的多個港口。第六章將描述這個亞體系。

歐洲人曾努力爭取在北非海岸的埃及建立第三個灘頭堡。然而，在經歷了一二五〇年聖路易十字軍東征的災難性失敗後（路易九世於一二五〇年四月在曼蘇拉被俘），他們被迫滿足於充當受埃及統治者嚴格控制的交易夥伴。這給義大利人提供了有限的而且是唯一的進入第五個亞體系的間接通道，該體系經過紅海將埃及和印度洋聯繫起來。

我在第一部份忽略了西班牙、德意志、波羅的海的俄羅斯地區、達爾馬提亞以及撒哈拉沙漠以南的非洲地區，雖然它們也為中心區提供了重要資源。基於同樣原因，我很不情願地在第二部份忽略了東非。毋庸置疑，今天的衣索比亞、肯亞和坦尚尼亞的沿海地帶以及島國馬達加斯加，都與埃及、亞丁、巴士拉、荷姆茲，乃至印度次大陸上的古吉拉特有著密切的貿易關係。但非洲的影響範圍十分有限。非洲商人多是本地人，非洲貨物也很少運往中國或歐洲。（相反的例證表明，散佈在非洲東海岸的中國陶器碎片主要是阿拉伯船隻和古吉拉特船上的壓艙物。）

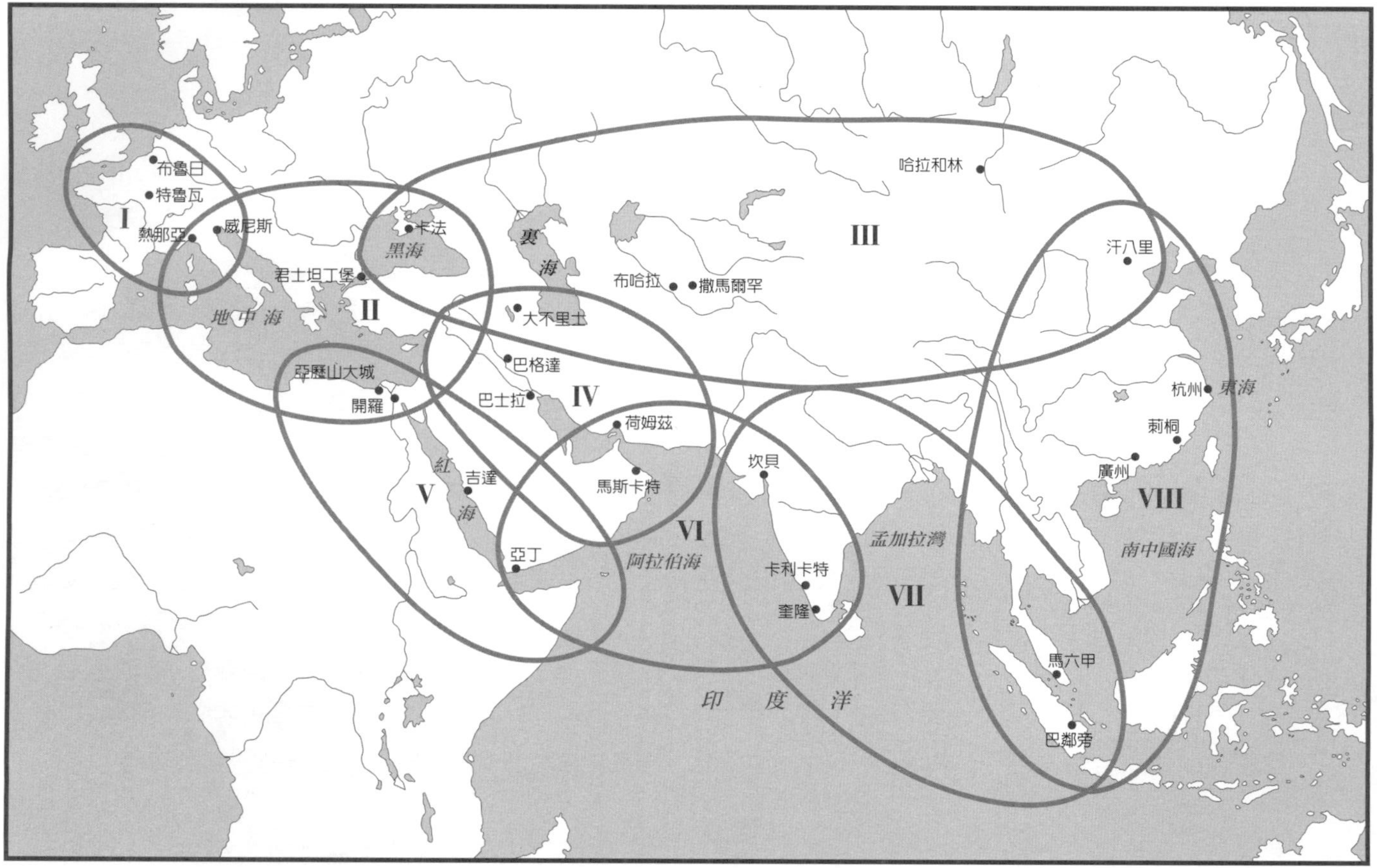

圖1　13世紀世界體系的8個地區

本書的第三部份重點論述了亞洲中心區（正如我們即將看到的那樣，其實是整個世界體系）的關鍵角色。但是，我們在考察印度洋地區的貿易時不能撇開阿拉伯人和波斯人，如同考察地中海地區不能撇開義大利人一樣。這一部份包含三個相互交織的亞體系：聯結阿拉伯世界和印度西部地區的最西部的亞體系（第六個亞體系，第六、七章簡單提及，第八章詳細論述）；聯結印度東南部地區和麻六甲海峽側翼地區的中部亞體系（第七個亞體系，第八章有所提及，第九章全面論述）；以及麻六甲海峽和中國之間的最東端的亞體系（第八個亞體系，第九章加以描述）。

中國商人出現於室利佛逝國（Srivijaya，在麻六甲海峽附近），穆斯林商人——阿拉伯人、波斯人和印度人——出現在中國的「條約口岸」（後來的術語的較早版本）。中國商人將通往南部（第八個亞體系）的中國海與通往北部和東部的亞洲草原的中心區聯結起來，本書第十章著重探討了他們。他們建立了中國與第三個亞體系之間的聯繫，為整套亞體系畫上了句號。第三個亞體系沿原路返回，經俄羅斯（撒馬爾罕）、波斯和小亞細亞，重歸黑海海岸上的前哨熱那亞。

可以看出，雖然十三世紀世界體系不是一個全球性的或世界範圍的體系（波羅的海地區稍有涉入，非洲只有東海岸涉入，新世界依舊與世隔絕，日本〔鎌倉時代〕是體系外的邊緣地帶，包括澳大利亞在內的太平洋諸島都置身體系之外），但它覆蓋了歐亞大陸的絕大部份地區，囊括了那個時期的絕大多數人口（因為邊遠地區的人口非常稀疏）。

通過對一系列實際個案的研究，本書探究了十三世紀國際交往的開啟、擴展和鞏固的過程，描述了持續的商業交易中各參與者之間的關係——合作，衝突，或者共生。各參與者都從體系中有所獲益，但都無損他人。當該體系在十四世紀初臻於頂峰時，沒有任何力量能稱為霸權，整個體系的運轉仰賴於大家的共同參與。

儘管開端良好，但該體系還是在十四世紀中期瓦解了，它的很多部份也同時衰落。到十四世紀末，此前有著眾多路線的流通體系淪落到路斷人稀，千瘡百孔的境地。十四世紀後半期普遍的經濟困難成為該體系瓦解的徵兆。十六世紀初，當新參與者葡萄牙進入印度洋，進行下一個階段的世界整合的時候，十三世紀世界體系的許多部份已經了無痕跡。

本書力圖回答的一個主要問題是，十三世紀世界體系為何會解體呢？答案絕不僅僅只有一個。沒有任何決定性因素——譬如某種天外煞星——導致亞體系之間的複雜關係網的崩潰，或以世界霸權西移的方式促使它們形成新的均衡。相反，亞體系內和亞體系之間的細微變化累積的影響確實給整個體系帶來了巨大壓力。如果說支點轉移使得整個局勢失衡的話，那麼體系的崩潰就緣於眾多亞體系在同一時間向同一方向上的漸增式轉移。[16]

第一部份

歐洲亞體系

古老帝國中浮現從古老帝國中浮現

西元二世紀時，羅馬帝國控制著廣袤的區域，其中包括毗鄰地中海的所有地區。帝國向北囊括了英格蘭和除德意志之外的所有西歐地區，向東涵蓋了希臘、安納托利亞和肥沃月彎，向南橫跨整個北非的海岸地帶。羅馬南部和東部的邊緣地區通過陸路和水路，與「舊世界」的很多地區保持著聯繫，其中甚至包括遙遠的印度和中國。那時，第一個新生的世界體系已經建成，雖然該體系沒有挺過「羅馬的衰亡」這一關。

然而，需要提及的是，「羅馬的衰亡」是一個長達數個世紀的複雜過程，其間邊緣地區日漸混亂，最終，中心地帶亦然。而且，「衰亡」對先前帝國的各個部份產生了不同影響。它對西北歐的影響更具毀滅性，遠遠超過對地中海沿岸和地中海盆地東部地區的影響。那時，「黑暗時代」這一術語特別針對西北歐地區。

最終，羅馬帝國內部的衰弱為日爾曼部落突破帝國防線提供了機會。日爾曼部落佔據著義大利北部和東部的核心區，此前一直被阻擋在帝國邊界之外，但它們在過去一直是羅馬帝國農業大莊園所需奴隸的主要來源。日爾曼部落於三世紀發起了第一輪入侵，但很快就無疾而終。其後的入侵勢頭更加兇猛。它們在西元五世紀期間發動了一系列更為成功的入侵，並於該世紀末到達頂峰，終結了統一的羅馬帝國，西羅馬帝國滅亡，分裂成高盧王國、汪達爾王國、西哥特王國以及後來的倫巴第王國。

在歐洲大陸上，接二連三的征服活動「導致了後續國家精密程度與效率水準的退化」，在帝國缺失和貿易中斷的情況下，它們試圖找到一個維生之計，這種嘗試極其混亂，羅馬法和日爾曼習俗被融合成一個不倫不類的東西。八世紀時，查理曼試圖整頓他所控制的這個不完善的體制。他於八〇〇年接受「西方的皇帝」這個頭銜，並利用教會這個唯一還能保持某種統一性的機構將其權力合法化。此後，西歐漸漸從羅馬帝國崩潰後那種破碎而孤立的境地中掙脫出來。

然而，西歐的發展過程是緩慢的。查理曼死後，搖搖欲墜的帝國再次陷於瓦解，並遭到馬扎爾人和維京人的攻擊。九世紀末，西北歐建立了原始封建制度（protofeudalism）的防禦體系，該體系以羅馬傳統和日爾曼傳統的混合為基礎。[1] 一個世紀之後，一種叫封建制度的社會形態事實上已經確立下來，尤其是在法蘭西和低地國家。用佩里・安德森的話說，到那時，

> 尤其是在法國的鄉村，私人城堡和築壘縱橫交錯，它們在未經任何皇權的許可下由鄉村的封建領主建造而成，用於抵抗新來的野蠻人的攻擊，鞏固他們的地方權威。對鄉村居民而言，這種陌生的城堡景觀既是保護傘，也是枷鎖。在查理曼統治時代的……晚期就已經不斷遭到鎮壓的農民，如今最終淪落為廣義上的農奴……在隨後的兩個世紀裡，封建制度……慢慢地在〔西北〕歐洲站穩了腳跟。

封建制度在遠離海岸的地區確定下來。在軍事城堡周圍或修道院的保護範圍內，小的貿易中心成長起來，或漸漸復蘇，商人可在此進行商品交易。作為對他們的商業服務的回報，他們得到了地方領主的特許和保護。很多此類定居點，尤其是那些重要的陸路或海路附近的定居點，最終都成為週期性集市的落腳地點，或者少量延伸至內陸的「國際貿易」的交易場所。

然而，十世紀末時，維京人要麼已經被趕回老家，要麼已經被同化（比如在英格蘭）。於是，城鎮得以跨越那些壁壘森嚴的狹小區域。十一世紀時，儘管西北歐依然分成幾個相對自給自足的封建地區，但它們正漸漸整合，開始有能力創造更多用於交易的剩餘財富。城鎮數量激增，有些甚至建在了靠近海岸線的地方。在其後的兩個世紀裡，歐洲大陸的城市化進程突飛猛進。

歐洲內部人口的激增和城市化的推進，與其外部擴張不無關係，這種擴張徹底打破了羅馬衰亡帶給歐洲大陸的孤立狀態。十一世紀末期，西北歐的諸侯們對伊斯蘭「聖地」發起了第一次十字軍東征，跨過大陸進軍君士坦丁堡，隨後南下巴勒斯坦。他們避開了經地中海至黎凡特的海路，這非常清楚地表明瞭歐洲大陸內部，北歐與地中海沿岸地區之間依然存在的分歧。而在其後的每次十字軍東征中，北歐都借助義大利船隻將部隊運送過去，這非常明確地表明歐洲這兩個地區之間的關係已經改變了。

在本書的第一部份，我們追溯了歐洲體系的創建過程——先是「後黑暗時代」裡西北歐與從未分裂過的繁榮的南歐的聯合，而後再次與世界連為一體。黑暗時代的西北歐燈火已然熄滅，但義大利依然燈火閃爍，雖然這火光時而搖曳，時而暗淡。

當倫巴第人在六世紀佔領義大利半島時，東北海岸地區的一些居民在近海的潟湖裡尋求避難並建起了威尼斯城。因為幾乎別無選擇，所以他們依然與殘餘的羅馬帝國的東部地區，即由首都君士坦丁堡統治版圖縮小的拜占庭基督教國家，保持著聯繫。這樣，即便密切的跨地中海互動衰弱後，作為其中關鍵環節的威尼斯依然與外界保持著頻繁的接觸。

七世紀時，穆斯林帝國不斷擴張，將小亞細亞之外的大部份東部地區納入版圖。在其發展過程的第一個世紀裡，伊斯蘭勢力穿過北非，抵達摩洛哥，隨後又渡過直布羅陀海峽進入西班牙南部。伊斯蘭勢力（Umma）*向東擴展到波斯和阿富汗，並最終進入印度北部和中國西部，建立了新的世界經濟體。一旦歐洲加入進來，該經濟體將成為更大體系的核心，威尼斯、熱那亞和義大利其他沿海城市國家都將最終成為聯結西北歐和中東體系的紐帶。

* Umma，《古蘭經》中對不同地域、不同時期、不同文化的人群的稱謂。此處指「穆斯林社團」或「穆斯林公社」。——譯者

就基督教世界而言，伊斯蘭勢力擴張過程中最讓人不安的事態就是肥沃月彎的人們對伊斯蘭教的皈依，這意味著聖地控制權流落到了「不信教的阿拉伯人」手中。拜占庭帝國被迫退出統治舞臺，唯有捲土重來的夙願還在，十字軍戰士就為這個夙願而來。一旦歐洲經濟在十一世紀得到充分復蘇，軍事封建制的戰鬥力將大大提升，進而「奪回」巴勒斯坦。

歐洲歷史學家所謂的一二九一年阿克里的「陷落」，即阿拉伯人從十字軍手中奪回巴勒斯坦這件事，為十二世紀初至十三世紀末這個時期打上了標籤。其間，西歐與毗鄰地中海東海岸和南海岸的諸多國家有著密切的聯繫，儘管大多是以暴力形式進行的。十字軍東征一場接著一場，鞏固了北歐和南歐之間競爭性的聯盟關係。對我們的論題而言最重要的就是，十字軍東征建立了固定的貿易管道，通過義大利中間商將北歐和先前包括中東、印度和中國在內的貿易區聯結起來。

因此，雖然十字軍東征以失敗告終，但它們帶來了一個重要的後果，即催生了將「羅馬衰亡」後就遠離世界體系的西北歐再次整合進世界體系的機制。毫無疑問，歐洲大陸在十三世紀進入激昂奮發的時代，她的眼界日漸開闊，資源愈益豐富。

通過與東方的接觸，歐洲有了很多新「嗜好」，這些嗜好產生了諸多影響。十字軍戰士獲得了豐厚的獎賞，包括香料、絲綢和錦緞、鑲金刀具、瓷器以及過去做夢都想不到的琳琅滿目的奢侈品。十字軍東征最初或許是為了救贖靈魂而發起，但它們的維持卻在某種程度上緣於對戰利品的掠奪。當征服活動失敗時，十字軍戰士就只能購買所需物品。起初，歐洲人只能用奴隸、貴金屬（主要是銀）、木料和皮毛（木料是沙漠地區的稀有資源；皮毛資源匱乏，但熱帶地區不太「需要」這種資源）進行交易。但是，似乎正是對用於東方市場上的銷售物的需求，刺激了歐洲的生產活動，尤其是優質呢絨——由平原和高原上放養的綿羊的絨毛製成——的生產。

歐洲霸權之前從古老帝國中浮現十二至十三世紀，西北歐的農業、採礦業，而後是製造業的復蘇，至少在某種程度上必須歸功於十字軍東征引發的眼界的開闊和貿易機會的增多。這一時期，整個歐洲大陸的城市化進程非常迅猛，從法蘭德斯和法蘭西到萊茵河流經的歐洲中部地區，都是如此。法蘭德斯和法蘭西能通過馬賽、艾格莫爾特、蒙彼利埃，尤其是地中海的主要海港熱那亞，進入地中海沿岸西部。而萊茵河則建立了從北海直到它在地中海的主要出口威尼斯之間的聯繫（Ganshof, 1943）。最初的貿易主要在「集市」上進行，起初，這些集市在城鎮定期舉辦，後來則是連續舉辦，以接納四面八方的商人。然而，人口數量的攀升和不斷增長的對東方貿易的需求，推動了工業化水準的提高，這最終導致了位於出海口的真正的商業中心的發展，布魯日就是其中一個很好的例證。

歐洲經君士坦丁堡與東方建立的聯繫貫穿了整個中世紀時期，但這僅僅提供了通往中國北方的陸路，這條路線危險重重（在歷史上，這裡是半遊牧部落互相廝殺的戰場），代價高昂，因為陸路總比海路耗資更多。在「世界征服者」成吉思汗統治的蒙古帝國的早期，該地區才得以「統一」，直到這時，歐洲人方能安全地穿越這條漫長而又兇險的路線。

在本書的第一部份，我們考察了十六世紀「世界體系」之下的歐洲亞體系的三個主要參與者：香檳集市城鎮（特魯瓦、普羅萬、拉尼和奧爾河畔巴爾），歐洲內部、歐洲和東方在此進行了很多新的互動，尤其是在十二至十三世紀早期；法蘭德斯工商業城鎮（布魯日和根特），它們在十三世紀末至十四世紀初接替了香檳集市城鎮的重要角色；義大利主要海港（熱那亞和威尼斯），它們將西北歐與中東港口聯結起來（見圖二）。

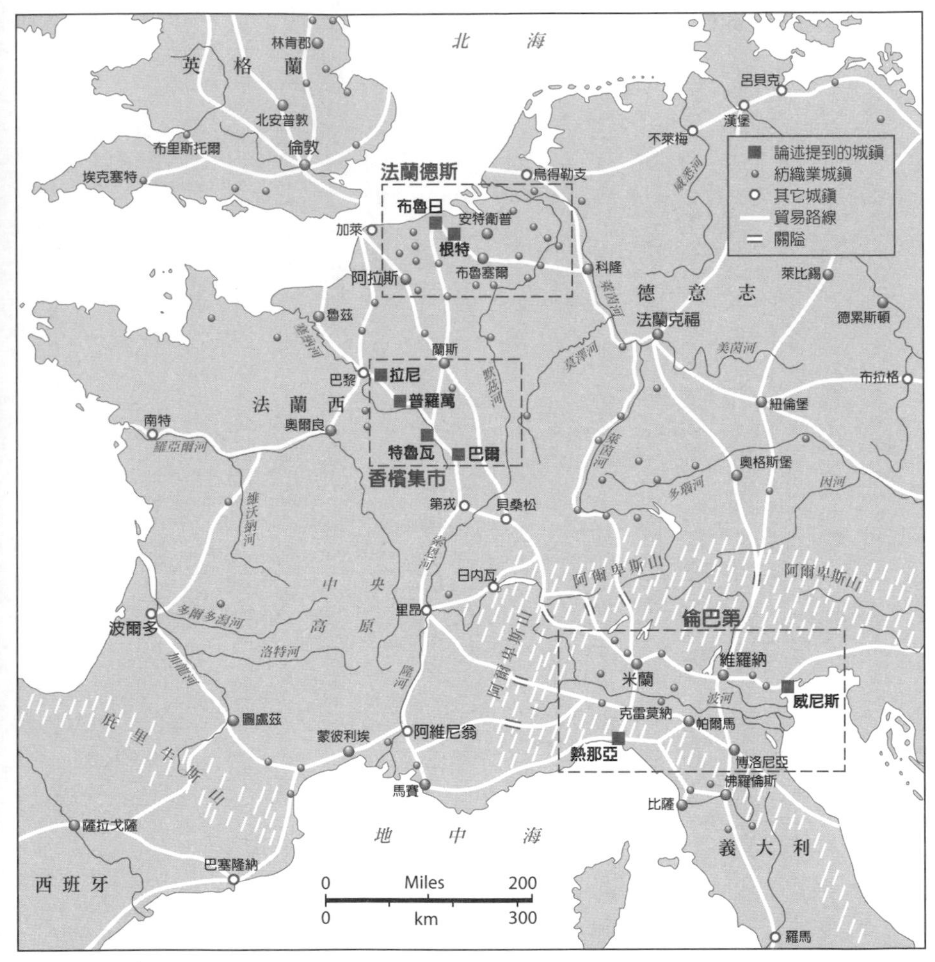

圖2　歐洲亞體系：四個香檳集市城鎮、布魯日和根特的法蘭德斯人城市、義大利的熱那亞港和威尼斯港的位置

第二章　舉辦香檳集市的城市

作為經濟交易中心的集市

在一些人口相對稀少，發展水準低下，運輸系統落後的社會裡，我們往往會發現舉辦定期集市的現象。實質上，在定期集市上，商人定期將消費品帶給顧客（當地集市通常每週舉辦一次），在某些情況下商人們的貿易線路推動了關於貿易中心的術語的出現。

如今，在北非仍然有些這樣的定期集市，有些城鎮就叫作星期四集市（Suq al-Khamis）、星期三集市（Suq al-Arba）和星期二集市（Suq al-Talata）。米克塞爾對定期集市制度進行了充分研究（Mikesell, 1961）[1]，其運行方式是這樣的：商人多以相鄰城市為據點，經營手工製品和（或）進口貨物；他們沿著固定的線路活動，比如說攜帶貨物來到星期一集市，在完成當天的交易後，他們將剩餘的存貨打包，然後前往星期二集市，如此等等。

每個集市城鎮都會有一個大的開闊地，以供行商搭建帳篷和攤點，一些重要的區域中心甚至在一個又一個集市日中建起了固定的攤篷。很多農民一大早就步行或騎驢朝山下（通常如此）每週一次的集市走去，隨身帶著要出售的農產品或牲畜，以及用於購置貨物的錢財。

集市日往往充滿興奮和喜慶的氣氛（讓人想起德布西的音詩《節日》），往常那些足不出戶的人們大量聚集到集市上。有專門的攤位提供食物和茶水。理髮師放好凳子，等著生意開張。抄寫員席地而坐，為顧客謄寫書信或填寫單據。鐵匠和修理工安置好行頭和工具，準備做活。從事相近行當（如帳篷和地毯編織女工、制陶工和其他技工）的手藝人利用便利招徠潛在顧客。坐商和行商都擺好了貨攤，準備經營。即便是在沒有固定設施的地方，集市也有其一定的形貌，人們每次搭建集市時都會將之復原。牲畜的出售、屠殺都在集市週邊進行。飯攤和「外來」商家的貨物都靠近集市中心。「外來」貨物大多價值不菲，它們由城市商人從遠方帶到這裡，這些商人把布料、手工製品以及銀質首飾（就像現在的手錶和半導體收音機）都擺放在非常精美的馬車上，而不是像當地人那樣將貨物放在地上的床單上。當正午剛過，豔陽高照，分外炎熱，人們不宜久留時，在一杯茶水提神後，他們開始踏上回家的路，商人則收拾好剩餘貨物，準備動身前往下一個地方。

最初的集市多是以物易物，少有貨幣流通，但等更大的行商開始頻繁光顧這些集市時，人們對通貨的需求變得越發迫切，與此相關也產生了對錢商的需求。或許這就是銀行家和信貸機制的肇始。假如一個富有的農場主想要購買城市商人平常沒有儲備的東西（可能是為將要到來的婚禮而準備的重要消費品，抑或用於清理更多土地的工具），他就需要訂購貨物，由商家許諾將在下次把貨帶給他。農場主要麼「給予」商人信任而預付貨款，要麼「得到」商人信任貨到付款，或者預付訂金達成妥協。如果買家沒有湊夠必需錢款，那麼他可以從錢商那裡「借入」一些資金，也可以向錢商或商家「借出」（抵押）他的預期收成的一部份。這樣一來，一個複雜的經濟制度就生成了，每週一次的集市得以從鄰里間的以物易物擴展到遠端貿易所需要的貨幣化機制。

任何一個集市中心應該都會吸引四面八方的城市商人，這有可能催生出「一個更高級的貿易區」。雖然商人最初來到集市是為了向當地顧客銷售物品，但他們很可能時常在同一個集市碰面，這樣他們就會在下次相遇時帶去某些物品並彼此交易，這些物品不見得為當地農民需要，但它們在商人所在的家鄉的集市上有銷路。在這種情況下，信貸和交易活動會變得更加複雜，尤其是當來源於各個城鎮的貨幣不統一的時候。由於貨幣種類繁多，錢商變得越來越重要。而且，為下一筆交易積累信用或許比隨身攜帶硬幣更可取，這意味著那些借貸記錄必須保存下來。於是，就像當地的農戶會預訂物品一樣，來自各地的商人來來往往，他們家鄉的城鎮消費者可能也會下訂單，這些消費者訂購的不是在當地集市上就可以買到的洋蔥，而是由遠方城鎮編織的布料。城鎮居民的交易商會從星期一集市上遇到的同行那裡預訂，而在這個集市他並沒有其他利益可圖。一個四通八達的交匯點就這樣成為遠端貿易中心，儘管它本身產出的利益微乎其微。

一旦交匯點確定下來，並能吸引其他地點的商人，那麼當地產品總會有機會被推廣到遠端商人開拓的市場上。於是，當地的制陶工或因手藝而聲名遠揚，他的產品能夠賣給來到此地的遠端商人；商人或許會委託他們製作一些盆盆罐罐，因為商人知道它們能在別處售出。商人甚至向當地工匠預支一筆資金，使他們有可能購買更多的原料或雇用幫手，借此來幫他推廣產品。織造業是個更好的事例。當地的羊毛、棉花或亞麻產量或許足夠滿足當地織工需要，生產出供本地人使用的產品，但產量的擴大可能需要原材料的輸入。那些流動商人或許會供應原材料，並簽約收購，以供出口。從私人生產到雇傭勞動僅僅是簡短而又危險的一步，在雇傭勞動中，商人給生產體系提供原料，並向製造成品的工人支付報酬。事實證明，這種做法比在商人的家鄉完成整個織造過程更實惠，因為在他們的家鄉，織工可能會受到行會的保護。

遠端貿易的擴展需要具備一些基本的前提條件。其中一個無疑就是安全。隨著遠端運輸的貨物價值的增加，商人對保護措施的需求日漸凸顯。如果只是農場主攜帶著洋蔥和番茄在當地銷售的話，偷竊倒不會產生很大影響。但當富商運載貴重物資通過貧困地區時，他們則往往成為偷竊對象。那些「殺富濟貧」的羅賓漢，用不大光彩的話說其實就是貧窮山民，他們偷盜前往集市的流動富商的貨物。哪裡貧富不均，哪裡的安全措施就必須得到保障；否則，商人就得帶著衛隊，乘「篷車」出行，以確保人身和貨物的安全。在充滿異國情調的東方和十三世紀的歐洲，人們都能看到這種篷車。

第二個前提就是當貨幣不統一時達成的兌換協議，更為重要的還有確保償還債務和履行契約的一些手段。沒有這些必要條件，貿易很快就會夭折。正如前面提到的那樣，還需要構建一些信貸機制，以確保直接買賣之外的那些交易。

至於集市的選址問題，有幾個因素是至關重要的。貿易地點最起碼要連接著兩個或兩個以上的獨立區域，各區域的產品應該互補，而不是相同，這樣才有交易的必要。其次，貿易地點必須是商人容易到達的地方，鑒於當時的運輸條件，運輸費用必須做到最小化。這就是為何運輸方式發生重大變化時貿易地點也會時常變換的原因了。在其他條件都相同的情況下，水路運輸遠比陸路運輸便宜，在運輸大宗貨物時尤其如此。當然，小而貴重的物品在承擔了每單元的高額運費後依然有著可觀的盈利，而那些低廉的笨重貨物則不值得運往遠處。其實這也是十三世紀——和今天一樣——的遠端貿易鍾情於奢侈品、貴重物品和武器的原因。

香檳集市及其所在城鎮

上述景象是根據當時的城鎮和一個異域國度的情景描繪出來的，結合這一事例，我們探討了定期集市的某些運行邏輯。我們現在前往法國東北部，回溯數個世紀，去考察十三世紀世界經濟體中一個重要的貿易中心——香檳集市，分析它是怎樣實踐那些相同的運作方式的。為此，我們首先必須按照香檳集市從地方走向世界市場的過程，重建西歐的情境。

羅馬帝國瓦解後，那些曾經是帝國軍事和商業網絡重鎮的定居點便落入廢棄。後來，當經濟開始復蘇，這些定居點常常立刻成為集市中心，並發展成城鎮。比如特魯瓦曾經是羅馬帝國的兵營（castrum）所在地，有證據顯示這裡早在五世紀甚或更早的時候就舉辦過定期集市。八世紀時，查理曼力圖重新完成統一，當時的特魯瓦（Troyes）和普羅萬（Provins）都被選作行政中心。特魯瓦成為香檳地區的行政中心，而查理曼設在布里地區（Brie）的行政中心普羅萬則是的一個不怎麼知名的城鎮，該城鎮的主要價值在於它易於防禦的地理位置，它處在峭壁的頂端，俯視著入侵者必經的平原（Mesqui, 1979:7-8; Bourquelot, *Histoire de Provins*, original 1839-1840, reprinted 1976, I:407）。後來，又有兩個城鎮加入到集市商業中心的行列中來，一個是坐落在羅馬道路交叉點的奧布河畔巴爾（Bar-sur-Aube），那裡的集市場地緊挨著伯爵的城堡周邊（Chapin, 1937:111）；另一個是拉尼（Lagny），這裡的集市建在本篤會修道院的空地上（Chapin, 1937:24）。上述每個城鎮都坐落在羅馬公路的交匯點上，且都靠近河流，這些河流能夠提供水源——水力資源將是後來工業發展中的重要組成[2]——和水上運輸，儘管只有拉尼位於適合航行的小河上。十世紀時，這些城鎮的經濟興旺起來。十一世紀，尤其是十二至十三世紀時，它們在北歐的經濟復興中發揮了重要作用，它們既是交易場所，又是紡織品生產中心——特魯瓦如此，普羅萬更是如此。

雖然自然環境和行政管理上的有利條件使得這些城鎮發展為城市，但在法國各地，其他一些中等大小的村堡*無疑也有著適於發展的特徵。當北歐於十二至十三世紀進入世界經濟體時，這些城鎮沒有任何特質能保證它們將成為北歐的中心區。而且當法蘭德斯商人在這些地方通過義大利遠端商人轉手用優質紡織品與東方交易香料與絲綢時，當它們一度成為了知名的商業中心時，人們也很難想到，這些商業中心將在僅僅一個世紀之後就被打回原形，變回死氣沉沉的城鎮，並被新興的世界貿易潮流所拋棄。

然而，儘管這些城市都未曾變成大都會，但當這些城市「處在舞臺中央」的時候，它們在世界生產貿易

* 原文為bourgs，城堡四周的村落，設防的村子。是英語 burgs 的法語詞根。—譯者

體系向歐洲擴展的過程中扮演了至關重要的角色（Russell, 1972:154）。它們的重要性源於何處呢？為什麼是它們，而不是別的地方，吸引了發展中的貿易呢？這是兩個相互關聯而又彼此獨立的問題。我們先來處理第一個問題。

費爾南・布勞岱爾（1984:111）作出了一個概述。彼時，義大利港口城市正在發展商業，它們與東方建立了聯繫；而法蘭德斯地區正在發展紡織業。那麼，兩個地區之間的某個地點就很可能成為共同的匯合場地：

> 〔十二至十三世紀的〕兩大經濟區——低地國家和義大利——緩慢而又不約而同地形成了。就在這兩個標杆，這兩個潛在的「核心區」之間，香檳集市正如日中天。在早期的歐洲世界經濟體中……北歐和南歐均未取得優勢。歐洲經濟體的經濟中心在南歐和北歐兩地之間停留多年……好像是為了讓雙方滿意一樣，六屆集市均在香檳和布里〔的四個城鎮〕舉辦……這些集市是整個歐洲的集會……那些商用篷車滿載貨物，由衛隊護航，齊聚香檳和布里，與那些由駱駝拉著穿越伊斯蘭地區的茫茫大漠，前往地中海地區的篷車沒什麼兩樣。[3]

但是，這些篷車為何會匯聚香檳（Champagne），而不是其他更為重要的羅馬公路附近的聚集地呢？就拿里昂來說吧，它位於兩條重要的可供航行的河流的交匯處，很有戰略地位，在古典時期，義大利商人曾蜂擁而至。香檳一帶何以在十二世紀成為西歐「固定的全年性商品集市和貨幣兌換地」（Gies and Gies, 1969:12）呢？為了釐清這個問題，我們有必要找尋一個更為複雜，更具政治性的解釋。

我們回到對摩洛哥定期集市及其成功條件的分析上。首先，必須確保安全交易。其次，必須有交易和信貸機制，以及在時間上和空間上都能確保便捷而又安全地實施交易的制度。最後，既然很多地區在相互競爭，力圖扮演那個角色，那麼肯定會有某個地區特別賣力地展現本身的吸引力。這個地點必須有足夠的實力為商人提供必需的攤位。十二至十三世紀的香檳地區和布里地區具備了以上所有的三個必要條件，其中第三個條件或許最為重要。因為正如我們將要看到的那樣，當那種特別的動力在一二八五年消失後，香檳集市就失去了優勢。

對那時的香檳來說，最為重要的因素是伯爵的獨立和幹勁。他們不時地與法蘭西國王（雖然在不同時期也有過通婚和聯姻）和教皇發生爭執，教皇時常將一兩個人逐出教會，甚至把整個特魯瓦城除主教以外的所有人都開除了教籍。這種統治階層內部的緊張關係在「民族國家」（nation-state）得到鞏固之前非常典型，它使得伯爵擺脫了王室對貿易的管制，為他們向商人提供更好的條件提供了可能。伯爵的激勵措施不但表現在政治上，還更清楚地表現在財政上，因為集市帶給他們豐厚的利潤。領主向過往貨物徵收通行費（tonlieux），他們將宿舍、馬廄和房屋租給流動商人並收取高額租金。此外，他們還向各種經濟單位斂取許可費，通過批准合同圖章，登記拖欠債務，以及開具罰單來徵收費用（Boutiot, 1870, I:372）。

作為回報，「香檳伯爵會非常主動地保護參加集市的商人、幫工和貨物的安全，這種保護自他們動身前往集市的那一天就開始了」（Boutiot, 1870, I:363），並伴隨著他們通過他人的領地，哪怕是黎凡特。早在十一世紀末期，當時的香檳伯爵就向商人提供類似的保護（Laurent, 1935:258）。蒂博二世與法蘭西國王達成了一項「非同尋常的協定」，國王「許諾會讓所有前往香檳集市或從集市返回的商人，在他們的保護下順利通過王室領土」(Gies and Gies, 1969:14)。後來，當攝政權落入那瓦勒的布朗什手中時，腓力•奧古斯都（在一二〇九年）護送來自義大利和其他地方的商人抵達了香檳集市。他還答應，當需要撤回安保措施時，他會提前三個月通知，以方便商人帶著貨物返程（Boutiot, 1870, I:357; Baldwin, 1986:348）。這樣，在面對沿途的搶劫時，商人的安全就得到了保障。與相鄰地區的貴族達成的協議，確保了流動商人在途經某個貴族的轄區時免遭損失。

此外，或許更為重要的是，香檳和布里的伯爵們在集市內部建立了一個地方司法系統，該系統能向來自不同國籍的商人發佈命令。所謂的「集市守護者」都是伯爵任命的官員，他們監督集市上摩肩接踵的人群，聽取控告，確保契約的執行，並靠徵收罰金來懲治欺詐行為。這些官員有時多達數百人，但都處在兩名要人的管轄之下，這兩人組成一個法庭，審理案件，裁判爭執，並施加處罰（Bourquelot, 1865, II:211-256; Boutiot, 1870, I:369）。

十三世紀中期時，「集市守護者」成為一股獨立於伯爵的力量。他們的圖章和伯爵的圖章有所不同，他們將集市登記簿上的合同概要記錄下來，對協定進行公證，並對之進行強制執行（Bautier, 1942-43:158-162）。然而，他們的殺手鐧卻是將任何因未能償還債務或未能履行承諾而獲罪的商人阻擋在未來的集市之外（Bautier, 1953:123）。這顯然是非常嚴厲的懲罰，以至於很少有人願意冒險一試而失去將來的賺錢機會。不過，即便缺少上述手段，這些守護者也能扣押拖欠債務者的貨物，並將其賣掉以彌補債權人的利益（Bautier, 1942-43:163）。

香檳和布里的伯爵們提供的這些特殊機制，確保這些地區比其他地方更受歡迎，並促成了它們對集市的非自然壟斷。在某種程度上，一旦這些到此為止還處於自主統治下的區域，在一二八五年成為法蘭西國王的轄區，這種壟斷地位的喪失是不可避免的。隨著吞併的發生，這些集市城鎮丟掉了特殊地位，很多集市活動轉移到了其他地方，並最終在里昂札根。里昂的中心區處於義大利和法蘭德斯的中途，這使其成為一個自然的交匯地點。導致香檳集市衰落的第二個因素是香檳地區與法蘭德斯地區的政治衝突，這發生在法蘭德斯商人被拒絕參加集市的那段時期。最後一個因素是，大西洋海路的開通使得義大利人無須穿越法蘭西即可抵達法蘭德斯。然而，由於我們尚不清楚香檳集市的運作情況，所以我們稍後再來論述它的衰落。

香檳集市的組織

雖然我們無法通過文獻資料重建香檳集市的最初組織形式，但在十三世紀中期時，這裡就運行著非常精巧的貿易機制，該體制脫離了十二世紀中期的模式並不斷演進。一系列描述被編輯成冊，其中，菲力克斯・布林克洛（Felix Bourquelot，普羅萬的一名當地人，於一八六五年出版了兩卷本的有關集市的具有重大意義的研究成果）和布提奧特（Th.Boutiot，十九世紀的一名檔案保管員，整理了特魯瓦的檔案，並將相關訊息編制成四卷本的編年史和一本索引。Boutiot, 1870-1880）的記載無疑是非常重要的參照。[4]

雖然早在高盧羅馬時期特魯瓦集市就為人所知（Bourquelot, 1865, I:67），但此後的境況我們尚且不清楚，因為我們所掌握的下一個有據可查的資料僅僅始於一一一四年，那一年，香檳伯爵雨果在前往巴勒斯坦之前，將奧布河畔巴爾集市上的牲畜銷售稅都轉讓給了當地的蒙蒂塞洛修道院（Boutiot, 1870, I:190-191）。由上述背景，以及十二世紀四〇年代以來有關特魯瓦、拉尼和普羅萬的集市的資料可知，這些集市在那時顯然是常年舉辦的。

在香檳和布里的伯爵們的保護和贊助下，六個集市每年都會根據宗教節日（每年的日期不固定），沿著固定的可預知的線路舉辦，每個差不多持續兩個月。新年後的第一天[5]，一年的集市就在最靠近巴黎的拉尼拉開了序幕，一直持續到狂歡日之前的星期一[6]，有時是二月中旬。兩天之後，即星期三，該集市又在香檳和布里最東端的奧布河畔巴爾開張了，一直持續到耶穌升天節那周的星期一。（埃迪特・沙潘〔Edith Chapin〕認為奧布河畔巴爾集市開始於二月二十四日到三月三十日之間，結束於四月十三日到五月十七日之間。）次日，集市就轉到了普羅萬的更大的城鎮，這裡的五月集市一直持續到「聖讓節兩周後的星期二，但如果聖讓節趕上了星期二，那麼就再延續八天」（Boutiot, 1870, I:354）。（沙潘再次給出了較為靈活的日期和一個短暫的延續。）普羅萬的集市結束後，立即移至特魯瓦，在這裡，聖讓「熱市」（Hot Fair）會延續到九月上旬。光榮十字架節那天，商人會返回普羅萬去參加聖阿伊武集市（St. Ayoul fair），直到十一月初的萬聖節。特魯瓦的「冷市」（Cold Fair）始於萬聖節那天，直到十二月底或新年那天結束。然後，這個循環再重複下去[7]。

每個貿易集市都有本身的召集和疏散系統，集合了本地貿易、地區貿易和遠端貿易，並對貨物作出了有條不紊的安排，這允許商人能夠以盡可能快的速度移動，以便及時到達集市銷售商品。這解釋了在那個運輸緩慢的時代裡，攜帶大宗貨物的商人如何在那些其實相當短的距離內運輸他們的商品。此外，這也是不同資料所記載的集市日期不能吻合的一個原因。

每個集市都是緩緩開張，因為商人需要大約八到十天的時間來運送貨物，專門安排住宿和貨棧。（Again, I depend upon the description of Boutiot, 1870, I:368.）不管怎樣，集市最為精彩的時刻就是城鎮傳令員高呼「野兔」（Hare）的時候，這是布料集市就要開張的信號。此前禁止銷售布料，正式的為期十天的布料集市也禁止其他交易。這裡顯然是集市的經濟中心，來自法蘭德斯的遠端商人帶著輸往義大利和黎凡特地區的手工製品來到這裡；義大利的商業銀行家也不辭辛勞地跨過阿爾卑斯山來到這裡，伺機出價買下這些手工製品，他們同時還帶來了用於交易的東方產品。集市開張十一天之後才允許銷售皮革製品和衣物，之後，香料和笨重的土產品——按重量（avoir du poids）出售的物品——交易就開始了。由於布料是國外商人的主要交易品，銀行家和貨幣兌換人的存在就顯得尤為必要，在布料銷售結束後，他們的工作還會持續一個月，因為他們還得兌換貨幣，把國外商人在本地集市的帳單登記在冊，並清償債務或把債務轉給協力廠商，如此等等。在經過了一個差不多長達五十二天的週期後，集市趨於尾聲，參與者要麼回家，要麼前往下一個集市。

香檳集市的參與者

香檳集市上的商人都是何許人也？他們是怎樣經營生意的？儘管集市和參加集市的那些人隨時在變。精確地考證它們是不可能的，就我們的目的而言也沒有必要。僅僅為了方便起見，我們將商人們劃分為以下幾類：（一）來自集市所在城鎮的本地商人，以及為國外商人提供服務的本地人；（二）來自法國和法蘭德斯其他城鎮的商人，他們被編入一個叫作「十七城市工會」（Hanse of Seventeen Cities）的商人工會（城市商人同盟）中[8]；（三）來自法國其他城市的商人，包括香檳地區的西部和南部；（四）來自義大利北部城市國家的商人，包括熱那亞和威尼斯——稍微少一些——港口城市，以及托斯卡尼地區的內陸城市[9]；（五）來自比較偏遠的歐洲地區，如西班牙、葡萄牙、德意志、英格蘭和蘇格蘭等地的相對缺乏組織的商人；甚至還有（六）東方（希臘、克里特島、賽普勒斯和敘利亞）的商人，雖然相關證據尚不夠明確。儘管很多參與者都是「銀行家」和商人，但遠端貿易的高層幾乎全部被義大利人壟斷。

上述各類商人都攜帶不同的物品來到集市，在交易過程中扮演不同的角色，同時對參與的集市承擔不同的義務。當然，那四個城鎮的當地商人、旅舍管理人和集市官員對集市承擔最多的義務，因為他們完全仰賴集市帶來的繁榮。毫無疑問，當地居民，如給外國人提供食宿者，維護商人財物安全者，以及公證人、本地代理、抄寫員、集市護衛，甚或搬運工，都從商業中心的延續中獲得一份既得利益（Chapin, 1937:125-128）。

其他一些當地人的富裕至少在某種程度上也取決於集市帶來的需求。讓我們回到那個假定的定期集市上來。在這個集市上，國外遠端商人的存在刺激了出口產品的增加。這種情況無疑存在於特魯瓦，而普羅萬發展了以出口為導向的極先進的紡織業，那裡的情況更是如此。紡織業不僅吸收了眾多的閒置勞力——這些勞力只在舉辦集市期間得到利用——還吸引了更多的人來到這些城市，這些城市在壁壘森嚴的城鎮和集市場地附近漸漸發展起來。正如沙潘（1937:53）描述的那樣：

> 普羅萬的地理條件非常有利於紡織業的發展……香檳……〔和〕布里高原地區飼養的綿羊提供羊毛。事實上，飼養綿羊和出售羊毛成為宗教機構最主要的收入來源。

普羅萬山谷的河流提供了製作布料所需水源，而集市的存在又為布料的銷售提供了便利。

儘管我們對於十二世紀的紡織業知之甚少，但到十三世紀時，有證據顯示，為了保護紡織業，伯爵和當地的中產階級建立了牢固的聯盟。那時，布料商人組成了強有力的行會，從伯爵那裡獲得了在城鎮裡製作布料的專有權[10]。就像沙潘指出的那樣（1937:54，著重號乃後來所加），「一二二三年，在普羅萬的中產階級的請求下，蒂博四世命令，除伯爵手下的人〔即受他監護的農奴〕或普羅萬的居民〔自由中產階級〕外，任何來此的人都不能製作布料。」由於這裡有很多為擺脫封建束縛而來到城市尋求庇護的移民，所以這個規定顯然是想保護中產階級的封建權利和商業壟斷。

紡織業在普羅萬地區的擴展逐漸催生出甚至可以稱為產業階級結構的東西。那時，在其他紡織業城鎮裡，由地主和資本家組成的城市貴族階級[11]統治著那些逐漸被排除在視線之外的工人；工人們被聚集到週邊令人生厭的產業區。

特魯瓦的情況有些不同。雖然紡織業在經濟結構上扮演了重要角色，但該城鎮之所以為人所知，更多地是因為它的商業和金融功能，而非它的產業。另外，由於特魯瓦是伯爵政府的「所在地」，所以封建領主、產業家和金融家之間的界限並不分明。儘管很多資料都極力主張中世紀的歐洲城鎮是「獨立自主」的，但我們必須強調，在十三世紀時，城鎮緊密地與鄉村封建制度纏繞在一起（Evergates, 1975）。

這些城市裡的伯爵發揮了積極的作用，伯爵蒂博四世在一二三〇年給予特魯瓦特許權之後，即使他仍繼續壟斷著城鎮中的麵粉廠和其他產業，並在城市中佔有許多資產（Gies and Gies, 1969:19-20）。那條著名的法令（文本見Chapin, 1937:147）或許將城市人口從農奴制下解放出來，但是在取代了臭名昭著的租稅（人頭稅）後，它又強加了和原來一樣繁重的個人財產稅和不動產稅。根據後來的一二四二年法令，特魯瓦應該一直處於十二人委員會的管理之下，但我們沒有找到委員會在一三一七年之前行使職責的任何證據（Boutiot, 1870, I:383）。蒂博五世直到一二七〇年還依然自視為香檳和布里（Boutiot, 1870, I:384）或許包括還有該地區的諸多城市的「國王」。

布商和銀行家這兩個最賺錢的行當並未完全分離。「兩個角色通常由同一個企業家扮演」（Gies and Gies, 1969:98）。另一方面，商人銀行家與工人之間的差距變得越來越大。幾乎每個工匠最初都也是商人（Gies and Gies, 1969:77），但到十三世紀時，這一制度發生了深刻轉變。特魯瓦的商人將他們的錢……首先投入到羊毛上來……但是，商人以低價大量買進轉而再提供給織工，並明確提出他想要的編織樣式。理論上講，他將原毛賣給了個別織工，並買回了羊毛成品，但是，由於他通常從同一群織工那裡購買羊毛成品，所以羊毛商實際上控制著散佈在城鎮裡的工廠〔原文如此〕。（Gies and Gies, 1969:100）這樣，工人就開始無產階級化了。

這種日益凸顯的階級結構反映在各階級的地域分佈上。工匠主要集中在聖約翰教堂附近；皮革工、皮貨商和布料製造商分佈在靠近運河的地區，紡紗工緊挨著它們。與聖尼古拉教堂毗鄰的穀物市場是另外一個聚集點，這裡有很多麵包店，位於聖尼古拉教堂和聖約翰教堂之間的街道上有很多出售麵包的攤位。稍遠一些是羊毛銷售商、燒炭者和馬匹商人所在地。屠宰場和製革廠在最不受歡迎的低地區，這裡先前是塊沼澤地（Chapin, 1937:82-85）。所有這些產業活動的繁榮至少都應該歸功於集市的舉行及由此帶來的其他需求。

特魯瓦，尤其是普羅萬的紡織業顯然主要面向出口。儘管當地商人並不遠行，

> 但他們通過集市中間商將布料發送到歐洲各地和黎凡特地區。自一二三〇年始，普羅萬的紡織品就出現在義大利……一二四八年，普羅萬的布料從馬賽運往墨西拿和阿克里……一二七七年四月，在巴黎沒收的兩個佛羅倫斯商人的財產中，發現了……來自普羅萬的布料。（Chapin, 1937:74）

馬賽（一二七一）、巴黎（一二九六）和巴賽隆納（一三〇九）的文獻都提到了普羅萬的布料，「在十五世紀的佛羅倫斯和比薩的關稅帳目中，也列有普羅萬的布料」（Chapin, 1937:74）。

普羅萬布料甚至名揚黎凡特。十四世紀的彼加洛梯彼加洛梯（Francesco Balducci Pegolotti）所著的《通商指南》（*La Pratica della Mercatura*）是一份珍貴資料，該書提到君士坦丁堡在出售香檳地區的亞麻布，阿克里、亞歷山大、賽普勒斯和突尼斯在使用，或至少是在轉用特魯瓦度量衡（仍在沿用）。對我們而言，這應該不足為奇。香檳地區與中東地區的聯繫由來已久，且從未間斷。香檳伯爵「自由者」亨利一生中大多時間都忙於十字軍東征，他迎娶了耶路撒冷女王，甚至在十二世紀末成為耶路撒冷國王。

相比之下，拉尼和奧布河畔巴爾較小的市鎮就很少受到集市的影響。拉尼生產一些布料，這裡的一些居民成為錢商[12]，但它依舊主要是農業生產和農業集市所在地。奧布河畔巴爾自始至終都保持著田園牧歌似的

氛圍，田地和牧場比產業和貿易給城鎮居民提供了更多的就業機會。

正如我們所表明的那樣，集市所在城鎮的布料生產更多地是集市帶來的後果，而非這些城鎮自發生成的。離開從鄰近的法國和法蘭德斯城鎮帶到集市的紡織品和其他物品，這些集市就不可能吸引那些非常重要的義大利商人，正是他們充當了該地區與中東，乃至遠東貿易的中間人。

在香檳地區銷售布料的法國商人來自盧昂、盧維埃、伯奈、卡昂、那沙泰爾、蒙蒂維利埃、阿拉斯、亞眠、博韋、魯瓦、皮隆尼、蒙科爾內、蒙特雷烏爾、巴黎、聖鄧尼斯、沙特爾、圖盧茲、蒙彼利埃、奧里亞克和里摩日等城市。法蘭德斯和布拉班特地區的商人來自梅赫倫、伊普爾、聖奧美爾、迪斯特、根特、瓦朗謝訥、於伊、里爾、布魯日、那慕爾、杜埃、迪克斯邁德、埃丹、康佈雷、魯汶和布魯塞爾的城鎮（Bourquelot, 1865, I:249）。這些城鎮出現在十七個城市漢薩同盟（到一二〇六年時有六十名會員）的多個名冊中，但有些也屬於倫敦商人公會會員[13]。法國商人也將其他物品帶到集市上，主要是聲名遠揚的勃艮第紅葡萄酒，但也有其他的當地農產品。從朗格多克遠道而來的商人一路北上，去集市銷售他們的物品。

為了增強實力，來自各城鎮的商人似乎結成了團體。首先，他們結伴而行，抵達集市，這有助於確保安全。其次，作為（跨國的）行業聯合，他們能從伯爵那裡獲得同樣有利的貿易條件。用一個過時的術語說就是，他們享有「最惠國民待遇」。再次，雖然來自大城鎮（杜埃、伊普爾和阿拉斯）的商人保有獨立的宿舍、倉庫和營業大廳，但是那些來自小城鎮的商人也時常分享這些設施，共用抄寫員、搬運工和其他人員。這個商人聯合會明顯不同於生產者聯合會（倫敦商人公會），更確切地說，後者的目的是為了能夠更便捷地從英格蘭進口高品質的原羊毛。

其他城市的產品對香檳集市的主要參與者——義大利商人和銀行家構成了無法抗拒的誘惑。義大利商人和銀行家的存在造就了香檳集市，而他們最終於一三五〇年退出集市則標誌著香檳集市的倒閉。義大利人是最大的主顧；他們創制了銀行、信貸和簿記等方法，沒有這些方法，一系列複雜的交易就根本不可能達成；最後，他們還是關鍵的中間商，將需求和供給擴展到歐洲之外，並讓香檳集市真正實現了國際化。

義大利人的作用

為了理解義大利人的關鍵性作用，闡釋他們的精明世故，我們必須想到在歐洲所謂的黑暗時代，義大利港口的發展從未中斷過，並一直與東方保持著聯繫。隸屬於拜占庭帝國的威尼斯尤其如此。羅馬帝國崩潰後，雖然威尼斯受到削弱，但它在地中海東部地區依然是穆斯林勢力當之無愧的重要競爭對手。正如將在第四章看到的那樣，義大利港口城鎮熱那亞和威尼斯與安納托利亞、肥沃月彎、埃及和北非保持著密切的貿易往來。在此過程中，他們從東方的同行——無論是基督徒還是穆斯林——那裡學到很多經營機制，這促進了遠端貿易和跨區域貿易的發展。

除了著名的洛佩斯和阿什多（Eliyahu Ashtor）之外，很少有歐洲歷史學家對東方的這些先例給予足夠的關注；歷史學家和社會科學家（甚至包括馬克斯・韋伯）通常認為義大利人有著獨特的商業創造力。儘管義大利人確實巧妙地運用了習得的經驗，但他們無法完全配得上這個聲望。他們附屬於中東地區，直到十三世紀後半期，威尼斯和熱那亞商人還沒有自己的貨幣，他們使用的是君士坦丁堡和埃及的金幣。這大致反映了他們在世界貿易中的半邊緣地位。

我們從熱那亞的公證文書中得知，早在十二世紀末期，義大利商人的篷車就到達過六個集市中的每一個，雖然對熱那亞人來說，拉尼的集市才是最為重要的。阿斯蒂人提供定期的運輸服務，用騾子和馬車載著貨物緩慢地越過阿爾卑斯山（Reynolds, as cited in Laurent, 1935:265），每次行程大約需要五周的時間

（Chapin, 1937:105）。據那時的一份手稿（在隨後的敘述中將要用到，Bourquelot, 1865, I:209-212）記載，到十三世紀時，除那些港口城市，倫巴第和托斯卡納地區越來越多的城市也開始與北歐進行貿易往來。比薩和米蘭地區的城市將高品質的布料帶到集市上，佛羅倫斯人則將買到的法蘭德斯人的毛織品帶回佛羅倫斯，以便進一步加工成精美的「卡里瑪麗」布（Bourquelot, 1865, I:211-213）。參與貿易的義大利城鎮應該還有羅馬、克雷蒙納、皮斯托亞、錫耶納、盧卡、帕爾瑪、皮亞琴察和烏比諾（Bourquelot, 1865, I:164）。

義大利人攜帶的主要物品是從東方輸入的香料和絲綢，這些物品要麼直接來自北非和中東，要麼由穆斯林中間商從遠東帶入，它們使得義大利商人的存在不可或缺。據當代文獻里的清單記載（Bourquelot, 1865, I:206-208），北非主要通過熱那亞中間商向義大利人提供明礬、石蠟、皮革和毛皮、孜然以及海棗，而穆斯林統治的西班牙向他們提供蜂蜜、橄欖油、杏仁、葡萄乾、無花果，甚至還有絲綢。中東的輸出品有胡椒、蘇木、羽飾、錦緞布料（因大馬士革而得名），以及精美絕倫的刻有浮雕的鑲嵌金屬製品。韃靼（其實是中國）輸出金色的絲綢布料[14]。但是，義大利商人運送的最貴重的貨物是國外的香料[15]，他們主要經阿拉伯中間商，從印度及周邊地區獲得，這些香料包括藏紅花、桂皮、肉豆蔻種子和乾皮、香櫞、甘草、丁香、生薑、小豆蔻、孜然，當然還有各種黑胡椒和白胡椒（Bourquelot, 1865, I:285-294）。他們還給紡織品貿易帶去最為重要的東西：明礬（布料漂洗所需）、靛藍、玫瑰紅茜草根，以及其他天然染料。上述物品，加上少量來自印度和錫蘭的青金石以及更珍貴的寶石，都是遠端貿易的典型物資——小巧，輕便，但價值昂貴。

如上所述，義大利人受歡迎並不僅僅因為他們攜帶著稀缺而又貴重的物品，還因為他們在貿易和銀行業務中的專長。雖然有些義大利人，比如名聲差的倫巴第人，專門從事貨幣兌換和借貸，但這些早期銀行家大多數還是商人。作為交易的一部份，他們控制著最為重要的貨幣兌換，藉此，集市交易中積累的貸款可以為後期所用，或「通過檔」轉到商人的家鄉的辦事處，因為攜帶硬幣既笨重又冒險。雖然第三章（涉及布魯日）和第四章（直接關注義大利城市國家威尼斯和熱那亞）還要詳細論述這一話題，但這裡有必要簡要介紹一下。

布勞岱爾宣稱香檳集市的真正獨創性不在於集市上的交易貨物，而「在於那裡出現的貨幣市場和早熟的信貸制度」（Braudel, 1984:112），這些都掌握在義大利人手中。他們的設備很簡單：一把長椅（或者branco，英文單詞bench直接源於該詞）或一張桌子，上面蓋著一塊布，兩台天平，以及幾袋硬幣。「香檳集市所有的國際性和最現代性的業務，都被往往握有大商行的義大利商人在當地或遠端控制著」（Braudel, 1984:112）。布林克洛（Fèlix Bourquelot）甚至認為「通過香檳和布里的集市，義大利人才得以將他們的商業慣例和銀行知識傳到法國，他們毫無疑問是最早〔原文如此〕掌握這個秘密的人」（Bourquelot, 1865, I:164）。

雖然上述理解的獨創性還有待考證，但義大利人確實是控制了國外貿易，將少量國際性放債份額留給了倫巴第人和卡奧爾人（Cahorsins），將典當業留給了猶太人。在特魯瓦，猶太人不得不從伯爵那裡購買「桌子」，即獲得特許，進而從事貿易。而且，由於他們積聚了當地的資金，當地的領主時常為了借款而接近他們（Gies and Gies, 1969:105），某些借款其實就是沒收，因為他們根本無意償還。但是毫無疑問，典當業、貨幣兌換，以及銀行的存在是香檳集市及其所在城鎮仰賴的財政基礎。

香檳集市的衰落

十三世紀中期時，香檳集市成為歐洲貿易最重要的商業中心，這裡不僅聚集了法蘭西、低地國家和義大利的「大」商人，還有來自小地方（英格蘭、蘇格蘭、斯堪的納維亞、德意志和伊比利亞半島）的商人。但是，一個世紀以後，所有這些商人都消失殆盡。

很多學者試圖解釋個中緣由，他們都著重強調了某個方面的原因。其中經常被提及的因素是（一）政治上的變動妨礙了商人的通道；（二）法蘭西的統一削弱了香檳地區的競爭優勢；（三）適於在大西洋航行的新式大型義大利船隻，直接聯繫了義大利的熱那亞和威尼斯港口，與布魯日到香檳地區北部紡織業城鎮之間的海上聯繫；（四）黑死病使義大利和法國南部的人口數量銳減，導致歐洲在短期內發展緩慢；（五）義大利本身的產業化降低了它對法蘭德斯的依賴性；以及（六）貿易管理方式的變化導致義大利商人放棄出行，轉而留在國內，通過信函、僑居「代理商」和付款證件經營生意。顯然，任何單方面的解釋都不充分，因為香檳集市的衰落是一個漸進的過程。儘管集市衰落產生的負面影響並非突如其來，但它們確實具有極大的破壞性。

正如我們看到的那樣，伯爵提供的安全通道和特別許可給集市帶來了競爭優勢，因此政治上的混亂的確可能會阻礙集市的發展。一二七四年，亨利三世去世，其伯爵領地的統治大權落入一個攝政（阿圖瓦的布朗歇）手中。她有其他的關注對象，其實她已經與法蘭西國王達成了聯盟（何況還通過她的第二任丈夫蘭開斯特公爵，與英格蘭王室達成了同盟），而法蘭西國王的利益與香檳和布里的利益在本質上是格格不入的（Chapin, 1937:215）。法蘭西國王與法蘭德斯之間連年的戰爭嚴重破壞了安全經營的規範。

早在一二六二年，法蘭德斯商人就曾因受巴波姆城（Bapaume）邊境收費者虐待而一度拒絕參加集市（Bourquelot, 1865, I:195）。然而，重要的轉捩點出現在一二八五年，那一年，香檳和布里最終被法國國王吞併。一二七四年，王位繼承人「勇敢者腓力」（Philip the Bold）將那瓦勒王國置於他的「保護」之下，並以亨利三世繼承人——他尚未成年的女兒讓娜的名義佔據了香檳和布里。一二八四年，讓娜最終嫁給腓力，一年後腓力成為法蘭西國王，香檳地區永遠失去了自主性（Boutiot, 1870, I:390-391）。法蘭德斯商人因此就更難進入集市了，一三〇二年至一三〇四年，他們不斷受到侵擾；一三一五年，他們甚至被禁止參加集市（Bautier, 1953:140）。當再次獲准進入時，他們需要繳納日益繁重的進口稅（Bourquelot, 1865, I:190），對法蘭西國王來說，這個辦法更實惠。而且，一經國王吞併了香檳和布里，法國政府就對參加集市的義大利商人施以准入限制。這似乎增強了義大利人開拓通往布魯日之路的動力。

一二七七年時，義大利人成功打通了前往布魯日的道路（Braudel, 1984:114）。借助熱那亞那時建造的更適於海運的大型船隻（Byrne, 1930），他們最終在一二九七年與布魯日建立了固定的海上聯繫（Braudel, 1973:313）。威尼斯也很快步熱那亞的後塵，與布魯日建立了聯繫。一如我們所見，威尼斯並不是香檳集市的主要參與者。另外，大約在同一時期，威尼斯人開闢出一條更便捷的越過阿爾卑斯山抵達德意志的路線，這進一步降低了法蘭西的重要性（Braudel, 1984:114）。無論如何，一旦義大利人「這些曾經最為重要的顧客，開始用他們的船隻直接到達北海海岸，並在法蘭德斯建立永久性的辦事機構，香檳集市就消逝了」（Lopez, 1976:90）。毋庸置疑的是，一三五〇年之後，義大利商人再也沒有光顧集市，其他人也是如此。

通往布魯日的海路僅僅是義大利商人撤離香檳集市的其中一個因素。顯而易見，義大利商人最後光顧集市時正值黑死病高發期，威尼斯喪失了半數人口，熱那亞和地中海其他港口也橫遭劫難，或許一三五〇年之後就鮮有商人出行了。黑死病確實打亂了一些日常制度，或許還最終打破了這些集市的習慣。

德・羅弗（Raymond Adrien de Roover）明確持有後一種立場。他駁斥了上述通常性的解釋，並斷定「集市衰落的決定性因素似乎是國際貿易新方式的引入，尤其是日漸明顯的通過信函經營生意的趨勢，以及法蘭德斯生產中心附近出現的義大利人團體」。[16]

……相對於在某一次商業冒險中結成交易夥伴……一種「新型的」終端合作關係出現了……這種意在持

> 續數年的關係……可能首先出現在……來自內陸城市錫耶納和佛羅倫斯的商人與香檳集市的交往中……為了迎合新出現的坐商的需要，一種新的文書——「支付函」或匯票應運而生。這使得購買力得以在不同地點流轉且無需……運送……硬幣。海事保險的發展將海上風險轉移到了保險公司那裡……更重要的是帳目管理方面的進步……義大利人最先掌握了這個新式貿易技術……西歐的國外貿易直接為義大利人壟斷……直到十六世紀……遠遠晚於〔由於〕貿易路線的轉變造成的，義大利本身貿易的衰退。（de Roover, 1948: 12-13）

我們只能推測人口數量銳減和新式貿易實踐之間的可能有關。德・羅弗列舉的很多進步在一三五〇年之前就出現了，那時義大利人依然時常光顧集市。真正的變化似乎是一三五〇年之後流動商人的消失，那時，由於人手短缺，義大利商人無法擔負旅途中耗費的時間和遇到的兇險，而且他們發現了這樣一個事實，即通過長期設在他們的主要交易夥伴所在城鎮裡的代理商經營生意更高效。我們將在布魯日看到這一體系的運作情況。

對香檳集市衰落原因的最後一套解釋由博捷（Robert-Henri Bautier）提出，他認為義大利的產業化和貴金屬市場革命是香檳集市終止的根本原因（1953:142-144）。不過，這些因素好像都是對上述因素的修修補補。

對香檳集市及其所在城鎮來說，更為重要的不是其衰落的原因，而是衰落造成的後果。這些城鎮顯然再也沒有復蘇過。雖然特魯瓦採取重大措施防止黑死病蔓延（Boutiot, 1872, II:88），但其人口數量還是急劇減少。這裡曾引進新式的紡織品生產方法，以節省因數量銳減而更加昂貴的勞力（Boutiot, 1872, II:90-91）。其他城鎮遭受了同樣的打擊，一三五二年，普羅萬商人甚至因為沒有生意可做而放棄了在特魯瓦的經商點

（Boutiot, 1872, II:92）。

特魯瓦喪失了其商業中心的地位，但由於擁有其他的都市生活基礎，所以它在十四世紀後半期仍能進行著商業和產業活動，儘管規模小了很多。普羅萬也因有著其他支撐手段而沒有從視野中消失。但是，正如埃迪特・沙潘（Edith Chapin）在她有關香檳集市的書中敏銳地指出的那樣，「集市所在地並不必然發展成城市」（1937:xii），香檳集市消失後，奧布河畔巴爾和拉尼的衰落就完全印證了這一點[17]。

由香檳集市得出的經驗

我們從香檳集市中汲取的第一個經驗是，外部地理因素是決定一個地點能否在世界貿易中具有「戰略意義」的絕對重要的條件。香檳集市的終結並非由於本土商業能手的缺失，而在於那時的世界體系已經發展到不再需要法國中部與東部的定期集市的地步。

第二，商業中心建立在對相鄰地區發展水準的高度依賴之上。正如摩洛哥的定期集市在當今經濟紛繁複雜的新時代逐漸消失一樣，不管運行多麼良好，也不管在行政上和金融上曾經多麼先進，這些集市所能提供的東西都已經遠遠無法滿足十三世紀的貿易世界了。

第三，某種程度上，新的需求水準推動並回應著運輸技術的提高以及關於比較成本的經濟效用曲線的變動。香檳集市之所以被拋棄，某種程度上是因為河道運輸在西歐中部日益增長的重要性，進一步講，是因為熱那亞的船隻具備了在大西洋遠海航行的能力，從而可以繞過已經缺乏吸引力的路線，這其中既有經濟上的原因，也因為政治上的動盪乃至敵視。

其實，香檳集市所在城鎮很難避免對它們不利的自然因素或地理因素。縱觀歷史，世界經濟核心區曾不斷變更[18]。中心成為邊緣，邊緣被推到中心，這通常和它們本身的優劣無關。如果它們無法承受責備，那麼它們也不「配」成功。

在第一章裡，我們批評了西方歷史學家在西方發展過程中獨有的優點裡尋找西方成功的正當性的做法。然而，在這第一個事例中，我們已經看到有優點未必就有回報。香檳地區的失敗並非罪有應得，布魯日地區——下一章的話題——的成功也非理所應當，儘管只是在自然環境發生巨變——淤泥堵塞了布魯日通往海洋的入口，使它真正滯留在壅水之中——之前短暫的成功。如果歐洲這兩個事例是因疏忽而造成失敗的話，我們對其他更有前途的地區，如阿拉伯世界或中國的失敗又有什麼好懷疑的呢？在解釋世界體系的其餘部份時，我們應該看到其內部優劣之外的情況，對此，香檳集市為我們打下了鋪墊。

儘管由於篇幅所限，我們無法詳盡探究特魯瓦的城市現代化和產業現代化問題，但我們還是可以從這個事例中汲取其他經驗。傳統觀點強調中世紀城市的獨立或市政自治，並將其經濟進步歸因於此[19]。但仔細觀察特魯瓦地區封建機制和市政機制之間的關係，我們就會發現一個更加複雜，更加模糊的景象。這裡的集市城鎮並不獨立於宗教機構或香檳和布里伯爵們的統治。雖然特魯瓦最終在一二四二年獲得了由伯爵頒發的地方自治法令，但法令的條款從未得到履行。儘管伯爵在普羅萬沒有什麼特權，但他直接「統治著」特魯瓦地區，這稍稍超出了他的職權範圍。爵士的騎士和家僕在城市裡起到了更具統治性的作用，遠勝於社會學知識所揭示的表象。其實，市民（中產階級）通過特免或贖買已不再繳納領主人頭稅（the taille），他們不必經伯爵同意就可以與外地的自由人結婚，但他們仍需繳納稅款，並受制於伯爵徵收的特殊稅款和許可費，這時的伯爵依然操縱著眾多關鍵部門。擁有大量地產的貴族階層也猛烈地向集市徵收苛捐雜稅，參與地產投資和卑鄙的牟利活動[20]。

這種資本主義不能稱之為自由放任。就像我們將在法蘭德斯（在第三章探討）和義大利城市國家（在第四章涉及）這些事例中看到的那樣，「國家」在管理貿易和商業方面發揮著重要作用，它們制定法律，提高本國商人在外國商人和工人面前的地位，確保封建統治階層能獲得可觀收益。商人的財產並非從未被沒收過，商業活動也沒有西方學者們有時宣稱的那麼安全。那些控制了義大利貿易港口和東方之間的貿易的中東商人，與香檳地區的貧窮商人一樣，也要聽憑他們的封建領主（馬穆魯克）的擺佈。

正如第一章表明的那樣，我們的事例之間的共性通常多過差異。這一點在法蘭德斯地區體現得淋漓盡致，那裡的集市、紡織業和城市化也是齊頭並進。下面我們就轉到第三章的這一事例。

第三章　布魯日和根特：法蘭德斯的商業城市和產業城市

法蘭西並非唯一一個在十至十三世紀得到復蘇的經濟體，也並非唯一擁有集市的地區。在維京人的入侵最終緩解之後，法蘭德斯低地地區（今比利時西部）迎來了城市發展的高峰期，早期從海岸地區逃離的人口擴散開來，更加安全的陸路和海路使得商人們得以重新四處經商。

不過，法蘭德斯城鎮在形成模式上比法國中部城鎮更加複雜。在香檳，地理位置和政治獨立提供了特殊環境，儘管這只是暫時的，但它有利於商業中心的確立。而商業中心的存在又促進了那些從未成為主要經濟基礎的產業的發展，但香檳集市倒閉後，這些產業也很快衰落了。法蘭德斯的情況正好相反。工業化自低起點的鄉村發展起來，引起了城市化的加強，並進一步直接導致了城市商業功能的發展。

十三世紀法蘭德斯的兩個大城鎮為城市化進程提供了出色樣本。根特（英語寫法是Ghent、法語寫法是Gand）是其中較大的那個[1]，它與巴黎都是歐洲北部人口最為稠密的城市[2]。根特自始就以高級布料的生產為經濟基礎，儘管她也轉運過穀物，舉辦過定期集市。而且，她的發展與日漸擴大的對紡織品的需求息息相關，十三世紀至十四世紀早期，紡織品生產臻於頂峰，給三分之一到一半的勞動力提供了就業機會[3]。

另一個城市是布魯日（Bruges），正如哈普克將它稱為世界市場一樣，它註定要最終成為國際商業和金融舞臺上的主角，儘管這與它較小的規模（四萬居民）極不相稱[4]。布魯日擁有通往北海，進而到達英國和德意志的港口，她是北海和波羅的海地區海上貿易的分段運輸點，這也是她最為重要的作用。早在十世紀時，法蘭德斯商人就冒險外出，購買原料（主要是從英格蘭購買羊毛），銷售鐵器和銅器。十一世紀時，他們將加工好的布料（產自布魯日，但更多產自伊普爾和根特這兩個典型的製造業城市）銷售給遠及諾夫哥羅德和法國西部的購買者（Doehaerd, 1946:38-40）。香檳集市衰落後，義大利人就很少有機會接觸法蘭德斯商人，並購買法蘭德斯布料了。十三世紀晚期，義大利人與布魯日建立了直接的海上聯繫，布魯日的商業和金融功能漸漸增強，這成為該城發展的驅動力。直到布魯日的幾個海港陸續被淤泥充塞後，其商業和金融功能才漸漸衰微，並最終由安特衛普（Antwerp，法蘭德斯語寫法是Antwerpen，法語寫法是Anvers）取代。

根特與布魯日的由來

由於五世紀時「國家的消失」，該地區（後來的比利時）早期羅馬城鎮的人口數量大幅度縮減。六世紀時，倖存下來的少量定居點都與宗教機構有關係（Doehaerd, 1983a:33）[5]。雖然布魯日和根特附近很可能有羅馬帝國的定居點（Verhulst, 1977:178），但如今似乎無跡可尋。這兩個地方在九世紀時「重新開始發展」，或者至少被人關注。那時它們被看作港口（porti），居民乘船即可到達這些定居點，並有權在此經商[6]。此外，它們還是查理曼帝國的行政單位地區（pagi，單數是pagus）*的首府[7]。

九世紀末，查理曼帝國瓦解，掌管各個分區的伯爵們獲得了真正的自治權。法蘭德斯伯爵鮑德溫一世及其繼任者鮑德溫二世增強了居民對抗維京人的防禦能力，在擊退入侵者之後，他們就致力於法蘭德斯城市的復興。在接下來的幾個世紀裡，歐洲時來運轉，這些城市的擴展勢頭更加迅猛。正是在這一時期，根特得到重建（Van Werveke, 1946:16-17），布魯日修建了營地（*castrum*）（Doehaerd, 1983a:40; Verhulst, 1960; van

Houtte, 1967:11），營地的四周發展出了城鎮。九世紀後期由布魯日營地鑄造的硬幣（詳見Duclos, 1910:14）表明了布魯日在行政和商業上的重要地位；這種跡象在一個世紀之後完全成為現實，那時的布魯日已經成為法蘭德斯的行政中心（Dusauchoit, 1978:27）。

在十一世紀，尤其是十二世紀，這些依然受伯爵的城堡保護的小城鎮發生了巨大變化。大約一一〇〇年時，包括伊普爾（Ypres）、托爾豪特（Thorhout）、里爾（Lille）和梅森（Messines）在內的區域舉辦了定期集市，古老的布魯日集市（自九五八年始就開始舉辦）於一二〇〇年正式加入進來。它們非常類似於香檳集市，為期僅僅一個月，買家和賣家都來自相對集中的內陸地區[8]。這些集市已同紡織品貿易聯繫起來，因為有證據顯示，十一世紀時，法蘭德斯商人就在倫敦購買羊毛，英格蘭的羊毛也在該地集市上出售[9]。而且，作為銷售布料的代理商，法蘭德斯商人會去更遠的地方銷售他們的商品。這些都是紡織業發展的結果，否則，法蘭德斯人將無物可賣，也將無力購買。

法蘭德斯北部地方的紡織城鎮逐漸獲得了某些自主權。一〇〇二年，圍牆環繞的列日（Liège）成為首個紡織城鎮（Ganshof, 1943:37）。到十一世紀末，一些主要的紡織城鎮都築起圍牆和挖好護城河，圈佔地盤[10]。她們將一次次地擴建自己的防禦工事，在十三世紀，一個「上層階級」（由窮困貴族和富裕商人實業家聯合而成）特意將住在城鎮郊區的無產階級化的紡織工與伊普爾，有可能還有根特「用牆隔開」，以免他們「製造麻煩」。

這樣一來，法蘭德斯的城市的壯大，階級結構的萌生，以及國際貿易和金融的發展，就都與日益擴大的紡織業息息相關了。

---

* pagi，中文有時譯為郡，或音譯為「帕吉」，羅馬帝國戴克里先改革後設置的一種較行省更小的行政單位，如前一章所提到的香檳、布里都是那時的pagi。這個地方制度沿用到查理曼帝國時期。──譯者

法蘭德斯紡織業的發端

九世紀甚或更早的時候，法蘭德斯修道院和鄉村地區就生產出了優等布料（Espinas, 1923, ILivre II）。這一情況的出現得益於諸多條件，儘管這些條件絕非法蘭德斯獨有。然而，埃斯皮納斯認為（1923, I:25-26）是特殊的力量聯合使然，它們包括：適於養羊的地帶和土壤；古老的技術傳統（法蘭德斯布料在羅馬帝國時期就很知名）；地處大陸和海洋交界處的有利位置；以及較高的人口密度，這「迫使」居民生產其他物品來貼補農業，這是最重要的條件[11]。早在十世紀時，法蘭德斯商人就時常去倫敦購買羊毛，並將他們的布料輸往英格蘭和愛爾蘭市場（Doehaerd, 1946:38）[12]，十一世紀中期，鄉村地區的編織工、紡紗工和漂洗工湧入紡織城市，紡織品生產正式開始了。十一世紀中期的編織技術經歷了一場「革命」，傳統的水準式織機為新型垂直式織機所取代，工人的生產率因此提高了三至五倍（Cipolla, 1976:164）。

那時的貿易依然相當地方化。法蘭德斯的主要交易夥伴分佈在北海和波羅的海周圍，因為憑藉它們自己的船隻就能輕易到達。比如，十一世紀末時，伊普爾就定期將布料向東輸往諾夫哥羅德；她還向法國輸出布料，並購得法國的葡萄酒；此外，她的布料還輸往德意志的城鎮，如科隆（Doehaerd, 1946:39）。一一〇〇年時，伊普爾的生產規模異常巨大。根據馮・威夫克（Hans van Werveke）的描述，該城已經呈現出工業城市的特徵。

我們目前尚不清楚，是因為某些城鎮是集市所在地，所以它們開始從事紡織品生產，還是因為有些地方生產布料，所以它們成為理想的市場所在地。但是不管情況如何，二者之間至少有潛在的合力。這裡的集市與法國的集市一樣完善，完全能夠滋生出額外需求，滿足國際和當地顧客的需求。另外，正如范豪特（Jan van Houtte）指出的那樣（1953:06），比利時集市是金融交易中心。法蘭德斯市場出現了重要的債務信函，也就是所謂的集市帳單。十四世紀時，由於第一波商業活動的義大利化浪潮的到來，以及此後的匯票的出現，這種債務信函〔才〕消失。但是這些集市還沒有真正足夠國際化，因為從地中海至北海這條海路尚未開通。要想在它們與南歐之間建立聯繫，還必須有一個仲介點。

十二世紀早期，法蘭德斯的商人與實業家開始時常光顧香檳集市。到十二世紀中期時，來自法蘭德斯紡織業城鎮的商人開始在特魯瓦和普羅萬設立「營業廳」，儘管主角是阿拉斯（Arras）和杜埃（Douai）的商人，而非根特或伊普爾的商人。參與十字軍東征的法蘭德斯伯爵和騎士接觸到許多誘人的商品，只要他們將布料向東輸出，而不向落後的北部地方輸出，他們就能交易到那些商品。事實證明，通過香檳集市上的義大利商人，法蘭德斯紡織品得以進入更廣闊的市場。十二世紀中期，法蘭德斯的大批布料運抵熱那亞（Laurent, 1935:54-56, 64），並輸往黎凡特，在這裡，它們的價值有助於彌補歐洲先前在運送金銀時留下的收支逆差（Dochaerd, 1946:43）。

這種秩序大約一直維持到十三世紀最後幾十年，其後明顯受到政治因素和「勞動力市場動盪」的干擾，並深受新增船運能力的影響。這種秩序的改變產生了多方面的影響。首先，生產商所在城鎮（如根特）與商業金融中心（如布魯日）之間的差距日漸擴大。其次，政治內訌衝擊了由伯爵和市民（poorter）階層構成的上層集團的權力，無序的黨爭時常取代有序的統治。外部的政治衝突也逐漸惡化，法國、英國與尋求自治的本土「愛國者」形成三足鼎立之勢。十三世紀末，剛剛吞併了香檳和布里伯爵領的法國國王與法蘭德斯伯爵之間發生衝突，使得法蘭德斯伯爵拒絕通過香檳集市將法蘭德斯布料銷售給義大利人，而這堅定了義大利商人拓展直接通往布魯日的海路的決心。之後，義大利人憑藉一種新式大型帆船掌握了實現這種可能的能力。

儘管布魯日憑藉義大利的運載能力攀升為一流國際港口，但這種剛剛贏得的地位卻蘊含著一些頗具諷刺意味的轉折。首先，一旦義大利商人與銀行家抵達布魯日並永久定居下來，他們就會逐漸排擠當地商人，當地商人被迫成為不可或缺的「陪侍」（如同後來的買辦這一概念那樣不言而喻），至少在國際貿易中如此。其次，正當港口在布魯日經濟中的地位變得愈益重要的時候，港灣狀況卻無可挽回地惡化了。海港淤塞使得船隻很難進入布魯日，起初，它們需要借助建於一一八〇年的鄰近的達默港（Port of Damme）。但到了十三世紀末，甚至達默港也無法接納深吃水船隻，於是又不得不於一二九〇年在斯勒伊斯開闢了更遠的海港（van Houtte, 1966:251-252, 263-264）。頗具諷刺意味的是，當大型船隻能夠從地中海行至北海，這條航線也成為了重要航線的時候，沙子卻漸漸封塞了布魯日城的入口。港口最終遷到了安特衛普（van Werveke, 1944），儘管個中還有其他原因。現在，我們稍作停留，以便更加詳細地考察這些變化。

紡織業的巔峰（根特）與向商業的轉移（布魯日）

十二世紀七〇年代，法蘭德斯與義大利城市，尤其是熱那亞，建立了很好的貿易關係（Doehaerd, 1941: Chapter 1），這些貿易還推動了法蘭德斯城市的內部變化，直至十三世紀三〇年代。但是，直到一二五〇年至約一三二〇年，法蘭德斯的重要性才在前現代世界體系中臻於頂峰。隨著歐洲以及地中海世界周邊地區對紡織品的需求，紡織品生產加強了。一二三四年，法蘭德斯紡織品已輸往敘利亞，「一二四八年四月一日，在聖路易〔從馬賽〕啟身前往敘利亞的那個讓人癲狂的前夕，數百個涉及來自杜埃、阿拉斯和伊普爾的紡織品的合同簽訂下來」（Laurent, 1935:6）。那時，熱那亞和義大利的其他一些城市都忙著將這些貴重的布料運往東方[13]。法蘭德斯工廠的生產規模非常龐大，所以洛朗極力主張這些工廠實質上造成了一場「工業革命，僅僅稍遜於十八世紀末和十九世紀初那場工業革命」（Laurent, 1935:xiii）。

在某些方面，它確實是一場工業革命（儘管法蘭德斯工廠依然使用原始的手工技藝，如今這種工藝在聞名遐邇的布魯塞爾蕾絲上還能看到），而且是一場資本主義性質的工業革命。這一時期的新生階級體系愈益明晰，我們更多地將它與近現代時期，而非封建主義的多重束縛，聯繫起來。一個極端是「貴族階級」的成員[14]；另一個極端是只能出售勞動的紡織工人——編織工、漂洗工和紡紗工。（有趣的是，那時描述的勞工衝突從未提及由女性構成的紡紗工。）

如同在十九世紀的曼徹斯特一樣，上述兩個群體在現實中和法律上都被最大限度地隔離開來。市民階級住在老城（old bourgs，最初有城牆包圍的定居點）如同城堡一樣的豪華寓所裡，而工人則被轉移到城鎮周邊，因為那裡是「工廠」所在地。據馮・威夫克（1955:559）研究，根特的工人住在遠離城牆的週邊地區；儘管布魯日的工人設法購買了老城周圍的很多土地，「遠遠超出了舊城邊界」，但這裡的城牆也一再擴展，以便將新增土地圈佔起來。只有市民階層有權永久持有城市土地，也只有他們享有在城市治安法庭受審的特權；工人既不能持有土地，又無法得到「城市審判」，而這兩個問題在中世紀時期是至關重要的。

而且，城市精英能根據他們的喜好來制定法律和規章。「他們強加給紡織業的條例通常有利於布商。統治階層極力反對自主貿易的出現」（van Werveke, 1955:562）。根特的寡頭政治集團由三十九人構成，他們輪流擔任每三年一屆的十三個市議員職位（Lestocquoy, 1952a, passim），這就是馬克斯・韋伯大加讚賞的「自治」。即使是在一二九七年，居伊・德・當皮埃爾（Guy De Dampierre）與法國國王決裂並罷免了根特在任的三十九名市議員時，取而代之的另外三十九名市議員仍舊來自貴族階級（van Werveke, 1946:35）。如同十九世紀的英國一樣，這裡也有很多沒有地產的貴族子嗣與富裕的大資產階級家庭通婚的現象（van Werveke, 1946:57; Blockmans, 1983:67），這進一步強化了封建主義與城市資本主義之間的聯合。

不過，窮人也並非毫無辦法。一二二五年的瓦朗謝訥（Valenciennes），一二四五年的杜埃，一二五二和一二七四年的根特都發生了窮人參與的勞工暴動（Blockmans, 1983:67-68），最大限度地保護了他們的權利。

一二八二年，法蘭德斯（包括根特和布魯日）幾乎所有紡織城鎮的工人都走上街頭，要求改善生存狀況[15]，這一運動甚至在一三〇二年被拖入了英法之間的權力之爭，兩國都試圖控制法蘭德斯。那時，法蘭德斯貴族通過聯姻與法國君主和本地資產階級結成了牢固聯盟，所以工人們只能聯合英國入侵者來推翻他們。成群的工人民兵加入了英國一方，並在他們的幫助下在著名的科特賴克戰役中打敗了法軍。這一戰不僅改變了法蘭德斯各城市的內部統治，也影響了國際政治的運行。

但是，直到雅格布·馮·阿特維爾德時代（一三三八年至一三四五年），法蘭德斯諸城市才進行了徹底的社會變革，削弱了貴族階級勢力（van Werveke, 1943）——對此大衛·尼古拉斯(David Nicholas)則持有不同觀點。然而為時已晚。在其他生產商，尤其是英國生產商打破了法蘭德斯的紡織品壟斷後，這裡的紡織業漸漸衰退。在接下來的整頓期中，工人運動不再為自由而戰，相反，它們大多出於阻止鄉村「非行會」編織工和漂洗工分享日漸萎縮的市場的目的[16]。

法蘭德斯紡織業在經濟上遇到的困難，某種程度上緣於它們對英國優質羊毛的依賴。法蘭德斯紡織業的擴大需要越來越多的羊毛，沒有它們，就無法生產出有名的優質布料。這種依賴性早在十二世紀初就已出現，到十三世紀時變得愈益明顯。其實，這也是商人能完全操縱工人的原因，因為商人保證了最為重要的羊毛的穩定供應。從中世紀早期開始，法蘭德斯商人就前往倫敦和蘇格蘭購買英國優質羊毛。十三世紀時，這些商人組成了倫敦商業公會，這是一個買方的聯合組織，商人們聯合起來，以便從英國統治者那裡獲得特權，並藉此釐定價格（Pirenne, 1899）。

然而，法國和英國之間的政治鬥爭不時對法蘭德斯的經濟造成影響，禁止往法蘭德斯輸入羊毛成為英國的慣用武器。居伊·德·當皮埃爾，然後是紡織工人，最後是雅格布·馮·阿特維爾德，與英國的聯合，在某種程度上都緣於經濟上的推動。與英國站在一條戰線的法蘭德斯城市每次都能在羊毛市場上受到優待。後來，英國在歐洲大陸建立了「市場」（有羊毛銷售專營權利的貿易中心），藉此壟斷了英國的羊毛銷售，布魯日向英國提供的支援至少確保了她能時常主辦這些「市場」。

然而，任何事情都無法阻止英國羊毛從法蘭德斯的紡錘和織機上消失。最主要的原因就是，英國紡織業的發展最終打破了法蘭德斯的壟斷地位。隨著國內羊毛需求的增加，英國出口的羊毛越來越少。當法蘭德斯無法得到優質羊毛時，它的產品的吸引力也大大下降。後來，法蘭德斯進口了西班牙的劣質羊毛，但生產出的布料很粗糙。

因此，我們很容易理解，為何在這個衰落時期，法蘭德斯紡織工人會積極地「避免」鄉村地區的競爭了。城市工資較高，而劣質布售價低廉，資本家被迫將工廠遷入工人工資較低的鄉村地區，以削減產品成本。工人行會通過敦促「限定行業」（closed shop）的辦法作出回應[17]，但這均徒勞無益。為找到工作，一些熟練工人遷移到英國，甚至是義大利（Doehaerd, 1946:99-105），但大多工人還是留下來等待轉機。這種情況主要出現於十四世紀晚期，那時，黑死病嚴重削弱了工人數量。隨之而來的勞工短缺提高了他們在市場中的地位，工作條件也因此大為改善。但法蘭德斯紡織業的黃金時段已一去不返了。

不過在此之前，布魯日也曾一度成為世界城市。布魯日從未像法蘭德斯其他城市，如伊普爾和根特那麼直接地依賴紡織業。除紡織品生產外，她還一直從事商業活動和港口運營，成為聯結鄰近生產中心與外部市場的紐帶。十三世紀晚期時，布魯日的這種作用更為凸顯。那時，來自義大利城市國家的商人不再經由香檳集市中間商從事交易，而是直接與銷售布料的布魯日建立了聯繫。

一二七七年，熱那亞人最早駕駛著新式重型船隻離開直布羅陀海峽，向北駛抵葡萄牙和法國的海岸，然後進入北海，停泊在達默，這裡有一條通往布魯日的短運河，還有一條通往根特的長運河。這時，布魯日港和根特港之間還沒有定期服務。然而，香檳的狀況越惡化，這條可供選擇的海路就越具有吸引力。一二〇九年，斯勒伊斯（Sluis）修建了新港口，熱那亞和布魯日之間的常規性船運設施建立起來，這使得兩地有可能繞開香檳集市，至少在有所需要時可以如此。威尼斯跟進緩慢，但到一三一四年時，她也不得不在她慣常的貿易路線（跨過阿爾卑斯山，經德國抵達低地國家）之外增加了通往布魯日的船運。她無法再耽擱下去，因為那時的布魯日已是阿爾卑斯山以北最為重要的歐洲市場（van Houtte, 1966:253; 1967:51）。一二九四年，英國在歐洲大陸建起「羊毛市場」時，布魯日也成為商人購買羊毛的地點。

布魯日與外國金融家

布魯日向世界市場城市的轉變，改變了她原來的經濟基礎。布魯日商人以前都是走出國門進行交易，但他們這時主要是待在國內，等著顧客上門。德國人在組成聯盟後[18]，開始大量湧入布魯日。儘管西班牙人，尤其是卡斯提爾人早在十三世紀初就出現在布魯日，但人數一直不多。如今，除德國人和西班牙人之外，義大利人也來了，他們完全改變了布魯日的經濟角色，使其從一個進出口和生產城市轉變成真正的貿易中心——包括商品和貨幣。因此，即便是紡織業倒閉的時候，布魯日依然能作為歐洲的外幣市場而維持下去[19]。

在那些集市城鎮上，義大利人僅僅是定期訪客。但在布魯日，他們則是常住居民。他們很快就接管了國際交易事務以及更具地方性的法蘭德斯布料的銷售。正如德・羅弗（de Roover）所言，「十四至十五世紀，布魯日本地的上層階級不是商人——少數除外——而是經紀人、客棧老闆、布商（drapier）和代理商」（1948:13）。這些人並非「服務於」自己的經濟事務，而是義大利人（有人試圖監督他們）的經濟事務。幸虧布魯日禁止外國人從事零售貿易，禁止他們囤積當地商品後再重新銷售（de Roover, 1948:16），至少在十五世紀之前，禁止他們直接與當地的買方或賣方進行交易（van Werveke, 1944:32-33），這才使得義大利人沒能接管布魯日所有的商業活動。

布料仍然是那時的主要交易品，在布料貿易上，義大利商人的權利受到嚴格限制。據埃斯皮納斯研究，輸往外地的所有法蘭德斯布料都必須由當地的「經紀人」或代理商經手。他們都是當地半官方性質的代理人，「代表」外國商人經營生意，確保大致的公正。這些人有點類似於「集市看守人」，他們雇用自己的抄寫員對交易詳情作出官方記錄，還雇用自己的搬運工、測量員和核秤員，因為他們有義務做到誠實交易。由於受命於城市當局，所以這些中間人都是「官方的」（Espinas, 1923, I:305-321）。不過，也有當地人在貿易中扮演著比較非正式的角色。

先前提及的經營旅館的范德・布林斯家族（vander Beurse）——股票交易所（Place de la Bourse）一詞即源於這個家族的姓——是布魯日唯一為人熟知的家族。抵達布魯日的外國商人必須尋找住處及貨棧。就像穆斯林世界裡分佈在綠洲和城市的商隊旅館一樣，布魯日為外國商人提供了便利的設施，商人可以在此食宿，存儲貨物，拴養馬匹（van Werveke, 1944:33），後來甚至可以貯存資金，兌換貨幣（de Roover, 1948）。旅館主人及其雇工會給布魯日的陌生人作出引導並幫助他們建立商業聯繫，或許這是自然而然的事情。德國人似乎經常利用這些便利。

但是，新來布魯日的義大利人人數過多，致使無處容身；另外，他們大多長居於此，所以他們更樂於建造屬於自己的居所。如德・羅弗所言：

> 義大利人在法蘭德斯常住以後，便立即開始組建「同鄉會」或僑民區，它們由來自同一城市的商人組成……熱那亞人、威尼斯人、盧切斯家族、佛羅倫斯人……米蘭人……這些新建立的同鄉會的第一要事就是獲得官方的認可，並從地方當局那裡謀得商業特權。（de Roover, 1948:13）

這些特權能保護他們的財產安全，核定應繳納的港口費和關稅，並免遭領主法令的侵犯。由此可知，那些形單影隻的商人明顯被排除在特權之外。的確，「給予義大利商人的特權，就是……商業協議」，它們由諸多城市國家達成，並以「外交文件」的實際形式體現出來（de Roover, 1948:16）。

這些「同鄉會」或外國僑民區並不僅僅是友好的同胞們組成的非正式群體，它們就像行會一樣嚴密地組織起來，有自己的領導（稱為領事）以及必須遵守的規章制度（de Roover, 1948:17; van Houtte, 1967:5-56）[20]。如同勞埃德（Lloyd, 1982）詳細描繪過的中世紀英國的情況，或是很久之後在投降書的要求下在奧斯曼帝國盛行過的那種情況一樣，外國僑民區在布魯日建立了一種不受當地政府管轄的權力機構，它們免於東道國的諸多關稅，並要求保留本身的規章制度（de Roover, 1948:28）。中世紀末期，布魯日大約有十六個「同鄉會」：德國人（稱為「東方人」）、威尼斯人、盧切斯人、熱那亞人、佛羅倫斯人、米蘭科摩人、皮亞琴察人、比薩人、加泰羅尼亞人、亞拉崗人、卡斯提爾人（稱為「西班牙人」）、比斯開人、那瓦勒人、葡萄牙人、英國人和蘇格蘭人。一般來說，各個「同鄉會」的商人傾向於居住在同一條街道或同一個地區，由此形成了他們自己的居住區，這裡保留著本民族的房屋或領事館（Marechal, n.d.: 153-155）。單身男性們一起聚餐，互相交往，並在居住區擁有事務所。

布魯日各「同鄉會」居所裡的設施，以及其中的成員都是固定不變的，這與香檳集市城鎮裡的那些居所正相反。雖然多數義大利人與當地居民保持著距離，但還是有一些與當地人走得很近，並互相通婚，當今布魯日一些家族的名字透露出箇中淵源。貿易用語深受義大利語侵浸，當地很多貴族聘用義大利人擔當財政助理和顧問。這些很普通的事實微妙地反映了定期集市與城市之間的真正區別。那麼，從定期集市到城市都發生了哪些變化呢？

首先，義大利的貿易組織方式在十三世紀經歷了重大變化。公司主要股東不再走出國門，而是留在國內，將國外分支機構交給「代理商」。代理商由沒有入股的經理和助理擔任，他們從股東那裡領取薪水（de Roover, 1948:32）[21]。貿易方式的演變非常急劇，以至於德．羅弗認為這是一場真正的商業革命，它的「長期後果……就是為商業資本主義的到來鋪平了道路。直到十九世紀中期，歐洲多數國家的商業資本主義才為工業資本主義所取代」（1948:11）。

義大利人的公司並不大。十四世紀初，佛羅倫斯的第三大公司「除總公司外僅有十五個分支，四十一名代理商」（de Roover, 1948:39），但即便如此，公司也需合理經營，悉心維護。這些公司足以積聚大筆資金，並像當今的跨國公司一樣，將它們從無利可圖變成有利可圖，從毫無希望之地轉移到有著豐厚回報的地方。然而，資金的流動需要完善的貨幣市場。

第二個變化就是貨幣兌換和信貸的地位得到提高，它們已經與貨物貿易同等重要（van Werveke, 1944:43）。貨幣交易讓布魯日成為真正的世界市場。在這個轉變中發揮主要作用還是義大利人。在他們到來之前，布魯日已經設有典當業和貨幣兌換業，但國際性的貨幣和銀行業務還沒有發展起來。為了國外的資金業務，法蘭德斯貴族和商人不得不遠行到香檳。但到十三世紀末時，他們就不必如此了。

猶太人，以及後來的倫巴第人和卡奧爾人（Cahorsins）[22]，都是必不可少的典當商，他們以極高的利息（每年百分之三十至四十）將錢借給貴族和資本家。由於宗教禁令抵制私利，所以他們偶爾會受到迫害，但多數情況下都能規避制裁，因為他們的服務是必不可少的。宗教機構往往通過頒發執照將他們「控制起來」，借此徵收高額的費用。

相比之下，貨幣兌換商都是「體面的」當地市民；其實也只有布魯日市民有權擔當這一角色，在十四世紀布魯日的貨幣兌換商名單上，法蘭德斯人的名字明顯佔據優勢（de Roover, 1948:171-172）。很有意思的是，女性也可以成為其中一員。

> 在中世紀，貨幣兌換業顯然是少數幾個沒有性別歧視的職業之一。在這方面，根特以及西歐的其他地方都採取了布魯日的做法。一三六八年，在緬因河畔的法蘭克福……十一個貨幣兌換商中，至少有六名女性。（de Roover, 1948:174）

貨幣兌換商人數受到嚴格的限制；他們的營業執照是承襲的，這或許是女性，包括很多寡婦，能夠從事這一職業的原因。在布魯日，只有四個從法蘭德斯伯爵那裡受賜了封地的貨幣兌換商才被允許從事壟斷性的貨幣兌換。一三〇〇年之後，貿易的擴展推動了貨幣兌換商人數的增加，但他們的活動仍然受到密切監管，所有攤位仍歸布魯日所有（de Roover, 1948:174-175）。貨幣兌換商起到了儲蓄貨幣的作用，他們鑄造並兌換貨幣；接受儲蓄，從中獲利；安排儲戶之間的資金周轉；用掌管的錢財直接投資，或通過放貸進行再投資（de Roover, 1948:215）。儘管如此，他們的經營範圍並未延伸至國際貿易之中（de Roover, 1948:238）。

這留待義大利商人—銀行家來完成，他們壟斷了國際性的貨幣和信貸交易。雖然比格伍德（Bigwood, 1921）認為低地國家的銀行業產生自當地的放債業，與義大利的銀行業有著不同的起源，但德·羅弗對此給予了猛烈的駁斥。真正的銀行業由義大利商人—銀行家以更高級的方式引入布魯日，他們的銀行體系或許比法蘭德斯的銀行體系領先兩個世紀。義大利人很快就憑藉優勢控制了布魯日的上層資金，這是必然的。他們最大的貢獻就是發明了「匯票」，本質上就是能保證異地付款的合同。匯票源於更早的契約形式，即交易合同。

與布魯日有關的交易合同最早始於一三〇六年，它是一份經過確認的交易合同，上面標明已收到「虛構的」資金，並同意在將要開始的普羅萬五月集市上如數償還。不過它並非真正的匯票，因為它只包含兩方，缺少協力廠商（de Roover, 1948:49, but bases upon Renee Doehaerd, 1941）。這一時期有兩種外匯合同，一種是匯兌（cambium），也稱為普通合同，另一種是海運匯兌（cambium nauticum），它是貨物安全運達後再付款的海運合同，兩種合同都需要簽訂雙方的公證。但是一旦義大利商人開始留守國內，就需要有更加複雜的交易形式了。協力廠商，亦即需要向他人支付一定錢款的代理商，參與到交易中來。匯票的出現也就成為必然了。十四世紀早期，匯票逐漸取代了普通匯兌方式。而十四世紀後期海上保險業的出現則取代了海運匯兌。

匯票其實是買賣雙方達成的契約，在一個地方付款，而在另一個地方接貨，（通常）以賣方所在國的貨幣進行支付。它在本質上是一種定期匯票，牽涉到遠方某個地點和貨幣的轉換（de Roover, 1948:53），其靈活性極大地便利了國外貿易。（不過，這種支付方式早在義大利人與中東地區的貿易中就出現了，我們將在第二部份看到這一點。）儘管那時的匯票「既不能貼現也無法流通」（de Roover, 1948:53）[23]，但它確保了資金的流動，而歐洲貿易到這時還尚未做到這一點。

然而，對布魯日來說，資金流動是一個喜憂參半的事情，因為這使其命運逐漸掌握在外來的「同鄉會」手中，這些人只管自己賺錢，卻對布魯日的清償能力不怎麼負責。義大利商人—銀行家將資金以定期貸款或股份的形式借給當地生產商，在中世紀時期，義大利或許是唯一擁有「境外投資」的歐洲國家（de Roover, 1948:42）。然而，一旦法蘭德斯紡織業開始衰落，義大利人就將資金轉移到其他更能贏利的投資中。而且，聯結斯勒伊斯的運河的淤塞，一度使港口設施變得很不便利[24]，迫使他們將目的地以及代理商的辦事處轉移到了東部的安特衛普，因為這裡更適於停靠深吃水船舶，更具戰略價值，更利於支配這時穿過德國而非法國的陸上貿易路線（Brulez and Craeybeckx, 1974）。

黑死病

某種程度上講，上述第二個變化是在黑死病之後發生的。黑死病的殺傷力極強，導致所有常規交流途徑均遭破壞。其他自然災害也阻止了十四世紀法蘭德斯人口數量的增長，其中影響較大的是一三一六—一三一七年的大饑荒，但它們的影響都不如十四世紀中期從小亞細亞經熱那亞傳到法蘭德斯的黑死病那麼慘重。

事實證明，黑死病對世界歷史進程產生了極其深遠的影響[25]。一三三〇年至一三四〇年左右，歐洲約有八千萬人口，他們之中的大約兩千五百萬人死於黑死病發作後的前兩年（Cipolla, 1976:46），它的反覆爆發使得人口數量降到最低點。一四〇〇年後，歐洲總人口僅是黑死病爆發之前的百分之五十至六十（Russell, 1972:23）。波斯坦（1952:204-215）仔細考察了歐洲在十四世紀後期陷於蕭條的各種原因，並斷定主要因素在於黑死病引發的人口數量的急劇下降。

儘管依然處於世界貿易體系邊緣的地區（如英國和德國）似乎沒有遭受黑死病的衝擊，但中心區域，尤其是義大利、法國和法蘭德斯卻未能倖免。黑死病的死亡率非常高，以至於布魯日不得不在一三四九年新增兩處墓地；一三五〇至五二年，伊普爾的街道上屍骨如山；根特的孤兒數量急速攀升（Blockmans, 1983:74-75）。一三四〇年時，布魯日的人口曾多達三萬五千至四萬[26]，但到十四世紀中期時，這裡的人口銳減，自然增長的人口又被黑死病在一三六〇—六二年，一三六八—八四年，一四〇〇—〇一年，一四三八—三九年和一四五六—五九年的反覆發作消滅殆盡（Blockmans, 1983:75）。十五世紀中期時，布魯日的規模僅相當於黑死病之前的水準。布魯日、根特和法蘭德斯其他城市的人口增長期結束了。當復蘇開始的時候，卻與這些地方無緣。其實，在進入近代的人口增長期之前，根特與布魯日根本沒必要擴張到其中世紀時期的邊界之外。

由法蘭德斯事例得出的經驗

布魯日和根特的衰落原因包括自然、疫病、政治與經濟等多個因素，「政策」的施行難以避免它們的發生。一些自然因素對布魯日在十三世紀和十四世紀早期的卓越地位造成了致命打擊，比如布魯日出海口的淤塞，以及黑死病引發的人口數量的縮減。但是，如果布魯日僅僅面對這些困難的話，那麼這兩個原因也不至於那麼致命。十五世紀的時候，布魯日通過一條深吃水的運河與更遠的海域聯結起來，但此時那裡所有的海上交通已經陷於停頓。在一三四八至四九年瘟疫大流行的時期，其他地方，尤其是義大利港口的死亡率高於法蘭德斯，但它們卻能夠再次崛起，並繼續在國際貿易中發揮積極作用長達數個世紀之久。對她們本身而言，這些因素都不具有決定性。

政治和經濟上的因素似乎更具決定性。這可以用當今的「依附」這個概念進行概括，依附漸漸侵蝕了法蘭德斯賴以繁榮的紡織業，以及長期以來的商業性貨幣市場。紡織業仰賴國外原料，尤其是羊毛，而這控制在一支獨立的政治力量手中。英國能任意地控制羊毛供給，並最終達到可以完全在國內利用這些優勢的地步，這就削弱了她此前的供貨對象。另外，紡織城鎮逐漸喪失了對產品市場的控制。起初在經營體系集中於布魯日的時候還只是部份喪失，但是，當義大利人在法蘭德斯紡織品的出口和銷售方面取代了布魯日商人銀行家之後，這些城鎮就完全喪失了控制權。（見圖三，該圖表明法蘭德斯布料的銷售範圍大於法蘭德斯商人的活動範圍。）

為了預訂紡織品，義大利的公司將積聚的貨幣資金借給布魯日的紡織產業。但當紡織業遭遇困境時，它們卻置之不理。布魯日商人成為「被動的」代理人，徒勞地試圖監督義大利「跨國公司」的舉動，因為這些公司逐漸佔據了主動並操縱了交易結果。眾所周知，跨國公司是不受約束的，就像當今的國際分工那樣，它們會自由地將投資轉移到勞動和運輸成本較低，而利潤更豐厚的地方。

因此，依附「扼殺」了曾在十三世紀至十四世紀早期法蘭德斯大有前途的高度發展的產業資本主義。即便布魯日的港口沒有枯竭，布魯日人的創業能力也已枯竭了。買辦的作用延長了布魯日的繁榮，但他們無法單獨存在，因為他們依附於真正的決策者——義大利人。義大利人不僅經營著外國貿易，而且還決定著在何時何地投資。

接下來，我們轉向對義大利城市國家的論述。這些城市國家締造了歐洲的貿易中心，並將它們與以地中海東部和周邊地區為中心的世界貿易體系聯結起來，但這些城市國家也摧毀了這些貿易中心。第四章考察了兩個城市國家：義大利西海岸的熱那亞和東海岸的威尼斯。

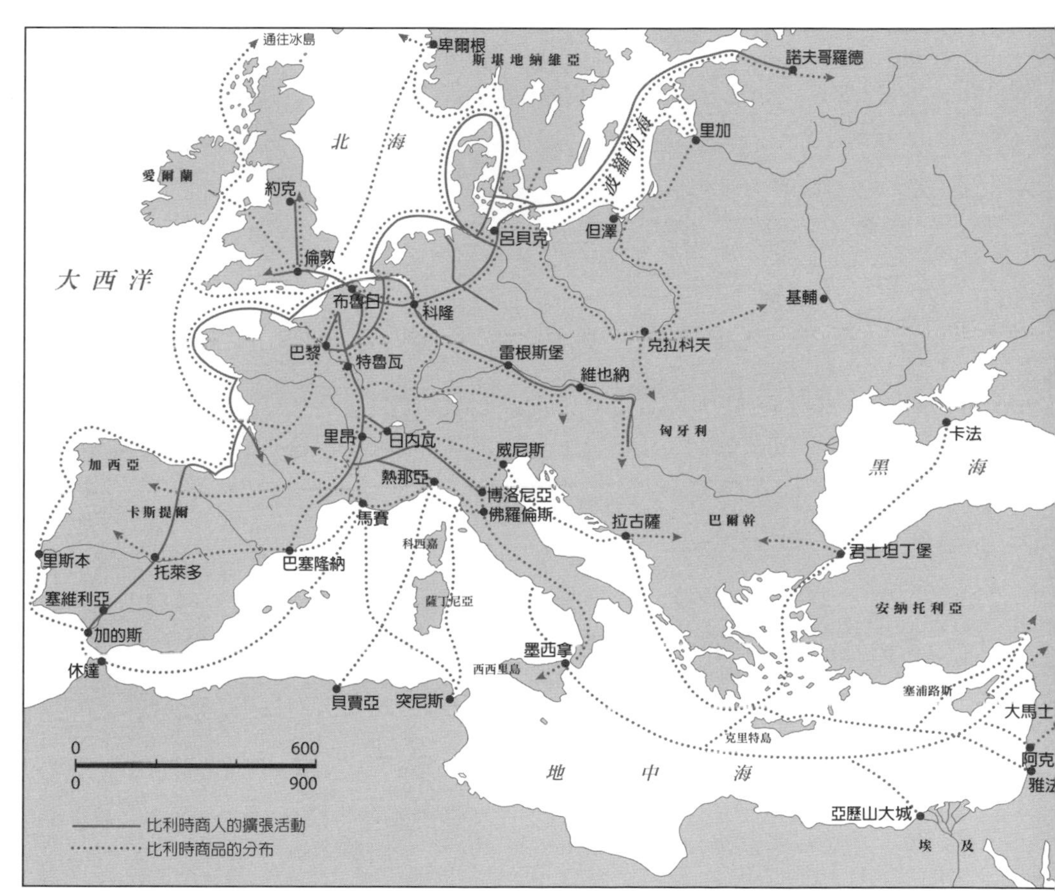

圖3　比利時的經濟擴張：商人旅行路線和產品傳播路線（基於Dochaerd）

第四章　熱那亞和威尼斯的海上商人

威廉・麥克尼爾（一九七四）給他那本關於威尼斯的著述（*Venice: the Hinge of Europe, 1081-1797*）添加了「歐洲的鉸鏈」這一副標題，這種表述的精確彌補了它的不足。不過，或許會有人指責他犯有親威尼斯傾向（這種偏見在有關義大利城市的文獻中並不罕見），因為熱那亞同樣也是重要的聯結歐洲與東方的樞紐。[1]

威尼斯和熱那亞都積極地推動了歐洲融入發展中的東方世界經濟體。二者都是強大的海上力量和商業力量，都在爭奪地中海——到此為止處在阿拉伯人控制之下——霸權，爭奪在黑海地區、巴勒斯坦海岸以及埃及獨有的和特惠的貿易經營權，因為這些地方控制著通往印度及其周邊地區的門戶。從十一世紀始，二者一直糾纏於保護己方海道，破壞對方海道的慘烈戰鬥中，直至熱那亞在十四世紀末最終敗下陣來。

威尼斯和熱那亞都是義大利的急先鋒。在地理上，二者都力圖到達亞洲的更遠處。在制度上，二者都試圖策劃出更好的經商方案，積累更多的低風險資金，管理公司，並壟斷貨物市場和貨幣市場。在技術上，二者都具備了集航海、造船以及戰備於一體的強大實力。她們都能完成聯結十三世紀世界體系各文化島（cultural islands）的重任。但非常不幸的是，一山不容二虎，它們在盡力征服東方的同時，彼此間也在拼命廝殺。命中註定它們要與大海為伴，政治因素、水域，或者高地將她們與強大的內陸地區隔絕開來。

熱那亞和威尼斯的由來

熱那亞是一流的海港城市，險峻的懸崖峭壁將其與身後的內陸地區分離開來。這裡自遠古以來就是避風港，也是數次入侵的受害者。熱那亞建於西元前五世紀，在第二次布匿戰爭時幾乎被迦太基人毀壞殆盡。西元四世紀時，羅馬人重建該城，並以圍牆環繞，之後又落入東哥特人以及隨後的倫巴第人之手，直至五八八年拜占庭人重新佔領了這裡（Renouard, 1969, I:228）。六至十世紀，該城始終處在君士坦丁堡有名無實的統治之下，但它僅僅是默默無聞的漁業和農業城市，居民生活水準低下（Renouard, 1969, I:228）；貿易也剛剛起步。

十字軍東征實質上始於十世紀，因為那時的熱那亞已經與地中海西部的穆斯林國家「處於交戰狀態」了。九三四年至三五，法蒂瑪王朝（Fatimids）的艦隊襲擊並洗劫了熱那亞。之後很久，熱那亞人才在比薩人的幫助下進行了反擊。一〇六一年，他們向薩丁尼亞島和科西嘉島派出一支抗擊穆斯林勢力的遠征軍，後來，他們甚至遠征了法蒂瑪王朝先前在北非的首都馬赫迪耶（Mahdiya）。一〇八七年，他們暫時佔據了馬赫迪耶，並向該城的穆斯林統治者索取貢品，要求獲得免費通行的貿易特許權，這是他們獲得的第一個貿易特許權，但並非最後一個。

到十一世紀末，熱那亞人已經從東羅馬帝國的統治下獲得了實質上的自主，建立了自治的「康帕尼亞」（compagna），這是由選舉產生的執政官統領的市民社團，執政官通常有六到十人，任期三年（Renouard, 1969, I:232-233）。熱那亞人的欲望迸發出來，先前的海戰也檢驗了他們的能力。他們力圖將統治範圍從地中海沿岸西部擴展到東部，因此他們積極地回應教皇的號召，參與到征服巴勒斯坦的冒險中來，這一過程充滿血腥，但他們最終鎩羽而歸。十字軍東征始於一〇九五年，直至一二九一年馬穆魯克王朝攻陷了十字軍的最後一個據點阿克里。十字軍東征使得西方和東方相互敵視，並無休止地糾纏下去。

不過，威尼斯並未像熱那亞那樣急於捲入爭鬥，因為她與東方的聯繫迥然不同而且更早，所以她不願去打擾它們。埃迪特·恩嫩（Edith Ennen）認為義大利與歐洲北部地方不同，在所謂的「中世紀」時期，義大利的城市發展從未中斷。大致說來，這種觀點沒什麼錯誤[2]。但是，威尼斯稍有不同，儘管她有城市的根基，但她仍是一座「新城」，這與讓人景仰的熱那亞不同。約五六八年時，威尼斯建成（於此前的一個漁村），那時，一些內陸移民為了躲避入侵的倫巴第人而來到近海處的潟湖尋求避難（Lane, 1973:4）。威尼斯一直牢牢地依附於拜占庭帝國，即便是倫巴第人征服了包括拉文納——一直是拜占庭帝國在義大利的首府——在內的義大利所有的內陸地區。即使倫巴第人被納入查理曼帝國的統治之下，威尼斯人依然能夠在拜占庭艦隊的幫助下抵禦查理曼在八一〇年對她的侵犯。在拜占庭帝國與查理曼帝國最後締結的和約上，威尼斯受到了明確保護（Lane, 1973:5），這「為威尼斯在西方貿易中取得相對於義大利各港口和拜占庭帝國其他海港的絕對優勢打下了基礎」（Lopez, 1952:277）。

雖然威尼斯從對拜占庭帝國的效忠中收益頗豐，在拜占庭港口獲得了某些貿易特權，但她還不能充分利用這些港口帶來的商業機會。西元一〇〇〇年前，雖然「許多威尼斯人都是海員中的佼佼者，足以穿越地中海，……但是希臘人、敘利亞人和其他東方人控制了威尼斯與黎凡特之間的絕大多數貿易」（Lane, 1973:5），如同他們控制了歐洲其他港口的貿易一樣。[3]那時，威尼斯僅能向市場提供本地的鹽、魚、木材，以及主要從亞得里亞海地區尚未成為基督徒的鄰居中捕獲的奴隸（Lane, 1973:7-8; Renouard, 1969, I:131）。正如布勞岱爾所強調的那樣，直到十字軍東征以前，「義大利依然是落後的'邊緣'地區，作為木材、穀物、亞麻布、鹽和奴隸的供應者，盡力讓歐洲內陸的其他國家接受其供應品」（1984:107）。

但是，威尼斯在十字軍東征之前就在商業中發揮更加積極的作用了。一〇八〇年，威尼斯最終突破了控制著亞得里亞海淺水水域的諾曼王國的封鎖。她協助拜占庭艦隊打通了那條至關重要的航道，為此，拜占庭皇帝阿歷克塞一世（Alexius I）於一〇八二年制定了一項特殊的法令（《金璽詔書》〔the Golden Bull〕），授予威尼斯在帝國全境，尤其是在君士坦丁堡——基督教世界最大，最繁華的城市，也是通往中亞的門戶——幾乎所有的貿易特權，並免除通行費（Lane, 1973:27-29: Braunstein and Delort, 1971:44-47）[4]。這樣，威尼斯就能將貿易擴展至黎凡特了，她也就不願意冒著船隻毀損、名聲掃地的風險去追隨第一次十字軍東征了，這是可以理解的。

此時此刻，熱那亞和威尼斯還依舊各據一方。義大利西海岸的熱那亞掌控著地中海沿岸西部，享受著穆斯林控制的西班牙、海岸附近的島嶼，以及北非海岸地區帶來的可觀的區域特權或貿易特權。與之相似，威尼斯人加強了他們與地中海沿岸東部地區的聯繫，得以進入整個愛琴海及其某些島嶼、君士坦丁堡和黑海的停泊港。她安於現狀，而熱那亞則急於「闖入」東方更加富裕的市場。

十字軍東征對威尼斯與熱那亞的影響

於是，熱那亞和比薩的船隻援助了法國、法蘭德斯和歐洲其他地區的騎士[5]。這些騎士熱烈地響應了教皇烏爾班於一〇九五年發起的第二次號召，教皇號召他們從穆斯林人手中「奪回」聖地。自七世紀後半期以來，穆斯林就使得聖地的絕大多數常住人口都皈依了伊斯蘭教，所以對十字軍來說，穆斯林不是什麼新的威脅。國王和伯爵召集侍從朝著某個更多地出現在傳說中，而非實際認識中的地點進發，如今，我們已經很難理解這種熱忱。許犬儒者認為香檳、布里和法蘭德斯的伯爵們，尤其是法國國王和英國國王參與如此險惡的征程，主要緣於對戰利品的渴望，而非神聖的救贖使命。然而，那時的文獻比這種理解更樸素，也更脫俗。

不過，從歐洲和黎凡特的文明水準就可看出，相比之下十字軍戰士更像野蠻人，他們經常掠奪高級文化群體的固定財產，而不是充當文化使命（mission civilisatrice）的傳承者。正如奇波拉（Cipolla, 1976:206）所言，「毫無疑問，從羅馬帝國衰亡至十三世紀初，相對於那時的主要文明中心來說，歐洲是欠發達地區……更確切地講是蠻夷之地。」阿奇博爾德・路易斯（Archibald Lewis, 1970:vii）利用這種差異來解釋東西方彼此表現出的非對稱的興趣。儘管歐洲人急欲找到穆斯林的土地和財產，並「在很多方面模仿了穆斯林文化」，但他們沒有收到任何成效。不僅「普通的上層穆斯林〔感覺〕優於絕大多數西歐人」，而且阿拉伯人廣博的地理知識從未涉及西歐，因為他們認為那裡毫無價值（Cipolla, 1976:206）。即便是十字軍東征危及到他們的心臟地帶之後，穆斯林的態度依然如此，他們頂多俯就屈尊，最壞也就是受到驚嚇，而他們的入侵者卻五味雜陳，既滿懷憎恨，又帶有極富感情的（儘管不情願）敬畏和豔羨。

雙方在十二至十三世紀的文獻資料反應了這種不對稱。西維亞・斯拉普（Sylvia Thrupp）[6]貼切地概括了歐洲人的看法，她指出

> 那些描述了主人翁與穆斯林之間的交往的史詩和冒險故事是我們理解十二至十三世紀法國貴族和上層中產階級對穆斯林群體普遍看法的最好線索……其中要素有伊斯蘭世界的大同主義，其勢力與財富，富麗堂皇的城市，聰明的人民……穆斯林廣受豔羨，因為他們甚至比法國人還要懂得生活。（Thrupp, 1977:74, 82）

然而，十字軍戰士對穆斯林的所作所為與他們對敵人的崇高看法完全不符，這激起了穆斯林受害者的強烈反感。穆斯林將「法蘭克人」（阿拉伯文獻對西方人的一貫稱謂）視為「野獸，除了勇氣可嘉，善於戰鬥

外，他們一無是處，如同兇猛好鬥的動物一樣」[7]。

上述描述並非毫無根據。一〇九八年，十字軍戰士毀壞了敘利亞的馬拉城（Marra），其中就出現了法蘭克人吃人的劣跡。卡昂的拉道夫（Radulph of Caen）在編年史中生動地描述了那些行徑（他承認「在馬拉城，十字軍戰士在飯鍋裡烹煮了成年異教徒，他們將嬰兒串在烤叉上燒烤，並狼吞虎嚥地吃掉」），後來，在基督教指揮官寫給教皇的一封信中，十字軍戰士得到「辯護」，指揮官將那種現象歸咎於極度饑餓。這一藉口無疑會遭到阿拉伯史學家的批駁，他們繼而將那些嗜血成性的敵人描繪成不僅吃人，而且還吃狗的人（他們認為狗是最骯髒的動物）（Maalouf, 1984:9-40）。

不過，野蠻的十字軍戰士在首次東征中偶爾也獲得了一些勝利。熱那亞人和比薩人積極地支持十字軍戰士對巴勒斯坦的進攻，並獲得了他們許諾的報償。他們得到了巴勒斯坦城的三分之一以及阿克里的近郊區，並在由他們協助征服的其他城市中獲得了同樣的回報。十字軍國家建立之後，他們也相應地分得四分之一的耶路撒冷和雅法（Heyd, 1885, I:138）。

在十字軍東征看似能夠取勝之前，威尼斯一直保持觀望姿態。直到「一〇九九年，法蘭克軍隊打通了通往耶路撒冷的道路，殺光了該城的穆斯林，並燒死了猶太教教堂裡的所有猶太人……由兩百條戰船組成的威尼斯艦隊才〔駛離〕利多港」（Norwich, 1982:76）。艦隊最終於一一〇〇年夏天抵達，並及時援助十字軍戰士奪回了雅法和其他城市。作為回報，威尼斯人也分得城鎮和近郊土地的三分之一，並在新的十字軍統治區獲得了貿易特權（Heyd, 1885, I:137）。後來，在協助攻佔了泰爾港（Tyre）和阿什凱隆（Ascalon）港之後，威尼斯也得到了相應的三分之一（Heyd, 1885, I:143-144）。威尼斯人獲准建造他們的居住區並能擴充貿易以增加商業機會。

與東方財富的直接接觸改變了義大利海上商人所在城市的角色，使得它們從被動變為主動。十字軍東征引發了對東方物品的需求的增加；另外，義大利人在黎凡特這塊沿海飛地的存在極具戰略意義，他們現在能更多地滿足這些需求。這兩個很有說服力的原因也解釋了香檳集市在十二世紀的振興。

熱那亞人開啟了撬動世界體系的支點的長期過程，威尼斯人也參與其中，但影響較小。十三世紀時，「〔至少是歐洲的〕經濟重心已明顯轉移到義大利北部和中部四強（威尼斯、米蘭、熱那亞和佛羅倫斯），強大的商人勢力牢牢地控制著通往富饒而又勤勞的歐洲腹地的商路，並力圖跨越日漸衰落的伊斯蘭地區，到達亞洲和非洲的深處」（Lopez, 1976:99）。但是，世界體系的支點的轉移花去了整個十二世紀和十三世紀的多數時間，直到十六世紀初才最終完成。其間，來自東方的「另一支野蠻人」——蒙古大軍對近東核心地區帶來極大衝擊，但並未對世界體系造成任何影響。十六世紀初，收穫成果的有推動世界體系轉變的義大利人，也有捷足先登（儘管得到了熱那亞人的資金支持和水手的幫助）的葡萄牙人。

海外殖民擴張

十二世紀時，義大利人擴展並鞏固了疆域，建造了大型船隻並將其武裝起來[8]，他們搶劫弱小艦船——既有穆斯林的也有基督教徒的——的物品，為更加有利的貿易條件互相競爭，並佔據了地中海沿岸或地中海諸島所有易於進入的港口。十字軍在黎凡特的幾塊飛地是他們的目的地之一，這幾塊飛地通過單純的陸路，或是——更經常地——通過與波斯灣相連的商路接收來自東方的貨物；君士坦丁堡是另一個相比之下不那麼經常的目的地，在這裡，熱那亞人和威尼斯人已經享有了同樣的貿易特許。

然而，在十二世紀的最後三十年裡，北部出口因軍事衝突再次成為焦點。在努爾丁（Nur al-Din）及其繼承人（Salah al-Din al-Ayyubi，即歐洲文獻中記載的薩拉丁）的率領下，塞爾柱土耳其人的穆斯林力量從東北方向攻入這一地區，十字軍節節敗退。一一八七年，薩拉丁擊潰了十字軍部隊，穆斯林重新佔據了提比里亞、雅法、阿什凱隆、加薩，最後是耶路撒冷。至此，阿尤布王朝（Ayyubids）統轄了整個埃及、肥沃月彎的大部以及安納托利亞東部。在黎凡特，只有西部的幾塊聚居區沒有被佔領。

隨著基督教勢力局勢的惡化，教皇更加嚴格地執行禁止同「異教徒」進行貿易往來的指令（一項形同虛設的禁令），這相應地提高了駐在君士坦丁堡以及克里特島、賽普勒斯島和羅德島上的基督教徒商人的地位。一一八二年，君士坦丁堡發生了「拉丁大屠殺」，他們〔更確切地說就是義大利人〕的居住區被付之一炬，義大利人與拜占庭的「希臘人」之間的衝突達到了白熱化（Runciman, 1952:100）。雖然五年之後的局勢歸於平靜，商人們重新建造了聚居區（威尼斯人在市區，熱那亞人在佩拉的金角灣的對面），但雙方的潛在競爭還是延續了數十年，直到威尼斯以卑劣但非常高明的策略成功地將君士坦丁堡納入日益壯大的帝國之中，戲劇性地取代了希臘人和熱那亞人對東北部貿易的爭奪。

一二〇四年的第四次十字軍東征：君士坦丁堡的拉丁帝國

傑佛瑞・德・維爾阿杜安（Geoffrey de Villehardouin）[9]撰寫的《征服君士坦丁堡》（*The Conquest of Constantinple*）詳細描述了第四次十字軍東征的骯髒行為。維爾阿杜安是一名來自香檳的騎士，在距特魯瓦不遠處擁有地產。他在書中寫道一二〇二年夏，來自全歐洲的十字軍戰士集結於威尼斯的利多島，計劃乘坐租來的船隻前往埃及，而後再抵達聖地。伯爵鮑德溫九世的軍隊乘坐由法蘭德斯組建的另外一支艦隊前去會合。但並非所有加入軍隊的人都能前往聖地，也不是所有能籌集到威尼斯人索要的高額費用的人都能前往。十字軍戰士與威尼斯之間達成了妥協，十字軍戰士取得了支付低廉租金的條件，並同意先抵達扎拉

（Zara），從匈牙利人手中奪回該城（Villehardouin, 1985:40-46）。是年冬天，十字軍聯合部隊抵達並攻克了扎拉，威尼斯和十字軍戰士平分了戰利品。

然而，威尼斯人在復活節之前拒絕再次出航，即便再次啟航時，他們也並未按計劃向南朝開羅進發，而是向東駛往君士坦丁堡。當威尼斯艦隊駛入君士坦丁堡時，維爾阿杜安不由驚呼（1985:58-59），「從未想到世上還有如此華美的地方……高牆環繞，塔樓林立，這裡豪華的宮殿和高聳的教堂……如此之多，以至於沒人相信這是真的」。讓人難以置信的是，一番盛讚之後的下一步行動竟是對該城發動襲擊。從一二〇三年七月至一二〇四年四月，啟身前去征討異教徒的「拉丁人」轉而將他們的基督教徒同胞們圍困起來。在最終攻克了君士坦丁堡之後，他們將其付之一炬，洗劫一空[10]，而後又虔誠地慶祝聖枝主日和復活節，「為上帝和基督賜予他們的福祉而歡欣」（Villehardouin, 1985:93）。

鮑德溫九世當選為拉丁勢力在君士坦丁堡的國王，同時依然是法蘭德斯和埃諾伯爵，幾周後他在宏偉的聖索菲亞大教堂舉行了加冕禮[11]。而威尼斯人並不想成為什麼達官顯貴，他們只想擴展商業帝國，為此，他們「侵吞了王國裡最好的那部份疆域」（Norwich, 1982:141），分別獲得了君士坦丁堡城和王國八分之三的領土，包括整個克里特島。由此威尼斯將她的香料貿易延續至十四和十五世紀，並將熱那亞和比薩這兩個主要對手從她的勢力範圍內排擠出去。如今，她的範圍囊括了從北部的裏海和黑海延伸至黎凡特，穿越地中海東部及其諸島，沿亞得里亞海向上，經陸地跨過阿爾卑斯山後進入德國和北海的廣闊地區。這些條件，加上之後與埃及建立的聯繫，都使威尼斯成為控制歐洲獲取亞洲的香料和絲綢權利的獨領風騷者。

在上述條件的作用下，十三世紀時的威尼斯在文化、政治、工業（尤其是造船業和運輸業）以及商業上都欣欣向榮。而熱那亞也毫不遜色，她在北非和西北歐還沒有遇到真正的對手，在她統治的這個範圍內，香檳的貿易要遠勝於盧貝克的貿易。正如我們在第三章看到的那樣，到十三世紀末時，熱那亞向西進入大西洋，而後抵達布魯日，進一步鞏固了對貿易的控制。

海上新技術

十字軍東征促使各海洋國家的海上力量突飛猛進。運送十字軍戰士，搭載迅猛增多的前往聖地的香客，以及比薩、熱那亞和威尼斯獲得新的貿易特許權給貨物交易帶來的便利，都使得對船隻的需求與日俱增，各國掀起了一股造船狂潮。儘管那時的大多船隻還由富裕家族建造和擁有，但一一〇四年最早建成的威尼斯工廠（當地政府的造船廠）顯現出造船業在海洋城市的經濟基礎中的重要作用。造船業不僅需要個體企業的參與，還需要整個國家乃至全體國民的參與，隨後我們就會看到這一點。雖然熱那亞的造船業得到了私人合資的資助，但國家仍從中發揮著監管和推動作用。

十二至十三世紀，義大利人使用三種船進行長途運輸：帆船（navis or bucius），這種船有兩層甲板，到十三世紀時增加到三層，由四到六個斜掛帆驅動，這些帆均衡地分佈在船頭和船尾；槳船（稱為galea, galeotis, or sagitta），是靠眾多槳手驅動的戰船，不過也備有一些輕帆，以作輔助之用；還有「泰里達」（tarida），它結合了上述兩種船的特點，既有船槳，又有一整套雙桅船帆，相對槳船而言，這種船笨重而遲緩，但載重量較大（Byrne, 1930:5）。槳船最初用於十字軍東征，但十三世紀末時這一需求告一段落。那時的帆船（有時稱作圓船或小船）和大型槳船都用於貿易。

隨著時間的推移，船體變得越來越大。伯恩（1930:9）就船隻容積作出了一些估計。一二四八年，聖路易籌備十字軍東征時，他不但從熱那亞和威尼斯租借了數百條船隻，還訂購了很多新的大型船隻。其中最大的要數熱那亞人建造的天堂號（Paradisius）了，該船約八十三英尺長，能運載一百名十字軍戰士，還有他們的馬匹、裝備以及隨從，後來該船能承載一千名經商或朝聖的乘客。雖然今天看來這種船微不足道，但在十三世紀時，一條熱那亞大船運載的六百噸貨物大抵相當於十四世紀（Unger, 1980:169）甚至十六世紀艦船的載重量（Byrne, 1930:10-11），足以與哥倫布用於「發現」新大陸的船隻等量齊觀了[12]。槳船能夠靈敏地改變方向；「柯克」船（cog）和「霍爾克」船（hulk）上添加的特殊船舵提高了船的機動性。

除了船體更大、更具機動性之外，航海技術也大為增進。儘管「磁鍼」很早就用作中國船上的羅盤針[13]，阿拉伯水手也用它來輔助靠恒星定位的星盤（遺憾的是，在星光黯淡的風雨之夜它就沒有用武之地了），但義大利人在十二世紀下半期（以指南針的形式）對它的採用卻意味著真正的進步。尤其是結合「〔後來〕空前精準的航海圖的創制，以及航行表的編寫（在已被證實的一份一二九〇年的珍貴手稿中有所提及），指南針使得全年航行成為可能」（Lane, The Economic Meaning of the Invention of the Compass, reprinted in 1966:322）。此前只能在夏季出航，而如今冬天也可以出航了，儘管萊恩（Frederic Chapin Lane）認為只有到十四世紀時全年出航才常見起來（Lane, 1966:334）。

然而，這一時期的進步並不僅僅侷限於海上物質技術的改善。社會和經濟技能的同步發展也同樣重要地促進了運輸能力的提高。其中最為重要的是共同籌集船隻以降低風險這一方法的發明，此外可能還有多人籌資以分攤風險的方法。前者包括護航艦隊與勇於戰鬥的海上商人；而後者則有賴於新式的資本制度。

公海裡發生戰爭時，如果「國家」不全力組織戰船進行護航，任何商船都不會安然無恙。行程安全對定期集市的發展一直都至關重要。香檳集市的安全措施由封建軍閥提供，但水上的行程安全就不儘然了。如同後來英國海軍的炮艦確保了其霸權一樣，義大利商船的成功歸根結底也仰賴於它們在互相殘殺的海戰——有時也稱為海盜行為，但僅用於稱呼對手——中能否全身而退。在沒有人提供海上安全措施的情況下，義大利人不得不進行自助[14]。

義大利港口國家的政府比法國或法蘭德斯的此類政府「更民主」，也更直接地參與到經濟活動中，對「民兵組織」的需求或許是個中原因之一[15]。正如萊恩所言，「海上商人和海軍船員都是同一批人」（Lane, 1973:48）。所有的水手也都是戰士，每年環繞地中海兩次的船隊都是結伴而行，其中有十到二十艘小船，「有一到兩艘巨大的輪船〔柯克船〕或槳船相隨，以確保安全」（Lane, 1973:69）。船員在某些時候要緊握利劍、匕首和投槍，以應對突如其來的短兵相接，因為當時的甲板上尚未裝備大炮，當然也沒有槍支（Lane, 1973:48-49）。因此，人數上的優勢變得至關重要，毫無疑問，這也是市鎮政府為何要確定船隊出航日期，也就是「muda」——這一術語原先專指艦隊，後來指代船隊出航的日期——的根本原因（Lane, 1957, reprinted:128-141）。

國家資本與私人資本的聯合

我們已經提及私人企業資本或投機資本與對這種資本進行保護和扶持的城市國家政府之間的特殊關係。不過，熱那亞和威尼斯形成了截然不同的發展模式。威尼斯的個體企業深度依附於國家資本，而熱那亞正好相反，私人比國家更多地參與到直接投資活動中來。

這種差異或許源於兩個城市起點的不同。威尼斯是一座「新城」，她沒有從內陸輸入上層統治力量而是由自己培養，因此很少出現殃及包括熱那亞在內的義大利多數城市國家的家族紛爭（Heers, English trans.1977:passim）。而熱那亞的貴族至少有一部份由內陸的地主階級構成，他們往往把過去的紛爭帶到這裡——從鄉村的軍事衝突轉入現代城市的貿易領域和政府裡的拼命廝殺。

熱那亞和威尼斯都用公債制度取代了稅收，並以此對國內和公海的基礎設施和防衛進行投資。甚至在一二〇〇年之前，義大利的城市國家就推行了「公債」制度，由國民自願借貸給國家。作為回報，國民獲得「股份」，即便利息變化時他們也能得到固定的收入，國庫資金充裕時他們可以隨時贖回這些股份。然而，在十三世紀，威尼斯和佛羅倫斯普遍實行義務公債制，特別是在大型的商業軍事活動中。相比之下，「公債制度比其他地方實行得更早，持續時間更長久」的熱那亞則按照更加個人主義的方式，以某種購買營利性股份的形式向國家貸款（Luzzatto, English trans.1961:123-124）。這種制度後來推動了「包稅制」的生成，不過「包稅制」這一概念更多地和穆斯林的封建制度而非歐洲行政區相掛鉤。

無論是自願認購，還是根據家庭財產比例進行徵收[16]，公債制度都體現出城市政府與商業資本之間的特殊關係。作為那時另一種有利可圖的資本投資出路，商人們自然會急切地參與（也就是操縱）國家決策。的確如此，在描述威尼斯和熱那亞的政治勢力與商業資本之間的關係時，勒高夫（Le Goff）指出，在十四至十五世紀的熱那亞和威尼斯，對公債股份的真實「價值」的投機「成為……大商人的事務中越來越大的那一部份」（1956:24）。政府如同股份公司一樣，其運作與商業資本主義融為一體。

商業資本主義

在有關資本主義起源的「大爭論」中，焦點更多地聚集在十三世紀的義大利城市國家之上。義大利中世紀研究者的眾矢之的（*bête noire*）是維爾納・桑巴特（Werner Sombart），他認為十三世紀城市（即便是當時最先進的義大利）的經濟發展水準和富足程度都低得可憐，不能將其視為「資本主義」。爭論的另一方學者大多研究中世紀時期的義大利，他們將義大利經濟稱為資本主義，並大加褒揚[17]。還有一些人認為十三至十四世紀的義大利城鎮也存有馬克斯・韋伯所說的含糊的現代資本主義「精神」，儘管其證據主要來自對經濟制度的研究[18]。這似乎是一場毫無結果的爭論。我認為，我們都相信任何特定的「理想模式」體制都會逐漸地從起點轉向全面發展，也相信新生體制會存在於與之衝突的社會結構之中，尤其是在它發展的早期階段。很多問題都取決於對沿用的「資本主義」一詞的界定。

萊恩（1964, reprinted 1966:57）採納了奧利弗・考克（Oliver Cox, 1959）的定義，他認為考克斯的定義是「合理的」。萊恩認為「威尼斯的統治階層利用商業資本——現金、船隻和商品——謀求生計，並借助他們對政府的控制增加收益，從這個意義上來講，它是第一個進入資本主義的〔歐洲城市〕。」然而，這一觀點似乎太片面，太膚淺。

我傾向於勒高夫（1956:39-40）的主張，他認為，按照馬克思的觀點，最好將中世紀的義大利商人看作「准資本家」，因為「封建主義」依然是佔支配地位的社會組織形態。不過，其間有一股力圖推翻舊秩序的新型骨幹力量——（法蘭德斯的）實業家和（義大利的）商人，他們都在**為資本主義做準備**。他鮮明地將城市裡的商人工匠與人數更多的商人銀行家區分開來，認為前者尚未資本主義化，而後者無疑是那時正在誕生中的資本主義制度的先驅[19]。我們現在就轉入對後一群體的研究，考察義大利海上商業國家在步入資本主義的道路上到底有多麼先進。

與帝國經濟相比，「自由經營」的資本主義的主要特徵就在於其通過「超國家」手段動員國民共同投資的能力，所獲資金多於任何個人所能提供的資金，無論這個人多麼富有。在集體融資方面，國家社會主義制度與企業家資本主義之間的通常區別在於，後者的出資人出於營利目的而自願地投資。為了獲取更多利潤，所得收益——至少是部份收益——可能會用於再投資。投資者不僅極力使獲益機會最大化，還會將投資多樣化，以降低全盤皆輸的風險。如果我們沿用這一界定，熱那亞和威尼斯的城市國家（更不用說義大利的佛羅倫斯和其他山地商業城市了）在十三世紀時無疑幾乎就是資本主義國家了，儘管方式稍有不同[20]。

「兄弟」家族公司最早進行了籌資，它們的資金源於家族後嗣（兄弟）合而為一的財產。熱那亞廢棄這種籌資方法時，威尼斯仍在沿用。這種家族公司的通常安排是：合夥兄弟進行分工，一個留在家裡管理家族利益（購買出口貨物並在本地銷售進口貨物），另一個攜出口貨物到達國外商埠，將其賣掉並採購返程貨物。這種籌畫並非什麼新事物，然而，其好處是合夥人大抵可以相互信任，進而終生合作。因此，正如黑斯（Heers, 1977:221-222）極力宣稱的那樣，即便在十四世紀之後，家族依然是經濟組織的基本單位。

不過，並非所有繼承財產的商人都有兄弟，也並非所有敢作敢為的創業者都生來就握有所需資金。因此，早在進入十三世紀之前，一種稱為「康孟達」（*commenda*）或者在威尼斯稱為「夥會」（*colleganza*）的模式就出現了。這種合作類型最初僅用於單次海外投機活動中，其中，第一合夥人湊集所需資金的三分之二，第二合夥人提供剩餘的三分之一，並陪同貨物前往國外。與投入相關，一旦投機活動成功，在扣除第二合夥人的差旅費後，他們就平分收益[21]。

後來，考慮到一些剛剛起家的「積極參與的合夥人」尚未擁有足夠的資金，義大利商人又採取了一種替代形式，即由「不參與管理的」合夥人（所謂的出資者）提供所有資金，而「積極參與的」合夥人在扣除了他的相關費用之後，僅能獲得收益的四分之一。不過，這種方式不太適合小商人，他們的輸出額無法保證專職合夥人的全力參與。因此，外出代理商也會從多個不參與管理的合夥人那裡接受其他委託，從中收取佣金。他們往往一年中的多個季節都待在國外，接收並銷售貨物，並時常在相當大的程度上自主決定返程時運載的貨物。

最終，大公司都雇用不收取佣金而是按時領取薪水的代理商，他們依然留在國外的主要辦事機構中，接二連三地處理交易事務。不過，這種情況在歐洲已經相當普遍，因為歐洲快捷的郵遞條件能夠將詳細的訂單傳送給代理商。在地中海的島嶼，在敘利亞，以及黑海周邊的港口城鎮裡，永久設置在那裡的佣金代理商獲得了更大的自主權。他們之中的很多人從代理商做起，然後隨著資本的增多而最終成為獨立商人，他們並非僅僅經營當地某個港口與熱那亞和或威尼斯之間的貿易往來，而是經營著遍及當地各港口的非常複雜的貿易路線。在東方，代理商甚至開始承擔「投資銀行」業務。

> 在與身處熱那亞的債主簽訂了合同後，前往敘利亞的擁有較高聲望的代理商代為領取身在敘利亞的人所虧欠的熱那亞居民的債務。債主會委託某個代理商代為領取欠款，並指示他在妥當的情況下用從所在地領取到的債款從事貿易活動。（Byrne, 1916:166）

隨著貿易形式和參與形式的日趨複雜，以及它們更多地從家庭中脫離出來，更好的記錄方式成為必要，這既是為了方便提交給投資者的結算，也因為記憶或約定已無法承載複雜的協議條款。儘管我們熟知的複式簿記直到十四世紀晚期才正式出現，但是在此之前，一些記錄就得以完善地保存下來，這使當代學者不必花費太大氣力就能將它們轉變成當今的帳目。威尼斯最早的記錄來源是「貿易公司」（*rogadia* by prayer）[22]的合同，這種合同很快被記載下來，並由公證人員宣告其正式生效。在熱那亞，這種對合同的公證近於癡迷，每年都要在國內外各聚居地記錄數千份合同。

史學家曾兢兢業業地研究會計帳簿和公證文書，以探究中世紀的歐洲是怎樣進行貿易往來的。但是，正如薩波里（Sapori, 1952, translated 1970）所嘲諷的那樣，像義大利人那麼精明的商人很可能會像下述情況一樣，利用正式文書進行欺騙。這樣一來，似乎就需要保存兩套文書，一套遞交「投資人」或者稅務評估員，另一套才記載了真實的帳目。此外，教會嚴格禁止高利貸，為了隱瞞所獲收益，義大利人會將某個交易劃分成多個（並被分別記錄的）交易，這往往導致公證文書的大量湧現。然而，記載下來的完整交易清單表明，義大利港口城市裡的貿易投資並非僅限於一小部份上層企業家，而是滲透到整個經濟體系之中。

在馬可波羅所在的威尼斯，幾乎每個「紈絝子弟」都投資於海上船運（Power, 1963:43），這意味著資本來源並不侷限於頂級精英。熱那亞的參與面更加廣泛，這裡發明了一種獨特的制度，不但收攏了船主和商人的大筆資金，還籌集了水手、工匠，乃至「下層民眾」的小額資金。水手攜帶著受委託的貨物出航，工匠和家庭主婦將用於銷售的少量產品傳送到其他港口。而且，船舶所有者與船舶運送貨物的絕對分離，使得即便是貧窮工人也能進行小額投資——就像摸彩票一樣——期望該船能有所斬獲[23]。

熱那亞的這種制度非常類似於聯合股份公司（很久之後才出現），所以我們有必要對此多說幾句。伯恩（1930:12）告訴我們，十三世紀之前的船隻相對較小，它們為私人所擁有或以簡單的合夥形式共有，並由其中的船主來經營。然而，隨著十三世紀商業的擴展與大型船隻的修建，船舶的所有權劃分為眾多股份，稱為位置（loca）。這一制度在熱那亞與黎凡特的海上貿易中尤為盛行。任何船隻上「位置的數量……與駕馭船舶所需船員人數相同」（Byrne, 1930:15），所以，位置的所有者顯然要對每個船員的開支負責；他其實是一名特定的船員，因為位置所有者甚至能將「他們的」船員轉讓給另一條船（Byrne, 1930:16）。位置所有者在行程中有權享用商船居住區，並擁有一個儲物空間。儘管最初的時候大商人買斷或租借了所有份額，以滿足他們的需要，但是這些空間後來被一分再分，直至個人能擁有位置的二十四分之一，乃至更小的份額。在這一過程中，位置成為一種可以在市場上買賣的「商品」，「可用作抵押來取得貸款……以支付船員的薪水，購買輸出的貨物」（Byrne, 1930:17-18），或者以「船位」（accommodatio）的形式進行轉讓，或者當作抵押物。總之，這種「股份」被視為某種商品或個人財產。正如伯恩所言（1930:14）：

> 來自社會各階層的人都握有股份；家族成員都傾其所有……購買股份，個人也往往擁有少量位置。位置

> 被當作非常合適的抵押品，用於廣受歡迎的海上投資活動。只要船隻一帆風順，就能很快實現……海上貸款。

在我們所接觸到的現代資本主義制度中，我們很難找到比十三世紀上半期的熱那亞如此盛行的更為先進的制度。

然而，這種制度似乎僅僅是權宜之計。儘管「到大約十三世紀中期時，整個熱那亞的船運業都是以位置的所有權為特徵……但是，家族和個人對大筆財富的積聚，以及海外貿易安全性的增加，〔最終〕使得這種制度」作為一種規避風險和籌集資金的方式「不再那麼重要」（Byrne, 1930:12）。到十三世紀末，在國外貿易中積累了豐富的財富和經驗的商業特權階級取代了船主擁有的小船和位置的小額持有者（Byrne, 1930:65）[24]。這些特權階層通過對完全自由放任的自治政府的操縱取得了重要成就，如同他們的同行在威尼斯非常社會化的船運投資制度下所獲得的成就那樣。

貿易體制的變化，一二六〇年至一三五〇年

在十三世紀末不斷變化的政治和地理環境中，熱那亞和威尼斯這兩個海上和商業霸權的競爭者的相對地位發生了變動。熱那亞的復蘇使得兩大「強國」之間戰火重燃，直至一三八〇年才暫告結束。一三八〇年，熱那亞人兵陷威尼斯的基奧賈島，束手待斃，最終敗下陣來。威尼斯通過都靈和約（一三八一年）壟斷了地中海貿易，尤其是東方貿易。為何會出現這種情況呢？

十三世紀後半期，義大利的東部聯繫經歷了一系列重組，「中心」發生轉移，其餘部份分成南方路線和

北方路線。在更東、更北的地方，這次發生在歐洲向中東核心地區擴張之路上的分流開始於一二五八年，當時蒙古人摧毀了巴格達，並在大不里士（Tabriz）建立了他們可與之相媲美的首都。這使原來的陸路的吸引力大為下降，那條路線要跨越大陸，從十字軍統治區到達巴格達，再沿著底格里斯河前往巴士拉，然後經海路駛抵波斯灣、阿拉伯海和印度洋更遠的地方。十三世紀末，十字軍在巴勒斯坦的據點的喪失進一步削弱了這條路線的影響。其後的很多交易要麼從北方經中亞，要麼從南方經埃及到達紅海，而後到達亞丁，最後前往印度洋。

在北部，拉丁勢力統治下的君士坦丁堡於一二六一年陷落，從根本上摧毀了威尼斯人對黑海地區貿易的壟斷，這標誌著新時代的開啟。不足為奇的是，熱那亞協助拜占庭戰士奪回了君士坦丁堡，作為回報，她再次成為在那個地區佔支配地位的歐洲國家。熱那亞的首要地位依然受到她原來的盟友——比薩的挑戰，但她在一二八四年給予比薩艦隊致命一擊，最終平息了挑戰。熱那亞人在佩拉、金角灣、卡法以及黑海與裏海之間的區域自由地與東方進行著日漸增多的陸路貿易，蒙古治下的和平為其提供了便利（見第五章）。這種和平非常重要，因為馬可波羅的父親和叔叔於一二六一年首次從威尼斯前往可汗的領地時，他們或許就經過了君士坦丁堡。然而，他們於一二六八年返程時經過了依然控制在十字軍軍隊手中的阿克里。一二七三年，當他們再次啟程時，十七歲的馬可波羅一同前往，他們完全避開了君士坦丁堡，經波斯進入阿拉伯灣[25]。

在從北部地方轉移後，威尼斯人將注意力再次對準正在發生巨變的南方。在經歷了十年的過渡期（一二五年至一二六〇年）之後，埃及的馬穆魯克王朝最終取代了薩拉丁的繼任者阿尤布建立的王朝。面對熱那亞的競爭，威尼斯強化了她與這個新的軍事集團——由奴隸和曾經是奴隸的士兵組成——之間的關係。這一策略在一二九一年發揮了重要作用，是年，馬穆魯克王朝奪回了阿克里，完成了薩拉丁的事業。阿克里是十字軍勢力的「首都」，也是其統治範圍內殘存的最後一個歐洲據點。

「大冒險」的終結，需要更加劇烈的貿易路線和交易夥伴的重組。馬穆魯克王朝統治下的埃及成為海上東方貿易的關鍵交通樞紐。威尼斯商人極力想壟斷香料貿易，而同樣具有壟斷性的馬穆魯克王朝也想通過通行稅和關稅獲得有利條件，這樣一來，二者之間形成了不尋常的矛盾關係。

熱那亞並未將其與東方的海上貿易拱手讓給威尼斯，她的對策是向西穿過大西洋。一二九一年，熱那亞首次嘗試著繞過非洲航行至印度群島，這並非毫無意義。（如果維瓦爾第〔Vivaldi〕兄弟的船隻成功的話，熱那亞人或許就在世界體系中扮演了兩個世紀之後葡萄牙人所扮演的角色了。）同樣是在十三世紀晚期，熱那亞首次與北海附近的國家——英格蘭和法蘭德斯建立了海上商業聯繫。雖然直到那時，穆斯林勢力幾乎還控制著穿越直布羅陀海峽的通道，但是少量的熱那亞船隻還是總能成功通過。不過，穆斯林的海上力量在一二九三年被卡斯提爾和熱那亞的聯合艦隊徹底擊潰後，熱那亞與布魯日的直接貿易就完全建立起來。

由上述描述可知，在十三世紀後半期乃至十四世紀前半期，熱那亞與威尼斯的港口城市幾乎將它們的觸角伸向發展中的歐洲世界經濟體的各個角落。雖然她們都在該體系內幾處不同的位置建立了霸權（熱那亞在布魯日，威尼斯在安特衛普和盧貝克；熱那亞在黑海，威尼斯在埃及），但誰都未能成功地將另一方排擠掉。二者都參與到整個體系中來，她們不但在西歐的各個角落進行貿易，而且在中亞和中東—北非世界經濟體——該經濟體繼續主導著遠東貿易——中也取得顯著進展。（見圖四）

不過，在這個發展中的世界體系中，義大利人仍然僅僅是將貿易依託於其中的參與者之一。如果想維持交易的話，他們還需要依賴其他地區的同行。是什麼貨物讓他們在中東港口如此受歡迎呢？或許勒高夫的話回答了這個問題，並闡明了十四世紀早期的貿易模式的複雜性（1956:16）。他邀請我們去跟隨一群正在熱那亞裝載貨物，前往東方的商人。

貨物主要包括布料、武器和金屬。到達的……第一個港口……是突尼斯，其後是的黎波里。在亞歷山大港增添了多種貨物——當地工廠的產品，尤其是東方的輸入品。如果在敘利亞的港口——……阿克里、泰爾和安條克停留的話，那是為了搭載遊客、朝聖者，或〔那些〕乘篷車從東方而來的人。但賽普勒斯島上的法馬古斯塔（Famagusta）才是最大的香料貿易中心……在拉塔奇亞（Lataqiyah），接近波斯和亞美尼亞的航線時，人們也會發現馬可波羅所說的「天下所有的香料、絲綢和金線布」。菲西（Phocea）有最優質的明礬，而希俄斯島（Chios）是裝載葡萄酒和樹膠的港口……在前往黎凡特的路線上，拜占庭是另外一個必須停靠的關鍵港。接著，在穿越黑海之後，船隻在克里米亞半島上的卡法接受經蒙古路線而來的俄羅斯和亞洲的物產：小麥、毛皮、石蠟、鹹魚、絲綢，以及或許最為重要的奴隸。他們並不把其中的很多物品從東方帶回歐洲，而是在賽那頗（Senope）或特拉布宗（Trebizonde）就地賣掉。離開那裡之後，最冒險的事就是在韃靼軍隊的護送下抵達錫瓦斯（Sivas），前往大不里士和印度……前往中國……經陸路穿越中亞或經海路從巴士拉抵達錫蘭。

如果我們跟隨的不是熱那亞商人，而是威尼斯商人的話，我們會看到一條相似的環形路線。在某個地方卸下貨物，再在其他地方裝載待售貨物。在抵達埃及前可能要在高加索北部買進一批奴隸，因為義大利人有意去填補馬穆魯克軍隊的空缺，這在實質上給了他們同埃及統治者討價還價的實力。為了獲得奴隸，埃及統治者不得不持續地提供更多的香料，以及當地生產的棉布和亞麻布，在他們的實力下降後，就換成原棉了（Ashtor，其中的幾章於一九七六年再版，將於第七章討論）。

有足夠的證據顯示，到十四世紀早期，各個世界經濟體已日趨整合，雖然稍有難度，但它們在推動世界體系的形成，該體系的很大一部份是資本主義性質的。義大利海上商業國家將西歐與生機勃勃的東方貿易銜

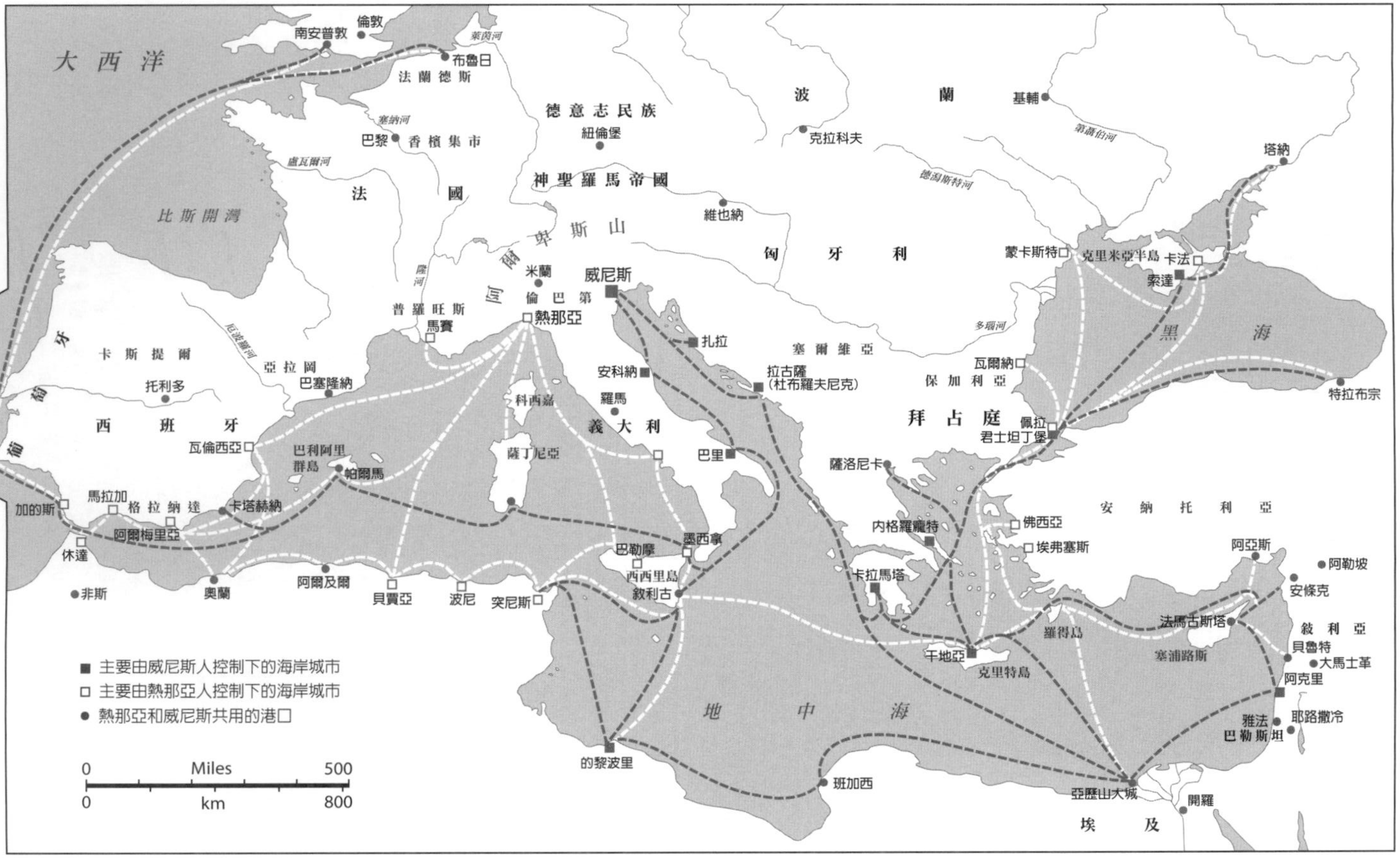

■ 主要由威尼斯人控制下的海岸城市
□ 主要由熱那亞人控制下的海岸城市
● 熱那亞和威尼斯共用的港口

0 Miles 500
0 km 800

圖4　中世紀時期熱那亞和威尼斯在地中海地區的貿易路線

接起來。東方貿易的北方路線將小亞細亞與中國，埃及與印度和馬來西亞都聯繫起來，而南部海路則將中國囊括其中。最終西歐也加入了東方貿易體系，雖然她尚未佔據支配地位，但她至少正在成為一個更加平等的參與者。

世界各地的繁榮反映了世界的「統一」程度。儘管香檳集市城鎮、巴格達和君士坦丁堡都已度過巔峰時期，但熱那亞、布魯日和開羅都處於發展的頂峰（我們將在第二部份看到）。中國的擴張進入新階段，元朝的蒙古統治者正在推行咄咄逼人的貿易政策，它們的商人積極地前往西方。一旦這種已經啟動的趨勢持續下去，亞體系的更加融合，以及將各個「文化孤島」或者修呂（Pierre Chaunu）所說的「條塊分割的世界」（*les univers cloisonnes*）（1969, second ed 1983:54-58）轉變成真正相互依存的世界體系，似乎都將是時間問題。

本書的主要難題就是分析上述情況沒有發生的原因。如同我們將要看到的那樣，想當然地認為一切都在十四世紀中期戛然而止的想法是錯誤的。威尼斯與東方貿易體系之間的聯繫一直延續至十四世紀後半期與整個十五世紀。不過，這一體系不是越來越網路化，而是簡化為有限的幾條路線，由少數幾個「參與者」逐漸控制起來。因此，在威尼斯和開羅繼續擴大商業聯繫的時候，歐洲—中東亞體系卻在萎縮，這種觀點顯然是自相矛盾的。整個市場暫時變小了，但威尼斯和開羅卻擴大了她們的「市場份額」。

十四世紀中期的蕭條

以威尼斯和熱那亞為例，我們能通過多個途徑追蹤十四世紀上半期高度發展的貿易和十四世紀中期黑死病帶來的經濟蕭條。其中一個途徑顯然就是人口數量了。在帝國擴張前，威尼斯的人口在一二〇〇年達到八萬人。到一三〇〇年時，威尼斯的總人口翻了一倍，城市裡有十二萬人，其餘四萬人住在潟湖區。威尼斯於一三三八年進行的逐戶男性成年人口統計顯示，這一時期是人口增長的高峰期，直至黑死病爆發（Lane, 1973:18）。熱那亞的人口增長高峰來得稍早一些，大約在十三和十四世紀之交時，其人口就約達十萬人（Kedar, 1976:5），即便如此，在十四世紀的最初十年裡，她的郊區仍然一再擴展（Hyde, 1973:181）。

頗具諷刺意味的是，威尼斯和熱那亞的巔峰預示了她們的毀滅。威尼斯和熱那亞共用克里米亞半島的卡法交易中心，黑死病由此傳到義大利。而圍困卡法的蒙古軍隊也正深受致命瘟疫之害。一三四七年秋，一艘威尼斯帆船返回本國港口，登上該船的老鼠將黑死病傳播到歐洲。其後果是災難性的。

> 在隨後的十八個月內，大約五分之三的威尼斯居民死亡……一三四八年之後的三個世紀裡，黑死病如影隨形……〔威尼斯〕一五〇〇年的人口大約相當於她在兩百年前的人口數量。（Lane, 1973:19）

熱那亞經歷了同樣的厄運。她在一三五〇年的人口僅相當於一三四一年的百分之六十（Kedar, 1976:5），此後再也沒有完全恢復到當年的盛況。

凱達爾（Kedar, 1976:16）創立了很多獨特指標來追蹤威尼斯和熱那亞的繁榮期、困難期以及瘟疫過後的恢復期的不同命運，其中一個指標就是港口設施的外在變化。威尼斯的海邊工程於一三二四年竣工，之後直到一四一四年之前再無任何進展。另外，國家兵工廠始建於一一〇三年，到一三〇三年時，其規模擴大了三倍，一三二五年時規模再次擴大，其後直到一四七三年之前再也沒有擴建。熱那亞也是大同小異，然而她並未像威尼斯那樣在十六世紀出現港口設施的振興，那時的熱那亞已經放棄了海上統治地位。熱那亞的海港——「尖塔」（Mole）在一三〇〇年和一三二八年得到了大幅度地增高，但其後直到一四六一年之前再無變化。「因此，威尼斯和熱那亞的主要港口設施的擴建大約在一三二五年時停歇下來，在十五世紀時才得以恢復。兩個城市的海港建設的完全停滯表明了海上貿易的蕭條」（Kedar, 1976:16）。

凱達爾採用的第二個指標（Kedar, 1976:17）是駛離威尼斯港口的商船船隊規模的變化。「在十四世紀三○年代時，每年有八到十艘帆船駛往羅馬尼亞和黑海；而從一三七三年到一四三○年，僅有兩艘或三艘帆船……。船隊……規模的下降必定是海上貿易萎縮的典型象徵。」儘管船隊規模的下降幅度很劇烈——熱那亞的狀況甚至比威尼斯還要更劇烈——然而，有意思的是，這種情況發生於黑死病到來之前，這說明流行病學上的解釋僅是貿易蕭條的部份原因。

海德極力主張黑死病「爆發前，歐洲已經發生了很多相對輕微的災難，這些災難表明歐洲經濟體已經出現了嚴重問題」（Hyde, 1973:179）。義大利的經濟衰退起始於農村的穀物歉收[26]，它給政府財政帶來了極大負擔。解決上述問題的公共支出和稅款在十四世紀三○至四○年代攀升至最高峰；義大利城市國家的公債越來越高，但無力兌現。這或許是導致義大利幾家最為重要的銀行——佩魯齊（Peruzzi）銀行於一三四二年，巴爾迪（Bardi，巴杜齊的雇主）銀行於一三四六年——破產的部份因素，而這些都發生於黑死病到來之前（Hyde, 1973:181-187）。但是需要指出的是，它們都是佛羅倫斯的商行，威尼斯和熱那亞並未出現此類銀行倒閉的現象。

另一個導致經濟衰退的因素是政治上的黨派之爭。到十四世紀四○年代，政治紛爭導致義大利很多城市國家幾乎放棄了原來的商業寡頭政府的公共統治，代之以單個領導——在熱那亞是市長（podesta，最初是指民眾的領導人），在熱那亞之外的城鎮是貴族（signoria or lord）——主掌的更加獨裁的統治[27]。其實，韋利在其著作《義大利城邦共和國》（*The Italian City-Republics*）的「共和國的失敗」一章中專門討論了這種趨勢（Waley, 1973:221-239）。然而，韋利那本引人入勝的書主要關注山地城鎮；而威尼斯和熱那亞顯然不在研究範圍之列。其他一些學者，尤其是那些對威尼斯情有獨鍾的學者對熱那亞和威尼斯所作出的區分常常招致不滿，他們將威尼斯的最終勝出歸功於「完美的政府」，並將熱那亞的最終衰落歸罪於紛爭不已的「大」家庭內部毫無約束的個人主義[28]。然而，這些政治差異由來已久。因此，很難將熱那亞後來的衰落歸因於先前已經存在的條件，而且那時的熱那亞在海外貿易上遠勝於威尼斯，即便是在一三四〇年時，熱那亞也比威尼斯更繁榮。

雖然凱達爾（一九七六）接受了傳統觀點，但他提出了一個更加複雜的問題。在著述中，他甫一開篇就提出這樣一個假定，即當經濟萎縮時，在繁榮時期運轉良好的行為模式或許會失去功效。他借此來考察熱那亞商人和威尼斯商人在十四世紀後半期「大蕭條」時期的回應，以闡明威尼斯何以會渡過難關，繼續壟斷剩餘的東方貿易，而熱那亞卻不能的原因。他的分析聚焦於各城市的商人所採用的不同企業模式，以及商人能夠或者不能指望國家來援助商業冒險，規避風險的程度。他認為奉行個人主義的熱那亞很難調動公共資源為商人打造安全網，而威尼斯則始終通過向商人供給公共設施——如港口、商船和防禦武器等——來提供津貼和安全保障。因此，國家「社會主義」或「福利國家」幫助威尼斯度過了人口驟減和經濟衰退的打擊，而熱那亞則未能倖免於難。

但是上述解釋似乎忽略了我們試圖在此探究的國際因素。熱那亞的天然統治區一直是地中海西部，後來是大西洋附近的地區。她「佔領」的統治區是小亞細亞北部地方，包括君士坦丁堡、黑海地區以及穿越中亞的陸路。十四世紀後半期，這些有利因素並未給熱那亞帶來什麼收益。葡萄牙人與西班牙的卡斯提爾人原本就穩居大西洋沿岸，因此無須與西班牙南部的穆斯林殘餘發生正面的交鋒。因此，他們有可能挑戰熱那亞在北海的霸權。我們將在本書第二部份看到，蒙古帝國曾於十三世紀完成了大規模的統一，並因此樂於接受過境貿易，但是隨著帝國的瓦解，穿越亞洲的北方路線漸漸中斷了。帖木兒畢竟不是成吉思汗。

熱那亞未能從黑死病中復蘇，她的海軍最初在一三七八年至一三八四年被威尼斯海軍擊潰，一四〇〇年之後就最終覆滅了，這必定是她的虛弱與威尼斯的強盛所導致的結果。熱那亞漸漸喪失了商業帝國，既無力面對歐洲其他對手，也無法參與中亞事務。相比之下，威尼斯在南部海路所下的「賭注」給她帶來了好運。我們將會看到，通過埃及和紅海，她繼續維持著東方貿易，一直延續到十六世紀前期，就像在用一條細線支撐著舊有的十三世紀世界體系，直至十六世紀時這幅織錦才以不同的圖案被重新編織。

由熱那亞和威尼斯得出的經驗

某個國家或地區有多種途徑在國際體系中做到出類拔萃。貿易集市所在地的作用是其中一個，特魯瓦和普羅萬已很好地詮釋了這一點。在一個受到特別保護的貿易中心裡，來自四面八方的商人能共同處在優越的條件下進行買賣，免於管制或獨裁制度的干擾，成本低廉。這種貿易中心總是具有潛在價值，尤其是在上述貿易自由不會受貨幣制度約束時。今天的新加坡和香港所處的位置，不啻於十三世紀的香檳集市。然而，一個貿易中心的存續，至少需要其他地方的持續的節餘供給，需要低廉的運輸成本和保護費而帶來的持續的比較優勢，以及當地或國外積極的中間商的存在並確保他們在此能獲得比別處更多的收益。

第二條途徑就是成為強大的工業生產者，產品炙手可熱，來自世界各地的商人不惜任何代價購買當地產品。法蘭德斯的絲織業城鎮，尤其是貨物出口所經的布魯日港表明了這一重要性。持續繁榮的必要條件包括生產獨特產品的能力，當然這需要確保原材料和高素質工人的供應，以及充足的銷售途徑。用於再投資和生產技術革新的盈餘資本對消費群體的存在也很重要，儘管其作用是次要的。

第三個途徑是成為貿易承運商。其主要角色類似於中間人或批發商，他們將貨物從生產地和富足之處運往有所需求的地方。尤其是當它們具備商業專長與集資、投資，以及交易貨幣和信貸的能力時，只要生產商繼續生產，購買者繼續購買，這種角色就萬無一失。只要運輸路線依然暢通，在不收取過高的保護成本的前提下能保證貨物安全，那麼承運商或批發商就能堅持做下去。熱那亞和威尼斯這兩個貿易國家的經濟基礎就仰賴於此，這詮釋了第三條途徑的作用。上述因素的最終變化改變了兩國的市場形勢，並削弱了熱那亞的地位。

雖然黑死病的直接影響就是使熱那亞和威尼斯的很大一部份人口因此殞命，但它的長時段的間接影響或許更為深刻。在核心城市裡，一旦黑死病的最初影響消失，那些為了尋求安全和生計而流浪到農村的流失人口很快就被農村移民填補上了，儘管並不是完全如初。然而比較偏遠地區的人口數量的缺失就沒有那麼容易填補。反過來，從事農業生產的人口數量的減少，以及伴隨而來的工業生產的萎縮使得可供交易的盈餘受到削弱。同時，儘管工資水準提高了，但人口數量的減少意味著總需求的下降。這樣一來，貿易總量就下降了，扮演中間商的城市明顯受到最大的影響。

這些城市的第一反應就是盡力在這個小市場中獲得更大的份額。熱那亞與威尼斯的殊死搏鬥逐步升級，伴隨而來的或許就是「保護費」的消耗（McNeill, 1974）。船上越來越多的儲物空間被迫留給武器和戰士，這提高了運輸成本。同樣，船隻和貨物被截獲或毀壞的風險更大了，這也使得運抵港口的貨物的最終價格大幅上漲。直到威尼斯建立了對地中海航線的實際壟斷之後，貿易往來才重又變得安全起來。這種壟斷之所以越發重要，是因為另一條通往東方的路線正處於阻塞之中。

儘管那些變化將要在第二部份進行詳細考察，但是在此指出這樣一點還是非常重要的，即正是義大利海上國家未能預料到遠離其控制之外的地區將要發生什麼，才使得她們稱霸於已經形成但又瓦解的世界體系的企圖最終夭折了。馬穆魯克王朝妨礙了義大利經紅海向印度洋的直接擴展，因此，威尼斯從未能夠取代中東的中間商，與東方建立直接的商業聯繫。她能達到這一目的的唯一途徑就是深化穿越中亞陸地的路途。

但是，這樣做不但代價高昂（陸路運輸要比海路運輸多花費二十倍的代價），而且從根本上來說就是不可能的。尤其是「蒙古治下的和平」的瓦解阻止了世界體系的全面網路化，所以，在誕生不久之後，該體系就夭折了。我們現在就轉向這部份內容。

第二部份

中東腹地

通往東方的三條路線

由於十字軍東征的軍事冒險和殖民活動，以及隨後的貿易往來的加強，歐洲最終於十二至十三世紀與運行中的世界體系更加緊密地聯繫起來。不過，我們需要先來考察一下這個先前存在的複雜貿易體系。該貿易體系至少從九世紀以來就途經地中海東部的大陸橋，這個大陸橋是該體系的地理中心，扼守著通往東方的三條路線的入口（圖五）：北線從君士坦丁堡穿越中亞大陸；中線經巴格達、巴士拉和波斯灣，與地中海和印度洋相連；南線將亞歷山大—開羅—紅海一線與阿拉伯海聯繫起來，並延展至印度洋。十二至十三世紀，戰爭與和平二者以一種頗具諷刺意味的合作關係將遙遠的交易夥伴彼此聯繫起來，三條貿易線路因此更加網路化了。十三世紀下半期，所有這些線路都在正常運轉，自羅馬控制了通往東方的門戶以來，這尚屬首次。[1]

這一開端似乎前途無量。分散的世界經濟體看起來正在聚合，並演變為獨立的世界體系。然而，至十四世紀後半期時，該體系的絕大部份卻都陷於崩潰，各部份的衰落環環相扣。其實，一個世界體系的整合情況，通過某個部份的紊亂對其它部份的影響程度就能最敏感地反應出來。

第二部份考察上述聯繫形成的過程，並探討那些導致這些聯繫最終破裂的事件，或許後者更為重要。儘管這齣戲劇主要上演於我們稱之為「中心地帶」的區域，但它的劇情卻與遠在中國所發生的事件息息相關，中國是整個體系的樞紐，我們將在後面看到這一點。

北線

十三世紀時，中心地帶不僅遭到西方十字軍的入侵，還遭到東方遊牧部落的新一輪進犯。西方入侵者從海上而來，義大利城市國家日益增長的航海力量為他們提供了便利，而東方人則一如傳統，騎馬穿越了中亞大草原，將他們的快騎融入戰略之中，以至於很多學者將其描繪成現代運動戰的先驅。

在十三世紀，自詡「世界征服者」的成吉思汗領導下的蒙古人並非第一支西征的遊牧部落[2]。在羅馬帝國滅亡之際，阿提拉率領的匈奴人就曾打到了遠至德國的地區（Grousset, 1939）。後來，另一支塞爾柱突厥人也向西擴進，並於十二世紀完全控制了伊拉克、肥沃月彎和埃及。而另一支花剌子模（Khwarizm）突厥人佔據了河中地區（Transoxiana）。如今，一個新的遊牧部落聯盟正沿著同一路線奔來，信誓旦旦地要取得更大的成功。一二二五年，在打敗了花剌子模後，蒙古大軍的先頭部隊抵達匈牙利，穩步挺進歐洲。（見圖六）

然而，歐洲並非蒙古人唯一的，甚或主要的征服目標，更加豐饒的中國才是他們的垂涎之物。因此，成吉思汗殺了個回馬槍，從歐洲直接東進。但是，兩年後的一二二七年，這位世界征服者在征戰中國的途中染疾而終[3]。在確立繼任者之前，蒙古人的遠征被迫中斷。成吉思汗構建的新生帝國根基未穩，便由子嗣分而治之了，每個兒子負責征服不同的地區。朮赤（很快身亡，將地盤留給其子拔都）負責俄國和東歐地區；察合台負責征服波斯和伊拉克，其實就是整個穆斯林世界。按照蒙古風俗，成吉思汗把統治蒙古本土這項最容易的任務交給了幼子拖雷；而窩闊台成了真正的大汗——蒙古帝國的最高統治者的繼承人。

歐洲霸權之前通往東方的三條路線繼位問題解決後，蒙古人即刻恢復了征戰活動。到一二四一年，拔都的軍隊（所謂的金帳汗國）[4]完成了對俄羅斯南部、波蘭和匈牙利的征服，所經之處，一片狼藉。歐洲有著各種各樣的傳言，說是令人生畏的蒙古軍隊蓄勢待發，即將征服更遠的地方。拔都的遠征軍已經進入奧地利，做好了全面進攻的準備。到一二四二年，他們距離維也納僅有幾英里（de Rachewiltz, 1971:77-81）。再往南，白帳汗國的首領察合台同樣侵入了穆斯林世界。成吉思汗的後代似乎至少將在西部地區最終實現他的

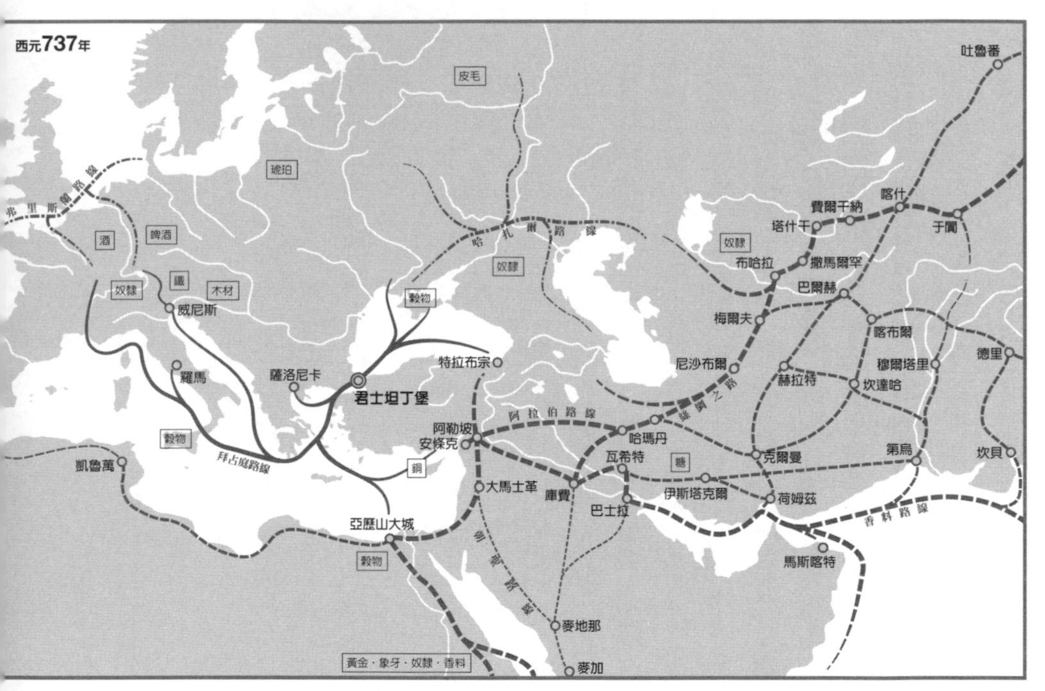

圖5　從地中海經中亞前往印度洋的貿易路線的逐漸網路化（基於McEvedy）

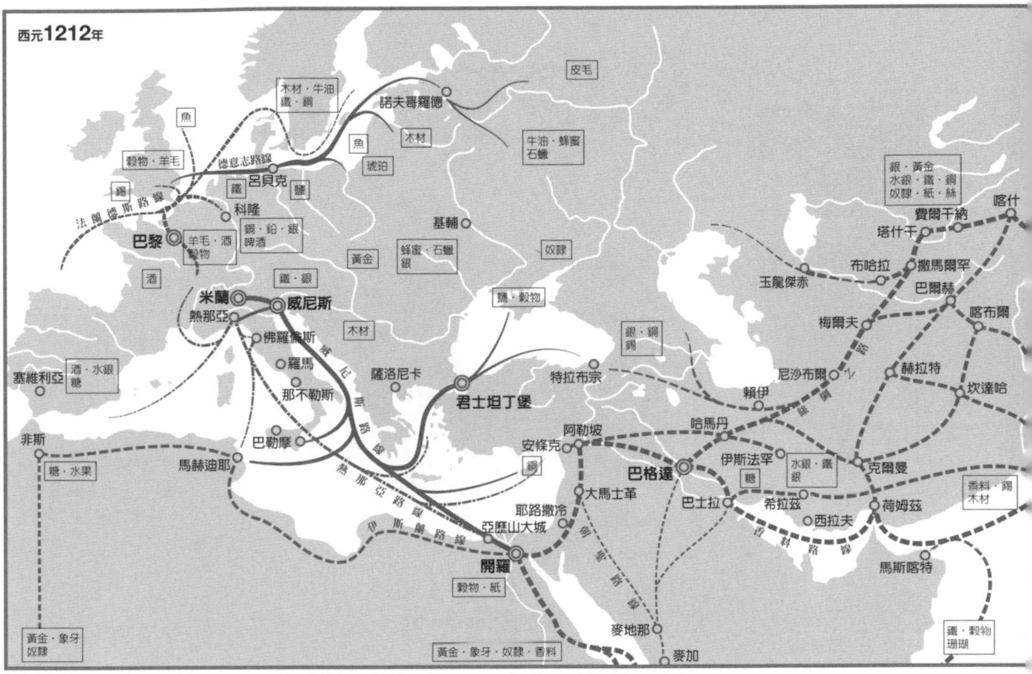

西元1212年

皮毛
木材・牛油
鐵・銅
諾夫哥羅德
魚
木材
牛油・蜂蜜
石蠟
魚
琥珀
穀物・羊毛
德意志路線
呂貝克
錫
鐵
鹽
法蘭德斯路線
科隆
銅・鉛・銀
啤酒
巴黎
羊毛・酒
穀物
基輔
黃金
蜂蜜・石蠟
銀
奴隸
酒
鐵・銀
米蘭
威尼斯
熱那亞
鹽・穀物
佛羅倫斯
木材
羅馬
酒・水銀
糖
塞維利亞
那不勒斯
薩洛尼卡
威尼斯路線
君士坦丁堡
銀・銅
錫
特拉布宗
巴勒摩
非斯
馬赫迪耶
糖・水果
熱那亞路線
安條克
阿勒坡
錫
巴格達
大馬士革
耶路撒冷
伊斯蘭路線
亞歷山大城
開羅
穀物・紙
朝聖路線
麥地那
麥加
黃金・象牙
奴隸
黃金・象牙・奴隸・香料
銀・黃金
水銀・鐵・銅
奴隸・紙・絲
費爾干納
喀什
塔什干
布哈拉
撒馬爾罕
玉龍傑赤
巴爾赫
梅爾夫
喀布爾
尼沙布爾
絲路之路
赫拉特
賴伊
坎達哈
哈馬丹
伊斯法罕
水銀・鐵
銀
糖
克爾曼
巴士拉
希拉茲
西拉夫
荷姆茲
香料・錫
木材
香料路線
馬斯喀特
鐵・穀物
珊瑚

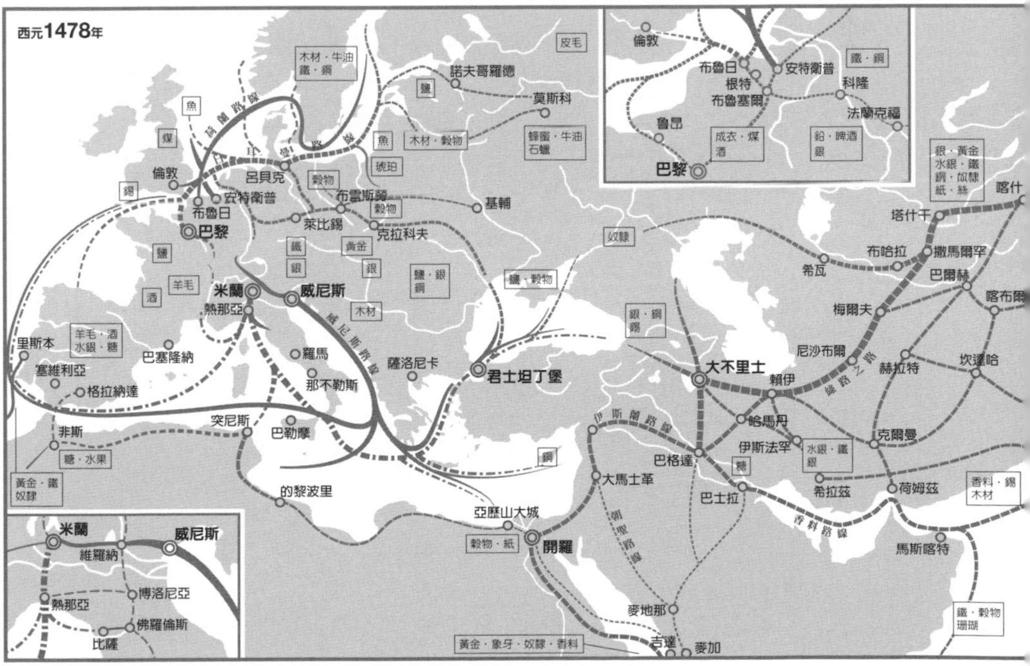

西元1478年

皮毛
木材・牛油
鐵・銅
諾夫哥羅德
莫斯科
魚
荷蘭路線
鹽
蜂蜜・牛油
石蠟
煤
魚
木材・穀物
漢薩路線
琥珀
倫敦
呂貝克
穀物
錫
安特衛普
布雷斯勞
基輔
布魯日
萊比錫
穀物
巴黎
克拉科夫
鐵
黃金
鹽
奴隸
銀
銀
鹽・銀
銅
羊毛
鹽・穀物
酒
米蘭
威尼斯
熱那亞
木材
銀・銅
錫
威尼斯路線
羊毛・酒
水銀・糖
里斯本
巴塞隆納
羅馬
塞維利亞
薩洛尼卡
君士坦丁堡
格拉納達
那不勒斯
非斯
突尼斯
巴勒摩
糖・水果
黃金・鐵
奴隸
的黎波里
亞歷山大城
穀物・紙
開羅
大馬士革
朝聖路線
麥地那
吉達
麥加
黃金・象牙・奴隸・香料
伊斯蘭路線
大不里士
賴伊
哈馬丹
伊斯法罕
水銀・鐵
銀
巴格達
糖
巴士拉
希拉茲
荷姆茲
香料路線
馬斯喀特
銀・黃金
水銀・鐵
銅・瓜棣
紙・絲
喀什
塔什干
布哈拉
撒馬爾罕
希瓦
巴爾赫
梅爾夫
喀布爾
尼沙布爾
絲路之路
赫拉特
坎達哈
克爾曼
香料・錫
木材
鐵・穀物
珊瑚

倫敦
布魯日
安特衛普
鐵・銅
根特
布魯塞爾
科隆
法蘭克福
魯昂
成衣・煤
酒
鉛・啤酒
銀
巴黎

米蘭
威尼斯
維羅納
熱那亞
博洛尼亞
佛羅倫斯
比薩

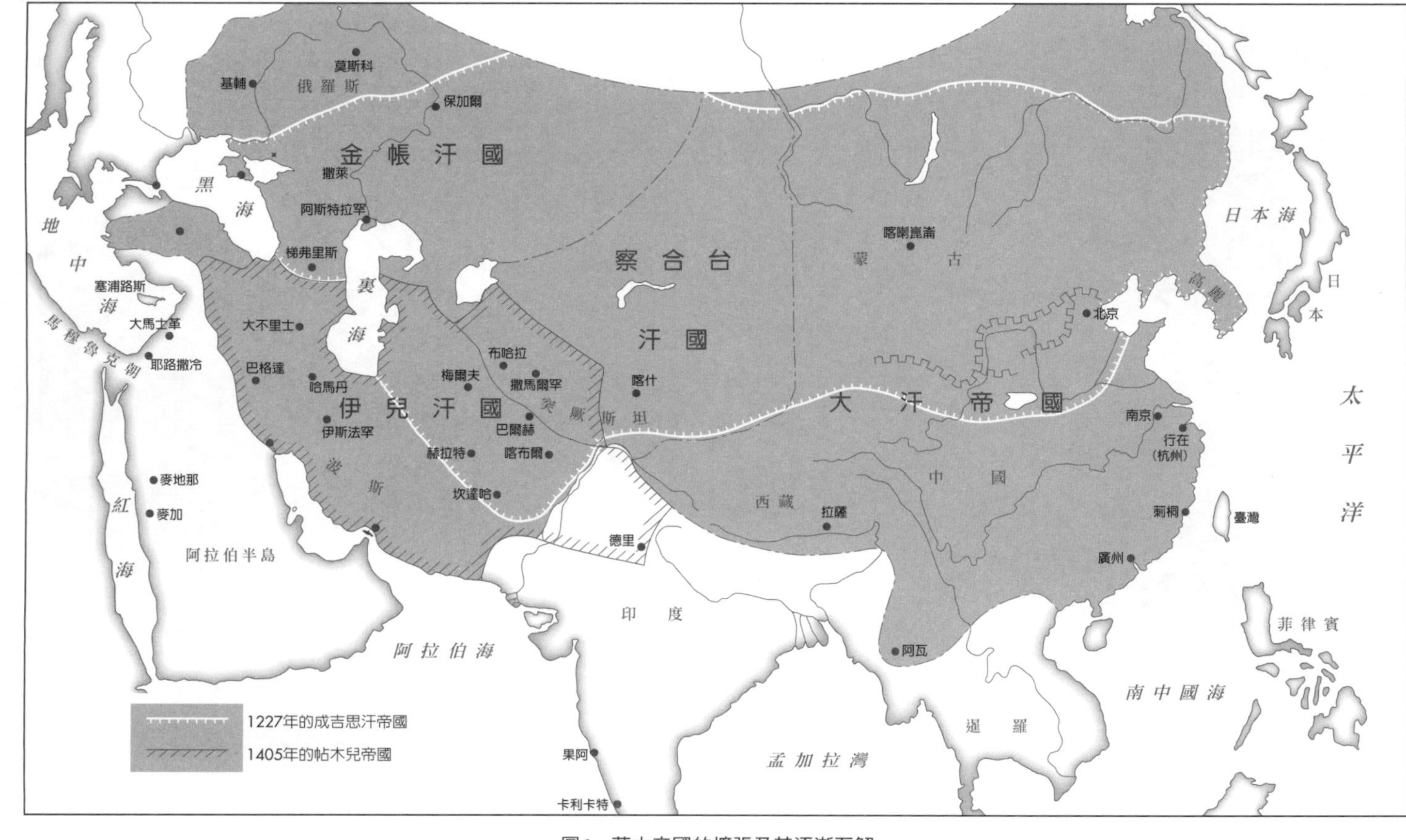

圖6 蒙古帝國的擴張及其逐漸瓦解

抱負了。

然而，穆斯林世界和基督教世界都再次「奇跡般地獲救了」。當廝殺疆場的將軍們得知窩闊台死亡（有人說他死於過量飲用發酵的馬奶這種蒙古人的含酒精飲品）的消息時，他們僅留下部份軍隊，便匆忙趕回了蒙古在喀喇昆侖的首都，參與下一屆大汗的選舉。然而，選舉遲遲沒有結果。直到一二五一年蒙哥當選第四任大汗之後，帝國先祖打下的基業才最終重又開啟。

儘管西歐再也沒有遭遇迫在眉睫的威脅，但整個中亞和部份中東地區卻在十年內掌控在蒙古人手中。蒙哥的弟弟旭烈兀於一二五八年攻下巴格達，在波斯和伊拉克建立了伊兒汗國。一年以後，馬穆魯克王朝費了九牛二虎之力才將他們逐出大馬士革。蒙哥的弟弟，未來的大汗繼承人忽必烈汗在中國北方建立了他的霸權。二十年後的一二八〇年，連南宋政權也歸於蒙古人麾下，此乃人們熟知的元朝。

在十三世紀下半期，西歐才首次直接接觸到遠東世界。這要得益於蒙古人這個媒介，正是他們把原本支離破碎、險象環生的地區整合在單一體系之下。（把精美的亞洲織物帶到羅馬的古代絲綢之路早已成為一條狹窄小道，偶有穆斯林和猶太商人的商旅穿行其上）。起初，歐洲人妄想與令他們備感神秘的蒙古人結盟。早期的歐洲人僅僅知道蒙古人不是穆斯林。鑒於十字軍正在固守日漸縮小的聖地領域（薩拉丁於一一六九年奪回了敘利亞和巴勒斯坦的大部份地區；後來，聖路易於一二五〇年慘敗給埃及），歐洲人似乎理所當然地——儘管日後我們認為有點難以置信——試圖與東方結盟，共禦東西方之間的穆斯林帝國。

因此，在十三世紀下半期，教皇多次向蒙古帝國派出使節團。由威尼斯商人（尤以馬可波羅最為有名）和熱那亞商人（鮮有記錄，但實證頗多）組成的貿易使團，設法抵達中國這個當時人們所知的世界的東部「邊緣」。這些商旅或許比使節團更有意義。在十四世紀之初，甚至有天主教使團來到汗八里（Khanbalik，北京），儘管隨著幻想的破滅和聯繫的中斷，該使團很快就消失了。

雖然在成吉思汗死後不久，他的世界帝國就被劃分成不同的行政區，但整個帝國並未肢解。而且，即便在窩闊台和蒙哥相繼死去之後，諸行政區被重新分配，但帝國仍然足夠統一，所以各個地區的統治者都能保證各地的暢通無阻。金帳汗國的第三任可汗別兒哥控制了俄國南部和安納托利亞東部地區；旭烈兀統治下的伊兒汗國控制了波斯、伊拉克，以及印度巴基斯坦和阿富汗北部的部份地區；而一二六〇年即位的第五任大汗忽必烈則迅速成為中國的主宰。這一切都促進了貿易和外交活動的開展。

然而，雖然上述地區的統一最初建立在基本的教化和效忠之上，但是隨著各個轄區的同化，它們變得日益多樣化，彼此間必然會產生越來越多的爭執。在某些地區（比如金帳汗國統治的地區，後來甚至還有伊兒汗國統治的地區），蒙古統治者皈依了伊斯蘭教，這使十字軍東征期間歐洲人試圖與他們結盟的希望化為泡影。在另外一些地方，蒙古人被中國文化和佛教信仰所同化。隨著統治者的一再更換，一度統一的帝國分裂成諸多有可能兵戎相見的派系。在派系衝突的影響之下，用橫跨中亞的陸路來替代印度洋海路的希望破滅了。

十四世紀四〇年代，瘟疫和叛亂削弱了曾經強大的蒙古帝國。這些因素加劇了帝國的瓦解，並最終毀掉了阿拉伯中心地帶這條支路。相關證據清清楚楚。十四世紀末，帖木兒試圖統一整個中亞，再造先祖的輝煌。但是，他對中亞的迅疾征服，與其說證實了他本身的強大，不如說更多地表明瞭中亞諸國的內部虛弱。如果說一二五〇年標誌著中亞線路的開通的話，那麼，帖木兒對大馬士革這個入口的破壞則諷刺性地標誌著該線路的終結。於是，蒙古人從最初十三世紀世界體系擴張的大有作為的推動者，最終演變成摧毀北方路線的剪徑賊。

中線

中線同樣受到西方十字軍和蒙古軍隊的夾擊。這條路線始於敘利亞巴勒斯坦的地中海海岸，穿越小片沙漠和美索不達米亞平原，至巴格達，之後連接陸路或海路。陸路接下來穿越波斯，到大不里士，由此可以朝東南前往印度北部（十三世紀中期，印度北部由德里蘇丹穆斯林勢力統治），或者朝正東前往撒馬爾罕，而後穿越沙漠，抵達中國。

然而，海路一向是最重要的路線。貨物沿底格里斯河下行運至波斯灣，經由阿拉伯人建立的重要港口巴士拉，並由此（依次）穿過阿曼、西拉夫、荷姆茲或基什島（Qais），以及保護著連接波斯灣和印度洋周邊地區的重要城鎮的貿易領地。雖然在前伊斯蘭時代，這就是一條主要通道，但是，在伊斯蘭教擴張之初的幾個世紀中，巴格達成為主要的穆斯林貿易、文化和宗教中心，這條路線的地位因此愈益凸顯。

巴格達建於西元七五〇年，是阿巴斯王朝的首都，以及掌控著大部份穆斯林世界的哈里發（阿拉在大地上的代理人）的住處，也是可與東方和西方城市相媲美的商業和文化中心，它在八至十世紀時成為真正的世界城市。穆斯林水手、地理學家和學者對巴格達和遠東之間的海路進行了精心記載。阿拉伯人和波斯人關於東方的知識被彙編成經典書籍，在我們理解巴格達作為世界經濟體繁榮的推動力以及波斯灣守衛者的作用時，它們依然是必須參考的資料。甚至在十字軍於地中海沿岸建立了據點以後，上述貿易仍然繼續著，而歐洲人僅僅通過佔據了最西邊的港口而得益。

然而，經由巴格達的貿易路線也將毀於十字軍東征和蒙古人西征的蹂躪之中。一二五八年，蒙哥最年幼的弟弟旭烈兀的軍隊圍困並洗劫了巴格達，使得這座城市的顯赫地位蕩然無存，並將其最重要的伊斯蘭教精神領袖、阿巴斯王朝的哈里發置於死地。巴格達遭到嚴重損壞，此後，伊拉克地區由波斯統治。如同五世紀時薩珊王朝統治下的波斯曾暫時脫離了世界體系，並由此割斷了波斯灣與印度洋之間的聯繫一樣，蒙古伊兒汗國的建立儘管沒有中斷中線上的貿易往來，但卻開始成為貿易往來的障礙。

中線的最終崩潰緣於十字軍喪失了對敘利亞海岸的佔領。一二九一年，埃及的馬穆魯克軍事國家最終將最後一支十字軍驅逐出去，他們幾乎將敘利亞沿海的每個港口城鎮都夷為平地，這實際上封閉了中線的最西端[5]。歐洲商人轉向北方的小亞美尼亞或地中海島嶼，繼續他們的貿易。但是，在這個新的貿易路線中，巴勒斯坦顯然處於次要地位。自此，巴勒斯坦和敘利亞都處於埃及統治之下，而埃及是不可能將競爭優勢拱手讓給一個依附地區的。儘管敘利亞與巴勒斯坦的農業復蘇了，它的農作物——主要是棉花——繼續在歐洲市場銷售，但是從前盈利豐厚的工商業卻再也沒有恢復先前的輝煌。

隨著通往東方的中線的衰落，波斯灣線路與紅海線路之間的連綿紛爭最終塵埃落定，紅海線路將在未來的數個世紀裡一騎絕塵。線路的向南轉移重塑了一直延續至十四、十五世紀的世界體系，一俟葡萄牙人完成了環繞非洲的航行，這個體系將最終轉變成一個以歐洲為中心的體系。

南線

馬穆魯克政權於一二五〇年至一二六〇年建於埃及，也是十字軍和蒙古人給中東腹地造成的雙重威脅所帶來的直接後果。儘管蒙古統治者傲慢地拒絕了教皇幼稚的結盟邀請，甚至還蠻橫地要求後者歸順，但當時的實際形勢時常使得阿拉伯突厥人（Arabs-Turks）與上述雙方兵戎相見。面對蒙古人和十字軍的雙重威脅，曾經在伊斯蘭教出現後的幾百年中冒險東擴，試圖在「希臘」海（地中海）和「綠」海（或中國海）之間建立聯繫的埃及的工商業階層，這時也不得不愈益軍事化。儘管向軍事國家的轉變使得埃及和敘利亞重新恢復並保持了它們的領土獨立，但是它們卻為此付出了經濟停滯和商業萎縮的慘痛代價。

庫德人於十二世紀把早期的軍事封建制度引入埃及，他們在薩拉丁的領導下曾成功地將十字軍逐出埃及，並把他們趕出建在巴勒斯坦的領地。他們的阿尤布王朝取代了法蒂瑪王朝。後者曾因其強大的海軍力量、高度發達的工業以及與東方的貿易而聞名。然而，法蒂瑪商業政權無力保衛其首都開羅福斯塔特免遭基督入侵者的進攻。正是庫德人解救了開羅，之後，他們建立了阿尤布王朝（以薩拉丁·阿尤布的名字命名），該王朝對埃及和敘利亞的統治一直延續到十三世紀中葉。一二五〇年至一二六〇年，國家的防禦越來越多地依賴奴隸士兵，他們中的一員最終成功地成為政權首領，開創了所謂的馬穆魯克或奴隸蘇丹統治時期[6]，將其推上權力之巔的奴隸—士兵這股力量強化了其政治權力。

巴格達的衰落使開羅成為穆斯林世界最重要的都市，其標誌就是哈里發政權在開羅的重新建立。拜巴爾（Baybars）成為埃及馬穆魯克政權的首位「法定」蘇丹。他於一二六〇年在巴勒斯坦的阿音札魯特（Ain Jalut）打敗了蒙古軍隊，因而獲得了蘇丹之位，之後又通過擊潰十字軍鞏固了這一頭銜。至少在與蒙古人的交手中，拜巴爾還算走運。就像一二四一年窩闊台之死「拯救」了歐洲一樣，一二五九年蒙哥的死挽救了穆斯林勢力。當蒙哥死亡以及隨之可能發生的汗位繼承之爭的消息傳來的時候，旭烈兀已經成功地征服了敘利亞內地。他返回波斯，只留下部份軍隊，而這支軍隊在阿音札魯特不堪一擊。羅依果（de Rachewiltz, 1971:148）簡述如下：

> 這場戰役〔一二六〇年的阿音札魯特戰役〕的直接後果就是土耳其人重新佔領了阿勒坡和大馬士革，以及……馬穆魯克帝國真正的奠基人拜巴爾（1260-1277）的閃亮登場……一旦控制了埃及，拜巴爾便集中精力向敘利亞和巴勒斯坦擴張，同時置蒙古人於窮途末路……在不到十年的時間裡，他把法蘭克人逐出了凱撒利亞、安條克和騎士城堡（Krak des Chevaliers）……

然而，馬穆魯克和蒙古人的相互敵視並非毫無緩和餘地。為了重新征服敘利亞，拜巴爾其實與金帳汗國的第三任統治者、第一位皈依伊斯蘭教的蒙古統治者別兒哥結成了同盟[7]。

十字軍國家被逐出敘利亞巴勒斯坦沿海，迫使歐洲商人轉到地中海的一些島嶼上，特別是克里特島和賽普勒斯島。實際上這意味著他們僅有兩條可以前往亞洲的路線。一條從黑海橫跨大陸，另一條經埃及到印度洋，後者較長，但它是傳統的首選之路。誰控制了通向亞洲的海路，誰就能為暫時處於下風的歐洲設定貿易條件。從十三世紀末，實際上一直到十六世紀初，埃及就是那個控制海路的霸主。

兩片水域（指代地中海和印度洋）構成了當時人們所知世界的中軸，經過紅海的南線成為連接兩片水域的唯一之路。於是，阿拉伯人著述中描寫的那個「世界之母（城）」——開羅從反覆發作的瘟疫劫難中復蘇，倖免於軍事等級制政權的蹂躪，在十三至十四世紀，甚至是十五世紀早期繁榮起來。

眾所周知，義大利海上國家在連接埃及與歐洲市場方面發揮了關鍵性作用。但是鮮為人知的是，義大利人還為馬穆魯克政權提供了另一項不可或缺的服務，所以即使在基督徒與穆斯林之間的敵對關係極度惡化之時，馬穆魯克王朝也能保障義大利人對埃及港口的使用。這個服務就是，義大利海上國家保證了埃及的奴隸統治者有穩定的新兵供應。馬穆魯克政權是個獨特的制度，封建權力或政治地位都無法繼承，而只能不斷地重新締造，義大利人提供了使這個制度永葆活力所需的人力資源。這是義大利人為獲得在埃及的持續貿易權所付出的代價。頗具諷刺意味的是，正是義大利貿易國家援助的那個國家封鎖了它們與東方的直接聯繫，並對過境貨物漫天要價。

第二部份探析這些對十三世紀世界體系的興衰至關重要的變化。第五章詳細論述蒙古帝國的統一和解體，及其對北方貿易線路的影響。第六章考察先前曾非常重要的巴格達—波斯灣亞體系的衰落。第七章追溯義大利—埃及—紅海鏈條愈益凸顯的重要性。在第三部份，我們探究世界體系的門戶——印度洋體系。

第五章　蒙古人和東北通道

十三世紀的某些經濟單位的重要性歸因於它們作為貨物集散地的功能，進一步說就是它們處在交匯地帶中立地區所帶來的競爭優勢。來自遠方的商人能在此進行交易，他們的人身安全能得到保障，不必擔心貨物被沒收或拖欠貨款。香檳集市城鎮，還有我們後面將提到的亞丁港、麻六甲海峽城鎮，以及馬拉巴爾海岸城鎮，都屬於這類安全場所。

其他一些經濟單位，如布魯日和根特，則在生產暢銷的特色產品方面享有競爭優勢。正是它們的工業品將它們捲入世界市場。這些經濟單位在船運和金融業務方面落後於其他地區，但它們也時常靠這些行業來增補工業生產。儘管如此，它們的經濟活力主要由產品來支撐。

商業、金融和船運是義大利海上城市國家的經濟支柱。然而，假如這些國家沒有強大的海上軍事實力保護它們的通道安全，這些功能也不可能發揮應有的效益。封建貴族和中產階級統治階層分別擔當了香檳集市和法蘭德斯集市的保護者，而重商主義政府支持下的義大利水手則由他們自己負責船隻和貨物維護。離開這個先決條件，貿易是無法進行的。

十三世紀的蒙古人既沒有打造具有戰略性的貿易樞紐，也沒有為世界經濟提供獨特的工業生產力，更沒有發揮轉運功能。然而，他們卻營造了一個風險很少，保護費用低廉的有利環境，進而便利了陸上交通。通過降低交易代價，蒙古人在他們的轄區內開闢了一條貿易通道，至少在短期內打破了南方貿易線路對貿易的壟斷。儘管他們的社會組織和政治組織未能將荒涼的中亞自然地形打造成開放而又令人滿意的通道，但這裡的社會氛圍的確得到了改變。

中亞大草原的自然條件和社會環境

貧瘠，空曠，遊牧部落零落分佈，旅行數周都遇不到一個能就地補給的地方，沙漠一望無垠，這就是中古人們對令人生畏的中亞草原的描述。因此，馬可波羅從克爾曼（Kerman）向東經過綿延的荒涼之地才到達山巴南（Kuh-banan），而後用了八天的時間穿過另一片沙漠，之後又穿越了偶爾能遇見幾個遊牧人的廣袤的不毛之地（Latham, 1958）。

巴杜齊・彼加洛梯（Baldncci Peqolotti）撰寫的商人手冊更加清晰地描述了這段旅程的艱難，儘管在他寫作的時期（約一三四〇年），這條路線沿途已經建立了舒適安全的驛站，通行情況已大有改善。彼加洛梯建議商人要蓄起鬍鬚，找一名好翻譯和數名僕人（還有女人，因為「她會讓旅行更舒服」），啟程前在塔納（Tana）貯備充足的糧食（Yule, II, 1924:291）。這一建議是可以理解的。因為他的旅行計畫是這樣的：從塔納乘馬車到阿斯塔剌罕（Astrakan）需要二十五天，再乘駱駝拉的車到玉龍傑赤（Organci，烏爾根奇・阿姆河畔）需要二十天，之後騎駱駝到訛打剌（Otra，錫爾河畔）需要三五至四十天，由此騎驢到阿力麻里（Armalec，今新疆伊犁霍城縣東北）需要四十五天，驢子隊到達中國邊境的甘州（Camexu）需要七十天，再用四十五天抵達通向「天堂之城」（金塞或杭州）的河流，最後用三十天經陸路至北京（汗八里）（Yule, II, 1924:287-290）。既然彼加洛梯寫書的時候，這條路線最舒適，最安全[1]，那麼我們可以想像，在這麼

「舒適安全」之前會是怎樣的境況！

貧瘠地區孕育了一代又一代的強盜，他們只能搶劫富庶之地。很早的時候，這些不毛之地就湧現出一些遊牧群體，他們搜尋更豐盛的牧場和更寬闊的空間，或者謀求以「原始」積累方式霸佔較為肥沃的綠洲和貿易城鎮的盈餘的機會[2]。

起初，蒙古人的做法與其先輩大同小異。遊牧民掠奪定居農業人口是常有之事，比起遊牧來，他們的經濟發展更多地來源於對一種新的牧群——人類的壓榨。被遊牧民族征服的定居人口被迫用生產盈餘納「貢」，以討好他們的新主子。正如羅依果（1971:65）的解釋那樣，一旦遊牧民完成了征服：

宮廷有權將蒙古統治者們從臣屬人口那裡征得的稅收分給王公貴戚。因此，成吉思汗的征服把遊牧和半遊牧的部落社會轉變為某種封建社會，在這個社會中，軍事首領……毋需放棄他們傳統的生活方式便能享受征服的碩果。

這不是旨在創造盈餘的經濟制度，也不會永久持續下去。羅依果（1971:66-67）認為：

持續的征戰迫使普通的部落居民遠離他們的牲畜和家園，此外，還導致了死亡率的提高，這嚴重削弱了蒙古的兵力。因此，首領們在國外戰爭中被迫日益依賴本土奴隸和外來士兵。成吉思汗統治時期曾大量俘虜平民，尤其是手工匠。這些不幸的人被迫離開波斯和中國北方的村莊和城鎮，定居西伯利亞和蒙古。他們在那裡不得不為苛刻的主人織布、挖礦、製造工具和武器……後來〔蒙古人〕改變了政策，轉而更加集中地剝削被征服領土上的居民……一二二九年窩闊台當選大汗以後，他的首要任務就是制定一套更加有效的徵稅和強制勞役制度……在……哈拉和林……有擔任抄書吏和觀象者的中國人，有精通中亞語言和文化的克烈部基督徒和維吾爾人顧問，還有許多給蒙古人經營貿易的中亞和西亞穆斯林。在他們的幫助下，窩闊台於一二三一年設立了中書省，負責管理龐大的帝國。他還創制了一套比較固定的稅收體制……以及一個比較複雜的驛站網路……

然而，靠貢品維繫國家的其中一個難題是，只有對現有臣民增加稅收或擴展有利可圖的領地，才能增加國家的稅入。窩闊台採納了宮廷中某些穆斯林商人的建議，努力增稅以滿足宮廷日益增長的財物需求（de Rachewiltz, 1971:81）。但他也採取了另一個策略，於一二三〇年重新發起了對中國的攻勢。一二三四年，蒙古人攻陷了中國北方的西夏和金，與統治南方半個中國的宋朝處於直接對峙狀態。一二三五年，窩闊台對南宋宣戰（de Rachewiltz, 1971:68）。

靠貢品維繫國家的另一侷限是，太苛刻的掠奪可能會「將牛殺死」。俄國的歷史就證實了這一點。羅依果（1971:83）認為：

「韃靼枷鎖」維持了兩個半世紀。在蒙古統治的首個百年中，俄國臣民不得不向金帳汗國支付沉重貢物……這種苛刻的經濟剝削……使俄國進入文化黑暗時代。

不過，蒙古人並不僅僅依賴對外征服，他們也從穿越其疆域的貿易中榨取利潤。儘管對歐洲人而言，在十三世紀中葉首次派使團前來之前，這裡仍是未知地帶。但對從未完全終止貿易的中東人來說，情況並非如此。甚至在蒙古人統一中亞貿易線路之前，穆斯林商人和猶太商人的商隊就經常穿越這片令人生畏的區域

（Lombard, 1957:204-211）。因此，伊本・霍爾達德別赫（Ibn khordadbeh）在九世紀下半期就記載了猶太商人在這些區域的活動。到十三世紀時，這些區域更加整合。戈伊泰因（1964b:106）引用了這本早期記載中的相關資料：

> 這些（猶太）商人講阿拉伯語、波斯語、羅馬語（即希臘語……），也講法蘭克人……安達盧西亞人……和斯拉夫人的語言。他們的行程自西向東，自東向西，時而陸上、時而海上。他們從法蘭克人居住區乘船自西海〔地中海〕駛往法拉瑪〔……今蘇伊士運河附近〕。由此駛入東海〔印度洋〕，進而去往印度和中國……

伊本・霍爾達德別赫的其他描述清楚地表明這些猶太商人也穿行中亞的陸上通道，經由皈依了猶太教的卡托人（Khazars，隋書北狄傳稱之可薩都）的地盤，直奔中國。戈伊泰因（1964b:107）認為，早在伊斯蘭時代之前這些商旅就已經穿行於類似線路上了。

隨著伊斯蘭勢力在八至九世紀對河中地區的征服，中亞西端開始更加友好地對待來自穆斯林世界各地的商人。在和平時期，陸上商道的轉口貿易遍地皆是，欣欣向榮。撒馬爾罕自然成為陸上貿易通道的重要樞紐，那些由印度北上的商人、從黑海經高加索東行的商人，以及自中國西行的商人都相聚於此（見下文）。

然而，商人的通行受到多方面因素的干擾。該地區控制在數十個，甚或數百個互相敵對的部落之中，每個部落都從少數幾個繁盛的綠洲中攫取利益，這裡的戰爭不可避免，而且經常發生。商隊貿易所依賴的通路的安全無法保證，也常常化為烏有。此外，在有限的幾個地段裡，有如此多的部落佔山為王，使得保護費有時高得讓人無法接受。

不過，儘管危險重重，代價高昂，穆斯林商人仍然在東西方之間運輸著貴重貨物。成吉思汗首次西征時的一件事清楚地表明瞭這些商人的重要性。當時，穆斯林花剌子模沙統治著河中地區，成吉思汗在面對他時小心謹慎。更加確切地說，成吉思汗是以禮相待。雙方都試圖安撫對方，或者至少是「試探」對方，他們都派出了由商人率領的大商隊，都攜帶著「厚禮」。值得注意的是，據說每個商隊都「配有」穆斯林商人（Barthold, 1928:395-398, based upon the primary source, Juvaini）。然而，這種交易很短暫，不久，成吉思汗就發起進攻，擊潰了西進中的花剌子模沙。

蒙古人對廣闊地區的統一，減少了商道周邊你爭我奪的索貢者的數目，從而保障了行程的安全。對已經習慣了橫越中亞的猶太商人和穆斯林商人是如此，對剛剛加入的無畏的義大利商人更是如此，他們爭相從既慷慨又貪婪的蒙古統治者那裡分取利益[3]。

然而，與穆斯林對這裡瞭若指掌相比，歐洲人起初知之甚少。作為運行中的世界體系的新成員，歐洲人輕蔑地無視那裡已經存在的商人，將他們自己看作「發現」新地區和新族群的偉大探險家。最早進入蒙古人轄區的歐洲教士的描述充滿疑點（時常難以置信），但足不出戶的歐洲人卻如饑似渴地閱讀它們。商人很快步天主教士後塵，加入其中。然而，需要銘記的是，當他們在十三世紀的最後三十年首次穿越通往中國的偉大的中亞路線，並帶回關於富庶之地和繁榮貿易的故事的時候，歐洲人是在描述一個已經存在的國際交流體系。除了在黑海的貨物集散地外，拉丁世界的商人之前一直處於該體系之外。我們現在就來看看歐洲是怎樣加入該體系的。

歐洲對蒙古人的逐步瞭解

儘管一二四一年窩闊台的死亡使歐洲不再遭受蒙古人的直接入侵，但這個奇跡般的拯救絲毫沒有增進歐洲人對這些「新野蠻人」或他們的家鄉的瞭解。其實，歐洲起初將蒙古人與生活在亞洲未知世界裡的其他異族都視為虛構的產物。基於對「韃靼」（僅僅是後來加入蒙古聯盟的其中一個部落的名字）一詞的誤解，歐洲就將蒙古人認定為韃靼人，即來自《聖經》中的地獄的人[4]。同時，讓人費解的是歐洲人怎會如此熱切地把他們視為反擊穆斯林的基督教世界的潛在盟友呢。歐洲人或許甚至還要動員那些來自歌革與瑪各國度（Gog and Magog，這是歐洲判定蒙古人起源的另一種無力嘗試）的人種加入他們對抗穆斯林的戰爭。

歐洲人對東方的極度無知，完全表明了她依然處於其力求加入的那個體系之外。這絲毫不足為奇。在西元紀年初期，雖然上古的羅馬人從遙遠的東方世界進口物品，與東方保持著貿易往來，但他們基本上對其終端交易夥伴一無所知。既然如此，我們怎能希望與東方中斷了數百年聯繫的中古歐洲對東方有更多的瞭解呢？

在古典時代，羅馬人對東方知之甚少，越往東，他們就瞭解得越少。對這段歷史的回顧大有裨益，同時又令人捧腹。儘管中國絲綢時常由中東的中間商運往羅馬，但歐洲一直流傳著「中國人從長在樹葉上的繭綿抽取絲綢」的神話（Virgil as cited by de Rachewiltz, 1971:21 & Yule, 1913:I:xliv）。客觀地講，中國人對他們從中東進口的紡織品也鮮有知曉。中國的漢人以為棉花「是由某種水羊的毛製成的」（de Rachewiltz, 1971:3）。在圖拉真時代的羅馬人心目中，印度不僅生產「珍珠、玉石、橡木和香料，還住有長著狗頭……或只有一隻腳……或腳後跟在前……的人。那裡的人沒有頭，臉頰生於雙肩之間；那裡還住有沒有嘴巴的野人……」（de Rachewiltz, 1971:22）。相反，他們確定漢人是居住在地中海世界的高等生物[5]。印度洋島嶼上赤身裸體的狗面人或無頭人等千篇一律的故事干擾了九世紀及以後的穆斯林地理學家較為可信的地理記述和行紀的影響。隨著遠隔一方的人們建立了直接的聯繫，我們似乎可以合理地將這些古怪的想像看作歐洲人系統地對十三世紀的世界進程進行補缺的標誌。

既然蒙古人逼近的消息傳到了歐洲，那麼歐洲人肯定需要比較確切和實用的訊息。然而，那時這樣的訊息少之又少。圖德拉的拉比便雅憫（Rabbi Benjamin of Tudela）在一一七三年返回西班牙時聲稱，他曾到遠方的印度和中國旅行過。儘管多數學者懷疑他是否到過遠東，但總之，他主要是通過海路前往東方的猶太人社區的[6]。同時代的基督徒更感興趣的是那些最後被證明很荒誕的謠言，這些謠言說印度存有所謂的祭司王約翰統治下的基督教徒的定居地。十字軍國家熱切地尋求天然的東方盟友，教皇早在一一七七年就派首位西方使節前去搜尋祭司王約翰。然而，使者不但沒有找到祭司王約翰，連他自己也蹤影全無（de Rachewiltz, 1971:19）。不過，是印度基督徒，還是亞洲蒙古人應徵參加了反對阿尤布人的戰爭，就得另外召集使節團去調查了。

教皇使節

一二四五年，教皇英諾森四世向蒙古政權派出第一個正式使團，由多明尼加修士西蒙・聖昆丁（Simon of Saint Quentin）和方濟各會士約翰・柏朗嘉賓（John of Pian di Carpine）組成。他們的記述是歐洲人的首份中亞遊記。教皇命令約翰不惜任何代價抵達蒙古宮廷，轉交教皇的書信。約翰於一二四五年的復活節主日離開了里昂，兩年半之後從蒙古國返回。他給教皇的詳細報告中的一部份（後來題為《蒙古人的歷史》），收錄在博韋的樊尚*於一二五三年編纂的《歷史之鏡》（*Speculum Historiale*）中。西蒙在一二四八年返回後，也寫下了他的所見所聞，同樣被博韋選錄在書中（Guzman, 1968:1-4, 70-76）。儘管他們的記述充滿了偏見和誤差（這不足為奇，因為他倆在蒙古軍營中更多地受到戰俘般的待遇，而不是使節的禮遇），但它們是歐洲人對蒙古人的初次評判：蒙古人既非敵，亦非友。

威廉・魯布魯克提供了稍稍準確、但仍有失「真實」的敘述。他是方濟各會修士，於一二五三年出發前往蒙古。〔參見哈克魯特叢書二（Hakluyt Series II）柔克義（William W.Rockhill）的譯文（一九〇〇）；現在又有了道森的譯本（1955, reprinted 1980:89-220）。〕威廉修士約於一二一五年至一二二〇年出生在法國的法蘭德斯，一二四八年參加了聖路易對埃及的十字軍東征，並一起在巴勒斯坦滯留到一二五二年。威廉又從那裡前往中國——這顯然是他自己的要求——並大量記述了「當地人的風俗習慣和行為舉止」，尤其是他們的宗教活動。從蒙古回來以後，威廉去了巴黎，並在那裡遇到了羅傑・培根，他的經歷引起後者的強烈興趣。培根在其《大著作》（*Opus Majus*）中詳細談及威廉，這部著作無疑是「我們所能找到的同時代關於威廉的唯一記述」（Dawson, 1955, reprinted 1980:88-89）。

我們得知威廉於一二五三年春從黑海出發，沿陸路旅行，不久就首次遇到蒙古人。他不顧所受的虐待，堅持東行。威廉的報導反映了歐洲人對東方民族的第一印象（Dawson, 1955, reprinted 1980:143-144）。

> 他們〔蒙古人〕身材矮小，皮膚黝黑，看上去像西班牙人；身著束腰外衣，類似天主教教士穿的短祭袍，袖口略窄；頭戴主教冠一樣的倒角帽……接下來是大中華（Grand Cathay）……的居民，他們通常稱作賽里斯†。它們生產最好的絲織品……中國居民身材不高，講話時鼻音很重……眼睛細小。他們個個是能工巧匠，醫生懂得許多草藥知識，號脈診斷……喀喇昆侖地區住著很多漢人……同住一地還有景

* 博韋的樊尚（Vincent of Beauvais, 1190—1264），中世紀時期法國的百科全書編纂者，編著了中世紀時期最大的一部百科全書《大鏡》，分為自然之鏡、知識之鏡、道德之鏡、歷史之鏡四個部份。—譯者

† 賽里斯（Seres），古代希臘和羅馬對中國人的稱呼，意為「絲綢製造者」。—譯者

教徒和撒拉遜人，甚至包括遠及中國的外國人……

威廉·魯布魯克對使得中國絲綢聞名遐邇的紅色染料的來源的如下描述，表明他很容易受騙，也清晰地表明瞭歐洲人對東方的極度無知。下文出自道森的譯文（Dawson, 1955, reprinted 1980:171）：

有一次，我旁邊坐了一位來自中國的傳教士，他穿著精美的紅色衣物。我問他從哪裡買到這種顏色的衣料，他給我講了一個故事：中國的東部地區懸崖林立，上面住著的物種除膝蓋不打彎，跳著走路外，其他方面都跟人一樣……它們只有腕尺那麼高，矮小的身體佈滿毛髮……為了捕獲它們，獵人們在岩石間設下杯狀陷阱，將隨身攜帶的誘人蜜酒放入其中……〔然後〕這些物種會走出洞穴品嘗蜜酒，並發出「秦秦」（Chinchin）的聲音，它們由此被稱為秦秦。之後，它們聚在一塊，飲用蜜酒，當他們醉倒並昏睡時……獵人們會捆綁其手腳。接下來，打開它們的頸靜脈……抽取三四滴血……據這位傳教士講，這些血液就是最珍貴的紫紅色染料。

這就是歐洲人對中國的首次「再發現」，或者是他們對中國居民的幽默感的「再認識」！

接下來的幾十年裡，這種無知漸漸消散。威尼斯商人步教皇使節後塵前往東方，而熱那亞商人雖然不如著名的馬可波羅健談，但他們在經商方面卻似乎比威尼斯商人更成功。在君士坦丁堡的周邊地區，義大利商人把持著黑海上的商棧，他們最早與蒙古入侵者達成了貿易協定，用他們的商品誘使其未來的征服者建立聯繫。但是，他們向蒙古領土的深入顯然要等到忽必烈汗成為帝國的首腦之後。

馬可波羅的經歷

毫無疑問，尼古拉·波羅和馬菲奧·波羅兄弟兩個是我們有據可查的最早跨越蒙古疆域，由陸路到達中國的歐洲商人冒險家。他們於一二六〇年離開君士坦丁堡，直到一二六九年才返回威尼斯。作為精明的商人，他們沒有慷慨地與別人分享發現的巨大商機。一二七一年，他們再次啟身，踏上了更長的旅途，並隨身帶上了尼古拉的幼子馬可，一二九五年才重返威尼斯（Petech, 1962:553）。在熱那亞和威尼斯的數次海戰中，馬可被俘。幾年後，由熱那亞監獄的獄友代寫的回憶錄給我們提供了馬可一家的行程及蒙古人世界的大多知識。對回憶錄的大肆吹噓並不能減少人們對它的懷疑，至少它的某些內容嘩眾取寵。書寫者意識到同時代人大多目不識丁，因此請求

> 皇帝和國王、公爵和侯爵夫人、伯爵、騎士和城裡人，以及所有希望瞭解世界各地的種族和奇聞逸事的人，撿起這本書，讓人讀給你們聽吧。（Latham, 1958:21）

《馬可波羅行紀》的開頭寫道，老馬可兄弟經黑海向東航行到威尼斯人在修德（Suduk）的定居地，他們由此沿陸路最終抵達金帳汗國的朝廷。第三位可汗別兒哥款待了他們，接受了他們贈送的珠寶，並回贈他們「雙倍價值的貨物……他允許他們賣掉……這些價值不菲的貨物」（Latham, 1958:22）。一年後，別兒哥和旭烈兀之間出現紛爭，最終旭烈兀取勝，馬可兄弟不得不離開別兒哥的轄區。因返回君士坦丁堡的線路為戰事封鎖，他們只好向東出發，在經過十七天的沙漠之旅後，到達布哈拉（Bukhara）。三年後，一位從旭烈兀汗國來的使者在去忽必烈汗國的途中駐留布哈拉時見到了馬可兄弟，他感到非常吃驚，「因為那個國家從未

出現過拉丁人」。在得知他們是商人後，使者邀請馬可兄弟隨他去見忽必烈大汗，因為「大汗從未見過拉丁人，且非常想見一見」（Latham, 1958:23）。在使者的安全護送下，馬可兄弟抵達了忽必烈大汗的宮廷，忽必烈對西方和基督教表現出濃厚的興趣[7]。忽必烈提議，由他們作為特使面見教皇，請求教皇派送一百名傳教士和耶路撒冷聖墓的一些燈油（Latham, 1958:24）。（這些奇怪的要求令人驚訝。）

馬可兄弟又一次踏上了回程，隨身帶著刻著忽必烈大汗印章的金牌，它能保證他們安全通過蒙古帝國疆土。他們沿陸路花了三年時間到達阿克里。因為教皇已經去世，而且繼承人尚未選定，他們便返回威尼斯探望家人。這時，尼古拉的妻子已去世，留下了年僅十五歲的兒子馬可，他將在數年後與他的父親和叔父一起來到阿克里。新教皇選出後，馬可一家帶著教諭和禮物重返忽必烈大汗的宮廷，隨行的還有兩名傳教士，遠不及所要求的一百名。儘管兩名膽小的傳教士很快就逃之夭夭，馬可一家卻用了將近三年的時間完成了行程。他們受到熱烈歡迎。馬可一家又在此生活了十七年，其間小馬可曾為大汗效力，並遊歷了眾多地區。

因此，人們有理由相信，馬可有扎實的東方地理知識和觀察能力，他的行紀肯定比先前的記述更細緻，更廣泛。威廉・魯布魯克似乎主要編錄了他所遇到的陌生民族的宗教活動，而馬可波羅絕非僅僅扮演了兒子的角色，他還觀察了人們製造的產品、交易的貨物以及具有商業價值的物品。在他的敘述中，蒙古帝國到處都是富足的農夫、熟練的工匠以及外國商人（對此，馬可波羅一筆帶過，因為他們「全是穆斯林」）。

馬可波羅的行紀是按自西向東的路線展開的。在土耳其，他為「世界上最精美的地毯」驚歎不已（Latham, 1958:33）；接下來的喬治亞「盛產絲綢……這裡編織的金錦……舉世無雙……物產一應俱全，工商業繁榮興旺」（Latham, 1958:35）。馬可波羅聽說伊拉克的摩蘇爾和巴格達遭受了旭烈兀的蹂躪，但他筆下的這兩個城市依然欣欣向榮（Latham, 1958:36-40）。不過，真正令他大為讚歎的是大不里士，這裡不僅以其工匠們生產的絲綢金錦聞名，而且還是重要的貿易中心。「這座城市的位置如此優越，它的市場集結了來自印度、巴格達、摩蘇爾、荷姆茲……的商人；許多拉丁商人到此購買來自異國他鄉的商品。它還是寶石市場……流動商人在這裡賺得豐厚的利潤」（Latham, 1958:43）。馬可波羅也把波斯描寫成貿易和工業興盛之地。「他們製造各種各樣的絲綢金錦。那裡盛產棉花；除了酒類和水果類之外，也不乏小麥、大麥、穀子、稷等各種穀物」（Latham, 1958:47）。克爾曼出產綠松石，還有「鋼」(原文如此)和「翁答尼克」礦（ondanique）。「居民……製造……騎兵的裝備，包括馬鞍、馬勒、馬刺、劍、弓、箭筒和各種武器」（Latham, 1958:47）。「女人在絲綢上繡出鳥、獸等圖案」（Latham, 1958:48）。跨越大平原，就是波斯灣的絕好港口荷姆茲。「商人們從印度乘船來到這裡，帶來種類齊全的香料、玉石、珍珠、絲綢和金色布料、象牙和各種器皿……這裡是重要的商業中心」（Latham, 1958:51）。

馬可波羅接下來並沒有描述通往印度的海路，而是將注意力轉向北方。從克爾曼出發，花費數日穿過一片荒蕪之地後，到達山巴南，「這裡的人製作大尺寸和優質的鋼鏡」（Latham, 1958:54）。過了山巴南，再花八天時間越過另一片沙漠。沿途居民全是穆斯林，他們生活在沙漠里零星散佈的綠洲上。儘管他列舉了許多村鎮，但並未描述它們的產物，並將其居民視為半開化人。穿越了另一片沙漠後，馬可波羅抵達甘州和那時的「中國」（Latham, 1958:84）。

馬可波羅對中國的描述最有趣。他奉承其庇護主忽必烈汗是「韃靼歷史上最聰慧的人，文武雙全，是臣民和帝國最好的統治者，品行高尚」（Latham, 1958:102）。忽必烈在汗八里舊城址上修建了一座新城，作為其首都，稱為大都。既然它就是當代的北京城，我詳細援引了馬可波羅的描寫，因為它與今天的城市和大型宮殿都非常相似。

> 大都四面等長，呈正方形，周長二十四英里。四周由土牆環繞……圍牆全都刷成白色，其上設有城垛。

> 全城有十二個城門，每個門上方都建有華麗的大殿……街道又寬又直，在一個城門樓可以望盡通往對面城門的全段街道。每條主要街道兩側都店鋪林立……城內的整個格局如同正方形的棋盤……（Latham, 1958:106）

然而，馬可波羅對北京城的敘述中的最有意義的部份卻是他沒有表述出的內容。他提到城郊和城內的居民一樣多，每個城郊居住地都建有「許多高檔旅館，供來自各地的商人住宿；不同的旅館指定給來自不同國家的人……〔這緣於〕商人和其他來這裡辦事的人很多，一方面因為這裡是忽必烈汗的住所，另一方面因為這裡的市場利潤豐厚」（Latham, 1958:106-107）。

但是，居住在指定的城郊旅館裡的「每個國家」的商人都是何許人呢？他們肯定不是義大利商人，因為馬可波羅始終堅信他們一家是這裡僅有的義大利人！其他證據表明，這些外國商人是來自十三世紀世界體系核心地區各部份的穆斯林。對他們而言，忽必烈汗的疆域並非什麼新事物，它們不過是他們的世界中不可分割的自然部份。其實，馬可波羅接下來就講述了艾哈邁德的故事，這位艾哈邁德是經皇帝授權在北京城任期長達約二十二年之久的一位官員。

上述摘錄足以說明很重要的一個問題。歐洲商人在十三世紀最後三、四十年的時間裡首次橫越漫長的中亞路線，到達中國，帶回了奇妙的故事，它們涉及富庶的土地，繁榮的貿易，還有拉丁商人依然被基本排除在外的運行中的國際交流體系。在接下來的幾十年裡，許多人步馬可波羅的後塵前往中國，義大利商人後來的活動範圍也很廣泛，但鮮有文字記錄留存下來，也沒有任何記述像《馬可波羅行紀》那麼翔實。只有十四世紀四〇年代出版的由法蘭西斯科·巴杜齊·彼加洛梯撰寫的商人手冊能確切地證明義大利商人曾在這條北方線路上廣泛貿易。但那時這條商路已接近關閉。

蒙古帝國裡的義大利商人

盧西亞諾・伯戴克（Luciano Petech）[8]記述了那些只顧賺錢而無暇撰寫回憶錄的義大利商人的些許詳情。根據伯戴克（1962:549-552）的研究，蒙古治下的和平和行程安全僅僅是地中海與蒙古帝國之間貿易繁榮的部份因素。貿易活動的加強還緣於商業革命，它促使義大利商人走向更寬廣的地區，包括蒙古帝國在內（儘管那時多數歐洲商人仍然鍾情於經由波斯灣的海路）。中國的絲織物是主要交易品，熱那亞商人早在一二五七年時就在香檳集市上銷售它們。相當有趣的是，因為這些絲織物即使在當時也比波斯和土耳其斯坦的絲織物便宜（儘管在品質上也稍遜一籌），所以歐洲對它的需求特別高。巴杜齊・彼加洛梯的商人手冊使用熱那亞的度量術語來描述與中國的陸路貿易，這清楚地表明瞭熱那亞商人與中國的密切商業關係。

商業、宗教和「政治」的使命經常相互混雜。於是，魯喀龍哥的彼得（Peter of Lucalongo）這名商人跟隨修士約翰・孟高維諾（John of Monte Corvino）來到中國。這位義大利修士於一二九一年離開大不里士（波斯），在印度待了約十三個月後遇到了陪他前往中國的商人（Lopez, 1943:165; Dawson, 1955, reprinted 1980:224）。孟高維諾修士的兩封信得以保留下來。第二封信於一三〇五年一月八日從汗八里發出，他在信中為他建立的天主教堂而驕傲（儘管其成績值得懷疑）。

> 我在皇帝的主要駐地汗八里修建了一座教堂……並不斷給人洗禮。我還逐漸購買了四十名男孩，他們是異教徒的孩子，年齡七到十一歲不等，都還沒有信教。我在此給他們洗禮，並教給他們拉丁文和我們的禮儀……

孟高維諾的某些報導後來得到巴杜齊・彼加洛梯的確認。孟高維諾邀請別的傳教士參與到他的工作中來，並聲明保證他人的安全。

> 關於〔穿越中亞〕的線路：我認為前往中國的陸路……比較安全，所以，他們〔神父〕跟隨使節五、六個月就可以到達。但是，另一條線路是最長和最危險的，因為它包括兩段海路：第一段的距離大約從普羅旺斯……到阿克里那麼遠，第二段約相當於從阿克里到英格蘭的距離……兩年時間幾乎都不能完成。但是，第一條路線曾長期因為戰爭很不安全（quoted in Dawson, 1955, reprinted 1980:225-226）。

在寫這封信時，約翰・孟高維諾已經五十八歲。他學會了韃靼語，並將整部《新約書》和《詩篇集》翻譯成了韃靼語。

約翰・孟高維諾並非唯一在中國的義大利人。我們還有關於其他義大利人的記錄：一三〇三年，倫巴第的一名醫生到了汗八里（Petech, 1962:553）；在聞名的刺桐港（今泉州）擔任主教的佩魯賈的安德魯（Andrew of Perugia）在寫於一三二六年的信中提到有很多熱那亞人住在那裡（details and text in Dawson, 1955, reprinted 1980:235-237）。熱那亞商人還在外交方面有所貢獻。「定居中國的熱那亞人中最傑出的……是安達洛・德・薩維尼翁（Andalo de Savignon）」。一三三六年，元朝皇帝妥懽貼睦爾派他作為特使前去拜見教皇，這是他的名字首次被提及（Petech, 1962:554）。但是，這時的直接聯繫行將結束。有資料顯示，熱那亞商人於一三三四年最後一次經陸路抵達中國，那一年的法庭卷宗記載了一名中途死亡的商人的遺產問題（Petech, 1962:555）。外交往來也幾近終結。

一三三九年，教皇最後一次派特使經中亞前往中國，方濟各會修士馬黎諾里（Giovami de' Marignolli）

從那不勒斯啟程到卡法，由陸路前往北京（Petech, 1962:555）。然而，那時的元朝已在內亂和瘟疫的打擊下搖搖欲墜。現在反而是蒙古人乞求聯盟了，蒙古皇帝妥懽貼睦爾委託馬黎諾里進行和解。馬黎諾里於一三四五年開始返鄉，並有兩百名衛兵相隨。然而，那時的陸路已因察合台汗國的內戰而封鎖，不再適合旅行。他們一行穿越中國，直奔刺桐港，馬黎諾里由此經海路去往印度和波斯灣，這標誌著蒙古帝國正在土崩瓦解。馬黎諾里其實是最後一位穿越中國和歐洲之間的陸路的歐洲人，直到十六世紀環行非洲的航線重又開啟了兩地間的直接聯繫。

馬黎諾里的返鄉行程經過了杭州和刺桐，兩個城市給他留下了深刻的印象。一三四五年十二月他從刺桐啟程，次年四月到達印度馬拉巴爾海岸的奎隆。他由此上行到荷姆茲，然後迂迴陸路，經由巴格達、摩蘇爾、阿勒坡、大馬士革和耶路撒冷抵達地中海地區，之後再航行至賽普勒斯。他最終於一三五三年抵達亞維農，將大汗的信送呈教皇，妥懽貼睦爾在信中請求教皇多派些基督教傳教士過去（de Rachewiltz, 1971:97-201）。

妥懽貼睦爾的請求沒有得到答覆，其實，在之後的一段時間內，基督教徒已不再在中國傳教。何以至此呢？這一方面緣於穿越中亞的陸路已經關閉，另一方面緣於此時的傳教士少得可憐。那時，黑死病徹底「掃蕩了歐洲的方濟各修道院（一年內有三分之二的修士染疾而終）」（de Rachewiltz, 1971:197-202）。另外，當時的蒙古人也已不再特別重視傳教士。內亂削弱了成吉思汗及其後人統治下的廣大地區，人口數量因黑死病而銳減，而蒙古人也是黑死病的主要傳播者（McNeill, 1976）。

蒙古統一帶來的意想不到的後果

蒙古人統一了歐亞大陸中心的大部份地區，使得大陸兩端的歐洲和中國在近千年的時間裡首次建立了直接聯繫。雖然統一開闢了中國和黑海、地中海之間的北方通道，促進了貿易擴張，但諷刺的是，正是這個成功導致了蒙古帝國的滅亡（見圖七）。蒙古統一帶來的意想不到的後果就是瘟疫的爆發，這場瘟疫使得世界體系的發展大約倒退了一百五十年。當該體系在十六世紀復興時，面貌已截然不同。

關於人類歷史上疾病的成因和後果，威廉・麥克尼爾提出一套周密的假說，這些假說與我們的研究息息相關。他認為，西元紀年開始時「產生了四個不同的文明疾病圈」（McNeill, 1976:97）——中國、印度、中東和地中海（包括歐洲），每個「疾病圈」都囊括大約五六千萬人（McNeill, 1976:93），並與各自的環境，包括地方病建立起相對平衡。各「疾病圈」的相對封閉阻止了各種「怪」病（對尚未生成自然免疫或尚未構建起規避和治療文化模式的人們而言）在體系間的傳播。

然而，在西元紀年的前兩個世紀裡，各「疾病圈」之間的聯繫加強了。一條聯繫途徑是陸路，即羅馬人所謂的絲綢之路；另一條是穿越印度洋的海路，這時的水手已經掌握了利用季風的技術[9]。隨著先前相互隔絕的群體發生了直接接觸，沒有採取保護措施的人們感染疾病的機率增加了，尤其是在中國和歐洲這兩個「經歷疾病最少的舊世界文明」（McNeill, 1976:102）。手頭有限的資料確切地表明麻疹、天花和後來的腺鼠疫在西元二〇〇—八〇〇年間出現在歐洲和中國，其症狀經常如同「在沒有採取保護措施的群體中爆發的傳染病」（McNeill, 1976:103-120; quotation:119）[10]。然而，歐洲和中國的人口好像都逐漸適應了疾病，從西元一〇〇〇年起，這兩個周邊地帶的人口開始增加（McNeill, 1976:121）。在十三世紀，隨著雙方聯繫的再次加強，這個平衡即將面對新的挑戰。

麥克尼爾認為，蒙古的成功再次在這些相對封閉的地區間架起了橋樑，並因此促成了危及生命的傳染病的傳播，最終導致了十四世紀後半期的黑死病的世界性大流行。

> 在其繁盛時期（一二七九年至一三五〇年），蒙古帝國囊括了中國……俄國……中亞，伊朗和伊拉克……它們〔交織〕成一個交流網路，信使能日行一百英里，連續數周行走不停……除了……〔沙漠上古老的絲綢之路〕，商隊、士兵和驛站信差〔現在〕也穿行於寬闊的大草原上。他們創造了一個龐大的人類網絡，把哈拉和林的蒙古大本營與伏爾加河上的喀山（Kazan）和阿斯特拉罕（Astrakan），克里米亞的卡法，中國的汗八里〔北京〕，以及這個區域內的商隊驛站連接起來。從流行病學角度來看，這個商隊貿易網向北方的擴張導致了一個很重要的後果，即大草原上的齧齒動物與新病毒攜帶者相遇，這些病菌中很可能就有腺鼠疫（McNeil, 1976:134，著重號為後來所加）。

麥克尼爾結合那個時期零星的參考資料與最近有關腺鼠疫的醫學研究，重建了下述情境。

中國、印度和緬甸交界處的喜馬拉雅山齧齒動物群體中或許存有鼠疫桿菌流行病源。由於先前的接觸以及預防文化模式的保護，當地人已多少適應了這種病菌。無人區、河流和其他自然屏障一直將這個病源區與其他地區隔開（McNeill, 1976:140），直到一二五二年以後蒙古人才作為輸出途徑將鼠疫桿菌帶出雲南和緬甸。蒙古人對這種疾病幾乎毫無抵抗力，他們的馬匹也為感染了病菌的蝨子向北方大草原上的齧齒動物地下洞穴的迅速傳播提供了安全的港灣（McNeill, 1976:142）。在那些洞穴裡，鼠疫桿菌甚至能夠在寒冬中存活下來。

麥克尼爾（1976:43）認為，黑死病並沒有直接傳到蒙古，而是於一三三一年開始在中國內陸爆發，然

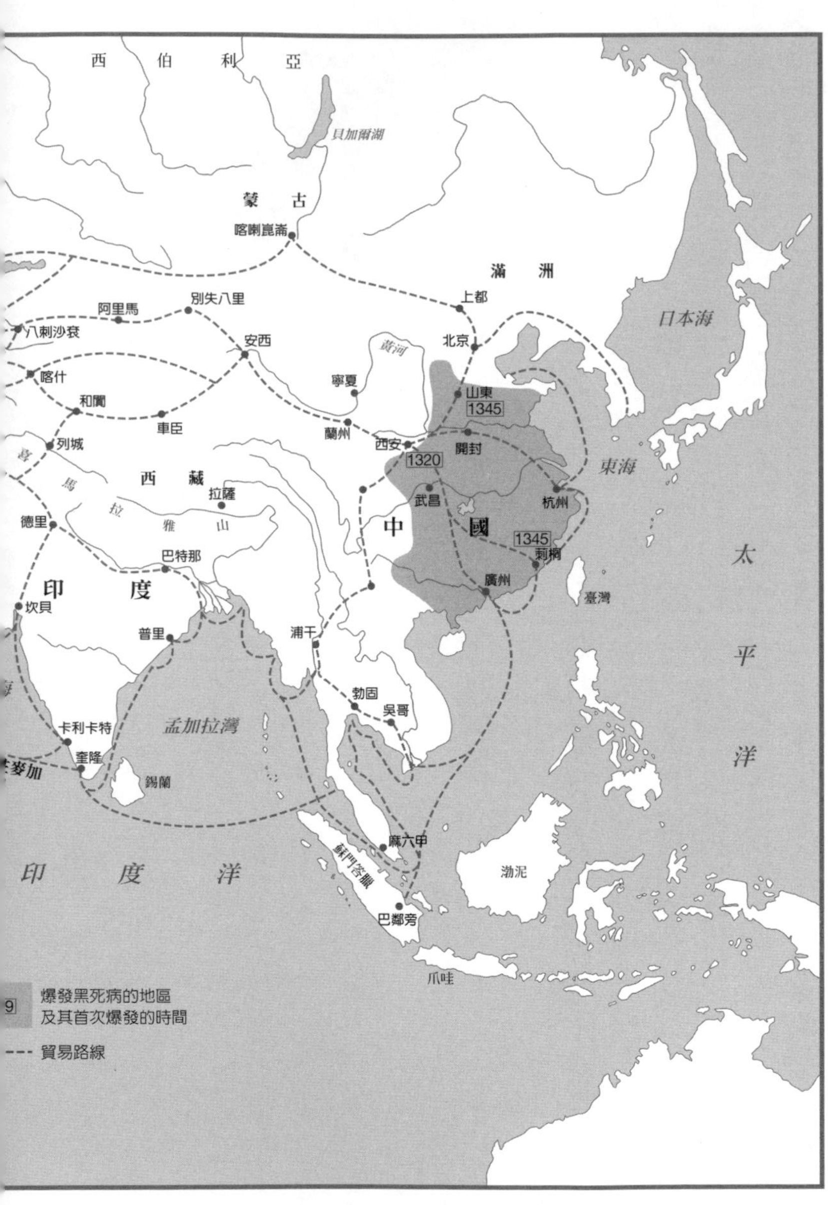
西伯利亞
貝加爾湖
蒙古
喀喇崑崙
滿洲
上都
北京
阿里馬
別失八里
八剌沙袞
安西
黃河
喀什
寧夏
山東
1345
和闐
車臣
蘭州
西安
開封
1320
列城
西藏
拉薩
武昌
杭州
東海
日本海
德里
喜馬拉雅山
中國
1345
刺桐
太平洋
巴特那
印度
廣州
臺灣
坎貝
普里
浦干
勃固
吳哥
卡利卡特
孟加拉灣
奎隆
麥加
錫蘭
麻六甲
蘇門答臘
渤泥
印度洋
巴鄰旁
爪哇
爆發黑死病的地區
及其首次爆發的時間
貿易路線

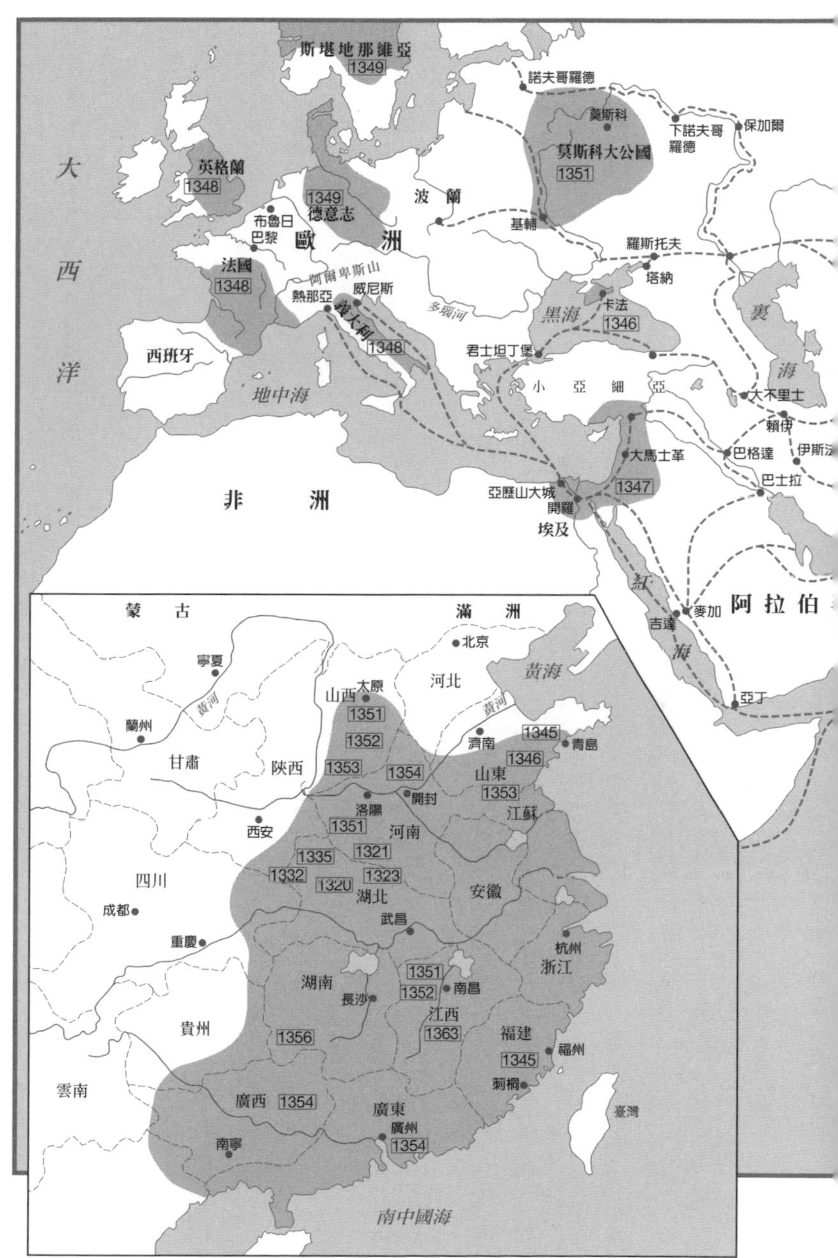

圖7　大約一三五〇年時的貿易路線和黑死病傳播路線的重疊

後從那裡依次傳到陸路和海路。對此，麥克尼爾很謹慎：

> 最可能的情況是……〔鼠疫〕在一三三一年侵入中國……〔然後〕在接下來的十五年間傳到亞洲的商旅線路上，並在一三四六年傳到克里米亞。隨之，鼠疫繼續乘船傳遍整個歐洲、近東，並沿著商道從海港向內地輻射……在一三三一年到一三四六年間，隨著鼠疫從遍佈亞洲和東歐的一個商隊驛站到另一個商隊驛站的蔓延，它或許還同時傳到大草原上的齧齒動物的地下「城」……鼠疫桿菌在此找到了安樂窩……所有這些條件都匯集於十四世紀中期……一三四六年，黑死病……在一個蒙古王子率領的軍隊裡爆發了，當時他們正在圍困克里米亞的貿易城市卡法。蒙古王子被迫撤退，但病菌此前已經傳入卡法，並由此通過穿行於地中海地區的船隻向外傳播……(McNeill, 1976:145-147)

儘管沒有足夠的資料能證實（或推翻）麥克尼爾的推測，但他的分析令人信服，並且至少得到部份證據的確證[11]。

在本書的第一部份我們注意到一些反常現象：十四世紀二〇年代晚期，法蘭德斯的紡織業出現困境；十四世紀三〇年代晚期到四〇年代早期，義大利銀行業已開始呈現經濟萎縮（包括大銀行的破產），而這些地方此時還沒有出現鼠疫。在上面有關蒙古帝國境內的歐洲商人和傳教士的敘述中，我們提及十四世紀三〇年代晚期時有關他們的訊息已開始減少，到該世紀中葉幾乎完全消失。把這些干擾因素與兩地間陸路貿易的衰落聯繫起來是合乎常理的。我們還記得，儘管在世紀之交時陸路仍然是人們的首選，但在一三四五年，我們記錄的駐留中國的最後一位義大利人馬黎諾里卻迫於動盪的內陸局勢，只得沿行程更遠的海路返回家鄉。

一三三一年以後中國的瘟疫死亡記錄與為日益增加的暴亂所困擾的蒙古統治者的日漸衰落之間有某種聯

繫，這種假定似乎也不無道理。如果蒙古治下的和平確實是歐洲商人和中國的聯繫逐漸增加的一個重要因素，那麼，發生在那個環境中的任何干擾因素，無論是軍事上的還是健康上的原因，都可能成為減少交易夥伴間貿易乃至繁榮的原因。探究這個假設的一種方法或許是研究這條商道上實際存在的城市。毫無疑問，撒馬爾罕或許是其中最重要的城市。

撒馬爾罕和其他商旅中心

陸路貿易情況複雜。大量資料表明，此類貿易涉及各類代理商的活動。有些只是小商販，到處流動，投資較小，而且特別靈活，根據他們在一個地方便宜買進和另一個地方高價賣出的貨物而定。有些是待在家裡的大商人銀行家，他們貸款給流動商人，與他們簽訂康孟達合同，或監督那些許多類似小商販的半獨立的「代理商」。另外還有一些人介於上述兩者間，或許從小生意起步，漸漸在長途貿易中發展成「大企業」。

陸路貿易需要具備地理、政治和體制等幾個方面的先決條件。人們最容易想到的是地理條件，但它們對貿易量的影響通常較小。道路必須暢通，必須有交通工具。然而，在全程大約五千英里的北方陸路上，這兩者都並不一定能得到保證。荒涼地帶的路況、人煙稀少地區固定的停靠點、為至少長達數月——如果在沿途進行貿易的話，可能需要數年——的行程提供水和補給品的能力，所有這些都是物質變數，很容易受到其它事件的影響。我們來分析其的一些影響因素。

在乾旱地帶，水是最極需的物質。駱駝是這種地區馴養的運輸工具，因為它能夠在植被稀少的沙漠地區生存，不用喝水就可以行走三至四天。駱駝可以馱著五百磅左右的貨物長途跋涉，但它每小時的固定行程僅有三英里（see Wellard, 1977:11-37 for a graphic description）。因此，假如駱駝在三到四天的蓄水間隙內每天大約走三十英里，那麼，兩個定居點，或至少兩口水井之間的最大距離就最好不要超過一百英里。這個條件嚴格限制了穿越中亞的商路的選定。不過，水源並非任何現成路線的決定因素，因為通常還有其他路線可選。

這一區域內零星分佈的山地需要一系列更加苛刻的條件。山間旅行需要載重的毛驢，它們的行程必須精心選擇，以便找到最低的斜坡和關隘。「選擇」一詞並不是非常妥當，因為山間道路都是通過不斷摸索沿著最便捷的小路確立起來的，幾乎完全由大關隘決定。這條路線需要更為常見的水源，但山間小溪通常提供了水源。

最後，在平原地區，旅行人數的多少決定了路基的平整度，因為旅行者越多，土路就變得越硬實，越好走。定居點多分佈在大路經過的地方，它們轉而使得道路更堅實。因此，上述自然條件塑造了主要的跨越亞洲的路線。

此外，這些路線也極易受到政治因素的影響。蒙古對中亞的統一顯然給商貿活動提供了有利的物質條件和社會條件。儘管這些路線還不可能稱為高速公路，但橫向乾路由於蒙古人持續的馬上活動——軍旅和郵政——而得到顯著改善。最終形成了一個真正的道路網，其中分佈著驛站和興旺的商隊旅館。更重要的是，這個統一的和正規化的管理機構最終保障了行程的安全。

如今，我們已很難意識到降低風險或過境稅、納貢或直接的勒索等各類費用的多少對貿易的影響程度。遺憾的是，我們沒有十三世紀的任何數字可以用於估算受到保護的運輸部份的費用比例。然而，基於十七世紀至少有關這條商道的最西段的證據，尼爾斯・斯騰斯加德（Niels Steensgaard, 1973:7-40）認為保護費用（包括關稅）大大超過運輸費用本身。如果不估算過境稅、貨物被沒收或喪失的風險、以及所購貨物的最終市場價等因素，人們可能會認為購買與運輸費用和總售價之間的差額巨大。

蒙古人營造的相對穩定的秩序無疑減少了諸多上述費用，而他們對商人的慷慨接納吸引了更多貿易在其境內進行。但是，一旦這些優越的條件消失，就像十四世紀後半期的情況一樣，此類貿易必然會另尋他路。

第三個變數與貿易機制安排有關。雖然第七章將詳細闡述這個問題，但這裡有必要討論一下，因為如果商人之間以及商業網站之間沒有獲得信貸、債務轉讓和資金交易等手段的存在，那麼，商旅路線上的無數小商人就不能那麼高效地經營生意，甚至是無法經營。支票（或更像一張按預定的匯率，以不同的貨幣進行異地支付的即期票據）首先在波斯得以制度化，而且似乎與商旅貿易有關。然而，如同後來在埃及常見的那樣，只有大商人可以利用支票這種正規工具。多數商人的支付方式都比較隨意，他們利用同鄉（或是我們所謂的「種族」）關係網絡進行結算，帳單並不總是以現金支付，還有可能以商品交易的方式來進行。另外，閱讀十七世紀的一個亞美尼亞流動商人的記述，或者商人間的信件摘錄(as reported in Steensgaard, 1973)，再將它們與十一至十二世紀福斯塔特的猶太商人的書信（as recounted by Goitein, 1967）加以對比，我們會不可思議地發現，兩個時期的貿易方式幾乎毫無變化。

商道兩旁的多數地點都是小城堡，對於這些綠洲和農業定居點而言，一批批駝隊的來訪是激動人心的節日，但並非生活的必須。即便如此，位於熙來攘往的商道樞紐上的少數幾座城市的規模還是逐漸增大，特別是那些擁有肥沃土地並具有政治或宗教功能的城市。這樣一來，在地方需求的刺激，以及遠端貿易的大力補充下，這些大城市可能會出現長期貿易和固定行業。南邊的大不里士和北邊的巴爾赫（Balkh）、梅爾夫（Merv）等城市都屬於這樣的地方。但如果提到最典型的綠洲貿易城市的話，人們肯定會想到撒馬爾罕（少部份人可能會想到布哈拉）。

撒馬爾罕位於東西橫向商道和貫穿印度、俄羅斯的南北「高速公路」的交叉路口，坐落於一片沃土之中，流入該地區的一條河流提供了完備的灌溉系統。起初，它一直是一些王朝的地區性都市，後來成為帖木兒的政治都城。撒馬爾罕或許是商道城市的典範。巴托爾德*（Barthold, 1928:83）這樣描述它：

> 從面積和人口來看，撒馬爾罕在河中地區總是首屈一指，即使在布哈拉……成為王國首都時也是如此。其重要性主要緣於地理位置，它位於（經巴爾赫）通往印度、（經梅爾夫）通往波斯和通往土耳其領土的主要貿易路線的交匯點上。城市周邊格外肥沃的鄰邦也使得大量的人有可能集結於此[12]。

撒馬爾罕是中亞最古老的城市之一。它經久不衰的商業地位源自其貿易路線交叉口的地理位置，人們對這個位置垂涎三尺。西元前三二九年，亞歷山大大帝佔領了撒馬爾罕。後來它相繼被突厥人、阿拉伯人和波斯人統治。隨著突厥人和蒙古部落向西部的擴張，他們必然會覬覦這裡的財富。十一世紀，黑汗王朝（Karakhanids）和塞爾柱人先後佔領了撒馬爾罕。十二世紀，它處於喀喇契丹（Kara Khitais）的統治之下。十三世紀開始時，撒馬爾罕被花剌子模沙王們控制。一二二〇年，成吉思汗從花剌子模手中搶佔了該地。

鑒於其戰略位置，用防禦工事來界定撒馬爾罕是合情合理的。伊本•法基（Ibn al-Faqih）給我們提供了關於穆斯林佔據的撒馬爾罕的最早描述。他說，像巴爾赫、梅爾夫一樣，撒馬爾罕及其郊區「被城牆（長十二法薩赫[13]）環繞，有十二個城門；其內還有第二道城牆，這道牆包圍著撒馬爾罕城；再往裡的第三道牆內是所謂的沙里斯坦†，由大清真寺和統治者的宮殿組成」。（Barthold, 1928:84）。十世紀的阿拉伯地理學家認為，沙里斯坦在前伊斯蘭時代就已經築起了城牆（Barthold, 1928:85）。跟所有的綠洲城市一樣，撒馬爾罕地域廣闊，住所和植被連成一片。據地理學家伊斯塔赫里（Istakhri）研究，「城市的相當一部份是花園，幾乎每家都有花園；從城堡的最高處俯瞰該城時，看不到建築物，因為它們被花園裡的樹木擋住了」（引文見Barthold, 1928:88）。

儘管成吉思汗征服撒馬爾罕這座城市的傳說駭人聽聞，血流成河，大量工匠被放逐，但它還是盡可能地保存了下來。一二二一年時一位目擊者對撒馬爾罕的描述掩飾了蒙古軍隊的大肆屠戮，反而讓人感覺雖然這裡不再生機勃勃，但生命仍在。一二一九年，成吉思汗傳喚道教隱士長春給他進行宗教指導，陪同真人前來的一位門徒作出了上述描寫。一二二一年至一二二四年，師徒一行穿越了穆斯林的疆域。《長春真人西遊記》成書於一二二八年，俄國人貝勒把它譯成了英文（1875, I:35-108）。一二二一年年底，成吉思汗的軍隊進駐運河邊上的撒馬爾罕城。「因為這裡的夏、秋兩季從不下雨，人們便將兩條河流引入城中街道，以便保證每家的生活用水」（1875, I:77-78）。

巴托爾德引用上述故事旨在展示「儘管遭到了蒙古人的劫掠，撒馬爾罕的生活依舊繼續。在宣禮員（mu'adhdhin）的召喚下，男人和女人都匆忙奔向清真寺……那些沒有前來做禮拜的人受到了嚴厲懲處。齋月夜晚，盛宴照舊。市場上的貨物琳琅滿目」（1928:451）。但《長春真人西遊記》的觀點並不這麼樂觀，它提到在蒙古征服之後，僅有四分之一的人口留存下來。穆斯林居民的土地使用必須受喀喇契丹和漢人的監督，他們自己無權出售土地。「中國工匠遍佈各地」（Bretschneider, 1875, I:78）。一二二二年春，長春真人和弟子借道撒馬爾罕返鄉，但他們提供的只是另外一些民族誌資料（其中有些非常怪誕）。

在接下來的一百四十五年裡，撒馬爾罕成為蒙古人統治下的一個省城，相關資料少得可憐。然而，可以確定的是只要貿易繁榮，撒馬爾罕就興旺；它的姊妹城布哈拉也會興盛。連接撒馬爾罕和布哈拉的「王室大道」將兩城間的距離縮短到六到七天的行程（Barthold, 1928:96）。與撒馬爾罕一樣，布哈拉也是一個古代的商旅城市，這裡的祆教僧侶商人在阿拉伯人征服時期被排擠出去（Barthold, 1928:108）。在薩曼王朝

* 巴托爾德（V.V.Barthold, 1869-1930），俄國東方學家，長於中亞中世紀史的研究。——譯者

† 沙里斯坦（shahristan），意為城市本身的建築。——譯者

統治時期，布哈拉也分成由城牆隔開的城堡、沙里斯坦和賴伯特*三部份（Barthold, 1928:100）。河流支流和運河為該城提供了水源。穆卡達西（Al-Muqaddasi）這樣描寫阿拉伯時期的灌溉體系：「河流從卡拉巴德流入城市，這裡建有寬寬的木質水閘，在洪水氾濫的夏季，會根據水位的高低將橫木挪開……」（Barthold, 1928:103）。撒馬爾罕和布哈拉的繁榮取決於國家，因為政府提供水源；更重要的是，它們的昌盛受更大的周邊區域的政治和經濟狀況的影響。因為兩個城市都是至關重要的駐留地，所以它們與其他小商旅驛站的活力都取決於過往交通。不久之後，在這裡駐留的商隊就少之又少了。

然而，貿易蕭條時，撒馬爾罕會靠其他方式存活。它甚至一度獲得了更為重要的地位。在十四世紀中期的三十年裡，蒙古政權因內亂和疾病造成的人口萎縮而混亂不堪。帝國各地被壓迫的人們揭竿而起。在中國，起義者推翻了元朝，並於一三六八年建立了明朝。撒馬爾罕的命運不同。動盪的受益者是一位叫帖木兒（通常稱跛子帖木兒）的蒙古人。他出生在撒馬爾罕附近，據說是成吉思汗的遠親後裔〔巴魯剌恩氏〕。他在一三五七年的河中地區騷亂中首次嶄露頭角。起義使得天下大亂，但結果卻最終明朗了，至少對撒馬爾罕來說如此。一三七〇年，帖木兒在撒馬爾罕宣稱成為蒙古帝國的新君主（和未來的復國者），撒馬爾罕因此成為他的首選都城。

於是，在中亞地區最混亂的十四世紀晚期和十五世紀初期，撒馬爾罕的情勢卻比它的對手們相對好轉。在帖木兒統治時期，撒馬爾罕成為中亞最重要的經濟和文化中心。帖木兒從廣闊的地域聚集了大量工匠，他們不僅製造產品，滿足奢華的宮廷生活需求，還裝飾那些依然存在的傑出建築。帖木兒的軍隊以撒馬爾罕為中心，向四面進發，重新整合此前蒙古治下的四分五裂的帝國。成吉思汗及其後人締造的統一，維護了帝國的相對和平，推動了旅行和貿易。而帖木兒依靠暴力贏得的帝國統一卻適得其反，它切斷了跨越亞洲的陸路，使得商業通道愈益狹窄，商人們只有通過少數幾個陸上關口才能進入印度洋。

第六和第七章考察了可供選擇的通往東方的幾條通道。但是在分別討論從波斯灣和紅海進入印度洋的線路之前，我們稍作停歇，思考一下蒙古人帶來的經驗教訓。

由蒙古統治得出的經驗

最明顯的經驗就是，如果一個地方的經濟發展建立在對廣闊地帶的控制力之上，這樣的經濟通常不穩定，容易受到政治和人口波動的影響。就其本身而言，統一並不必然會減少總的運費，但它有潛力這麼做，這取決於政策選擇。基於「法律和秩序」的管理機構能減少無法預測的保護費。通過消除其他索貢者和規範過境費，地區統一使得運輸成本的計算成為可能。此外，儘管統一無法消除自然災害，比如，乾旱使水眼乾涸，但它可以通過根除人為的掠奪，在總體上減少風險。只要能確保這些條件，貿易就將繁榮。而一旦道路變得不安全，商人們就要另尋他路。

第二個不穩定性源於作為國家財政基礎的貢物的寄生性。由於蒙古人既不貿易，又不生產，所以他們過度依賴征服地居民的技術和勞力來維持生計，臣民們為他們提供了維持壓迫的財力。這種有序的經濟模式本身沒有生成能力。明智的利己行為可能會鼓勵工商業的發展，並適當抑制侵吞盈餘。但防禦需求有其本身條件，如果這種需求增加，就不得不尋找新的財源。

因此，第三個不穩定性來自持續不斷的地理擴張。蒙古人像紅色皇后一樣永不停歇。增加盈餘就要求征服越來越多的生產單位。一旦新族群拒絕接受征服，這個制度就很不穩定，並開始收縮。這種收縮標誌著某

＊ 賴伯特（rabad），意為近郊或村落。——譯者

個衰退週期的開始。如果縮減針對國民的控制支出，躁動不安的被壓迫者就可能叛亂；而如果增強鎮壓措施，生產就可能受到影響，因為對盈餘的榨取已經達到極限。鑒於這種內在的不穩定性，任何新的衝擊都可能顛覆這個搖搖欲墜的體系。

隨著黑死病的爆發，十四世紀四〇年代出現了大變動。黑死病在最具社會流動性的軍隊中顯然傳播得最快。人口的下降削弱了蒙古對其所轄領地的控制力，暴亂接連不斷。這些叛亂擾亂了正常的生產活動以及統治者賴以生存的經費來源，進一步導致了鎮壓能力的減弱。這個過程幾乎是一發不可收拾。

隨著鼠疫向世界體系其他部份的擴散，經營長途貿易的動力也同樣受到抑制，儘管並沒有完全消失。但是當貿易復興時，許多小商人會尋求比較安全的通道。不過，這些貿易商道已經偏離令人生畏的中亞荒原，危險低和保護費少的中亞商道一去不返了。

第六章　辛巴達之路：巴格達和波斯灣

在歐洲和遠東之間的三條路線中，辛巴達經過波斯灣的「中線」是最便捷、最廉價的線路，無疑也是最古老和最持久的路線。正常情況下，經由黎凡特和巴格達的中線是所有路線中的最優路線。然而，當中線受阻時，其北方起自君士坦丁堡的陸路，或者其南部由陸上經過埃及，而後經過紅海的水路，就變得更為重要。

在十三世紀下半期時，中線受阻的一個起因是蒙古人征服了美索不達米亞，巴格達隨即從「伊斯蘭之都」和世界貿易中心淪為遭受蒙古軍事統治和財政剝削的省城。這件事本身沒有切斷歐洲人與波斯灣的聯繫，因為商人們最初直接轉到了伊兒汗國這條首選路線，繞過巴格達和巴士拉，轉而前往大不里士及其出口港荷姆茲。

但是，兩件事的發生使得這條可選之路變得不再那麼誘人了。一二九五年，伊兒汗皈依了伊斯蘭教，這樣一來他們變得與該地區其他地方一樣，適用於教皇關於不准與「異教徒」貿易的禁令。另外，隨著一二九一年阿克里的「陷落」，十字軍喪失了他們在黎凡特沿岸的最後出口港。許多歐洲商人進一步向北方（小亞美尼亞）轉移，這使得北方陸路更具吸引力。這兩件事鼓勵歐洲人進入經過中亞的東北通道，相關情況已在第五章述及。其他歐洲商人轉移到地中海島嶼上，從那裡可以很便捷地由海路到達亞歷山大港。他們的注意力轉向馬穆魯克統治下的埃及，我們將在下一章討論這個問題。在這個過程中，中線衰落了。

穆斯林與基督徒的貿易

無論是十字軍的暴力行為，還是教皇禁止歐洲人與穆斯林進行貿易的諸多禁令都未能阻止十二至十三世紀中線上的貿易繁榮。十字軍國家的基督教商人和從遙遠的東方給他們帶來貨物的穆斯林商人之間形成了密切的共生關係。（見圖八。）

阿克里是十字軍定居點的主要港口，它在一一九一年至一二九一年間的繁榮就仰賴於穆斯林和基督徒之間的貿易。到十三世紀中葉，威尼斯定居者牢牢地控制了阿克里，並逐漸設法將熱那亞人和比薩人這些對手排擠出去（Jacoby, 1977:225-228）。威尼斯人在此買賣土地、修建房屋、簽訂合同，並通過地方授權的法庭（Prawer, 1951:77-87 and Richard, reprimted 1976:325-340）處理自己的事務，但他們似乎並未意識到其優勢行將結束。

即使在馬穆魯克政權於一二六〇年控制了埃及和敘利亞以後，阿克里的義大利人仍然繼續從毗鄰的內陸地區（重稅）接受大宗貨物，並通過遠端貿易（輕稅）接受貴重貨物，然後再出口到歐洲。他們的交易夥伴是穆斯林。據希拉勒（Hilal, 1983）研究[1]，來自內陸的穆斯林

> 在與拉丁地區港口的生意中獲利豐厚……阿勒坡、哈馬（Hama）和霍姆斯（Hims）等敘利亞內地城市的繁榮在某種程度上依靠拉丁地區港口城市的貿易……馬穆魯克蘇丹與拉丁勢力之間的條約保障了雙方的商人、船隻、錢財與商品的安全及其在他們轄區的自由流動。

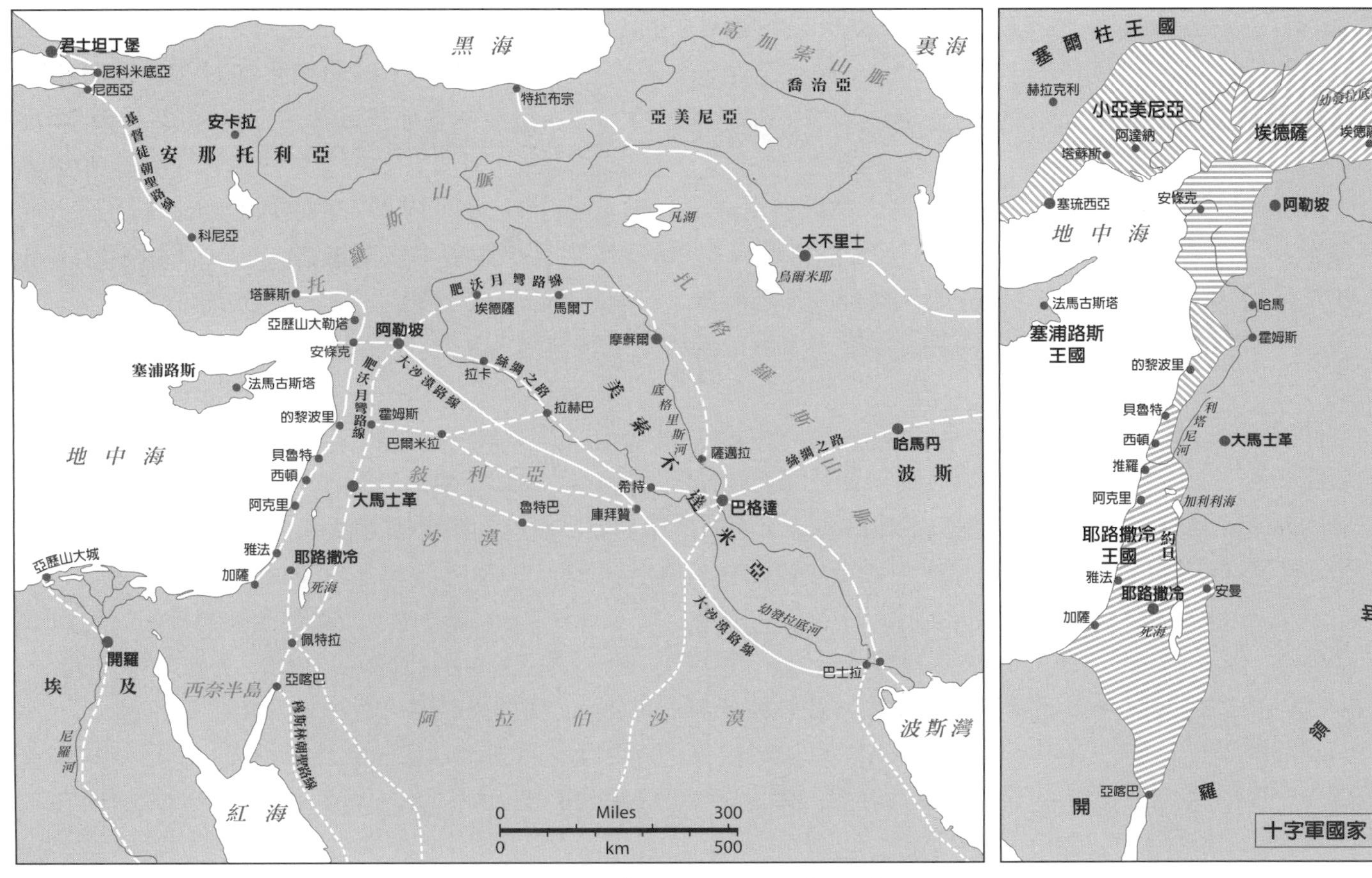

圖8 肥沃月彎、十字軍王國和通往印度之路

在馬穆魯克蘇丹曼蘇爾・蓋拉溫（al-Mansur Qalawun）在位的前半期（約一二八〇至一二八五年），他與敘利亞的拉丁國家在政治上保持著表面上的和平關係（Hilal, 1983:119）。到一二九〇年時，由於需要熱那亞人用船從黑海地區運來的奴隸補充兵源[2]，蓋拉溫還與熱那亞人簽訂了確保雙方商人安全的協定（Hilal, 1983:157）。然而，那時內陸商道的整體貿易水準已經急劇下降。一旦馬穆魯克政權和十字軍形式上的聯合出現破裂，貿易水準就將進一步下跌。

兩者間的休戰期結束於一二九一年。是年，蓋拉溫的兒子和繼承人阿什拉夫・哈利勒（al Ashraf al-Khalil）最終將十字軍從他們盤踞在阿克里的最後據點驅逐出去。儘管教皇頒發的不准與「異教徒」進行貿易的禁令在整個十字軍東征期間都得以執行，但一直以來人們大都以違背該禁令而引以為傲。不過，現在「面對基督的據點的最終喪失，並且鑒於他們不可能立刻召集足夠的軍隊捲土重來，唯一可能的報復行動似乎只剩下有效實施禁運了」[3]。

威尼斯人和熱那亞人該怎麼辦呢？如果實在不能繼續通過穆斯林中間商獲取遠東的絲綢和香料，那他們就必須找尋繞過核心地帶的新路線。當然，其中一個選擇就是北方的陸路。我們已經討論過，它的使用率已越來越高。另一個選擇就是與波斯的伊兒汗合作，當時的伊兒汗們尚未敵視橫穿他們領土的歐洲商人。然而，合贊（Mahmud Ghazan, 1271-1304）於一二九五年皈依了伊斯蘭教，給這種便利畫上了句號。最冒險的選擇就是經大西洋繞過非洲，再從海路進入印度洋。相當有趣的是，一二九一年就有人首次進行了嘗試[4]。儘管此事的具體細節尚不明朗，但人們通常認為來自熱那亞的烏果里諾・維瓦爾第和瓦季諾・維瓦爾第（Ugolino and Vadino Vivaldi）兄弟兩個沿非洲西海岸南下，試圖前往印度地區。他們從此杳無音訊。洛佩斯推測，「如果維瓦爾第兄弟航行已經成功，他們肯定會給熱那亞人提供了一條通往印度的海路」

（1943:170）。但類似嘗試直到兩個世紀之後才成為現實。

同時，儘管教皇的禁令依然得以執行，但歐洲人為了繼續貿易，無論選擇哪條線路，他們都不得不與穆斯林打交道。兩條通往印度洋的陸路都要經過穆斯林的疆域。埃及人堅決拒絕任何歐洲商人穿越其國家，不論是他們攜帶歐洲貨物去往印度和中國，還是帶著遠東的貨物返回歐洲。所以，在埃及，義大利商人只好與壟斷了香料貿易的強大的喀里米穆斯林（Karimi Muslim）商人做生意（見第七章）。在這些合同裡有著國家的積極參與。埃及政府不僅規範了與歐洲商人的關係，而且馬穆魯克蘇丹還逐漸壟斷了與外國人的貿易。這樣，在當時理論上對歐洲商人開放的通往東方海域的唯一「自由」通道就是經伊兒汗國前往波斯灣海岸的荷姆茲，進而航行到印度。

為了理解從前經由波斯灣的線路是多麼重要，我們有必要簡單回顧一下伊斯蘭的「黃金時代」（八至九世紀）。巴格達位於通往遠東的最繁忙的陸路和海路的重要交匯點上。即便在巴格達衰落以後，這些線路依然繼續運行，只是不如從前那麼繁忙而已。

巴格達

寫於十世紀的一本地理書（*Hudud al'-Alam*, Minorsky trans., 1937:137）[5]描繪伊拉克「位於世界中心附近」，是「伊斯蘭世界最繁榮的國家」、「商人的聚集地和巨大的財富中心……」；巴格達是「世界上最繁榮的城市」（*Hudud al'-Alam*, Minorsky trans., 1937:138）。儘管上述描繪天花亂墜，但巴格達自從哈倫・賴世德（Harun al-Rashid）統治以來就已經衰落了。到十世紀末白益王朝（Buyids）掌控巴格達時，巴格達就像穆卡達西的地理著作所詳細描述的那樣，已不再是一流城市。

穆卡達西對約九八五年至九六年的中東的描寫[6]在某種程度上基於他的親身經歷。帶著從事研究和貿易的雙重任務，穆卡達西遊歷了許多地方。他在書的引言中描述道（Ranking and Azoo rans.: 3, 14）：

> 我通常……在每個城鎮都進行買賣，與各階層的人們交流，特別關注各地的……〔地理〕學。我測量了各省份的大小……遊歷了它們的邊境，界定了它們的邊界；參觀了村鎮……我還考查了稅收，並對收入總額作出估算……我親自在中東旅行了約兩千里格*，從庫爾祖姆(al-Qulzum)〔紅海〕到阿巴丹（Abbadan）〔波斯灣〕環行整個半島一周……我經常向〔水手們〕詢問問題……我還在他們的藏品中看到了航海圖和航海指南，他們一直在堅定地研究和使用它們。

穆卡達西非常明確地解釋了在其他條件相同的情況下，波斯灣而非紅海總是人們前往東方的首選路徑的原因。與更適於航行的波斯灣相比，紅海的風險更大，因為「海底佈滿了巨大的岩石……鑒於此，人們只能在白天在此航行……」（Al-Muqaddasi, Ranking and Azoo trans.:16）。此外，從紅海轉去印度需要跨越遠海，而波斯灣出發的船隻卻可以一直靠岸航行。

我們在描寫這條通往東方的海路時，將再次提及穆卡達西，因為他的書提供了令人信服的證據，證明阿拉伯與波斯的水手和商人早在穆卡達西所處的時期之前就已經相當熟悉印度洋了。不過，現在我們要轉向穆卡達西對十世紀末的巴格達的描寫，雖然我們還不清楚他描寫的主要是底格里斯河東岸的巴格達都市區，還是它的舊城（Madinat al-Salam），即位於底格里斯河西岸已經廢棄的從前的王室之城。他說（Ranking and Azoo trans.: 51）：

進一步瞭解到，巴格達曾經是一座輝煌的城市，但如今已破敗不堪，光彩不再……今日的米斯里福斯塔特（Fustat of Misr）〔舊開羅〕就像昔日的巴格達；我知道在今天沒有任何一座城市能超過它〔福斯塔特〕。

穆卡達西後來又提到（Ranking and Azootrans.:187-189）：

巴格達是伊斯蘭世界最偉大的都市……〔此前舊城，Madinat al-Salam〕是穆斯林世界最好的地方，也是最華麗的城市……但在哈里發衰落以後，巴格達便衰敗下來，人口數量也下降了。這座和平之城〔圓城，Madinat al-Salam〕現在已破落不堪……城市每況愈下，我擔心有一天它會像薩邁拉（Samarra）那樣〔被棄之不用〕。

據維特（1971:106）研究，哈里發在白益王朝時期首次淪落到徒有虛名的地步。巴格達作為首都的地位在塞爾柱人統治時進一步滑落，他們甚至沒有在此居住。不過，哈提卜．巴格達迪（Khatib Baghdadi，一〇七一年去世）仍然清晰地描述了一〇六〇年左右塞爾柱人統治時的巴格達（as quoted in Wiet, 1971:118）：

世界上沒有哪一座城市能與巴格達相媲美，因為它最富足，商業地位最高，學者和要人的數量最多，面積最大，邊界最長，宮殿、居民、街巷、道路、清真寺、公共浴池、碼頭和商旅驛站數不勝數……

* 里格（league），舊時長度單位，每單位約相當於三英里或四點八公里。——譯者

但巴格達迪也承認與之前時代相比巴格達的衰落（（as quoted in Wiet, 1971:118-119）：

> 巴格達在哈倫・賴世德時期〔阿巴斯朝第五代哈里發，七六三—八〇九年在位〕擁有最多的建築和人口……其後，暴亂發生，一連串的災難降臨到巴格達居民頭上，巴格達失去了昔日的繁榮。騷動和萎靡嚴重衝擊了這座城市，以至於在我們這個時代，甚至是上個世紀，巴格達已完全沒有首都的樣子，不適合人類居住。

維特筆下的巴格達歷史記載了十一世紀晚期和十二世紀發生在這裡的一連串災難，它們導致了重大後果：一〇五七年的饑荒、一〇五七和一〇五九年的大火（Wiet, 1971:107）、一〇六九年至一〇七五年間毀滅性的洪水、一〇七五年開始的宗教衝突。一〇七七年發生了連續五個月的混亂，一〇八八年發生了街頭激戰。大火再次燃起。一〇九二年的一次大災「毀壞了貨幣兌換市場和黃金商街」。此外，一一〇二、一一〇八、一一一四、一一一七、一一三四、一一四六和一一五四年都有火災發生。自然災害加劇了問題的嚴重性。一一〇六年洪水氾濫，一一一七年發生地震。一一七四和一一七九年又有洪災。一一〇〇、一一〇四、一一一〇和一一一八年時「街道的混亂一如往昔」。一一二三年，「希拉的貝都因人（Hillah's Bedouins）首領〔甚至〕襲擊了巴格達城。〔只是〕在塞爾柱人的幫助下，哈里發才得以保全……」（Wiet, 1971:122-127）。因此，維特（1971:135）認為，早在塞爾柱人衝擊之前，「巴格達就已經僅僅是個地區性都市而已……當這些塞爾柱主子離去後，雖然哈里發自命為該城至高無上的君主……〔但〕巴格達已不過是徒具虛名的哈里發政權所在地而已。」

就連曾於一一八四年（恰好在塞爾柱人統治末期）在巴格達逗留了五天的西班牙朝聖者伊本・朱拜爾（Ibn Jubayr）也扼腕歎息，儘管巴格達這座古城仍然是阿巴斯哈里發國家的首都，但「多數蹤跡早已逝去，徒留虛名。與災難和困境衝擊之前的情勢相比，巴格達就像被人遺忘了的廢墟、被沖洗了的遺址，或者鬼魂的雕塑」（as quoted in Wiet, 1971:137-138）。然而，客觀地講，伊本・朱拜爾提到的似乎只是王室圓城，因為他還在其他部份詳細描述了底格里斯河東岸的城市（as quoted in Wiet, 1971:141-142）。

> 東城部份擁有宏偉的市場，佈局規模宏大，這裡的人口只有上帝才能數清。它有三個聚禮清真寺……整個巴格達城共有十一座清真寺可以用作週五祈禱……城中公共浴池數不勝數。

顯然，上述這些資料都不夠確切。在比較古今的巴格達時，它們留意的是衰落；但當把巴格達與其他一些地方對比時，它們留意的是無可置疑的活躍的經濟，在某種程度上，出口貿易需求的提高推動了這種經濟的發展。

產業始終處於發展中。在白益王朝時期，織布業依然非常重要。「渴望產出華麗布料的哈里發們從蘇錫安那（Susiana）的吐斯特（Tuster）招來了大量織工」。巴格達城的作坊生產出「越來越多的頂級絲綢和錦緞」。中世紀的義大利有一種特別的繡金布料，就因「巴格達」一詞而為人熟知；還有一種由絲和棉織成的布料叫阿塔比（attabi），以巴格達城的一個街區命名（Wiet, 1971:101）。此外，甚至在塞爾柱人統治時期「巴格達還在生產棉布、絲綢、草席、有形水晶、玻璃、藥膏、藥水和藥糖劑……〔它們〕是主要的出口物」（Wiet, 1971:117）。

然而，隨著旭烈兀在十三世紀後半期對伊拉克的征服，上述產業急遽衰減。蒙古人不僅摧毀了巴格達的經濟，而且把其勁敵大不里士設為首都。大不里士把歐洲商人從巴格達及其港口巴士拉轉移到了蒙古人控制下的波斯灣的出口荷姆茲。

巴格達的陷落

歐洲人對蒙古人聞所未聞，而巴格達人卻強烈地意識到蒙古人對他們的潛在危險。其實，十三世紀初期時，驚慌失措的納西爾（Nasir）哈里發就向白益王朝尋求支持，對抗蒙古人。幸運的是，那僅是一場虛驚，因為阿尤布王朝那時正忙於和十字軍搏鬥，而無法援助哈里發（Wiet, 1971:151）。隨後，蒙古人又在一二三六、一二三八、一二四三和一二五二年對巴格達發動襲擊。巴格達每次都做了全民動員，只是蒙古軍隊要麼改變了行軍路線，要麼在破壞一通之後就撤退了，巴格達才倖免於難（Wiet, 1971:151-163）。蒙古人的虛張聲勢或許讓巴格達麻痹大意。當一二五七年一直謠傳旭烈兀的蒙古軍隊正接近巴格達時，哈里發依然麻木不仁，沒能去組織適當的防衛。一二五八年一月十一日，蒙古人完全包圍了巴格達。二月五日，他們的旗幟已經插上城牆。五天後，哈里發被處決（Wiet, 1971:164-165）。

關於一二五八年巴格達的陷落，有許多生動的描述。其中一些基於道聽塗說（伊本·阿西爾的描述和一些中文資料）[7]；有些根據當時或事後不久的證人的敘述為依據。多數描述帶有悲觀色彩，因為穆斯林世界把此事看作歷史上的一大劫難。我最喜歡瓦薩夫的敘述（波斯語），施普勒（Spuler）將其譯成了英文（1972:120-121）：

清晨，橘黃色的太陽〔祖萊哈Zulaikha〕尚未從地平線上升起，霞光魔幻般從水銀一樣的星空投射出

> 來，伊兒汗〔旭烈兀〕命令軍隊高舉火把沖進巴格達……他們先推倒城牆……填充了哲人般深沉的護城河。然後，他們橫掃巴格達城，像饑渴的夜鷹捕殺羔羊那樣，肆無忌憚、毫無羞恥地屠殺和恐嚇……鮮血像尼羅河水般流淌，像紅色染料那麼刺眼。《古蘭經》的詩句「種子和根莖都枯萎了」描述的就是巴格達的貨物和財富的消亡。蒙古人將巴格達後宮的財寶一掃而光，用憤怒的錘子敲碎了城垛……從屋頂到城門，哀歌四起……他們用刀子把珠寶裝飾的金床和金墊割成碎片。那些藏匿在巨大的後宮帷幕後面的人們被揪出來，被拖到大街小巷上，每個人都變成了韃靼魔鬼手中的玩物……

沒有任何歐洲人對這些「地獄之人」的描述比得上這個恐怖故事。然而，巴格達被完全摧毀了嗎？它會像撒馬爾罕那樣再度崛起嗎？

儘管阿什多在書中「蒙古和土庫曼封建貴族統治下的伊拉克」一章（1976:249-279）對大致背景進行了充分敘述，但迄今為止尚未有學者就上述問題給出確切答案。凱斯・魏斯曼（Keith Weissman, University of Chicago: Lecture January 23, 1986）對相關歷史進行了考察，以評估蒙古人統治下的巴格達的情勢。他認為關於從一二五八年到約六百年以後的奧斯曼人征服這個時段的資料缺失本身就表明了巴格達地位的下降。伊斯蘭學者不再討論這座城市，旅行者們對它鮮有提及，這個事實表明主要貿易通道已不再經過巴格達[8]。魏斯曼認為巴格達的衰落涉及政治、經濟、人口和社會等諸方面原因。阿什多為發生的一切提供了大背景。拉施特（Rashid al-din，他是後來推行穆斯林「改革主義」的伊兒汗國的元老）的基本記述是上述兩位元學者的主要資料來源。（See the relevant selections from this document that are reproduced in Spuler, English trans., 1972:115-164 variously）。

巴格達的政治地位顯然下降了。一二五八年以後，它降格為大不里士統治下的一個省城。蒙古人的統治把這裡變成了由埃米爾（amir）管制的一個衛戍區。在十三世紀期間，伊兒汗僅到巴格達來過少數幾次（Weissman, 1986）。然而，這並不代表他已不把巴格達看作潛在的稅收來源了。伊兒汗建立的封建政權尤其向城鎮居民徵收苛捐雜稅，強賣、商業稅以及稅吏（所謂的信差！）的盤剝使居民蒙受了巨大損失。「對市民的課稅是……一項無情的剝削。同時代的阿拉伯編年史家伊本・福瓦提（Ibn al-Fuwati）講述了巴格達居民是多麼頻繁地受到盤剝」（Ashtor, 1976:250）。這些賦稅在節節攀高，但該地區繁華不再，諸業凋敝的景況卻無人關心。

巴格達的經濟顯然也遭受重創。雖然巴格達依舊是區域性的商業中心，但遠端貿易已不再經過這裡。阿什多指出，在遭受蒙古人的征服之後，巴格達與敘利亞和埃及的正常貿易中斷長達五十年，直到十四世紀初才恢復。更嚴重的是，巴格達與印度的貿易中斷了（Ashtor, 1976:264）。

> 在蒙古人征服之前，大量香料和其他印度商品經水路運到巴士拉，再由此經巴格達和安條克運往地中海沿岸。蒙古人建立統治後，大不里士不僅成為伊兒汗國的首都，而且還是國際性貿易中心……巴格達被攻陷十年後，開羅的蘇丹佔領了安條克。安條克是陸路另一端的商業重鎮，印度商品通過這條陸路從波斯灣運往地中海一帶。大不里士和開羅的統治者之間的相互敵視，或者他們之間頻繁的戰事，是這條重要的貿易通道發生偏移的另一個原因。從那時起，抵達波斯灣沿岸的相當一部份的印度商品被運往大不里士，然後通過北方線路……運抵小亞美尼亞。

這些貨物運輸不僅繞過巴格達，而且還避開了悠久的地中海外港阿勒坡和安條克[9]，這裡的基督徒商人已經轉移到賽普勒斯的法馬古斯塔，或小亞美尼亞，以此來遵循教皇關於與穆斯林貿易的禁令，儘管只是做做姿態。

蒙古統治時期的農業生產力也下降了，巴格達經歷了週期性的饑荒。拉施特（引自Ashtor, 1976:260）抱怨說，伊拉克僅有十分之一的土地得到耕種。魏斯曼認為伊拉克的稅入在一二五八到一三三五年間減少了百分之九十。因為物品的短缺，通貨膨脹和貨幣貶值持續不斷。財力的減少與剝削性的徵稅體制相互作用釀成災難，大大加重了相對較少的倖存人口的租稅負擔。

「哈里發帝國肢解不久，人口數量就開始減少；蒙古人的征服加速了這個過程」（Ashtor, 1976:253）。在巴格達，部份城區逐漸被廢棄。到十三世紀後半期，巴格達的許多臨近地區，特別是西岸地區都空無一人；新建築少之又少。此外，從一二九〇年到十四世紀三〇年代，很多人甚至從巴格達遷移到開羅。納西爾・穆罕默德（al-Nasir Muhammad）統治時期，開羅建築體現出的伊朗和伊拉克文化的痕跡就證明了這一點（Weissman, 1986）。

巴格達的衰落與它的外港巴士拉的困境相伴而生，巴士拉一直推動著巴格達與印度的貿易。巴士拉是阿拉伯人在七世紀剛剛征服美索不達米亞時規劃建立的兩座城市之一（另一座是庫法）。穆卡達西在十世紀末提到，巴士拉甚至比巴格達更勝一籌，「因為它資源充裕，有很多敬虔的人」（Al-Muqaddasi, Ranking and Azootrans.:184）[10]。巴士拉生產高品質的絲綢和亞麻布，出產珍珠和寶石，加工銻和銅綠。但最重要的是，巴士拉是必不可少的海港和商城，它轉運來自印度的貨物，並將棗、散沫花、綿綢、紫羅蘭和玫瑰香水等貨物出口到各國（Al-Muqaddasi, Ranking and Azoo trans.:184）。

然而，作為巴格達的港口，巴士拉的命運顯然與巴格達密不可分。隨著巴格達的衰落，巴士拉的繁榮自然也不會持續太久，在伊兒汗國的首都大不里士成為主要的商業中心以後更是如此。另一條直接通往波斯灣出口附近的荷姆茲的路線使得商業活動偏離了巴士拉。

於是，在十三世紀下半期，中線經歷了一場決定性的重組。巴格達連同它的門戶巴士拉以及整個波斯灣地區都在走向衰落。在地中海沿岸，倒賣東方貨物給歐洲的義大利商人曾受到十字軍國家的接待，但這些港口此時逐個消失了，到一二九一年時已無處可尋。波斯灣地區的商業不可避免地受到波及。這絕非小事一樁。因為這條通往印度的線路曾經是阿拉伯商業霸權的偉大時期裡西方穆斯林世界與「天竺」（Hind，印度）和「秦」（Sin，中國）之間最為重要的紐帶。這條線路就是所謂的辛巴達之路。

通往東方的波斯灣線路

伊斯蘭教興起於七世紀初，到八世紀末時已擴張成為一個廣袤的帝國，從而創造了連後來的蒙古人西征時都比無法比擬的統一局面[11]。伊斯蘭帝國促進了陸上商旅貿易的繁榮，第五章已對這種貿易有所描述。然而，海上貿易通道的擴張最有力地表明瞭底格里斯河和幼發拉底河孕育的美索不達米亞文明與尼羅河孕育的埃及文明這兩大古老的河域文明的統一。

在兩大文明統一之前，五至六世紀是薩珊政權的鼎盛時期，當時波斯人控制了與東方的所有海上貿易，這些貿易也都經過「他們的」海灣。隨著羅馬帝國的衰落，不太適合通航的紅海上的貿易活動逐漸衰減（Toussaint, 1966:45）。然而，這種狀況將在伊斯蘭世界稱霸初期發生改變。

伊斯蘭教興起於阿拉伯半島，然後分別經波斯灣和紅海向東、西兩個方向擴張。只要伊斯蘭帝國的中心依然位於阿拉伯半島上，這兩條水路就發揮著同樣重要的作用。埃及人、波斯人與阿拉伯人以新的方式整合到伊斯蘭的共同統治和思想體系之下；波斯灣和紅海兩條線路不再互為對手（Hourani, 1951:52），而是像在亞歷山大時代那樣成為同一片海域（厄里特里亞海*）的左膀右臂（Toussaint, 1966:48）[12]。

然而，阿拉伯半島上並未出現王朝統治。王朝統治先是出現在伍麥亞王朝的首都大馬士革，阿巴斯王朝勝利後又遷至巴格達。這些遷徙對貿易線路產生了引力，商路逐漸集中到波斯灣一線，紅海成為幹線的輔助路線。

在波斯與阿拉伯世界統一之前，波斯水手已經控制了波斯灣與東方、甚至中國的遠端貿易（Hourani, 1951:47）。此時，阿拉伯人同樣積極地參與其中。霍拉尼的研究（1951:61）表明了這一點：

> 阿拉伯人繼承了這個貿易傳統，他們排除萬難，推動了貿易的繁榮。從波斯灣到廣州的海路是十六世紀歐洲擴張之前人類經常使用的最長線路……在這個歷史時段〔七—九世紀〕，海路兩端大帝國的同時存在使波斯灣和中國之間的海上貿易成為可能。從西班牙到信德（al-Sind）的整個穆斯林世界由伍麥亞王朝哈里發（660-749）統一起來，其後就是阿巴斯王朝的一個世紀有餘的統治（750-870）……在另一端的中國，唐朝（618-907）控制著一個統一的帝國，直到這條海路的中斷……

有了這些合適的條件，即使是波斯人從一開始就一直控制著貿易，貿易的興旺也是自然而然的事情。中文文獻最早於六七一年提到了波斯人的船隻，七一七、七二〇、七二七和七四八年的資料又數次提到它們，他們與印度人和馬來亞人一道被視為停靠在廣州的商船的主人（Hourani, 1951:62）。

中文資料第一次對阿拉伯人的特別關注是關於七五八年大食人（Ta-shih，阿拉伯人）和波斯人（Po-

* 厄里特里亞海（the Erythrean Sea），印度洋的古稱，最早見於希羅多德所著《歷史》。—譯者

sse）聯合襲擊廣州的行動。這表明一個不容忽視的阿拉伯人定居點剛剛在遠東建立起來（Hourani, 1951:63; Toussaint, 1966:51）。這個事實顯然與七五〇年阿巴斯王朝定都巴格達有關，它顯然促使更多的船隻駛往東方。受到襲擊後，中國人關閉了廣州港的「外國貿易」（Toussaint, 1966:51），但實踐證明這僅僅是個暫時的中斷。阿拉伯人和中國人的關係繼續擴展，雖然時有衝突。七九二年，廣州重新開放；從此，穆斯林船隻和商人不斷出沒於此。

在巴格達成為伊斯蘭帝國首都百年後，一份引人注目的文獻詳細敘述了從波斯灣啟航的阿拉伯水手和波斯水手，已達到對阿拉伯海、印度洋，甚至南中國海「熟門熟路」的程度。一位叫蘇萊曼的商人[13]於八五一年對他的行程和所經港口進行了描述（阿布・扎伊德・阿西拉弗〔Abu-Zayd al-Sirafi〕在一個世紀後對他的記敘作了最後的潤色），這些描述明確表明那時波斯灣到中國的貿易路線已經相當暢通，阿拉伯商人對這條商道十分感興趣。這條貿易線路經由印度的馬拉巴爾海岸、錫蘭和尼科巴群島（Nicobar），馬來半島上的卡拉赫（Kalah），麻六甲海峽，通過柬埔寨和越南前往廣州。可以確定的在麥斯歐迪*去往印度的途中在巴士拉遇到阿布・扎伊德時，兩人好像有過討論，因為他們提到許多相同的事實（Shboul, 1979:53-55）。第三部份將詳細探討這些文本。在此，我們只想說明它們的存在表明中國和阿拉伯世界的貿易早在九世紀中葉以前就已經頗具規模了。

儘管圖森特（Auguste Toussaint, 966:51）認為八七八年發生在廣州的「駭人聽聞的屠殺阿拉伯人事件」摧毀了中國港口的「穆斯林定居點」，之後「阿拉伯商人僅在馬來半島的卡拉赫與華人貿易」，但事實並非完全如此。屠殺事件僅僅表明了中國起自八七五年的動盪局勢[14]。一旦社會秩序恢復，海上貿易就會重新開啟。

宋朝建立之後，波斯灣和中國沿海之間的直接海路得以恢復。來自中國的兩份主要文獻清楚地表明瞭西亞船隻在那時定期出入中國港口的情況。我們擁有一份十三世紀初的文獻，它由中國官員趙汝括〔舶提舉〕寫成。趙汝括負責迎接並管理進入中國「通商口岸」的外國船隻，包括大食（來自美索不達米亞的阿拉伯人）商船。另一份資料基於十三世紀晚期的一位有著阿拉伯血統的中國官員的傳記，他叫蒲壽庚，在宋末元初之際負責管理駐留福建的外國商人（詳見第十章）[15]。

由美索不達米亞和波斯駛往中國的商船從波斯灣啟航，然後沿信德（今巴基斯坦）和天竺（今印度）的西海岸航行，它們頻繁停靠沿線港口，很少遠離陸地。季風給它們提供了穿越遠海從阿曼的馬斯喀特到印度的可能，但那時的船隻很小（關於二十世紀的帆船及其初期原型，參見Bowen, 1949—1951），航海技術還很落後。十世紀時，阿拉伯人只知道通過北極星定位，波斯人在他們之前就在使用這個方法了。然而，最遲到十三世紀時，阿拉伯航海家用指南針彌補了星盤的不足，而這時中國人已經使用指南針長達一個世紀之久了（Teixeira da Mota, 1964:51-60）。

在印度次大陸西南角附近的馬拉巴爾海岸，往往是在奎隆港，這些商船經常會遇到由紅海輔線來到這裡的阿拉伯水手。這些水手從埃及的古勒祖姆（Qulzum）或阿拉伯半島上的吉達港啟程，在亞丁和哈德拉毛（Hadramaut）稍作停歇，而後穿越公海到達馬拉巴爾。兩條線路在此匯合，繞過印度次大陸最南端的錫蘭，或在此稍作停留，然後可能繼續沿印度東海岸上行到現在的馬德拉斯。船隻從印度的柯洛曼德爾海岸駛向麻六甲海峽，它們要麼在那裡與中國商人進行貿易（在中國對外國人關閉港口期間），要麼繼續上行到廣州或刺桐（泉州）等通商口岸，有時也會繼續遠行到北邊的杭州港。然而，不論什麼情況，通過波斯灣的貿易都不得不穿越荷姆茲海峽那條狹窄的水路進入阿拉伯海。（見圖九）

* 麥斯歐迪（Abu Hasan Al-Masudi，九世紀末到九五七年），阿拉伯歷史學家、地理學家和旅行家。—譯者

保衛荷姆茲海峽

波斯灣入口附近的諸多彈丸小國利用它們的戰略位置，或控制部份轉口貿易，或直接向想要過境的商船徵收通行費。有些港口，比如阿曼東海岸的蘇哈爾和西海岸的西拉夫都依靠自己的力量成為貿易中心。來自巴格達巴士拉、中國和印度以及經亞丁來自紅海地區的商人們可以在此與來自四面八方的商人交易貨物。這些轉口港類似於陸路商道兩旁重要的商旅驛站。其他一些港口城市，如荷姆茲等都位於帝國領土上，它們的優勢地位不僅源於其天然位置，還源於它們的政治優越性，以及它們對帝國的影響力。最後，不客氣地講，像基什島（Qais or Kish）這樣的地方可能純粹就是海盜窩，他們的船隻從這裡出航，前去搶劫滿載貨物的商船。

儘管總的說來，這些小地方並不能增加他們所守衛的門戶的總貿易量，因為總貿易量主要取決於遠方中心區的供需。但它們有時會或多或少地妨礙在正常情況下途經這裡的遠端貿易，通過提高保護費減少整體貿易，或使得貿易線路發生偏移。如同第五章討論的中亞陸路一樣，當有單獨一個統一政權能保證海路貨物免遭小型索貢者和獨立劫掠者的干擾時，運輸風險和保護費用就會下降；反之，當帝國政權瓦解時，上述成本都會增加。

九至十世紀時，阿巴斯政權非常強大。巴格達的貿易的增長與波斯灣北端的巴士拉和海峽附近的轉口港的繁榮之間似乎存在著某種協同關係。阿曼，尤其是位於阿拉伯半島邊緣的蘇哈爾港口是主要的受益者。穆卡達西（Ranking and Azootrans.:49-50）在十世紀晚期的記載中將阿曼列舉為穆斯林世界最適合積聚商業財富的三個地方之一（其他兩地是亞丁和福斯塔特），並將蘇哈爾和亞丁稱為「通往秦（as-Sin，中國）的門廊」。穆卡達西熱情洋溢地指出（Ranking and Azootrans.:142）

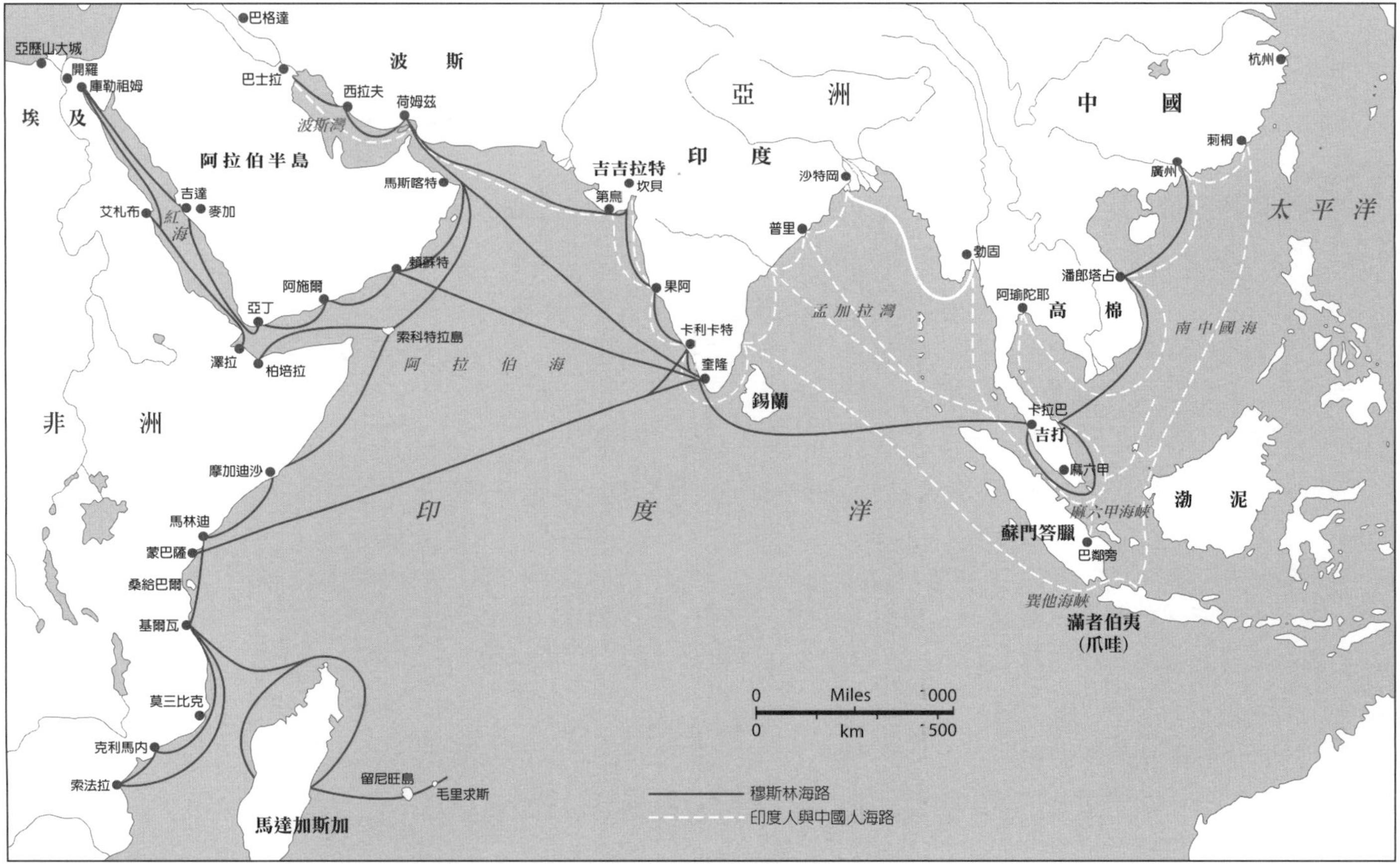

圖9　由中東去往印度及更遠處的海路（源於Chaudhuri）

> 蘇哈爾是烏曼的首都。目前中國海上還沒有一個比它更重要的城市。蘇哈爾繁榮興旺，人口密集……有很多商人……〔它〕是通往中國的門户，是東方和伊拉克的商業中心……波斯人是蘇哈爾的主人。

從穆卡達西所列舉的出口商品（Ranking & Azoo trans.:148）顯然可以得知蘇哈爾是非常重要的交易轉口港，這些商品包括藥物、香水（甚至麝香）、藏紅花、柚木、象牙、珍珠、黑瑪瑙、紅寶石、黑檀木、糖、蘆薈、鐵、鉛、藤條、陶器、檀香木、玻璃和胡椒。除了珍珠以外，這些商品可能都來自遠端貿易線路周邊。

儘管穆卡達西很少提及波斯灣靠近波斯一邊的轉口港西拉夫（Siraf），但它似乎也很繁榮。我們還記得，商人蘇萊曼於八五一年開始記載的航行記錄在一個世紀後由一位叫西拉弗的人殺青（名字源於西拉夫這座城市）。十世紀的地理學家伊本・豪卡爾（Ibn Hawqal）筆下的西拉夫是波斯灣的重要港口城市，儘管那時這裡的很多商人已經轉移到蘇哈爾。正如我們將要看到的那樣，有證據表明，即使進入所謂的衰落期後，十二世紀時與中國進行貿易的富商仍有很多來自西拉夫（Aubin, 1959:281-99; Heyd, 1885:165）。

由於缺乏十一至十四世紀阿拉伯人的航海指南手稿，因此像讓・索瓦熱（Jean Sauvaget, 1940:11-20）這麼偉大的中東史學家認為這一時期波斯灣和印度洋之間的海運時斷時續，不再那麼重要時，我們會感到非常困惑（Aubin, 1964:166）。同樣令人困惑的解釋是，這條線路非常有名，早期的航海指南也非常完美，所以根本不需要編撰新的航海指南[16]。正如鄂法蘭（Frangols Aubin）在評論索瓦熱的觀點時所指出那樣，有關紅海的航海指南的缺乏絕不意味著貿易的中斷（1964:165-171）。鄂法蘭認為，大量證據表明，十一至十四世紀這段時期，儘管阿拉伯水手不再掌控貿易，但波斯灣地區的貿易依然非常繁盛。

巴格達從十一世紀開始喪失其優勢地位，這表明整體的貿易活動可能從波斯灣向紅海方向轉移。儘管如此，波斯灣和中國之間的商業活動仍然繼續帶給商人們大量財富。十二世紀時對伊本・豪卡爾的地理學進行注解的無名氏對西拉夫鉅賈的下列描述表明了這一點（Stern, 1967:10）：

> 據說，有一位商人，身體不適，便立下遺囑。他所持有的現金，佔他財產的三分之一，約有一百萬〔金〕第納爾；這不包括他借給別人以康孟達合同方式從事貿易的錢財。另外，還有一位叫拉米什特（Ramisht）的商人……〔他的兒子〕告訴我他所使用的銀器價值……一千兩百曼斯（manns）。拉米什特有四個僕人，據說每個僕人都比他的兒子富有……我遇到了……拉什米特的書記員，他告訴我說，二十年前當他從中國回來時，他的貨物價值五十萬第納爾；如果他的書記員都如此富有，他本人的富裕程度可想而知！

雖然這個傳聞有所誇張，但很難據此認定中國貿易已經萎縮，或者波斯灣沿岸的轉口港已經廢棄。然而，對於那些獨立地散佈在這一帶的領地而言，巴格達的衰落似乎確實為他們的進取心提供了爭奪由波斯灣經過的貿易或戰利品的機會。

其中的一個競爭者就是基什島，島上的水手利用這裡的重要位置攔截或打劫通過此地的商船。十一世紀末時，基什島海盜恣意而為，影響了西拉夫港的正常運轉（Idrisi as cited in Heyd, 1885:164, 378; Aubin, 1959;1964:164）。十二世紀初時，這些劫掠者已臭名昭著。[17]那時，他們似乎打敗了所有的競爭對手，成為「印度和中國貿易的主要港口」（Stern, 1967:14）。不過，儘管基什島居於支配地位，但一直到十三世紀時，波斯灣靠近阿拉伯半島一側的港口仍然繼續接納商船（Heyd, 1885:164-165）。

十三世紀下半期，蒙古人征服了波斯和伊拉克，加速了當地局勢的變化。已經衰落的巴格達不再是名義上的首都，巴士拉也因為不再是主要的目的地而失去了作為通往巴格達以及地中海地區的主要門戶的重要地位。荷姆茲和基什島這兩個轉口港成為新的實力調整的最大受益者。到一二九一年，當馬可波羅穿越中部路線時，歐洲人通過陸上主要通道，到達伊兒汗國的首都大不里士，然後下行到波斯灣沿岸的帝國港口——荷姆茲[18]。另一個轉口港是基什島，它對穆斯林商人尤為重要。在蒙古統治時期，基什島擁有一支大艦隊，成為亞洲貿易的主要轉口港（Aubin, 1964:14; Heyd, 1885:165）。

然而，在接下來的幾個世紀裡，荷姆茲依然在波斯灣與亞洲貿易中發揮著最為重要的作用，甚至在伊兒汗們皈依了伊斯蘭教之後也是如此。它還是十五世紀初，在明朝政府突然鎖國之前最後一支駛向波斯灣的中國艦隊，即鄭和艦隊的目的地，這也許並非毫無意義（參見第十章）。

中線的衰落（對誰而言？）

因此，儘管蒙古人對伊拉克和波斯的征服改變了波斯灣的港口分配模式——該模式在阿巴斯王朝末期日益增長的無政府狀態時期一直存在——但通往遠東的中部貿易線路的毀壞不應歸咎於蒙古人。在旭烈兀上臺之後，由於義大利商人進入伊兒汗國——儘管時間不長，所以阿拉伯世界與印度和中國的貿易不僅沒有中斷，而且還呈現出新面貌。甚至在合贊汗皈依了伊斯蘭教之後，義大利人仍然試圖繼續待在伊兒汗國，儘管對盡力避免與穆斯林進行直接交易的歐洲人來說，伊兒汗國已不再是個可行的選擇。

然而，合贊汗的皈依的確產生了一個重要的後果。在十四世紀早期，它使得「蒙古」的伊兒汗們與「埃及」的馬穆魯克之間暫時休戰[19]（那時，後者統治著敘利亞，包括敘利亞在地中海沿岸的平原地區）。兩個核心區之間的貿易重新開啟，義大利商人被迫出局。伊兒汗國不再像從前那樣需要和容忍他們；波斯人也不再給他們提供比經埃及和紅海一線更自由，更低廉的通往亞洲的貿易路線。儘管埃及和紅海地區都受穆斯林統治，但它們是波斯灣地區真正的競爭對手。雖然早期的伊斯蘭帝國統一了這兩大分區，使得這兩條通往遠東的線路成為同一貿易體系的一部份，但伊兒汗國和馬穆魯克之間的暫時休戰並未帶來類似結果。在十四世紀，波斯灣和紅海互為對手。

一旦基督教徒喪失了他們在敘利亞海岸的據點，中部路線對義大利商人也不再有吸引力。為了理解十三至十四世紀中線的重要性衰落的原因，我們有必要考察東面的波斯灣，但更有必要分析西面的地中海。如前所示，雖然波斯灣地區曾經受到暫時的干擾，並一度發展遲緩，但它與印度以及更遠處的貿易往來從未停止。如果歐洲人不再主要倚賴這條線路的話，那麼這不是因為這條線路不再運行，而是因為歐洲人在地中海沿海的幾塊零星的領地不再像從前那樣方便可用。我們已經討論了十字軍王國在一二九一年的消亡和義大利商人的撤離，他們要麼前往基什島和賽普勒斯等島嶼，要麼去往更北方的小亞美尼亞。這個轉移帶來兩大後果。

一方面，對那些轉移到小亞美尼亞或黑海港口的商人來說，北方的陸路變得更具吸引力。由於忽必烈及其繼任者統治時期整個區域的相對平靜和安全，這條更短的直達中國的線路變得更有競爭力，因為人們認為它相當短，僅需不到一年的旅行時間（如第五章援引的約翰・孟高維諾的信件所言）；而通過大不里士和波斯灣的海路則需要兩年的旅程。熱那亞人最喜歡這條線路。

而對那些轉移到地中海島嶼上的商人來說，其他線路更具吸引力。特別是威尼斯商人，掌控黑海門戶的熱那亞人不可能讓他們過多地倚重北方陸路，他們同時還喪失了建在敘利亞海岸的定居點，所以他們只得把注意力集中在佔據了通往印度的海路樞紐的馬穆魯克人身上。雖然威尼斯人可能更樂於選擇原來的貿易線路，經敘利亞到巴格達，或者通過大不里士到達波斯灣，然後去往印度洋，但他們已無力滿足自己的喜好。他們任憑埃及馬穆魯克政權的擺佈，因為後者現在已將沿海的敘利亞和巴勒斯坦設為它們的獨立省份。而馬穆魯克與合贊汗的關係也影響著威尼斯人的貿易線路，因為這一關係決定著敘利亞和波斯灣之間的轉口貿易的可行性以及數額。我們將在第七章討論威尼斯商人和馬穆魯克政權之間的關係，還將詳細考察伊斯蘭世界工商業的經營方式。但是，在此之前，我們必須思考一下從目前的案例中得到的經驗。

由巴格達和波斯灣地區得到的經驗

單純的地方因素和經濟因素顯然只能部份地解釋巴格達的衰落和波斯灣線路的中心地位的喪失。唯有考察更大區域，乃至世界體系的地緣政治制度的變化背景，我們才能全面理解上述衰落的真正原因。

波斯灣在霍拉尼（George Fadlo Hourani）所謂的人類最古老的水路上佔有戰略位置，這是一個具有長遠歷史意義的地理事實。這條適於航行的水路將印度次大陸與中東核心地區聯結起來，然後經由數條路況良好的陸路與地中海連接起來。其中的一條陸路與幼發拉底河的延伸部份平行，通向阿勒坡，然後通往沿海的安條克；另一條穿越一片狹窄的沙漠地帶，到達大馬士革和地中海更遠的地方。早在西元前第三個和第二個千年時，這條線路就連接了周邊的古文明（乃至帶動了它們的興起），它們包括波斯灣地帶的阿勒坡附近的埃卜拉（Elba）文明、下伊拉克的蘇美爾文明和巴林島上的迪爾蒙（Dilmun）文明，印度河流域（今巴基斯坦）的哈拉巴（Harappa）文明和摩亨佐達魯（Mohenjodaro）文明。如果說哪條路線的比較優勢曾被證明過，那麼它就是波斯灣路線。

如果地理位置本身是唯一因素或首要因素的話，人們自然會認為貿易路線會始終集中在那裡。貿易線路將大致不變，唯一的變數可能就是從一地流向另一地的貨物數量，以及貿易發生的範圍。就目前的個案而言，貿易區域有時限於美索不達米亞及其最鄰近的地區，有時則擴展到更遠的邊緣地帶，這因交通、需求與和平局勢的不同而定。

然而，如前所述，其他變數遠比單純的地理因素更加廣泛。地理位置的重要性意味著，即使在最糟糕的時期，波斯灣依然擁有利用價值，儘管利用率較低[20]。但是，單靠地理位置無法確保重要的轉口貿易在這條線路上的運行，也無法保持它的競爭優勢。決定這一切的是三個更重要的因素。

首先是波斯灣本身的「秩序」狀況，這一因素比較次要，因為它只會干擾貿易，而不能生成貿易。如果政局支離破碎，保護費用和風險就會增加，古今皆是如此。在這種情況下，一些目的地不在波斯灣地區的商人就會另尋他途。我們將在第七章看到，在環行非洲成功之前，經由埃及的貿易線路一直是唯一的可選線路。對中東核心地區本身而言，這條線路是唯一合理的選擇。儘管阿拉伯水手早在歐洲人之前就繞過了好望角，但這條環繞非洲的線路對他們而言沒有重大意義，因為他們擁有更簡短、更便捷的路線。

其次，波斯和伊拉克的統一締造了一個安全的轉口環境，通過增加地方生產和市場，刺激進口需求等，創造了繁榮的核心區域，促進了經由波斯灣的貿易。當這兩個地區處於共同的統治之下時，比如在伊斯蘭帝國初期，這裡不僅發生了影響深遠的農業革命（Watson, 1981:29-58），而且從思想文化到工業生產以及商貿活動等各個文明成分都蓬勃發展。相反，統一的崩潰則總會干擾貿易和文化的發展。

然而，正如蒙古征服時期所證明的那樣，統一也不是唯一的變數。雖然伊兒汗國統一了波斯和伊拉克，但這還不足夠。最後一個因素更為重要。這就是印度洋貿易通道兩端的經濟態勢的健康發展。歸根結底，它直接決定著貿易額的大小，無論這些貿易是經過波斯灣還是其他線路。當阿拉伯世界和中國都興旺發達時，比如九至十世紀，貿易也會欣欣向榮。當歐洲在十二世紀參與其中時，這個體系增添了另外一股動力。相反，一旦兩端的勢態出現變故，比如十四世紀三〇—六〇年代，線路兩端的聯繫也不可避免地減弱。在十四—十五世紀爭奪日漸衰退的貿易額的鬥爭中，波斯灣（處於合贊汗的統治）和紅海（處於馬穆魯克的統治）兩條路線再次互為對手，而非同一片海域的左膀右臂。在這場競爭中，埃及明顯成為贏家。

第七章　奴隸蘇丹政權時期開羅的貿易壟斷

蒙古人對伊拉克和波斯的佔領，打破了由美索不達米亞文明與尼羅河文明的大聚合所創造的伊斯蘭黃金時代。甚至在蒙古伊兒汗皈依了伊斯蘭教之後，他們與統治著敘利亞和埃及的馬穆魯克政權之間的敵意也只在十四世紀前期稍有緩和。這個間歇可能在某種程度上緣於一個事實，即在蘇丹納西爾・穆罕默德（一二九四至一三四〇年，其間有兩次暫時中斷）在位期間，擁有五十萬人口的開羅達到鼎盛（Abu-Lughod, 1971:32-36）。開羅是當時世界上最大的城市之一，只有中國的杭州，或許還有刺桐（泉州）能勝其一籌。

埃及的強大源於諸多因素。第一，埃及趕走了十字軍，控制了包括埃及和敘利亞諸省在內的廣大地域。一二四九至一二五〇年，聖路易入侵失敗[1]，十字軍對埃及的最後威脅消除了。路易九世成為馬穆魯克防衛策略的犧牲品，歐洲軍隊感染的痢疾對十字軍造成重大影響。一二九一年，阿克里陷落，十字軍喪失了敘利亞。第二，隨著波斯灣的衰落，埃及其實絕對地控制了通向印度和中國的海路。在十四世紀下半期，當北方陸路崩潰後，埃及鞏固了其壟斷地位。第三，埃及擁有強大的政府，雖然窮兵黷武，但它至少在被取代之前增強了從事遠端貿易的商人的力量。

然而，馬穆魯克政權需要人力維護他們的體制。所以，他們除了與歐洲人打交道之外，沒有其他選擇。而現在的歐洲人已漸漸喪失了其他貿易路線，他們急切地來到埃及的門口。馬穆魯克制度對軍事人力的需求永無止境，以保護自己免遭歐洲人和蒙古人的雙方威脅。然而，特有的軍事封建主義制度意味著它無法從敘利亞和埃及本地的穆斯林中徵兵。只有非穆斯林，特別是不信教的人可以為軍隊和政府所用。一旦馬穆魯克皈依了伊斯蘭教，並且為主人的服務級別有所上升，他就能獲釋，但他仍要遠離本土人口。馬穆魯克和切爾克斯人（Circassian）女性的後代可以繼承前者的地位（尤其是當他們是在位蘇丹的兒子們的時候）。而awlad al-nas（字面意思是「人們的孩子」），即馬穆魯克父親和本地母親的孩子在理論上則被排除在馬穆魯克統治集團之外，儘管這個慣例在實踐中有所變通（Haarmon, 1984）。正是這個「特殊」的制度使得奴隸貿易對埃及統治者具有至關重要的作用，並使得埃及與熱那亞達成了奇特的共生關係。

誠如埃倫克魯茲（Ehrenkreutz）所言，在十三世紀下半期，「〔熱那亞〕的經濟利益……和馬穆魯克的社會政治利益適時地結合起來」（Ehrenkreutz, 1981:335）。十三世紀早期，阿尤布蘇丹從「經由穿越美索不達米亞和小亞細亞的傳統路線……從中亞和高加索源源不斷地來到埃及的奴隸」中徵募新兵（Ehrenkreutz, 1981:336）。然而，一二四三年以後，蒙古人控制了高加索和敘利亞之間的陸路，伊兒汗國「統治了波斯、伊拉克、高加索和東安那托利亞，蒙古人足以阻斷馬穆魯克領土和東北方奴隸市場之間的主要陸路」。旭烈兀統治時期，「蒙古人和馬穆魯克關係破裂，奴隸貿易商隊從會合於埃及和敘利亞的東方貿易線路上消失了」（Ehrenkreutz, 1981:337）。之後，馬穆魯克被迫另尋他途，以規避伊兒汗國的禁運。

一二六一年，威尼斯人控制的君士坦丁堡的拉丁王國崩潰，熱那亞人恢復了他們在那座城市以及周邊黑海地區的貿易權利，並最終為馬穆魯克提供了出路（Ehrenkreutz, 1981:340-341; as well as Chapter 4 above）。一旦控制了局勢，熱那亞人在旭烈兀的對手——別兒哥的金帳汗國的援助下，建立起經由博斯普魯斯海峽和地中海的連接克里米亞（奴隸的來源地）和埃及的海路。這條海路上運輸的主要「商品」就是男性奴隸[2]。

熱那亞非常樂於合作，因為「往埃及運送奴隸……是熱那亞商人的重要手段，他們可以借此……〔提升〕歐洲人在黎凡特的商業霸權……熱那亞……〔成為〕馬穆魯克軍隊所需的切爾克斯奴隸的最重要的供應者」（Ehrenkreutz, 1981:341）。只是到十四世紀時，由於他們已無力控制政治發展情況，他們討價還價的能力才有所削減。

擊敗了十字軍就消除了一項昂貴的軍事支出……更加重要的是，在伊兒汗國皈依了伊斯蘭教以及蒙古人在波斯的統治迅速衰落之後，馬穆魯克蘇丹消除了遭到毀滅的恐懼感……此外，美索不達米亞和敘利亞之間的傳統陸路的再次開放，使得當地的中東商人恢復了利潤豐厚的奴隸貿易（Ehrenkreutz, 1981:342）。

因此，到十三世紀末時，對馬穆魯克來說，熱那亞人不再是不可或缺了。第四章結尾部份提到，把賭注下在南部海路上的威尼斯人，雖然無法向埃及人提供奴隸，但卻能夠以歐洲人對東方的香料和絲綢，以及埃及和敘利亞棉麻織品的需求為誘餌。在法蒂瑪王朝和阿尤布王朝時期，威尼斯人和來自義大利其他貿易城市（熱那亞、比薩、阿馬爾菲）的同胞們共享埃及市場；而在馬穆魯克政權時期，威尼斯人日益強化了其地位，逐漸取代了東方貿易中的其他競爭對手。在直接控制埃及的時期，馬穆魯克奴隸政權更加積極地規範與外國商人的關係，威尼斯人迅速利用了國家控制所提供的優惠條件。

在十三至十四世紀，威尼斯人和馬穆魯克政權都在努力建立貿易壟斷。這些壟斷對雙方都產生了重要後果。威尼斯人能夠排除義大利的競爭城市的商人，或至少使他們處於從屬地位。馬穆魯克的埃及政府則能夠通過限制肆無忌憚的喀里米商人（批發商）與外國人的交易，並最終壟斷高利潤商品市場，來控制他們。

十四世紀中葉爆發的黑死病後果嚴重，它描繪出了至少是其後一百五十年的大結局。如果說威尼斯和埃及不是那場混亂的贏家，它們至少屬於最幸運的存活者。正如第四章所述，威尼斯從驚人的人口損失中恢復過來，而人口死亡率相對低的熱那亞卻沒有復蘇。義大利史學家曾經從兩個城市的內政或者「企業精神」方面作出了解釋，如今我們可以從世界體系的角度重新解讀。

通往亞洲的南部線路的持續運行拯救了埃及，威尼斯也因此倖存下來。一三四六年時，威尼斯船隊已定期往返於亞歷山大港（Ashtor, 1974, reprinted 1978:17）。儘管受到黑死病及其週期性復發的干擾，但兩地間的交流並未中斷。威尼斯和埃及在十五世紀時的聯繫都是十三世紀世界體系的產物（雖然奧斯曼帝國在十五世紀晚期至十六世紀早期重塑了該區域的亞體系）。在詳細論述威尼斯與馬穆魯克埃及和敘利亞之間的關係之前，我們有必要考察一下穆斯林商業世界為義大利人創造的條件。

伊斯蘭教和商業

歐洲人的大多著作都認為，中世紀的義大利海上國家「積極地」在「消極的」伊斯蘭社會中經營貿易。義大利人向一個競爭力有限的區域引進了巨大的革新性的運輸和貿易機制。然而，這種論點體現了第一章提及的一些錯誤的推理方法，即由結果向前推論，且無法剔除評述的立場。儘管「西方」確實最終「勝出」，但這並不意味著它的勝出源於西方更為先進的資本主義理論或實踐。在這些方面，伊斯蘭社會並不需要老師。

有人認為由於伊斯蘭教禁放高利貸，所以不利於資本主義的發展。這是無可爭辯的事實。基督教也禁止高利貸，而且往往「淡漠金錢」。與其不同的是，伊斯蘭教自始就承認商業活動的存在，並參與商業事務（Rodinson, 1974; Goitein, 1964a, 1964b, 1966a, 1967 inter alia; And Udovitch, 1970a）。直接由上帝支配的宗教文獻竟然涉及商業協定的內容（比如《古蘭經》的第二章，第二八二—二八三條經文），對此我們可能會覺得不可思議。但我們必須謹記，麥加本來就是重要的商旅中心，穆罕默德本人在接受神啟之前也是一位商人。

這個地區的商業活動在伊斯蘭教產生之前就早已存在，並繼續維持著日漸擴張的穆斯林帝國的繁榮。帝國中使用的許多經商方法在《古蘭經》把它們編纂起來並確定為經商之道前，就已成定規。在伊斯蘭教形成之前，蘇美爾人就創造了其中的許多方法，薩珊人也在使用「銀行」、「支票」和「匯票」（Toussaint, 1966:46-47）。如果不是在伊斯蘭教形成之前，那麼在伊斯蘭時代裡，簽訂「康孟達」合同已肯定是商旅貿易中的傳統做法了（Lopez, 1970:345）。

伊斯蘭教採納了這些商業機制，並對商人以及他們對社會的貢獻增加了較高的道德評定。戈伊泰因（1964b:104）認為，伊斯蘭教對待商業的態度特別有利於商業的發展。

> 誠實商人的收入在穆斯林宗教文獻中被視為典型的清真（Halal），因為它屬於宗教允許範圍內的盈利。另外，商人尤其有實力履行所有義不容辭的義務〔禱告、修習宗教經典〕。與那些低收入的從事體力勞動的教友相比，旅行中的商人……〔能夠更容易地〕去麥加朝覲〔更方便地參拜聖徒、施捨、齋戒〕。

阿巴斯王朝於七五〇年獲得政權後，隨著富有商人（他們為推翻伍麥亞王朝的「資產階級革命」提供了財力支持）開始「利用」國家為自己謀利，資本主義蓬勃發展起來（Goitein, 1964b:101-103）。戈伊泰因認為，「如同現代資本主義在歐洲的興起伴隨著宗教關於賺錢的新態度的出現那樣，八—九世紀穆斯林帝國的資產階級革命也有著強大的宗教基礎」（Goitein, 1964b:105）。然而，這一論點很難找到論據。

在歐洲，大量的公證合同被保存下來，它們清楚地表明瞭經商過程（以及薩波里所警告的那種情況，參見第四章）；而中東則沒有留存下相關資料。摩爾根（Morgan, 1982:introduction）哀歎有關交易物數量及價格的檔案資料幾乎全無蹤跡。阿多維奇（Udovitch, 1970a）也指出了由於缺乏書面合同而無法對中世紀伊斯蘭世界在合夥和利潤等方面的具體操作進行再現[3]。

由於文獻資料的缺乏，我們無法研究貿易額的問題（Udovitch, 1970a:3）。鑒於相關合同的缺失[4]，我們只能研究那些描述了貿易機制（舒拉*或法定範例），或闡釋了其運行準則（希葉勒†）的法律文件。阿多維奇使用的就是這種方法，他在其著作中論述伊斯蘭時代早期的合夥制度和康孟達，以確定伊斯蘭教對商業活動的抑制是否是伊斯蘭世界在中世紀喪失商業霸權的原因（Udovitch, 1970a:4）。

然而，法律書籍並非完美的資料來源。就像義大利人規避教會禁止高利貸的命令一樣，伊斯蘭教的法律也不能全部付諸實踐。不過法律文獻仍然不失為一個研究起點。阿多維奇（1970a:8）認為，即便合夥關係在巴比倫時代就出現了，康孟達卻是「阿拉伯人的原創」。在中世紀的伊斯蘭世界，合夥關係和康孟達合同相當普遍，因為八—九世紀的大量伊拉克文獻都將二者系統地編纂起來（Udovitch, 1970a:14）。

合夥關係

法律承認兩種合夥關係：沙瑞科特米爾克（sharikat al-milk，所有權的夥伴關係）和沙瑞科特阿科德（sharikat al-ʻaqd，合同夥伴關係或商業合夥關係）[5]。前者是簡單的共同所有關係，不一定帶有商業目的。相比之下，後者強調「共同投資，共用盈利，共擔風險」，屬商業組織的主導形式，也是法律論著中討論最多的主題（Udovitch, 1970a:19）。伊斯蘭沙斐儀學派（Shafiʻi）的教法不贊成穆法瓦達（mufawada，無限投資夥伴關係），而哈乃斐學派（Hanafi）的教法雖然允許穆法瓦達，但更傾向於伊南（'inan，有限投資夥伴關係）。在後一種關係中，合夥人只有一定比例的資本是共同基金（Udovitch, 1970a:40-43）。

合作關係的獨有特點是除了資金合作（Udovitch, 1970a:55）外，或許還有貨物合作（可疑的，Udovitch, 1970a:61），另外，合夥人還可以「投資」勞動，至少在哈乃斐學派的教法中如此。「在康孟達中，一方出資，而另一方出力。而工作夥伴關係下的資本主要包括合夥人雙方的勞動。人們眼中的勞動通常指某種製作手藝，比如裁剪、染色、織編……等特定的概念……〔現在成為〕以他們的勞力結成的合夥關係……是存在於身體上的……手藝上的……勞動裡的合夥關係」（Udovitch, 1970a:65）[6]。

勞動合夥關係提供了「外包制」之外的另一種選擇，後者導致了歐洲的無產階級化。「中世紀產業裡的勞動分工通常是這樣一種情況，生產者未必擁有其工作所需的原材料，或者他們與成品銷售毫無關係」（Udovitch, 1970a:6），而合夥關係就有可能將資本家、生產者和批發商置於更加平等的地位上。此外，店主和製造商店所需產品的熟練工匠也可能達成夥伴關係，利潤部份可以用作租金（Udovitch, 1970a:71-74）。

此外也還有可能組成「信貸」夥伴關係。至少到八世紀時，這些都是穆斯林世界的工商業的重要融資方式。阿多維奇確信（1970a:78, 80）「早期的伊斯蘭世界已經存有廣泛使用商業信貸所需的法律手段」，「商業實踐中存有大量賒欠，並廣為接受」。沒有賒欠制度的存在，遠端貿易就根本不可能實現。賒帳銷售能夠獲得比較高的利潤，而且賒帳制度的熟練運用能使商人規避伊斯蘭教反對高利貸的禁令。此種賒欠可能被一再轉讓，甚至存有經營賒帳買賣的合夥關係（Udovitch, 1970a:81）。阿多維奇明確指出：「就中世紀的近東

* 舒拉（shurut），指伊斯蘭教規定的合同範例。——譯者

† 希葉勒（hiyal），指法學家為避免使用某些嚴苛的法律規定而設計的法律技巧。——譯者

而言，任何認為賒欠只用於消費，而沒有用於生產的主張都是相當錯誤的」（Udovitch, 1970a:86）。

合同

儘管商業契約並不要求達成書面文件，而是更推崇簽約人的口頭證言，但還是有許多生意合同得以記錄下來。其間確實有些相當於公證人的官員（Tyan, 1960）和大量舒拉文書（Udovitch, 1970a:88 seq），這些舒拉文書提供了合同範本（在某種程度上就像我們購買租賃表格，而不是自己製作它們）。雖然每個合夥人都有一份書面合同文本，但真正的合夥關係開始於籌資實際開始之時，而非合同簽訂之日（Udovitch, 1970a:96）。

康孟達

除合夥關係外，伊斯蘭法還制約康孟達，如第四章所示，康孟達成為義大利人遠端貿易的重要機制。在常見的康孟達協議中，一方投入資金，另一方跟隨貨物前往國外。儘管類似於一方出資，一方出力的合夥關係（Udovitch, 1970a:67, 170），但康孟達在伊斯蘭法中得到區別對待，因為雖然外出的合夥人分享利潤並代表國內的合夥人與協力廠商洽談生意，但他並不對正常的風險負責。伊斯蘭教產生之前的阿拉伯人商旅貿易中已在使用類似康孟達的做法，因為穆罕默德好像就曾經是赫蒂徹（khadija）的康孟達代理人（Udovitch, 1970a:171）。這個制度一直延續下來，並在回曆一世紀傳到伊斯蘭世界的其他地區，最終傳到歐洲[7]。

康孟達是典型的資本主義手段。通過這個手段，資本能夠投資於商業，或者像歐洲之外的地區那樣投資於工業生產（Udovitch, 1970a:85-186）。

> 一個人可以將其資本委託給代理人，條件是後者購買原料，並製成商品，在雙方分享利潤的基礎上出售這些商品……這樣的安排可以稱為……產業的或勞動的康孟達，其中的製造要素和生產要素與康孟達中更普遍的商業功能掛鉤。

早在八世紀時就出現了工業康孟達和合夥關係的事例。基尼薩文獻（主要涉及十一至十二世紀的福斯塔特[8]）提到了資本家和勞工之間的產業協議，這些勞工分佈於鑄幣廠的金礦砂篩選、編織、鉛加工、裁剪和刺繡、焙烤、玻璃吹制、釀酒、製藥、染色和生產紫色布料、絲綢製造、銀鍛造、製糖、製革、乳酪和乳製品加工等行業（Goitein, 1967:362-367）。勞動合同（即代理商的雇用）與合夥關係或康孟達之間的主要區別是，後兩者涉及合同雙方商定好的潛在利潤的分配。在後來的義大利人合同中，利潤分配的比例可能有所不同，但這必須事先聲明（Udovitch, 1970a:190-196）。

康孟達也是延續和轉讓信貸的一種靈活手段。至少在哈乃斐學派的教法中，人們甚至可以與獲得授權的代理人簽訂協定，將存放在協力廠商那裡的資本或者某個商人的債券用於投資康孟達（Udovitch, 1970a:187）。這種靈活性無疑促進了遠端貿易的進行。康孟達對出行合夥人的授權或者毫不限制他們的決策權（尤其是在涉及真正的遠端貿易時），或者有些嚴格的限定。但是，「即使在有限授權的康孟達合同中，代理人幾乎也可以自由地參與他所運作的商業活動」。唯一能限制代理人行動的合法性的因素是「商人的慣例」（Udovitch, 1970a:206）。儘管代理人必須對帳目進行詳細記錄，但他們並不對虧損負責（Udovitch, 1970a:237-240）。

瓦基勒（代理）

儘管受信賴的奴隸或年輕學徒（稱作「男孩」）可能為他們的主人的利益而「工作」，但與商業活動中頻繁出現的合夥關係和康孟達模式相比，僱用佣金代理商（瓦基勒，Wakil）的情況很少出現（Goitein, 1967:131-133）。然而，在異域他鄉代理商人（Wakil al-tujjar）卻發揮著非常重要的作用，他們是其家鄉商人的專職代表。據戈伊泰因(1967:186-192)研究，這種受人尊敬的高級職員發揮著三個方面的職能：他是同鄉們的法定代理人；他維持倉庫（dar al-wakil），為不在當地的商人儲存那些可能要他代為銷售的貨物；最後，或許是最重要的，他是受商人們信賴的

> 受託者，也是商人們的中立仲裁者……由於瓦基勒的倉庫是商人們中立的聚集地，因此還成為他們的交易所……倉庫裡有一位公證人，以便能立即簽訂正規的諸如合夥關係和康孟達之類的商業合同……〔瓦基勒的倉庫具有〕半官方的特點。

在港口城市，瓦基勒也可能充當港口負責人，關稅和其他稅款的包稅人，甚至成為通信地址。阿拉伯貿易中的瓦基勒與香檳集市上的外國商人組織，或者義大利商人在布魯日和安特衛普的領事機構非常相像。之所以有這些相似性，並非什麼宗教原因或「擴散」使然。相同的需求顯然會產生相同的解決辦法。貨幣和銀行業的情況也是如此，雖然這兩個不同的文化領域在這些方面有很多重大區別。

商人、信貸、貨幣和銀行業

通過仔細分析在基尼薩藏經洞發現的一萬項文物（其中的七千份可以稱作「文獻」）中的一小部份，戈伊泰因（1967:13）在想像中重構了十一至十二世紀以及更晚的時段裡福斯塔特及其他地方的資金和信貸的運行情況[9]。他認為，由於貨物發出後一般兩個月才能夠收到付款，因此生意，甚至零售生意多以信貸形式進行。「偶爾也會通過支付比商定價格更高的價錢來彌補長時間欠款造成的損失，以抵銷利息」（Goitein, 1967:197-199）。

然而，貨款最終還是要支付的。貨幣以重量為單位，由金和銀構成，貿易中流通著多種鑄幣——有些硬幣使用太久，重量低於標準；而少數新鑄造的硬幣則更加精準。為了避免反覆驗證金幣的「乏味耗時」的工作，「在使用貨幣時，通常將硬幣放在密封的硬幣袋裡，在外面標明其具體價值」。因為這些「袋子」是密封的，從一個人傳到另一個人的手中時也不打開，所以檢驗員的身份和可信賴程度變得至關重要。一些錢袋「蓋有合格的貨幣檢驗員和政府官員，或半官方交易所的印章。另一些……刻有商人個人的名字……一般說來，只有銀行家的帳單才顯示第納爾的真實價值，即它們的重量」（Goitein, 1967:231）。價值較小的銀幣不用錢袋密封。

有貨幣的地方就一定有貨幣兌換人。銀行家（與歐洲一樣，他們通常也是商人）[10]不僅核對總和證明貨幣成色，而且兌換本地貨幣和外國貨幣（Goitein, 1967:234-237）。戈伊泰因認為貨幣兌換商無處不在。在亞歷山大港和福斯塔特有專門的貨幣兌換市場。

阿拉伯世界的銀行家也接受存儲業務，以保證錢財的安全。但是，與歐洲同行不同的是，他們不能用這些儲蓄投資（Udovitch, 1979）。然而，有趣的是，他們也接受「期票」，也就是說他們貸款。當然，正如戈伊泰因所言（1967:245-247），「銀行家只給向他付款或儲蓄的商人提供期票……人們已經習慣了把一部份錢財交給銀行家保管」。但是，銀行家也簽訂信貸康孟達合同，預支資本，以便得到事先指定的利潤份額。儘管銀行家免費保存儲蓄，但兌換貨幣、貸款（經常以合夥關係或信貸康孟達合同作掩護，以逃避高利貸禁令）和發行匯票（suftaja's）卻是要收費的。

在把資金從一個人轉給另一個人，或從一地轉到另一地的時候，銀行家發揮了最為重要的促進作用。在這裡我們必須區別簡單的「支付匯票」（哈瓦拉，hawala）和遠方的「即期票據」（蘇福塔加，suftaja）。戈伊泰因對「支付匯票」的描述讓我們覺得它非常類似於現代支票[11]。左上角是需支付的數額（數字），左下角是日期和支付者的名字。「從法律上講，支票是法庭或公證處見證下的債務或責任的轉移……正常程式……是通過銀行家進行的」（Goitein, 1967:241-242）。

此外，儘管歐洲銀行家直到十四世紀才發明出完整的匯票，但其前身，即源於波斯的蘇福塔加已在中東貿易中得到普遍應用。

> 一般說來……〔蘇福塔加〕由著名的銀行家或商人代表簽發和草擬，這項服務需要付簽發費。蘇福塔加發行以後，任何支付上的耽擱都要被處以罰金……由於匯票的簽發要求馬上付款，因此甚至大銀行家都避免簽發大面額的蘇福塔加……蘇福塔加的使用相當普遍，特別是在埃及本土……以及開羅和巴格達等國際貿易中心（Goitein, 1967:243-245）。

帳戶

正如人們所猜想的那樣，少數基尼薩文獻表明銀行家對帳戶進行了詳細記錄。我們有一份文獻，其內容是一位銀行家的帳戶，時間大概是一〇七五年左右（Goitein, 1967:295）。它記載了寄存在這位銀行家那裡的蘇福塔加匯票的帳目，借貸資金結餘表，以及現金支付帳目，所有這些都是關於一位客戶的。另一文獻是關於十二世紀的一位大商人及作為其「合夥人」的銀行家之間的來往帳戶。它分成兩欄，儘管不是現代複式賬形式，但在每欄都添加了借貸專案，然後給出一個結算表（Goitein, 1967:299）。這似乎表明早在歐洲應用先進的銀行和會計制度之前的數個世紀，伊斯蘭世界就已在應用了。

由上可知，對於「資本主義」生產和交換的融資與管理而言，所有的法律和制度方面的必備條件早就存在於伊斯蘭世界了，很久之後，歐洲人才因使用了這些東西而獲益（Udovitch, 1970a:261）。所以，當獲悉穆斯林世界主導了高度發展的經濟時，我們並不感到驚奇。其實，在埃及轉口的不僅有義大利商人從遠東運來的香料、染料和芳香劑，而且還有埃及自己的農產品和工業品。因此，我們必須回溯到幾個世紀前，探尋那個時期經濟發展和運行的軌跡，因為經濟的繁榮使得開羅和在較小的程度上的亞歷山大港成為興旺發達的貿易和生產中心。

福斯塔特開羅[12]與生產過程和貿易過程

福斯塔特由半島上的阿拉伯人建於西元六四〇年，他們將伊斯蘭教帶到了埃及。這座新建的城市跟伊拉克的巴士拉和庫法一樣，最初都是軍事據點。然而，福斯塔特在尼羅河上的戰略位置——恰恰處在流向北方的支流與三角洲的交匯點的下方——使其理所當然地成為政治和經濟中心。在它正對面的孟菲斯就曾因此在法老時代主導了埃及。九世紀時，福斯塔特成為埃及至關重要的工業生產、貿易中心和主要的內陸港口。伴隨著郊區的持續擴張，它迅速發展成為伊斯蘭世界的一個大城市，雄心勃勃地對巴格達構成挑戰。埃及省日益增長的自治（還有混亂）反映了十世紀阿巴斯王朝（以巴格達為中心）的衰落，來自突尼斯的新的什葉派王朝——法蒂瑪王朝於九六九年的入侵最終使得這個過程塵埃落定。

征服者將軍喬哈爾（Jawhar）在距離福斯塔特不遠處為法蒂瑪王朝的哈里發設計了一座新的王室城市。這是一塊圍牆環繞的領地，稱作卡黑拉（Al-Qahirah，後來歐洲人稱為開羅）。在十—十一世紀，這塊領地不僅沒有減弱福斯塔特的經濟活動[13]，反而通過增加產品和進口物的需求推動了這裡的經濟的發展。穆卡達西（見第六章）在法蒂瑪王朝征服後不久對這座雙中心城市進行了如下描述（Ranking and Azoo trans.:322—324）：

一個不折不扣的大都市，因為它除了擁有所有政府部門外，還是〔法蒂瑪王朝〕的信士的長官，即〔哈里發〕本人的住所……它誠然是埃及的首都，它使巴格達相形見絀，成為伊斯蘭世界的驕傲和世界商業中心……它是所有首都中人口最多的城市……這裡的居民平和、富裕、善良、仁慈……米斯里〔福斯塔特〕的房子每套都有四五層高，像燈塔一樣……我聽說……每套住宅能容納兩百餘人。

穆卡達西把福斯塔特與亞丁和蘇哈爾並列為最適合經商發財的地方。這是因為

敘利亞和馬格里布〔北非〕的水果一年四季運到這裡，伊拉克和東方國家的旅行者，以及阿拉伯半島和羅姆國家〔拜占庭歐洲〕的船隻都來到這裡。它的商業興旺發達，貿易贏利豐厚，財富源源不斷（Ranking and Azoo trans.:327）。

儘管法蒂瑪王朝時期的貿易和工業興旺發達，但是國防事業並未發展。一一六八年，薩拉丁幫助福斯塔

特擊退了十字軍入侵者，並最終以阿尤布王朝取替了法蒂瑪王朝。為了阻止十字軍的行進，福斯塔特被故意燒毀，因此，王室居住地開羅這塊從前的禁區如今面向大眾開放了。此後，開羅和重建的福斯塔特共同發展，共同成為國家的經濟中心和政治中心。

法蒂瑪王朝最初擁有強大的海上力量[14]，當從突尼斯來到埃及時，他們也把海軍帶到了地中海東部地區（Goitein, 1967:34），並在開羅附近建造了一家造船兵工廠。法蒂瑪王朝的船隻在整個地中海上橫衝直撞，並駛入紅海和印度洋。正是在這個時期，「印度洋上的伊斯蘭世界中心從波斯灣轉到了紅海」（Toussaint, 1966:51），亞丁的地位開始凸顯。儘管義大利人逐漸削弱了法蒂瑪王朝艦隊在地中海的力量，但他們從未滲透到紅海貿易線路。古代的尼科（Necho）運河連接著紅海與地中海，這條線路得到定期修補，以防遭到此類侵襲[15]。法蒂瑪王朝謹慎地防護著他們的「後門」，在他們統治的數個世紀中擴展了與印度的貿易。

如同義大利的海上國家那樣，埃及政府和民間團體之間界線模糊。法蒂瑪政府放任其臣民的資本主義傾向，同等對待穆斯林和猶太人[16]。政府是大多數土地的最終所有者，並且由於壟斷了軍事力量，保護貿易船隻也成了它的責任。儘管那時國家還沒有像後來那樣監管商業，但「政府的確經常出面干預」（Goitein, 1967:267）。國家不僅是最大的客戶，而且人們「通常從政府機構或者通過政府機構購買」農產品，特別是亞麻。

商業和政府之間的聯繫在日益受到歐洲船隻威脅的地中海地區表現得特別明顯。戈伊泰因收集了十一世紀時穿梭於地中海上的一百五十艘阿拉伯船隻的詳細資料。他發現這些船隻的所有者幾乎都是個人（1967:309）。然而，出於軍事防禦的不斷需求，船主與政府間總會有這樣或那樣的關聯（1967:310）。不過，「最大的一夥船主是商人」（Goitein, 1967:311）。在印度貿易線路上，防衛需求並不十分迫切，商人通常主導一切。在那個時期，眾多的小船主和小商人都在爭相尋求市場和供應來源。然而，這個過程漸漸失衡，所謂的喀里米商人最終勝出。

喀里米商人

喀里米何許人也？他們交易何物？他們與國家和生產者有何關係？這些問題在不同時期有不同答案，我們可以把法蒂瑪王朝時期作為衡量日後發展狀況的基準點。

東方學者相當重視對喀里米商人的研究，他們試圖構建一個與這些人的奇異名字相符的某種奇異形象。但是我認為概念和名字表明了比較尋常的現象。喀里穆（karim）是「首要」的意思，在此用於區分大型批發商和眾多的小企業主，後者的經營數量較小，幾乎屬於終端銷售。這種分法非常類似於法國人對批發商和零售商的區別。

那麼，人們顯然會期望喀里米的出現及地位的日益上升會推動經營規模的擴大。阿什多指出，他能找到的最早的參考資料就是法蒂瑪時期的資料了，當時卡勒卡尚迪（Qalqashandi）提到了「喀里米船隊」。拉比卜（Labib, 1965:60）進一步闡述了這個問題。據卡勒卡尚迪研究，法蒂瑪人在紅海上維持了一支由五艘船組成的艦隊，保護商人免遭海盜劫掠。基什島的統治者和一位代表福斯塔特的埃米爾貴族（amir）共同監管這支艦隊。

阿尤布王朝時期延續了船運保護措施，之前運輸士兵到漢志（Hijaz）和葉門的船隻被轉移並部署到紅海上，它們在那裡的效率比法蒂瑪艦隊的效率更高。薩拉丁越來越支援喀里米商人，因為他通過徵稅從他們那裡獲得了豐厚的盈利。（馬格里齊〔Maqrizi〕述說，這些商人提前支付了四年的稅！）薩拉丁也急於把歐洲人從開羅和紅海驅逐出去。在阿尤布王朝統治時期的一一八二年，十字軍企圖滲透到紅海，喀里米商人面臨最嚴重的危機。薩拉丁在紅海的勝利使其下決心對喀里米商人進行支持。一一八三年，薩拉丁的侄子和在埃及任職的總督在福斯塔特建立了有名的喀里米豐杜克（funduk，商站）。接下來，商人們在亞歷山大港、古斯（Qus）和紅海地區又建立了數個豐杜克（Labib, 1965:61）。因此，雖然拉比卜聲稱，喀里米商人的名字首次出現於十一世紀，但是其實是在十二世紀，當歐洲人通過埃及的貿易路線獲得香料的需求上漲時，這些人才被系統提及。

不管人們對喀里米商人的起源的觀點如何不一致，但他們都一致認為到馬穆魯克的巴赫里王朝（Bahri）時期這些商人已變得非常重要，特別是在納西爾・穆罕默德蘇丹在位的十三世紀的最後十年和十四世紀的前幾十年中（Fischel, 1958: Ashtor, 1956; Goitein, 1958; Labib, 1970; Wiet, 1955）。到這個時期，印度洋上的香料貿易已經成為埃及經濟的中心支柱。正如阿什多所述（1956, reprinted 1978:52-53）：

> 在馬穆魯克的巴赫里王朝時期，喀里米商人顯然壟斷了葉門和埃及間的香料貿易……法蒂瑪時期與馬穆魯克時期的香料貿易有著重大區別。從前經營香料貿易的小業主逐漸被積聚了鉅資的喀里米商人所取代。這是馬穆魯克政府推行的經濟政策所致，稅收和壟斷制度壓制了小商人的發展。

拉比卜（1970:21）基本上贊同阿什多的看法，認為在早期的巴赫里馬穆魯克時期，喀里米商人財產的健康增長應歸功於他們的經營技巧；馬穆魯克時代早期從阿尤布時代繼承下來的自由企業制度也起到了推動作用。但是，拉比卜卻把阿什多所謂的馬穆魯克的壓抑性政策稱作「埃及政府施行的寶貴的保護主義政策，阿拉伯商人從中大受裨益」（Labib, 1970:209）。

然而，不論如何解釋，有一點是大家的共識：喀里米商人的重要性在十四世紀初期達到極致。據伊本・

哈賈爾（Ibn Hajar）研究，這時的埃及大約有兩百名喀里米商人（Labib, 1970:212）。加斯頓·維特（Gaston Wiet, 1955）通過對歷史和編年大事記的選擇和剪裁，編纂了一份從一一四九年到十五世紀在埃及工作的四十六名商人的名單，原始資料認為他們是「喀里米商人」。名單上一些人的傳記資料表明了他們的身份和所從事的活動。

所有這些人似乎都是穆斯林，儘管阿什多認為有些猶太人也被看作喀里米（1956, reprinted 1978:55）[17]。但是人們認為，他們中的很多人是喀里米的兒子或親戚。其中一些人佔據宗教要職〔少數幾個是卡迪（Qadis），一位是開羅的愛資哈爾（Al-Azhar）清真大學的副院長〕，或者在民事部門任職，至少還有兩位擔任開羅市場監督員這一非常重要的職務。少數幾位被稱作「開羅和大馬士革的喀里米長官」，這表明商人們可能組成了鬆散的「行會」[18]。

現有資料讓我們進一步瞭解了喀里米的活動。儘管香料並非唯一的貨物，但它的確是主要的貿易貨物，其地理分佈也很廣泛。據報導，有些，但並非全部的香料貿易商甚至遠行到了中國。還有人在印度，特別是馬拉巴爾海岸經營香料貿易；坎貝（Cambay）和卡利卡特（Calicut）等印度港口的名字頻繁出現。幾乎所有人都曾經在亞丁與葉門經營貿易，特別是在一二二九年，這裡在拉士魯王朝（Rassoulids）統治時期重獲新生（Wiet, 1955:88）之後。喀里米商人不僅從事與遠東的海上貿易，而且經營陸上商旅貿易。許多人在黎凡特，尤其是大馬士革設立分部。當通往伊拉克的陸路在十三世紀末開通時，他們也與巴格達通商。喀里米商人的貿易並不限於香料。在維特的喀里米商人名單中有布商和上埃及翡翠礦礦主，也有經營絲綢、鉛、瓷器、奴隸、鑽石的商人，以及銀行家和船主。喀里米商人的貿易種類多得驚人。正如戈伊泰因所述（1967:153-155），批發商在不同的港口和地方經營著種類繁多的貨物。大商人「必須從事多種經營，必須接受各類客戶的訂單，以便分散風險，應對市場的波動」。

即使在馬穆魯克政府開始積極地干預商業，並試圖壟斷香料貿易之後，喀里米商人似乎一直是遠端貿易的重要參與者。雖然有些學者認為喀里米商人在十四世紀下半期開始喪失壟斷地位，並將這個商人階層的地位的下降怪罪於義大利商人力量於十五世紀初在埃及的日益增長（Ashtor,「The Venetian Supremacy in Levantine Trade」，1974, reprinted 1978:26），但或許還有其他原因。當我們接下來詳細考察歐洲商人與埃及政府的關係時，我們會發現，即使在國家壟斷了（設定價格）與穿越地中海至此的義大利商人的香料貿易之後，喀里米商人始終是東方貨物的重要供應者。此外，喀里米商人的衰落（或轉移）恰恰與黑死病之後的蕭條相吻合，這表明國家可能有所介入，填補了因許多商人的死亡而留下的空缺[19]。

工業和農業生產：「軍事工業綜合體」？

商人與政府的協作還清楚地表現於棉花、亞麻和甘蔗的種植、加工以及國內外銷售方面。可以確定的是，自阿尤布王朝以來，埃及和敘利亞開始具有軍事封建主義的特點，外來的統治集團更加密切地參與到埃及農村社會中來。馬穆魯克政府把整個農業區域分配給埃米爾貴族，希望他們通過直接榨取或間接徵收農業稅來裝備和資助他們的軍隊，後者更為普遍。在這種制度下，國家和「民間社團」之間不可避免地建立了互惠關係。

埃及的小作坊，而非大工廠製作了很多「產品」（Goitein, 1967:80）。作坊裡的工人擁有他們自己的工具，而且經常是產銷一體的（Goitein, 1967:85-86）。在戈伊泰因列舉的開羅的行業中（1967:108-115），冶金、金屬軍事設備和裝備製作、玻璃和陶器、皮革鞣制和皮革製品、羊皮紙、紙張、裝訂、建築、石材切割、傢俱製作、食品製作和加工等行業，應有盡有。最大的廠房是馬特巴赫（matbakhs，字面意思是廚房），經營製糖或造紙。這些廠房歸蘇丹或者埃米爾貴族所有，雇用著大批工人。

但是，與歐洲經濟結構中佔主要地位的行業一樣，中古埃及最重要的行業也是紡織業。對此，戈伊泰因給出了最恰當的解釋（1967:101）：

> 紡織業是中世紀地中海地區的主要產業，類似於現代經濟中鋼鐵和其他金屬製造業的地位。根據現有統計資料，我們估計好幾個社會階層以及相當大的一部份，或許是絕大部份的勞動人口在參與紡織業這一經濟部門。那個時代的紡織品比現在的紡織品更耐用，更昂貴……一件中意的衣物價值相當高昂……購置衣物成為家庭支出的一部份，有時是很大一部份，這些衣物從父母傳給子女，在緊急情況下還可以換成現金。家裡的傢俱通常包括各種各樣的毯子、床、靠墊、帳篷、窗簾……

通過研究埃及的紡織和製糖這兩大產業，我們可以知曉農業生產和城鎮產業之間的互動方式：紡織業依靠本地種植的棉花和亞麻，製糖和蜜餞製作依靠本地種植的甘蔗。國家在這兩個產業中發揮了重要作用。它控制著原料種植所需的土地，擁有許多加工產品的工廠，並最終購買了大量製成品，要麼用於消費，要麼倒賣給義大利商人。到法蒂瑪王朝時期，蘇丹已經成為最大的「資本家」。雖然直到十五世紀才形成國家的完全壟斷，但在阿尤布王朝和馬穆魯克王朝早期，國家介入生產已經相當普遍。

蔗糖及其提煉

儘管整個埃及和敘利亞都種植甘蔗，但上埃及是這個區域內最重要的甘蔗種植地（Ashtor, 1981:93）。

多數製糖廠設在種植園內，但上埃及，甚至舊開羅（福斯塔特）的小鎮卻都建有馬特巴赫。十四世紀早期，僅舊開羅就建有六十六家煉糖廠。糖廠最多的時候似乎是在十三世紀下半期，這時「埃及的製糖業迎來了真正的繁榮……〔因為〕馬穆魯克的埃米爾貴族開始投資這個利潤豐厚的行業」（Ashtor, 1981:94-95）。儘管當地人消費了大量甜品，但十三至十四世紀早期相當一部份也出口到其他阿拉伯國家、義大利、法國南部、加泰羅尼亞，甚至是法蘭德斯、英國和德國（Ashtor, 1981:97-98）。阿什多（1981:99）明確認為埃及的製糖廠是

> 資本主義企業，因為大企業聯合系統地排擠掉了小企業。例如，在十四世紀前半期，巴奴福達伊勒家族（Banu-Fudayl）控制的邁萊維（Mallawi）製糖中心每年種植一五〇〇費丹*甘蔗。然而，最大規模的製糖業業主都是馬穆魯克時期的埃米爾貴族和蘇丹的財政部門的管理者……〔埃米爾貴族從蘇丹那裡獲得封地，用於製糖業〕。蘇丹本人也〔通過王室甘蔗種植園、壓榨機和工廠〕積極參與製糖業。

馬穆魯克政權的官吏們比民間資本家享有更優越的條件，因為他們的稅額較低，能通過強迫勞役制（corvee，灌溉系統裡的強制勞工）調動農民勞力。因此，他們與工業資本家處於不公平的競爭中（Ashtor, 1981:99-100）。約在十四世紀，特別是進入十五世紀後，當不公平競爭失效時，由於馬穆魯克政權強迫人們購買蘇丹的糖，且舞弊現象猖獗，他們也就掌管了糖的直接生產（Ashtor, 1981:99-103）。

據阿什多研究，這種狀況阻礙了技術的進步。儘管埃及的製糖技術在十三至十四世紀已相當先進[20]，但

* 費丹（feddan），埃及、蘇丹和敘利亞使用的面積單位。一費丹相當於一點〇三八英畝或零點四二公頃。—譯者。

國家壟斷和管理不善最終扼殺了技術進步。到十五世紀，當歐洲人正在改善製糖技術時，「埃及和敘利亞的製糖業卻仍然墨守成規」，以牛力或水力為動力（Ashtor, 1981:106）。

很顯然，埃及製糖業在十四世紀初期就已經開始衰落了。馬格里齊認為福斯塔特糖廠的破產應該追溯到那個時期（Ashtor, 1981:104），甚至早於馬穆魯克政權於十五世紀初開始的經濟危機。黑死病無疑加劇了它的衰落，五十年後帖木兒的入侵也起到了同樣的作用。無論如何，正如阿什多（1981:112-113）所總結的那樣，到十五世紀，「黎凡特的蔗糖在國際市場上已經競爭不過歐洲」。

儘管阿什多竭力將十五世紀後半期埃及製糖業的崩潰和「歐洲的勝利」歸因於政府的壟斷和稅收、腐敗和技術的停滯，但他的論點並不完全令人信服。在忽視了其他解釋之後，他也不得不總結道：在所有抑制工業發展的因素中，人口數量的減少最為重要（Ashtor, 1981:120）！我們又回到了這個問題。

紡織業

紡織業是將農村生產和「產業」經濟聯繫在一起的另一行業。據拉比卜（1965:307）研究，織造在埃及是非常發達、非常重要的行業。早在法蒂瑪時期（Goitein, 1967:115），國有的織布機就生產絲綢、棉布、亞麻和羊毛面料。不過，因為埃及氣候炎熱，它的綿羊和山羊皮毛稀疏，導致羊毛面料品質不好，絲綢品質也比較低劣[21]。棉花，尤其是亞麻，是這個區域的特產。

提尼斯（Tennis）和杜姆亞特（Damietta）等沿海城市是傳統的亞麻生產中心，但是十字軍的入侵擾亂了它們的生產。拉比卜（1965:308）描述了這些城市的產業，他的描述也適用於內地的邁哈萊城（Mehalla），這裡的紡織業吸納了沿海地區躲避十字軍侵襲的工人（El-Messiri, 1980:52-54）。織工們充滿了租賃的房屋、作坊和工廠，熟練技工在此生產出優質白布（在杜姆亞特）和彩布（在提尼斯）。亞歷山大港甚至有一個市轄織造中心——提拉茲之地（Dar al-Tiraz）*，該中心受到政府的嚴密監管。另外，還有私人的紡織廠，它們在城市經濟生活中發揮著重要作用（Labib, 1965:309）。比之於棉布，亞麻是這些工廠的首要產品，因此生產過程就離不開亞麻。

亞麻是「埃及的主要產業作物」和「國際貿易中的主要貨物」（Goitein, 1967:104-105）。將亞麻的纖維和木核分離開來，然後去除纖維上的種子的複雜過程要求密集的勞力。相當有趣的是，儘管婦女不從事編織，但她們卻參與到這個過程中來。棉商和亞麻商雇用女工，她們坐在廠房前的街道上，清理棉花和亞麻稈（Labib, 1965:312）。

棉紡織業在敘利亞和巴勒斯坦兩省份比較普遍，那裡種植著大量棉花。十世紀的黎凡特主要在阿勒坡、巴勒斯坦北部和耶路撒冷增加了棉花種植（Ashtor,「The Venetian Cotton Trade in Syria in the Later Middle Ages」, 1976, reprinted 1978:675-715）。那時，埃及是日漸擴張的紡織業的主要市場。十字軍的出現刺激了對棉花和布匹的更大需求，其標誌就是十二世紀後半期的價格上漲。即便在阿克里陷落以及隨後的禁止與穆斯林貿易的教令頒發後，這個需求也沒有減少。

然而，埃及和黎凡特的紡織業在十四世紀下半期似乎經歷了重大改變。歐洲貨物越來越激烈的競爭，以及敘利亞的原棉越來越多地被義大利商人（主要是威尼斯商人）收購，導致了埃及本身的生產能力明顯下降。這是劇烈變化的前兆，五個世紀之後，歐洲紡織品充斥了「第三世界」市場，並把那裡的工業生產者轉變成主要產品的「依附性」出口者。

* 提拉茲（Tiraz）是一種工藝品，該名詞源於波斯，指經過刺繡和裝飾的布料。—譯者

拉比卜（1965:311）記載了從歐洲進口的織物滲入埃及市場的情況。他引用十四世紀埃及史學家馬格里齊的研究，提到了法蘭克人（Franks，即歐洲人）帶著大量紡織品「湧入」當地市場的情況。開羅有專門為歐洲織物設立的集市；土耳其毯子和印度紡織品，尤其是絲綢和棉布的交易量也相當大；此外還有來自非洲的紡織品。紡織品生產和貿易的繁榮帶動了集市和絲綢商棧的增加，甚至一度推動了埃及紡織品的出口。然而，埃及與世界經濟的整合亦鼓勵它出口大量的亞麻和原棉。儘管西西里、馬爾他、賽普勒斯、希臘和義大利等基督教國家也出口原棉，但是它們的原棉品質低劣。在高昂的價格面前，埃及很難抵擋出售原料的誘惑。

稍晚的時候，敘利亞經歷了相似的過程。首先，敘利亞與歐洲市場的整合促進了其棉布生產，巴勒貝克（Baalbek）和其他紡織中心經歷了名副其實的繁榮。然而，工業發展在十四世紀中葉遇到了困難並於該世紀末崩潰。黑死病導致人口銳減；後來帖木兒的入侵，在世紀之交把敘利亞的許多熟練工匠驅逐到了中亞，這加劇了人口數量的減少，給敘利亞的棉紡織業造成滅頂之災。到十五世紀初，敘利亞變成了原棉出口區，威尼斯人通過往敘利亞市場「傾銷」棉製品加速了這個轉化過程（Ashtor, 1974, reprinted 1978:5-53）。

儘管阿什多不斷「指責受害者」，認為敘利亞和埃及在中世紀後期的工業衰落緣於日益加劇的國家干預、腐敗、技術落後等內部因素，但我認為其中原因似乎遠比這複雜得多。埃及從一個由貿易、農業和產業共同構成的首屈一指的多元經濟體轉變為「依附性」經濟體，不得不依靠僅有的兩個途徑來維持有限的力量：原料生產和對印度洋入口的戰略控制。兩個外部因素在其轉型過程中至關重要（在某種程度上也影響了敘利亞），其中一個無疑就是威尼斯咄咄逼人的貿易政策，另一個是黑死病和跛子帖木兒的入侵造成的後果。到十五世紀，留給埃及的只有其戰略位置，後來連這一線生機也被葡萄牙人奪走了。

黑死病對埃及和敘利亞的影響

在十四世紀後半期，埃及和敘利亞出現了多個消極趨勢，促使我們去尋求共同的原因。首先，由於馬穆魯克國家的原料——尤其是亞麻、棉花、甘蔗——不再全部加工成用於本地銷售和出口的亞麻織物、棉製品和蜜餞，而是逐漸被義大利商人收購，用於歐洲工廠的加工生產。這造成了本地工業生產的衰落。其次，從印度以及更遠處進口貨物（不僅有胡椒和別的香料，還有瓷器、絲綢和其他產品）以及將它們轉運到歐洲，已無法確保喀里米商人的成功。同一時期，他們作為自由企業家的優越地位為政府壟斷所取代[22]。馬穆魯克蘇丹試圖抓住一切機會從轉口貿易中榨取利潤，義大利商人憤怒地將其稱之為沒收策略。

最後，在切爾克斯（Circassian）或布林吉（Burji）王朝（一三八二年取代了虛弱的巴赫里王朝馬穆魯克）統治時期，馬穆魯克國家的壓制似乎達到了新高度。在布林吉王朝時期，統治集團明顯增加了向埃及和敘利亞鄉村榨取財物的強度，強迫農民低價出售農作物，高價購買政府壟斷的製成品。另外，其他跡象也表明了經濟困境：強迫現有商人提供貸款、政府時常降低匯率、貨幣的金屬含量減少以及生產力的整體衰退。

一三四七—一三五〇年的黑死病有可能是經濟衰落症狀集中爆發的共同原因。儘管黑死病並未馬上「殺死」埃及，但它卻嚴重削弱了埃及的根本實力，以至於即使埃及通過壟斷通往印度和中國的海路繼續收斂財富，也已無濟於事了。最後的證據是，當葡萄牙人在十六世紀初介入貿易時，馬穆魯克政權很快就瓦解了。一五〇六年時，開羅市場上已不再有香料貿易。十年後，馬穆魯克國家被奧斯曼土耳其人打敗，埃及和敘利亞成為奧斯曼帝國的兩個省。所以，即使缺乏同一時期的歐洲的資料，我們也必須認真研究這場瘟疫。在缺乏準確資料的情況下，我們必須努力從人口喪失和經濟衰退的症狀之間推斷邏輯聯繫。

麥克爾・多爾斯*利用極富想像力的方法，對中東的黑死病進行了細緻研究。阿多維奇（1981:397-428）書中的一篇文章介紹了多爾斯寫於一九七七年的書。下面的敘述大量利用了其研究成果。一三四七年秋，黑死病傳到亞歷山大港。這表明，它肯定是從義大利人在黑海的前哨據點直接傳到那裡的。次年春天，瘟疫已經向南傳到了埃及三角洲。一三四八年十月到一三四九年一月，黑死病的影響在開羅達到極點。之後，它繼續毀滅性地蔓延到上埃及。馬格里齊對黑死病症狀的描寫表明它是一種相當致命的肺部瘟疫，這個診斷非常準確。儘管馬格里齊提供的死亡者的數字明顯誇張，但多爾斯（1981:413）認為，根據現存記錄和稍晚時期保存比較完好的死亡率，開羅城每天多達一萬人死亡的推測似乎是合理的。多爾斯斷定，在瘟疫流行期間，僅開羅一座城市大約就有二十萬人死亡。我估計瘟疫前的開羅的總人口大約是五十萬（Abu-Lughod, 1971:131），這意味著在幾年之內大約有百分之四十的開羅人口消亡了。這個推算幾乎與馬格里齊的觀點一致，他估算埃及和敘利亞有三分之一到五分之二的人口死於黑死病[23]。

就在黑死病爆發前的一三四五年，埃及總人口約為八百萬，開羅人口大約佔到百分之六。在喪失了三分之一的人口後，埃及剩下的人口約有五百萬。之後的五十年中，黑死病反覆發作，儘管其影響有所減弱。接下來公認的人口衰減發生在奧斯曼統治時期的幾個世紀裡。拿破崙於一七八九年入侵埃及時，法國人估計埃及人口不足三百萬。這樣的人口損失意味著什麼呢？

在歐洲，瘟疫導致了人口分佈的巨大變化，農民和農奴被迫逃離土地，城市居民逃離了居住地的惡劣條件。在埃及，人口的遷徙沒那麼自由。「農奴」被困在沙漠之中，束縛在馬穆魯克埃米爾貴族的采邑（易克塔，‘iqta’）上，他們沒有森林可以逃匿，城市居民沒有可開墾的耕地。所以，在歐洲出現的出人意料的積極後果並未出現在埃及。

另一方面，歐洲的產業由於大批熟練工匠在瘟疫中喪生而解體，埃及也出現了同樣的情勢。某種程度而言，埃及生產力的衰落必須歸因於熟練工匠的大量喪失。熟練農夫和純勞力的喪失，摧毀了水利社會賴以生存的完善的運河系統，農村地區因此也明顯出現了類似的經濟衰落。商人階層的損失肯定更加慘重。主要從事海上遠端貿易的喀里米商人特別易於受到在港口間傳播的疾病的影響。黑死病之後的埃及政府更為直接地參與國際貿易，這或許與私人貿易者數量的減少有關。因此，前面討論的三個趨勢——產業的衰落、自主的喀里米商人被國家取代、統治集團剝削程度的加強——可能都與黑死病瘟疫的後果有關。

馬穆魯克制度實質上是一種機制，它組織國家的自然資源和勞力，以支撐複雜的軍事機器和外來統治集團的奢侈生活[24]。鑒於那個時代的勞動密集型生產方式，盈餘比現代社會更加依賴於生產盈餘的勞動力。黑死病嚴重削弱了勞力供應，所以馬穆魯克制度不再有能力創造等量的盈餘。馬穆魯克政權的蘇丹們在十四世紀晚期和十五世紀日益加強了剝削策略，企圖保持稅入，應對嚴重腐朽的經濟基礎。

黑死病過後，埃及的經濟基礎變得越來越依賴遠程貿易。隨著歐洲從十四世紀後半期的蕭條中復蘇，它對東方貨物的需求急劇增加。為了獲得東方的供應品，兩者彼此需要而保持友好關係。為了提供貨物，埃及不得不以其僅有的剩餘力量，守護著通往遠東的唯一通道。

馬穆魯克政權與義大利商人的關係

從開始十字軍東征的時刻起，法蘭克人就企圖到達紅海，但埃及人每次都設法阻止了他們[25]。薩拉丁極力阻止歐洲人從地中海滲入。法蘭克人的最後一次正式嘗試發生於一二五〇年，以聖路易的慘敗而告終。

* 麥克爾・多爾斯（Michael Walters Dols, 1942-1989），中東鼠疫流行史專家，曾於一九八〇年獲得古根海姆獎。——譯者

但鮮為人知的是，一三六五年，彼得•馮•呂西尼昂（Peter von Lusignan）率領殘餘的十字軍進行了再次嘗試，結果也是失敗（Labib, 1965:337）。馬穆魯克政權像他們的前輩一樣認真負責，他們絕對禁止歐洲商人穿越埃及，歐洲人在地中海的亞歷山大港的來往都處在嚴格監管之下。

通過考察埃及的政策，我們可以清楚地瞭解威尼斯史學家所謂的穆達現象（see inter alia, Lane, "Fleets and Fairs" and "The Merchant Marine of the Venetian Republic," both reprinted in Lane, 1966; also see McNeill, 1974）。萊恩在《艦隊和集市》一文（reprinted1 1966:128）中指出，義大利語中的穆達有兩個含義：既指護航艦隊，又指裝船的那個時段。後者似乎始於十四世紀初（McNeill, 1974:60），那時的威尼斯船隊歸威尼斯城邦公社所有，租給出價最高的投標人（Lane, "The Merchant Marine of the Venetian Republic" as reprinted in 1966:143）。航行安全僅僅是穆達的部份功能，它的其他作用可以從艦隊抵達亞歷山大港中去找尋。

按照要求，義大利船隊必須在亞歷山大港口集合。在某個時段的所有船隻到齊之前，任何船隻都不能卸貨。（後面將會提到，中國通商口岸也實施了類似的政策）。這種舉措在某種程度上阻止了非定期抵達者可能引起的不可預料的價格波動，同時也有利於控制貿易。埃及在陸上和海上邊界的「警務」行動既不是什麼新鮮事，也不僅限於監察歐洲人。較早的記載（reported in Labib, 1965:160-162）提到了陸上邊界的收稅站和「通行」站，以及對登臨亞歷山大港的人進行監督的制度。這種做法可能更嚴格地針對歐洲人而言。

當船隻進港時，在海關領導（Divan al-Hims）和城市都督來海邊迎見他們之前，所有人都必須待在船上。然後，商人們要麼在船上登記註冊本人及其貨物，要麼乘小船到港口，並在那裡提供個人訊息，並提交一份宣誓聲明。海關官吏到船上監督每件貨物的卸載（Labib, 1965:243-244）。外國基督徒必須攜帶他們的領事——對入境者的良好經營承擔責任——簽署的特別許可證（簽證），還必須繳納比穆斯林高出許多的進口稅[26]。在辦理完「通關」手續後，歐洲商人就彙集到指定的豐杜克。豐杜克（funduks）類似於「外國」

商人在香檳集市上留存的房屋，用於儲存貨物，進行交易，公證合同；商人在此受母國法律的管轄。豐杜克不能超出亞歷山大港的界限，甚至不能設在附近的羅賽塔港。

歐洲貿易者的行動受到如此限制，他們被迫完全依靠喀里米商人——後來是壟斷性政府的官員——供應返程貨物。儘管返程貨物主要是大宗農產品或當地的製成品，但最珍貴的貨物卻是歐洲人亟需的馬來亞和印尼的香料和染料，印度的胡椒、絲綢和棉布，以及中國的瓷器和絲綢。這也是義大利人持續來到這裡的真正原因，即便戰爭升級或海盜猖獗引起了保護成本的上漲。所有上述貨物都要經過把守嚴密的紅海港口，無論他們是從駐留在亞丁的印度商人那裡獲得的貨物，還是從更遠方的阿拉伯船隻上買來的貨物。

紅海和亞丁：通往東方的門戶

穆卡達西將亞丁港描述為「四面八方的旅行者蜂擁而至的中心」(Ranking and Azoo trans.:109)，「防備森嚴、人口眾多，蓬勃發展的宜人城鎮」(Ranking and Azoo trans.:135)：

> 它是通往中國的門户，葉門的海港，馬格里布的糧倉，以及各類商品的存儲地。亞丁有許多宮殿式建築……整座城市就像一個羊圈，群山環抱，山後有海水圍繞。只有一道狹窄的海路通向山脈，要想進入此城，必須涉過這條水路。

儘管亞丁港不易接近，或許正因為這樣的地理位置，它在傳統上一直是從紅海出航的船隻中繼港，這些船隻或駛向非洲的基爾瓦和桑吉巴（Chittick, 1974; Mollat, 1971:304），或前往印度的古吉拉特和馬拉巴爾海岸，甚至更遠的地方。根據馬格里齊對其時代（十五世紀初）的記述，來自印度的船隻在進入紅海前必定在亞丁停留（Heyd, 1885:379）。

經亞丁前往印度的路線遠比從波斯灣起航的那條路線危險。這條路線要求熟練運用季風，並掌握在遠離陸地的公海上航行的高超技術。有趣的是，「季風」一詞源自阿拉伯語「毛希姆」（mawsim），最初指陸上商隊啟程的時間（Goitein, 1967:276）。如果海上航行與陸上商隊有什麼區別的話，那就是無論風力大小，印度洋上的航行都必須遵守比陸上商隊更嚴格的計畫。船隊在春季和秋季結伴而行。春秋之間季節，商人們在港口駐留並從事交易。阿拉伯穆斯林和波斯穆斯林之所以在印度西海岸建立了穩定的港口定居地，其首要原因就在於此。

我們將在第八章詳細探討這個主題，現在暫且考慮一下它的含義。一方面，在中東經商的歐洲商人其實被隔離於非常排外的穆斯林社會之外，他們幾乎沒有對這些社會的文化產生任何影響；另一方面，穆斯林商人在亞洲各地建立了定居地，他們帶到這些地方的不僅有他們的貨物，還有他們的文化和宗教。伊斯蘭教通過穆斯林商人傳到了印度、錫蘭、馬來亞和印尼。它在這些地方與沿同樣貿易線路從印度和中國傳來的印度教和佛教文化共同生存。文化的交匯和共存保證了印度洋活動場所的連續性和一致性，而這正是自從伊斯蘭教產生以來，地中海區域所缺少的東西。這可能解釋了這樣一個事實，即印度洋地區從未像地中海地區那樣出現過聯繫和貿易的盛衰，地中海的隔離作用多於聯結作用，而印度洋佔據了截然不同的歷史時代週期性。

本書的第三部份將探討亞洲體系。不過在轉向那個迥然不同的話題之前，我們先來簡潔地總結一下埃及事例帶給我們的經驗。

由埃及事例得出的經驗

正如修呂（Chaunu, 1979 trans.:58）所言，十三世紀時，埃及是世界體系的急先鋒。那時，

> 紅海、印度、馬來半島和東印度群島之間的聯繫已經建立起來……〔儘管〕這個聯繫依賴於利用季風航行的季節變化……在馬穆魯克政權統治前後，埃及一直與印度和東印度群島保持著直接聯繫，其交流體系遠及穆斯林的西班牙和馬格里布西部〔原文如此〕。因此，埃及是葡萄牙的先驅……當時的開羅……很多富人已經將視線投向近三分之一的世界。

埃及處在中海（地中海）和綠海（南中國海）之間的戰略位置及其對歐洲人的防範能力，確保了其重要地位的延續，儘管人口銳減、外來軍事集團支配下的沉重的封建盤剝制度，以及帖木兒最終奪走了黎凡特帝國，並造成了經濟生產的停滯。

因此，從長遠來看，失去了對這條關鍵性的國際貿易通道的控制，比國內經濟的破壞對埃及造成的影響更深重。儘管在整個十五世紀，埃及及其主要交易夥伴威尼斯都設法保住共同的壟斷地位，但是二者都沒有在那條貿易線路衰落之後倖存下來。事實證明，瓦斯科・達伽馬的環球航行是它們毀滅的原因。

一四九七年七月，達伽馬從葡萄牙啟航，他最終繞過了好望角，襲擊了阿拉伯人在東非海岸的馬林迪、基爾瓦、桑吉巴和蒙巴薩等定居地。然後，他奮力穿越遠海，抵達卡利卡特。「在達伽馬一五〇二年的第二次航行之後，葡萄牙人作出了一個重要決策，即禁止穆斯林船隻駛入紅海」（Serjeant, 1963:15）。不久，葡萄牙人就襲擊了波斯灣諸海港。古吉拉特的穆斯林蘇丹、葉門統治者和卡利卡特的印度教首領都懇求馬穆魯

克出面保護他們，抗擊葡萄牙人。但是，當埃及的唯一經濟支柱——與印度的貿易——被葡萄牙人封鎖後，它本身也遭到了嚴重打擊。一五一六年，奧斯曼土耳其人的征服標誌著埃及的失敗。

我們在本章探討了在過去的數個世紀中共同削弱了埃及的多種力量。歐洲十字軍和中亞蒙古人這兩股軍事力量的威脅開啟了埃及的衰落過程，並導致了這個區域的防衛性的軍國主義化，最終破壞了市民社會及其關鍵的經濟制度。黑死病的嚴重後果進一步削弱了殘破的經濟。與印度的貿易成為餘下的唯一重要的財源。在葡萄牙人搶佔了與印度的貿易後，埃及便徹底崩潰了。埃及之所以在趨於瓦解的世界體系中喪失領導地位，更多地緣於它的火力不足（Ayalon, 1956），其次才緣於它的商業敏感性的缺失。

第二部份

亞洲

印度洋體系：一分為三

在十三世紀及此前很久的時間裡，穿越阿拉伯海、印度洋和南中國海的亞洲海上貿易被分成了緊緊相扣的三個環路，每個環路都處於一組政治行為體和經濟行為體的共同「支配」之下。這些行為體主要——儘管不是專門——負責與毗鄰地區的交易（參見圖十）。作出這些劃分的最主要的基準是地理因素，雖然這些因地理條件而劃分開來的區域都漸趨轉化成不同的文化區。

最西端的環路主要活動著穆斯林，包括來自阿拉伯半島各港口或更靠近內陸的巴格達和開羅的船主、大商人，以及他們的常駐代理商，對此，我們先前在第六和第七章已有所論述。如前所述，從波斯灣啟航的穆斯林商船沿印度西北海岸（通常是在古吉拉特）停靠，爾後再駛往更南方的馬拉巴爾海岸。而由紅海啟航的商船則在亞丁或哈德拉毛停靠後，直接駛往馬拉巴爾。在古吉拉特的坎貝港，以及馬拉巴爾的奎隆港和卡利卡特港，這些商船通過大量的穆斯林商人的常駐「僑民」來經營生意。這些商人中的很多人起初來自中東，但在新住處定居、結婚並普遍被同化；而另外一些人則是在新住處土生土長的，但又通過長久的貿易往來皈依了伊斯蘭教並接納了穆斯林文化和語言。

中間的環路與南印度海岸相關聯，包括西岸的馬拉巴爾海岸與東岸的柯洛曼德爾海岸，還包括麻六甲海峽兩側的蘇門答臘島和馬來半島，以及爪哇島和印尼附近的其他島嶼。儘管這一區域也受到佛教文化和中國文化的影響，但是在文化上「印度化」是首要特徵，至少在核心區域內如此。雖然伊斯蘭勢力在十四世紀以來進行過數次大入侵，但在十三世紀裡，穆斯林的影響無疑仍是次要的。

最東端的環路是中國「空間」，海洋將中南半島東海岸和爪哇島北岸，與處於宋朝而後是元朝海軍控制下的中國南部的各大港口聯結起來。這裡是佛教文化，尤其是儒家文化區，也是學者們所謂的完美的朝貢貿

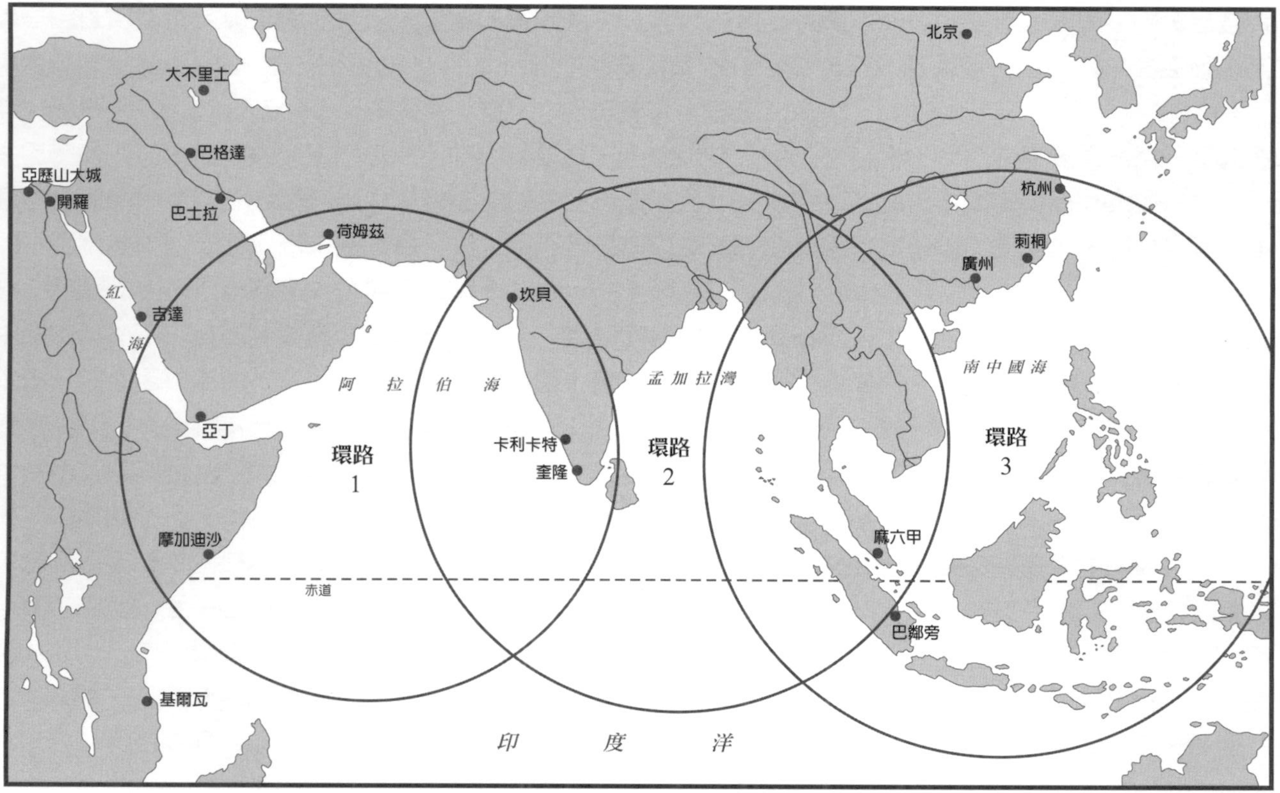

圖10　印度洋貿易的三個環路（基於Chaudhuri）

易區。

儘管以此也能勾勒出綿延廣闊的印度洋區域之內的三「大文化傳統」，但並非文化本身設定了三大區域之間的邊界。更確切地講，文化影響非常自由地在每個區域之內傳播，而每個區域的邊界從根本上來說是由各個季風帶的風向決定的。如同圖十一所示，在反向季風相遇的地方，它們會將較大的區域分割成相對離散的子系統。

儘管任一子系統的承運商會在鄰近的環路經營貿易，甚或自由地穿梭於所有這三個環路，但印度洋的「自然」條件可供當地的幾個大國共存；未曾有任何一個國家獨自掌控過整個體系。（Chaudhuri, 1985。）

港口商業區是商人和使者匯集之處，來自三個文化區的代表很可能在貿易往來的同時也進行思想交流。每當一個文化區與另一個文化區發生大交流時，比如伊斯蘭教傳入馬來半島和印尼，這種交流都是通過設在商業區的橋頭堡來完成的。（參見第九章中對麻六甲海峽的論述。）這與港口周圍的內陸地區的情況形成了鮮明對照；遠離貿易「主線」的區域依然明顯隔絕於這些國際潮流。

由於各大子系統之間的邊界是由「自然」因素而非帝國疆域設定的，那麼，第三部份就必須從季風說起了。季風常規性地將長長的印度洋路線分成了如圖十所示的三個環路：（一）最西端環路——從紅海阿拉伯半島波斯灣至印度的西南端；（二）中間環路——從印度的西南海岸至麻六甲海峽和爪哇島；（三）最東端環路——從麻六甲海峽、巽他海峽和印度群島（爪哇島及其他島嶼）至中國東南部各大港口。

在季風季節時，伊本·馬吉德（Ibn Majid）的航海手冊是最好的航行嚮導。這本手冊撰寫於葡萄牙人進入印度洋之前的十五世紀末，它並非什麼原創，也不是對新航線的描述，它不過是對早期阿拉伯人航海手冊的彙編和擴充。在手冊的第十一部份（Tibbetts, 1981:225-242），伊本·馬吉德就「人們在季風季節（航海季節）不得不出航時，季風的間歇期，季風的爆發與終結，每個時段的弊端」給出了詳細的建議（Tib-betts,

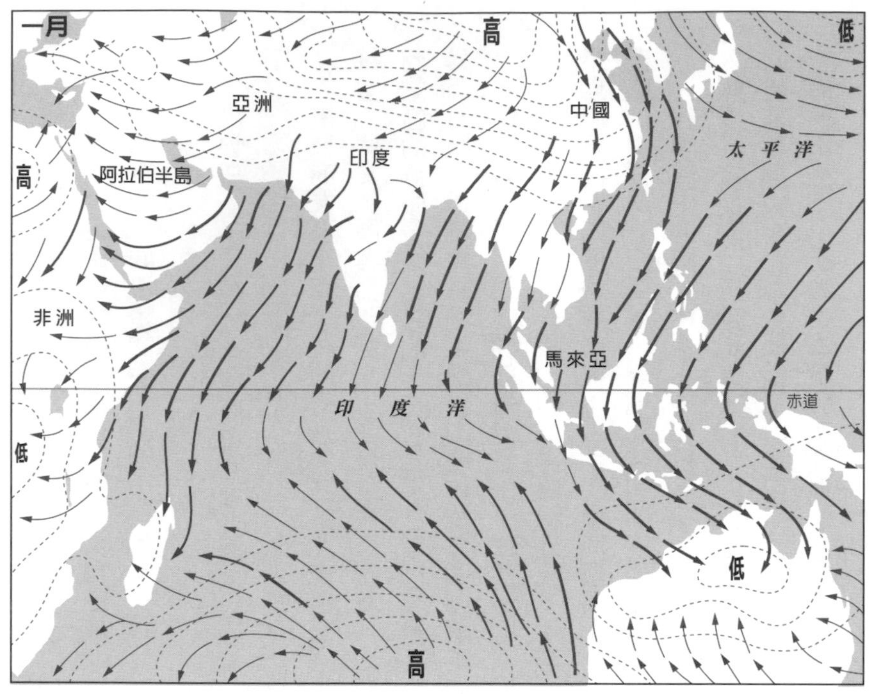
一月
高
低
亞洲
中國
高
阿拉伯半島
印度
太平洋
非洲
馬來亞
赤道
低
印　度　洋
低
高

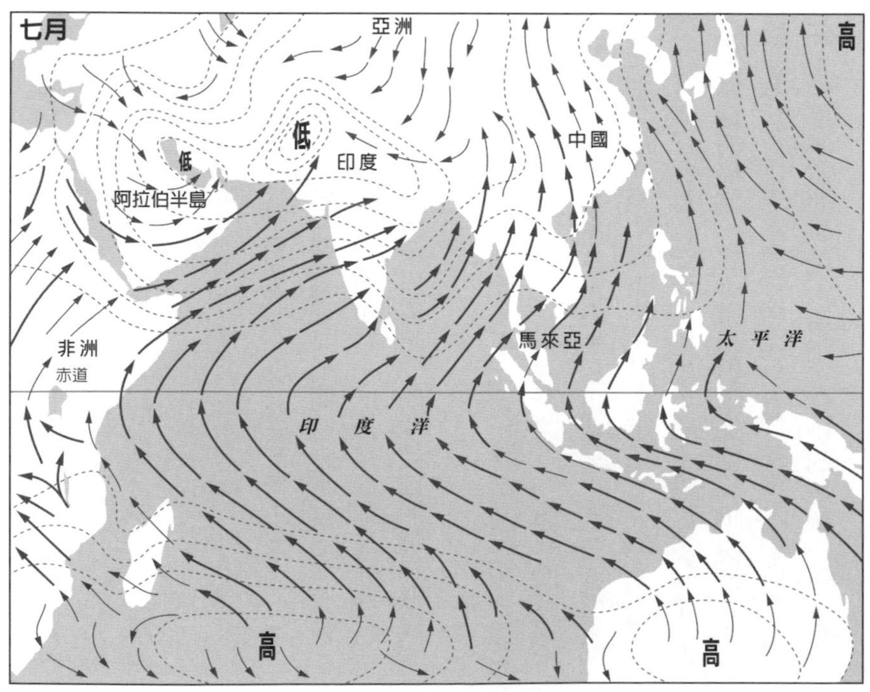
七月
亞洲
高
低
中國
低
印度
阿拉伯半島
非洲
赤道
馬來亞
太　平　洋
印　度　洋
高
高

圖11　印度洋季風模式

1981:225）。他明確地標明了各環路之間的邊界，正如我們將要看到的那樣，他所省略的內容與所囊括的內容同等重要（表一）。

伊本・馬吉德首先關注了阿拉伯半島至印度的環路。他論述了從阿拉伯半島海岸（葉門，吉達）啟航的時機，並指出前往印度馬拉巴爾的行程必須在三月底或四月初動身，但五月初之後絕對不能出航。（如果目的地是古吉拉特的話，啟航時間可以稍作推遲；而如果目的地僅僅是荷姆茲或波斯灣的話，則可以推遲一個月。）重要的是「在印度洋……封航之前抵達印度」（Tibbetts, 1981:226），因為，很顯然每年都有三個月的時間不適於出航，其間穿越印度洋西端環路的遠海是非常危險的。弄錯確切的航海季節絕對會造成嚴重後果，因為側風會使得東行的船隻滯留長達一年之久。

> 假如有人要前往印度，而由於季風的原因不得不停靠席赫爾（Al-Shihr）或法塔克（Fartak）的話……他必須在此滯留四個月。但他如果被迫停靠葉門的話，那他就需要滯留一整年才能前往印度，滯留七個月才能前往荷姆茲。

不過，與遠海航行中緊湊的排程不同的是，波斯灣和古吉拉特（Tibbetts, 1981:227）這段航線一年到頭都適於出航，因此可以沿著兩地之間的海岸線自由通行。

表一：季風季節出航日期 *

行程	指定日期	資料來源
由西向東（由阿拉伯半島向麻六甲海峽）航行的兩個季節		
二月至五月的長季風季節（Kaws）		
阿拉伯半島至印度西海岸馬斯喀特至馬拉巴爾		
馬斯喀特至馬拉巴爾	2/20—4/11	伊本・馬吉德
馬斯喀特至古吉拉特	5/1 後啟航	伊本・馬吉德
馬斯喀特至信德	5/11 後啟航	伊本・馬吉德
馬斯喀特至麻六甲海峽	3/17—18 前啟航	謝萊比和蘇萊曼
亞丁至古吉拉特	3/17—5/6	謝萊比
亞丁至古吉拉特	3/18—5/7	蘇萊曼
印度西海岸至麻六甲古吉拉特至麻六甲		
古吉拉特至麻六甲	4/11—9/28	伊本・馬吉德
古吉拉特至麻六甲	3/17—4/26 前啟航	謝拉比
古吉拉特至麻六甲	3/18—4/27 前啟航	蘇萊曼
馬拉巴爾至麻六甲	4/21 前啟航	伊本・馬吉德
馬拉巴爾至麻六甲	4/16 前啟航	謝拉比
馬拉巴爾至麻六甲	4/17 前啟航	蘇萊曼
八月中至九月末的短季風季節（Damani）		
阿拉伯半島至印度西海岸及周邊地區亞丁至印度		
亞丁至印度	8/29—9/18	伊本・馬吉德
亞丁至印度	8/24—28 啟航	謝萊比
亞丁至印度	8/25 啟航	蘇萊曼
亞丁至麻六甲	8/14—15 啟航	謝萊比
亞丁至麻六甲	8/15 啟航	蘇萊曼
荷姆茲至麻六甲	8/19 啟航	伊本・馬吉德
印度西海岸至麻六甲		
古吉拉特至麻六甲	9/3 啟航	謝萊比
古吉拉特至麻六甲	9/14 啟航	蘇萊曼
古吉拉特至麻六甲	9/24 啟航	伊本・馬吉德
馬拉巴爾至麻六甲	9/23 啟航	謝萊比
馬拉巴爾至麻六甲	9/24 啟航	蘇萊曼
馬拉巴爾至麻六甲	9/28 啟航	伊本・馬吉德

行程	指定日期	資料來源
由東向西（由中國向阿拉伯半島）航行的單個長季節		
Ayzab 季風季節（十月中至四月中）		
中國和麻六甲至印度及周邊地區中國至麻六甲		
中國至麻六甲	2/23—3/2	伊本・馬吉德
麻六甲至亞丁	1/1—2/20	伊本・馬吉德
麻六甲至亞丁	12/27—2/15	謝拉比
麻六甲至亞丁	12/28—2/16	蘇萊曼
蘇門答臘至亞丁	12/7—2/5	謝拉比
蘇門答臘至亞丁	12/8—2/6	蘇萊曼
蘇門答臘至孟加拉	2/20—4/11	伊本・馬吉德
蘇門答臘至孟加拉	2/15—4/6	謝拉比
蘇門答臘至孟加拉	2/16—4/7	蘇萊曼
印度至阿拉伯半島		
孟加拉至亞丁 / 荷姆茲	1/2-1/31	伊本・馬吉德
孟加拉至亞丁 / 荷姆茲	12/27—1/26	謝萊比
孟加拉至亞丁 / 荷姆茲	12/28—1/27	蘇萊曼
卡利卡特至古吉拉特	10 月—4 月	伊本・馬吉德
古吉拉特至阿曼	10/13—4/16	謝萊比
古吉拉特至阿曼	10/14—4/17	蘇萊曼
古吉拉特至阿拉伯半島	10/18—4/11	伊本・馬吉德
古吉拉特至阿拉伯半島	10/13—3/27	謝萊比
古吉拉特至阿拉伯半島	10/14—3/28	蘇萊曼

* 由 Tibbetts（1981）提供的訊息改編而成。

從印度返回阿拉伯半島的行程必須在秋末春初期間完成，其間在冬季稍作停留。伊本・馬吉德認為可以在十月十八日附近從古吉拉特啟航，但如果從馬拉巴爾啟航的話，返航時就需要稍作推遲，否則，因為馬拉巴爾正處於雨季，貨物將被淋濕。另外，行程應該儘量趕在二月十日之前，儘管在這之後也能慢悠悠地沿著海岸線抵達古吉拉特。不過伊本・馬吉德（Tibbetts, 1981:231）又作出下述警示：

> 在第一百天（三月二日）離開印度的人很明智，在第一百一十天離開的人萬事大吉。而在第一百二十天離開的人漸入險境，在第一百三十天離開的人則是愚昧無知的賭徒。

伊本・馬吉德的航海手冊的第二個關注點是孟加拉灣（即印度與麻六甲海峽之間的第二個環路或者叫中間環路）的航行問題。照他所言，唯有一月份的天氣適於環繞印度次大陸最南端的航行。不過，在抵達印度西南海岸時，會趕上一個很長的航行季節（大約從二月二十日至四月底），期間能穿越孟加拉灣前往麻六甲海峽。然而，在單個航行季節裡也無法實現環遊。從印度向東行使的船隻，在抵達海峽地區時，要麼正好遇到那些從海峽向西前往印度的船隻，要麼稍晚於它們，這意味著在海峽地區的滯留可能會持續一年之久！

伊本・馬吉德撰寫航海手冊的時候，阿拉伯船隻已不再駛出海峽區之外。（航海手冊的第三部份和最後一部份涉及非洲東海岸的航行問題。）儘管那本內容龐雜的手冊詳細描述了數不勝數的航線——包括順非洲東海岸南下，再繞過好望角，沿非洲西海岸北上，最後穿越直布羅陀海峽駛入地中海的航線，也就是說，這條航線是後來瓦斯科・達伽馬航行路線的翻轉——但伊本・馬吉德忽略了最東端的印度洋—南中國海環路，即從爪哇至中國南部諸港的環路。雖然我們知道早在八—九世紀時，波斯船隻和阿拉伯船隻就出現在這一環路上，但這本十五世紀的大部頭文獻卻遺漏了它。

正如在接下來的這一章將要看到的那樣，出現上述情況的原因很簡單。阿拉伯水手不再需要航行指南，因為在十世紀時，他們的船隻就不再駛往中國港口。十四世紀後半期（元末明初），中國海港對外國商人關上了大門，這個極其重要的舉動導致了前現代世界體系的崩潰。這一主題在第三部份將始終縈繞在我們心頭，因為它似乎是理解舊體系衰落，以及以歐洲為中心的新世界體系獲得發展機遇的關鍵。一四三五年之後，明朝將強大的中國船隊撤離了海洋，此前，這支船隊曾數次訪問印度西南部，並一度駛抵波斯灣。船隊的撤離留下了一個巨大的權力真空，大約七十年之後，葡萄牙入侵者用野蠻的武力手段填補了這一真空。

我們必須將那時的印度洋視為一個貿易區，它可以劃分為三個由眾多群體共同參與的環路或子系統：波斯人與阿拉伯人在為自己謀取利益的同時，也為歐洲地中海地區擔當了中間人；次大陸西海岸的印度人所持有的伊斯蘭信仰讓他們在面對中東人時具有一種特殊的親和力；次大陸東海岸的印度人所持有的印度文化和佛教文化方便了他們與孟加拉灣的交流；馬來人、蘇門答臘人、爪哇人以及長期定居的「外國人」，使麻六甲海峽地區成為一個文化熔爐，至少在眾多的分佈於海岸線地區的貿易中心裡是這種情況；另外，中國人以及後來的蒙古人（Chinese/Mongols）掌控了爪哇和中國之間的這條最東端的環路。風向將這片廣袤的區域劃分成三個環路，並產生了兩個相當固定的交匯點：印度的南海岸與錫蘭，環路一和環路二在此交匯；麻六甲海峽，環路二和環路三在此交匯。

第三部份依次論述了三個環路。第八章考察了印度南部的兩個海岸：古吉拉特與馬拉巴爾海岸，西向面對著阿拉伯世界；柯洛曼德爾海岸，東向面對著麻六甲海峽以及所謂的印度群島——印尼。第九章探討了海峽地區（十六世紀的葡萄牙作家多默・皮列士〔Tome Pires〕以充分的理由認為這裡是世界海上貿易的「咽喉」）的情況，並論證了它對整個世界體系的影響的侷限性。第十章著手處理最令人費解的事例——中國。在土生土長的宋朝，而後是蒙古人統治的元朝時期，憑藉非同尋常的穿越中亞的陸路以及穿越印度洋及其周邊地區的海路，中國似乎註定要在十三世紀成為霸主，即使不是全世界的霸主的話，至少也是世界上絕大部份地區的霸主。第五章曾分析了黑死病在導致北方陸路癱瘓中的作用。第十章則記述了與此並非毫不關聯的海路的癱瘓。

上述線索匯出了本書的最後一個問題，也就是第十一章要探究的內容。是西方興起了，還是東方衰落了？我們試圖在第三部份表明，在葡萄牙的軍隊現身印度洋之前，東方其實就已經「衰落了」。那個虛弱的世界是一個隻待採摘的熟透了的果實。征服者並不具備什麼獨特的「長處」；他們不過是控制了一個殘留的先前存在的世界體系，隨後，他們就無情地將其塑造成為己所用的體系。

第八章　印度次大陸：在通往世界各地的路上

對於那條將地中海和中東進而和中國連接起來的綿延的海路而言，中世紀的印度次大陸，尤其是其南段，既是一個天然樞紐，又是一個分隔點。印度南部理所應當是個重要的停靠地，來自非洲和美索不達米亞的船隻在其西海岸登陸，而來自中國、印尼群島、馬來半島或泰國的西行船隻則在其東海岸尋找避風港。古代乃至史前時期的證據表明，甚至在這條航線最遠的兩端彼此間建立直接聯繫之前，印度南部就已是印度洋各地區——這裡是群體遷移、文化傳播和經濟交流的大「動脈」——之間的合適「鉸鏈」[1]（儘管只是很短的一部份）。

正如伯頓・斯坦因（Burton Stein, 1982a）所言，儘管印度南部通常被視為克里希納河（Krishna River）南部的達羅毗荼人（Dravidian）分佈區及克里希納河主要支流的分水嶺，但它並非單一僵化、毫無差別的「自然」單位。相反，這裡包括兩個大生態區：馬拉巴爾海岸（現在是印度喀拉拉邦地區），這是西海岸一塊獨立的狹小區域；以及被高高的山脊從馬拉巴爾隔離開來的一直延伸至東海岸的大平原區，這裡是泰米爾人（Tamils）分佈區，這個地區的海岸地帶就是柯洛曼德爾[2]。（參見圖十二。）

大多數研究印度南部的學者，尤其是那些對中世紀時期感興趣的學者，都將他們的研究集中在泰米爾平原，因為自西元三世紀的帕拉瓦（Pallava）王朝起，這裡就生成了一系列「高級」文明。（see, inter alia,

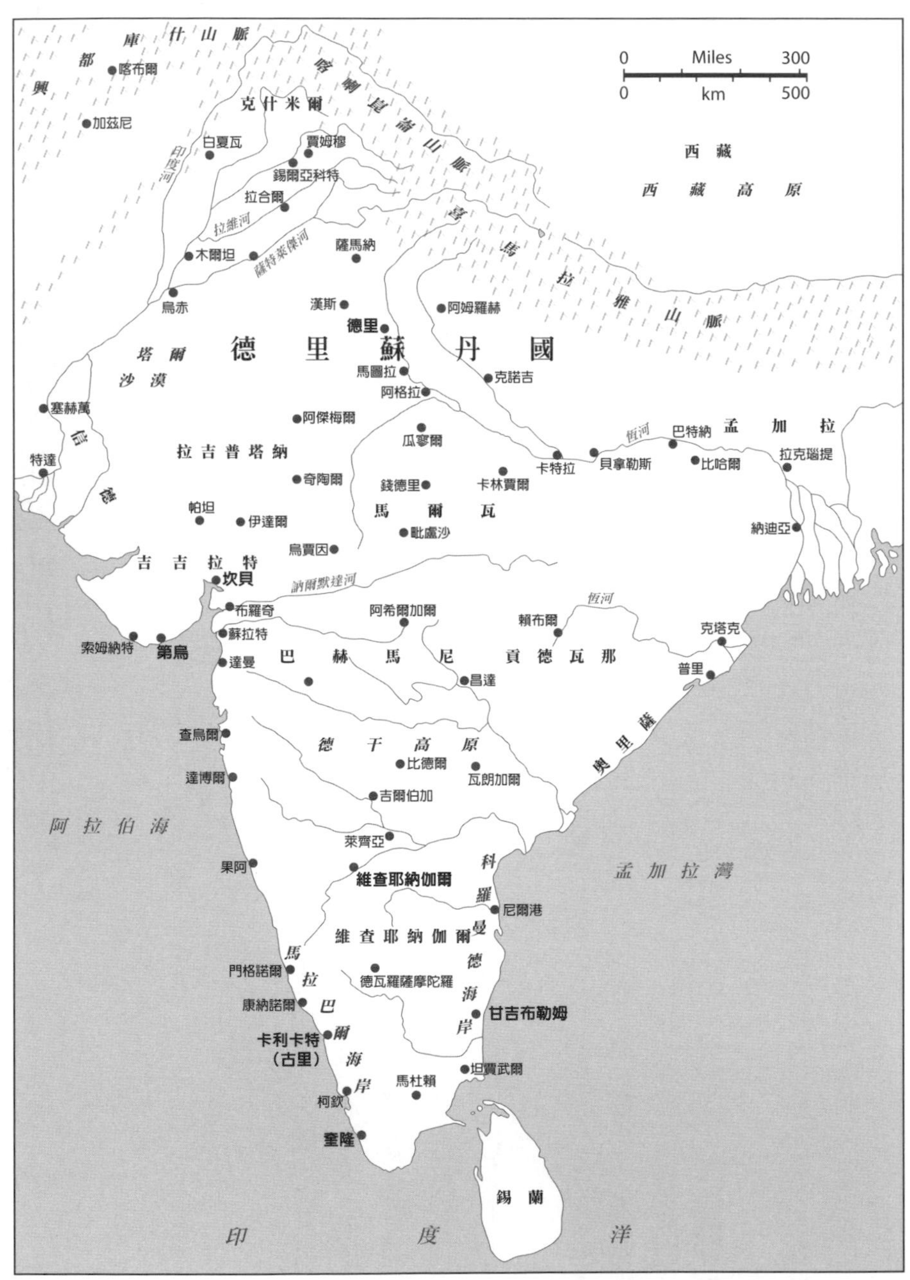

圖12　印度次大陸各地區和城市

Nilakanta Sastri, 1976:101 seq.）從印度北方侵入的帕拉瓦人最終被本土的朱羅（Chola）王朝所取代，在五一十世紀時期，朱羅王朝進入了一個高度發達的農業、商業和工業社會。由於朱羅文明的社會體制、語言風格和文化形態「深刻地影響了半島南部的絕大多數人」（Stein, 1982a:16），所以我們很容易理解為何學者們幾乎毫無例外地將注意力集中在東海岸。

我們還可以理解為何斯坦因不願將馬拉巴爾與這塊更大的農業「文明」區結合起來，這除了因為兩個地方在氣候與社會組織方面都有所差異[3]，還因為「在十世紀之後……〔馬拉巴爾〕與哲羅（Chera）地區（喀拉拉邦）的其他一些地方都是與半島南部的其餘部份極度隔絕的區域」。不過，因其在貿易體系中扮演了重要角色（Stein, 1982a:14-15），我們不應忽視馬拉巴爾，而且最令我們感興趣的就是它所扮演的這一角色。

印度南部的兩個分區都參與到十三至十四世紀之前早就存在的遠古世界經濟中來，認識到這一點是很重要的。因此，我們有必要回頭追溯一下這兩個地區與處於它們東西兩側的體系之間的聯繫。

西向與地中海地區的早期聯繫

由於人類的需要，在十三至十四世紀依然生機勃勃的印度洋地區最西端的「環路」始終存在著，它的通行量在自然地增長，它與它所聯繫的地區的命運息息相關。

很顯然，早在四千年之前，與古吉拉特，甚至是馬拉巴爾海岸有關的海上貿易就已經是西方與南亞之間的貿易體系的一部份（Stein, 1982a:18）。如此一來，在西元紀年很久之前的時間裡，美索不達米亞（今伊拉克）與阿拉伯人所說的「信德」（今巴基斯坦）之間的海上聯繫就已經完好地建立起來，甚至有可能在北方的遷移群體的帶動下開始向南延伸。

世界上最早的兩個都市社會出現於沖積平原上，它們是流入波斯灣的底格里斯河與幼發拉底河之間的美索不達米亞，以及印度河——其出海口處於阿拉伯海北部——各條支流之間的沖積帶。從一開始，這些沖積平原上的人們就參與到貿易往來、文化接觸，甚或人口交流之中。各方的傳世手工藝品的存在（Tibbetts, 1956:183-184），以及主要用於轉口的重要交匯地點——如迪爾穆恩島（island of Dilmun，今巴林）——出土的文物，都證實了他們之間的貿易往來。

第三個大河文明生成於尼羅河流域，它似乎也與其他正在形成中的文明中心延續著早期的海上聯繫，這些中心要麼位於地中海東部地區（位元於今敘利亞的同時代的阿勒坡北部的埃卜拉，位於今貝魯特正北的比布魯斯，甚或今土耳其的安納托利亞東南部地區），要麼處在阿拉伯海的不同海岸帶：邦特（Punt，可能就是衣索比亞），阿拉伯半島的南部海岸，甚或印度次大陸的西岸，然而相關證據寥寥無幾。

毋庸置疑，西元前一千年時，紅海與印度西北部之間的商業活動就已是欣欣向榮。早在西元前3世紀時，這裡的貿易或許就控制在阿拉伯半島上的阿拉伯人手中。儘管在接下來的幾個世紀裡有越來越多的希臘人參與其中，但阿拉伯水手始終佔據著支配地位（Spencer, 1983:76; Ballard, 1984:15-16）[4]。在地中海世界與東方之間日漸頻繁的商業聯繫中，這些水手通常發揮了中間人的作用。

早期商業聯繫的類型只能憑推測得知，但在希臘和羅馬「古典」時期則是有據可查了。那時的人們清楚地，儘管也是有選擇地，描繪出了從地中海地區前往印度次大陸北部和西部的航線。這些線路既有陸路又有海路，或途經波斯灣，或經過將地中海、尼羅河與紅海聯結起來的埃及運河。

在歐洲人前往印度洋地區的最西端探險的這段時間裡，阿拉伯海成為一條已被開發的知名線路。很多西方人甚至敢於駛入第二個「環路」，該環路已經將印度西南部與東南亞正在形成中的多個地區聯繫起來。成書於西元一世紀的《厄立特里亞海航行記》（Periplus of the Erythraean Sea）表明那時通往印度的海路的航海指南已是非常精確，這證明了歐洲與印度次大陸之間長久存在的貿易往來[5]。一些文學資料也提及這些貿易。比如，佩特羅尼烏斯（Petronius，一世紀早期）反對羅馬婦女穿著薄得有傷風化的印度棉紗，普林尼（Pliny，一世紀中期）生動地描繪了經埃及前往印度港口的路線；二世紀時，托勒密的地理學著作甚至描述了馬拉巴爾海岸（Logan, reprinted 1981, I:288-293）。早在羅馬帝國晚期，基督教或許就傳到了馬拉巴爾海岸（今喀拉拉邦），這是後來十字軍關於祭祀王約翰的基督王國的傳言的源頭（Beckingham and Huntingford, 1961）。

羅馬人從印度次大陸輸入了稀奇動物、珍貴玉石、木料、象牙、中國絲綢、香料，甚至還有糖、棉花和水果。然而，「由於羅馬人想從印度得到的遠比印度人想從羅馬得到的多，羅馬人不得不用貴金屬來彌補這種差距」（Spencer, 1983:77）。在次大陸海岸的某些地點發現的大量金幣[6]證明，那時的貿易天平壓倒性地傾向於印度這一方，後來的情況也是如此[7]（Spencer, 1983:76-77; Richards, 1986:assim but particularly 31-34; Toussaint, 1966:40）。

羅馬的「衰亡」對阿拉伯的商人具有嚴重影響，使得他們的貿易額在五－六世紀急劇下降（Spencer, 1983:79）。阿拉伯半島南部地區進入了經濟蕭條期，聽任波斯的薩珊王朝控制著通往東方的線路。直至八世紀時，新出現的獲得了伊斯蘭教信仰的阿拉伯人才從阿巴斯王朝都城的所在地美索不達米亞出發，再度參與到印度洋貿易中來。從那時起，直到他們在十六世紀前十年被葡萄牙人挫敗為止[8]，穆斯林商人掌控了一個或者兩個，有時甚至是所有的三個印度洋環路。

正如在第六章中敘述的那樣，早在八世紀時，阿拉伯波斯船隻就已經行駛在從波斯灣至位於南中國海的中國港口的整條航線上了。不過，這種漫長的航行從不是順風順水，因為風場模式會迫使船隻在域界地（liminal places）——不同的季風模式在此相向而遇——長期滯留。印度西南海岸的海港，以及麻六甲海峽地區——兩翼分別是蘇門答臘島和馬來半島——的海港都是這種域界地。十世紀時，長途行程先是在印度，而後在麻六甲海峽被迫中斷，這些停滯點實際上都是由「出航季節」，即季風決定的[9]。

外國商人的定居點在上述域界地逐漸建立起來。（關於離散社群貿易的性質，參見Curtin, 1984.）箇中原因顯而易見。面對三—六個月，或者更長時間的滯留，寄居者創建了很多必要的公共機構以組織他們的生活，如用來充當禱告場所的聚禮清真寺和廟宇；還有經濟與法律機構，以管理寄居者之間，以及與當地居民——寄居者偶爾會向他們傳教，且常常和他們通婚——之間的來往；甚至還有齊全的住宅區和市場，藉此來儲存轉口貨物，實施交易。比如，九世紀的阿拉伯歷史學家拜拉祖里（al-Baladhuri）就提到了穆斯林商人在印度河出海口、馬拉巴爾海岸和錫蘭的定居點（Toussaint, 1966:49）。戈伊泰因（1963）則提到了猶太商人在馬拉巴爾和柯洛曼德爾海岸的定居地。

於是，常駐代理商成為早期印度洋貿易中的主要角色，而義大利人直到十四世紀才使用他們。隨著九世紀商業活動的日漸頻繁，尤其是十世紀時法蒂瑪王朝的貨流從紅海匯入源自波斯灣的貿易流之後，很少再有船主進行整個線路的航行，也很少再有商人全程跟隨前往中國的貨物。相反，他們選擇留在建在印度的定居點。

印度西北海岸的定居點最早是由中東商人建造起來的，他們在此與當地人融合起來。在伊斯蘭教創立的第一個世紀裡，古吉拉特商人開始皈依伊斯蘭教。十二世紀末至十三世紀初，隨著穆斯林所謂的奴隸王朝或突厥人所謂的德里蘇丹國的建立，皈依現象日漸增多。然而，自法蒂瑪王朝以來，猶太商人和穆斯林商人也都在印度更南端被稱作馬拉巴爾海岸的地區建造了貿易定居點[10]。十三世紀中期時，這些定居點中的卡利卡特成為穆斯林商人在印度南部的主要「定居」港。

在討論上述情況的後續之前，我們先大體考察一下印度南部的另一面海岸——柯洛曼德爾海岸的早期歷史，該海岸很早就在印度與東南亞的海上貿易中發揮作用，一如西海岸在印度與中東貿易中的作用。

東向與東南亞的早期聯繫

印度與東南亞之間的聯繫，在時間上顯然要比早期航海家們的猜測更為久遠。起初，有學者認為中國與印度對東南亞的文明開化具有潛移默化的影響（D.G.E.Hall, 1981也持有這一觀點）；東南亞諸島的「土著人」被視為由亞洲核心區傳入的更高級文化和技術的被動接受者，或者至多是積極的模仿者[11]。

如今，有種新觀點較為盛行。斯潘塞（1983:67）強調了蘇恒翰（Wilhelm G.Solheim II）在泰國進行的考古發掘的重要性，認為「東南亞人或許是最早打磨石器、種植稻米、燒制陶器和鑄造青銅器的亞洲人」。二十世紀六〇年代中期的發掘成果確實是相當豐碩。蘇恒翰發現了泰國早在西元前一萬年之前就在本土栽培作物的證據，甚至還發掘出一些炭化了的稻米的印跡，其日期大約可追溯至西元前三五〇〇年，比在印度或中國得到證實的相關發現早出一千年。據蘇恒翰研究，泰國人大約於西元前四千年開始冶金，西元前三千年時就已鑄造出優質青銅器，比在印度發現的青銅器大約早出五百年，比在中國發現的青銅器早出一千年。泰國人還於西元前四千年發明出用於遠途航行的槳叉架船（outrigger），這時他們似乎開始通過水路向外遷移了。「在西元前三十世紀裡，人們乘坐船隻，經過一系列的艱難跋涉，進入印尼群島和菲律賓群島，並於大約西元前兩千年西行至馬達加斯加島」（Spencer, 1983:69-71）。

如果東南亞水手就像蘇恒翰所說的那樣，於西元前一千年就在印度洋和南中國海駕船航行並開展貿易的話，那麼似乎更可能是印度文明和中國文明受到了這些流動的文化攜帶者的影響，而非印度文明和中國文明影響了他們（Spencer, 1983:72）。斯坦因（1982a）承認，經由柯洛曼德爾海岸的海上聯繫很早就建立起來，因此印度次大陸上種族的基本構成或許受到來自東南亞的海外移民的影響。

然而，儘管上述東南亞水手與商人或許真的「在阿拉伯商人踏入這片水域之前處於實際壟斷」（斯潘塞所引蘇恒翰之語，1983:72），但這種壟斷也不會是絕對的，因為自從西元後的最初幾個世紀以來，強烈的文化影響是以相反的方向進行的（Stein, 1982a:17-18）。

早在帕拉瓦王朝之前，印度文化就沿相同路線向東傳播。因此，從某種程度上說，印度群島（印尼）何時以及如何被「印度化」的問題就無所謂了。為了各種現實需要，印度與東南亞之間的聯繫始終存在著。在中世紀早期，印度文化可能通過印度教和佛教對麻六甲海峽旁邊所謂的室利佛逝國產生了影響，但這只不過是迴蕩在古老水路的影響的延續。（第九章將詳加闡述。）

然而，十—十一世紀時貿易開始復蘇後，整個亞洲的經濟都迅速騰飛。新生力量如雨後春筍，比如印度南部的朱羅王國、吳哥的高棉王朝（Khmers）、緬甸的蒲甘王朝（Pagan）、越南北部的李朝（Ly）以及中國本土的宋朝。「此外，這些政權似乎還推動了亞洲海上貿易的發展，促使數量龐大的國際商人沿著聯結亞洲東部和西部的航線，參與到貿易中來」（Hall, 1980:162）。

斯潘塞（1983:74）接受了「城鎮列島」的概念，提醒我們不要將這一時期的貿易看作「國家」（nations）之間的貿易。他的評論相當中肯。

> 在提及西元一千年之前的數個世紀裡印度與東南亞之間的聯繫時，我們總認為它是一套複雜的關係，其共同背景是一個纖細脆弱卻覆蓋廣泛的海上貿易網。儘管我們動不動就說起「印度」與「東南亞」之間的關係，但我們必須知道這兩個地區都成份複雜，它們並非作為統一的政治實體或文化實體發揮作用或進行互動的……相比他們自己的內陸地區，定居在東南亞某些海岸地區的居民很可能與印度或中國南部

的其他類似定居點有著更多的聯繫，並對他們抱有更為濃厚的興趣……東南亞的印度化……為國際性港口社區的發展所延續，二者並行不悖……一般來說，貨物要比人走得更遠；很少有人能遍及整個地區。

不同的商人群體在不同時期各領風騷，由於最大的船隻能容納數百人，所以同一批船往往會運載來自諸多地區的商人（Spencer, 1983:75）。

十一十二世紀時，來自柯洛曼德爾海岸的印度商人踴躍東行。有很多證據可以證實朱羅王朝與室利佛逝國統治者之間的交易活動；甚至有資料表明，朱羅王朝曾於一〇二五年對室利佛逝國進行過軍事突襲。十二世紀的中文資料將朱羅港看作頭等交易夥伴，並列舉了由柯洛曼德爾輸入的珍珠、珊瑚、檳榔、豆蔻以及棉織品等物資。西方的資料則列舉了香料、香脂、塗染植物、藥草、絲綢，尤其是棉花（Hall, 1980:163）。這些貨物由泰米爾商人的船隻運送，他們在錫蘭和柯洛曼德爾海岸都設有「本部」（Digby, 1982:127）。顯然，印度南部的出口與內地的農業地區和貿易城鎮有著複雜的關係（Hall, 1980:164），稍後我們在論述朱羅王朝時期的工業進展和商業實踐時，還將回到這個問題上來。

印度西海岸：中世紀時期的古吉拉特和馬拉巴爾

由於印度南部被天然地劃分為兩個區域，而且這兩個區域有著迥異的生態基礎、社會組織形式以及國際貿易區，所以有必要分別加以論述。當然，這並不意味著二者毫無文化聯繫，或從未在政治上達成過統一。然而，籠統地講，這兩個區域朝向相反的路線：西海岸面對中東地區，我們已在第六和第七章描述過該地區；而東海岸面對東南亞地區，我們將在第九章用更長的篇幅來闡述這一地區。故此，我們先來論述古吉拉特和馬拉巴爾。

古吉拉特

位於印度西北海岸的古吉拉特半島岬角，北靠喀奇灣（Gulf of Kutch），南倚坎貝灣（Gulf of Cambay），自開拓以來，就為船隻、水手和商人提供著庇護。至今，古吉拉特人還因其精明的商業頭腦而聞名。古典時期的埃及甚至羅馬記載的少量印度商人很可能就來自古吉拉特地區（Toussaint, 1966:60）。該地區還與波斯灣地區以及阿拉伯半島海岸地區的港口保持著傳統聯繫，因為當地的一些文獻明確地提到了這些地方。伊斯蘭教產生初期，坎貝和賽義姆爾（Saymur）的港口就已經吸引了阿拉伯商人在此定居，他們中的很多人相當富裕。此外還有來自西拉夫、阿曼、巴士拉和巴格達的商人。麥斯歐迪於十世紀早期在此逗留時就注意到了這些商人的存在，他們通過通婚融入當地（Chaudhuri, 1985:98）。

古吉拉特的繁榮，很容易受到轉口貿易以及對其內陸地區的原材料和製成品的需求的影響，並隨著大體系狀況的變化而搖擺不定。不過，這些影響因素往往錯綜複雜，並不能共同形成一個合力。因此，理查茲（Richards, 1986:1）指出，由於力量的碎化，或許還要加上接踵而至的貧困，「印度北部在八—十二世紀時未能像此前那樣吸納到足夠多的財富」。這或許緣於巴格達在九—十世紀時只從印度和中國進口奢侈品。然而，到十一至十二世紀時，他們的需求日漸多元化，來自巴格達與開羅的商人紛紛購買大量的胡椒等香料，以及織物，其中的一些要運往歐洲（Richards, 1986:2-3）：

> 真正的大變化發生在一二〇〇年之後。那時，主要海路的運載量和貿易額都比近古時期的規模擴大了很

> 多……十三世紀時，為日常生活所需的大量商品進入這些貿易要道。當時的記載列有加工好的織物、金屬、器皿、武器；半成品的原材料，諸如生絲、原棉；以及從森林或海洋萃取的產品……活著的馬匹甚至也在運載之列。其中最驚人的變化就是所運之物還包括食物，諸如穀物、糖、黃油、食鹽和乾貨。

是什麼導致了十三世紀的這種轉變呢？地中海貿易的顯著擴張無疑是一個主要因素。當地的一些變化也加速了這一全球性的轉變過程，印度北部強大的穆斯林國家的出現顯然促成了這些變化。「新貨幣的大範圍發行，國家稅收結構的新變化，以及日益增加的人口和日漸擴大的市場，都促使貴金屬大量湧入……〔印度，這源於〕印度在十三至十五世紀的中世紀世界經濟復蘇中所發揮的作用」（Richards, 1986; but see also Habib, 1982:82-85）。

不過，反作用也在影響著古吉拉特。比如，蒙古在十三世紀中期對波斯和伊拉克的征服，使得先前經過古吉拉特港口的部份貿易發生轉移，此後，地中海地區的一些貨流轉往紅海，並由此前往印度南部（馬拉巴爾）港口，比如奎隆及後來的卡利卡特。但古吉拉特於一三〇三—一三〇四年被納入穆斯林的德里蘇丹國，這使其重獲生機。之後，古吉拉特成為德里上層集團所亟需的奢侈品的主要輸入地（Chaudhuri, 1985:58）。外國商人控制了這種奢侈品貿易。十四世紀早期，伊本・巴杜達（Husain trans., 1955:172）形容古吉拉特地區的重要港口坎貝「在房屋與……清真寺的優雅的建築式樣方面，是最漂亮的城市之一」，而這些建築是由「定居於此的外國商人」建造的。

中世紀晚期，古吉拉特繼續在國際船運和國際商業中扮演著重要角色，並逐漸控制了非洲東部與柯洛曼德爾海岸港口的貿易。即便在十五世紀末，葡萄牙人虎視眈眈地突然亮相時，古吉拉特商人和水手仍然積極參與到印度洋貿易之中。其實，引領瓦斯科・達伽馬從馬林迪沿著非洲東部海岸線駛抵卡利卡特的領航員很可能就是一名古吉拉特人（Gopal, 1975:1; Tibbetts, 1981:10）[12]。

古吉拉特人出現在非洲東部並非什麼稀罕事，也不是什麼新鮮事。棉布很早就被輸往非洲，至十六世紀時還依然暢銷，因為「在一五〇〇年左右，曾數次抵達印度的葡萄牙旅行家巴爾博扎（Barbosa）……在蒙巴薩港和馬林迪港目睹了來自坎貝王國的船隻……〔並〕進而發現蒙巴薩南部的桑吉巴島和馬菲亞島（Mafia）的統治者都身著精美的絲織物和棉織物，這些衣物購自蒙巴薩的古吉拉特商人之手」（Gopal, 1975:2）。巴爾博扎還在亞丁灣發現了停泊於此的裝有絲織物的古吉拉特船隻（Gopal, 1975:3），一如一百五十年前的伊本・巴杜達所見（Husain trans., 1955:xliv）。在葡萄牙人於一五〇七年控制了通往波斯灣的荷姆茲海峽之後，「征服者中斷了古吉拉特的馬匹輸入，以此來削弱這塊〔印度〕領地的軍事力量」（Gopal, 1975:4），因為馬匹無疑就是中世紀戰爭中的「坦克」。埃及馬穆魯克王朝與古吉拉特的聯合艦隊在一五〇九年的第烏海戰中最終被葡萄牙人擊潰，這進一步印證了二者之間的親密關係。

馬拉巴爾—卡利卡特

儘管在時間上稍遲一些，但馬拉巴爾海岸的商人無疑與古吉拉特商人同樣富裕、同樣強大、同樣精明，（同樣也都是「外來的」）。至少自九世紀以來，馬拉巴爾海岸最南端的奎隆就一直是一個重要港口，吸引著阿拉伯船隻。宋朝時期的中國非常注重海事，許多帆船也紛紛駛往奎隆。十四世紀三〇年代，伊本・巴杜達在附近遭遇海難時，奎隆依舊發揮著重要作用，儘管那時它的對手——卡利卡特明顯佔據上風。卡利卡特位於奎隆北部，兩地相隔一定距離，十三世紀中期時，卡利卡特開始獨領風騷。

據達斯・古普塔*（Das Gupta, 1967: quotation from 4-5, italics added）所言，卡利卡特的興衰反映了印

度西部貿易路線的轉變，第六章已對此有所論述。

> 十三世紀中期，卡利卡特被亞洲貿易的一場劇變推向前臺。此前，波斯灣的眾多港口在阿拉伯海的貿易中保持著優勢。商船通常從巴士拉和荷姆茲前往奎隆和可倫坡（Colombo）。奎隆……是眾多中國船隻的匯集中心。中國帆船和阿拉伯船隻頻繁地穿梭於中國南部與波斯灣沿岸地區之間，遠端的海上貿易路線已經跨越了亞洲大陸。隨著西端的阿巴斯王朝（Abbasiud caliphate）〔原文如此〕的崩潰，這一貿易結構瓦解了。一二五八年二月，蒙古大軍席捲了巴格達……這種政治上的崩潰導致了商業上的衰退。波斯灣地區在阿拉伯海的貿易中喪失了其主導地位。強大的馬穆魯克王朝統治下的埃及取而代之，開羅的阿拉伯商人……有名的喀里米商人開始遊弋於從復蘇過來的亞丁到剛剛建立的卡利卡特之間的地區。在貿易轉變出現之前的時間裡……馬拉巴爾〔發生了〕政治劇變。海岸地區……被分隔開來，一個強大的新生家族獲得了一小塊帶狀區域……

於是，在新出現的「海洋之王」沙末林王（Samudri Raja，後來被誤記為「扎莫林」〔Zamorin〕）的統治下，卡利卡特在十三世紀後半期異軍突起。那時，來自紅海的穆斯林商人蜂擁而至，這緣於扎莫林提供的誘人的貿易條件，以回報他們在政治和經濟上給予的支持（Krishna Ayyar, 1938, for more detail）[13]。

儘管航行於紅海和麻六甲海峽之間的船隻間或停泊在斯里蘭卡（錫蘭，阿拉伯地理學家稱為錫倫狄布〔Sarandib〕），但大多數還是停靠在卡利卡特的商業區。在這裡，古吉拉特商人和猶太商人在繁榮的貿易

---

* 達斯·古普塔（Ashin Das Gupta, 1931—1998），印度歷史學家，著有《亞洲貿易中的馬拉巴爾（1740—1800年）》（*Malabar in Asian Trade, 1740—1800*）等。—譯者

中平分秋色。雖然達斯・古普塔（1967:6）認為「阿拉伯商人在阿拉伯海的轉口貿易中顯然是首屈一指的」，但是，卡利卡特的異軍突起顯然也產生了深刻影響。如達斯・古普塔（1967:5-6）所言：

> 卡利卡特的繁榮，意味著奎隆的衰落，以及開羅商人在與中國南部的對手的競爭中勝出。阿拉伯人將卡利卡特看作自己的家，他們援助沙末林進行領土擴張，以此獲得他對他們的商業目標的支援。面對阿拉伯人與印度人的聯合，中國人只能眼睜睜他們在阿拉伯海長期以來的貿易漸漸衰弱下去。「十五世紀時，一些中國船依然駛往印度，但大多數停靠麻六甲；印度船控制了麻六甲與印度海岸之間的區域；而阿拉伯船則控制了阿拉伯海……〔在這種情況下，〕遠端的亞洲貿易網路漸漸荒廢，儘管阿拉伯船隻依然從亞丁駛往麻六甲。」〔W. H. Moreland, as quoted by Das Gupta〕

阿拉伯人和印度人在印度洋西部霸權的終結（？）

在整個中世紀時期，阿拉伯船和阿拉伯商人一直控制著波斯灣—紅海與印度南部海岸之間的西端環路。在靠近印度的地方，印度船加入進來，與控制著通往海峽的第二環路的中國人共用著利益。

宋代早期，中國船更多地是在海峽區與印度商人匯集，但中國有時也會允許波斯人、阿拉伯人、馬來西亞人和印度人的船隻駛入某些指定的港口，在此，他們的交易受到政府官員的密切監管。然而，到宋朝晚期和元朝時期，中國不但向外國船隻開放更多的港口，而且中國船也積極地造訪印度港口，在那裡與阿拉伯人的船隻匯集。明朝於一三六八年的建立並未立即改變這種情況（Lo, 1958）。明代早期，中國人繼續保有一支強大的海軍，十五世紀最初的幾十年中鄭和率領的大規模船隊證實了這一點。然而，到十五世紀三〇年代中期，中國人完全地，永遠地，極富戲劇性地從印度洋撤了出來。

組織完善、裝備精良的中國艦隊的撤離，給浩瀚的印度洋留下了「權力真空」，唯有馬穆魯克王朝的弱小艦隊（儘管與古吉拉特艦隊達成了聯盟）阻擋著葡萄牙人的入侵。從地中海的角度來看，這種真空實屬罕見。自九世紀以來，地中海始終存有一支海軍力量，因此，商船的出航通常會得到軍艦的保護。而印度洋不是這樣，因為那裡的海戰並不影響商業。我們需要弄清這是為什麼。

儘管至少有四支海上力量在分享著從阿拉伯海延伸至南中國海連續不斷的浩瀚海域，至少是這片海域的某些部份，但這條貿易路線「實質上是平靜的」（Das Gupta, 1967:7; also Toussaint, 1966:101）。如同陸上商旅為了免遭劫掠而互相授益一樣，顯然，來自各地的海上商人也都慎重對待其他商船。事實上，這些商船往往運載著對方的貨物和乘客。不過，這並不意味著沒有「海盜」出沒。印度洋（尤其是海峽區）的確存有這個問題，需要商船時刻警惕，它們可能會遭遇兇狠的劫掠，有時甚至需要以「進貢」的形式進行賄賂。但參與貿易的各「國」船隻似乎並不互相敵視，也不將對方指責為「海盜」。誠如喬杜里*（Chaudhuri, 1985:14）所言：

> 在葡萄牙人於一四九八年到來之前……這裡沒有任何政治力量試圖有組織地控制亞洲的海上航線和遠端貿易……沒有任何一個國家或帝國主宰過作為一個整體的印度洋及其各個部份。

* 喬杜里（Kirti N.Chaudhuri, 1934-），印度歷史學家、藝術家，英國國家學術院、英國皇家歷史學會、歐洲人文和自然科學院院士。——譯者。

就像義大利人那樣，這裡的商人並不時常依賴國家的護航艦隊來保衛他們出行。商船往往結伴而行，但這主要是為了相互援助。另外，受季風影響，適於出航的時間非常有限，無論哪個種族的商人都仰賴於此。

這個自由放任、多種族參與的貿易體系締造了長達數個世紀的相互和平和寬容，當一個新的競爭者以迥然不同的「遊戲規則」侵入其中時，它顯然毫無準備。於是，一五〇〇年十二月底，當「葡萄牙船長卡伯拉爾（Ca-bral）決定在卡利卡特〔那時是一個容納大約一萬五千名穆斯林商人的城鎮（Toussaint, 1966:101）〕襲擊並扣留了兩艘載有胡椒的穆斯林商船時，他違背了這裡的不成文法」（Das Gupta, 1967:7）。達斯・古塔（1967:8-9）斷定：

> 葡萄牙人的重大影響並非源於他們的粗暴〔儘管他們的確如此〕，而是源於他們的獨創性。他們帶來了一種迥異於亞洲貿易的新貿易。兩種貿易方式仍然都是中世紀的產物，葡萄牙人的新奇事物無法改變盛行於亞洲的生產和分配制度。此外還有一個重要的區別……〔卡利卡特的阿拉伯商人認為〕葡萄牙人不是商人而是海盜……他們的憂慮大致上成為現實。葡萄牙人逐漸構建起一個複雜的強制性體系。

在陸上，葡萄牙人強行促成了一系列條約，這些條約在實質上賦予了他們以低於市場的價格購買產品的權利。在海上，他們建立了一個粗暴的強制性通行體系，要求亞洲的船購買葡萄牙的「許可證」方可通行。這樣，憑藉軍事力量，葡萄牙人對整個印度洋地區的貿易港口進行了一場根本的重組；這場重組最終削弱了卡利卡特，儘管是漸進地，不完全地。

雖然其穆斯林（阿拉伯和印度）商人貴族階級在十六世紀早期依然富有（Das Gupta, 1967:11），但卡利卡特正在衰落。一旦葡萄牙人將大部份的貿易導向由他們絕對控制的柯欽港和果阿港，印度的其他港口就可能淪為葡萄牙人控制下的二流港口了。十八世紀時，一位英國遊客將卡利卡特描述成遍佈低矮茅屋的小漁村，儘管它依舊是馬拉巴爾地區的主要城市。印度化了的穆斯林商人社區的遺跡還在延續著行將終結的貿易（Das Gupta, 1967:1），儘管這裡已處於歐洲霸主的鐵蹄之下。

中世紀時期印度東南部的社會組織

儘管印度東部平原的農業社會——帕拉瓦王朝、朱羅王朝、潘地亞王朝（Pandya），最後甚至是維查耶納伽爾王朝（Vijayanagar）——不像馬拉巴爾海岸的農業社會那樣單獨並專門從事貿易活動，但它們也參與到始於九—十世紀的商業大復興之中。斯坦因（1982a:19, italics added）告訴我們：

> 從大約九世紀起，在半島南部及周邊的廣闊區域從事貿易的富有而聲名遠播的〔泰米爾〕商人社團，就與佔主流地位的農業社會形成了必不可少的聯繫。行商……為那個時期分散而發達的農業社區之間的聯繫提供了一種途徑。

十一世紀時，泰米爾商人以商業社團的形式組織起來，並由朱羅王朝扶持（Stein, 1982a:20）。儘管朱羅人「既沒有通過有序的行政制度來解決國家收入的傳統，又缺乏合適的機構」（Stein, 1982a:20），況且他們總是更加專注於他們的農業腹地，而非海事活動，但他們變得越來越具有冒險精神，他們暫時控制了錫蘭和馬爾地夫，並侵襲到遠及室利佛逝國的地方。

然而，到十二世紀時，泰米爾人已經喪失了他們的卓越地位，西部地區的穆斯林商人（大多是印度人）

取而代之（Stein, 1982a:40）。有趣的是，正是在這一時期，「香料，〔和〕……印度與中東的絲綢、棉花大量地進入中國港口」（Richards, 1986:3）。不過，朱羅王朝並未從這種繁榮中獲得太多收益，因為它對於海外貿易的興趣似乎在十三世紀的某個時期就已經消失了（Stein, 1982a:40）。

如前所述，與馬拉巴爾海岸地區無拘無束、支離破碎的政治制度相比，印度東南部的農業政權，尤其是延續至一二七九年的朱羅王朝（之後有一個過渡期），以及最終於一三五〇年繼位的維查耶納伽爾軍事封建政權，都更多地致力於求取農業盈餘，而不關注遠程貿易。斯坦因（1982a:24-25）對地形與泰米爾政治組織之間的關聯作出了有益的解釋：

> 稻米灌溉文化〔如同在柯洛曼德爾平原看到的那樣〕使得作物栽培高度程式化……對於生活在這種環境下的多數人來說，他們的主要任務就是保持對土地和勞力的控制，並擴展農業水利灌溉系統。在出現類似情況的印度南部，人們發現早期佔支配地位的是強大的農業社會，以及印度的公共機構和婆羅門——他們是農業盈餘的主要收受者——還有有權有勢的地區性封建君主，一如朱羅王朝時的情況。

在這種情況下產生了一個與馬拉巴爾截然不同的階級結構。儘管印度東南部的水利社會的農業勞力並不全是奴隸，但他們被「捆綁」在，即約束於土地之上（Stein, 1982a:27, 30-31）。這引起了無休無止的關於印度在中世紀時期有無封建性的討論（see, for example Mukhia, 1981; Sharma, 1965, 1985; Stein, 1985）。而且，與印度北部或馬拉巴爾的情況不同的是，這裡的統治者很少來自武士階層[14]。

然而，與魏特夫（Wittfogel, 1957）給水利社會所設定的「東方專制」制度相反，印度南部各王國既沒有高度集權化，也沒有出現專制。儘管這塊廣闊的區域出現過一些強大的君主政體，但從未出現過針對幾個大地區的中央集權。君主在禮儀上是合法的，但他們對帝國缺乏足夠的控制。於是，王權與眾多的地方政權共生共存，這些地方政權通過不同形式的地方機構獲得了合法地位[15]。斯坦因（1982a:32, 35）著重強調

> 在……印度南部，十四世紀之前……沒有任何地方資源能合法地、有規律地從地方的農業組織和生產核心區轉移到「國家」的跡象。土地記錄、土地稅和貿易稅只在地區層面上進行討論。十四—十五世紀時，這種現象擴大到更多的地區……關於水利稅的記載是人們所能找到的唯一大量而系統的稅務記錄，但這些稅收也是取之於當地，用之於當地的。

恰如政府未能完全控制農業生產一樣，政府也未能充分利用將其統治區與世界市場聯繫起來的外國貿易。事實上，地方上行商的「薩瑪雅姆」（samayam）[16]組織協助經營朱羅港口，並「對內地的主要貿易中心進行行政管理」。霍爾（Hall, 1980:165）認為朱羅港口的管理者是「政府官員，他們與眾多的行商和地方人士一起控制著外國商人的活動以及他們與當地商業網絡的聯繫」。

轉口貿易（雖然顯然還要加上當地的胡椒種植）是馬拉巴爾地區的主要收入來源，但是在泰米爾平原上，這種貿易更為緊密地與農業生產和農產品加工整合在一起。其中的一種作物就是棉花。從很早的時候起，棉紡織業就使得印度東部地區的一些城市具有了工業化，或者更為確切地說是原初工業化的特點，這一特點更接近於法蘭德斯地區，而非馬拉巴爾地區。

甘吉布勒姆的紡織業

早在西元六世紀的時候，帕拉瓦王朝的首都甘吉布勒姆（靠近今天的馬德拉斯）就是一個重要的城市中心，因其商業功能和宗教功能而聞名（Mahalingam, 1969）。肯尼士・霍爾（Kenneth Hall, 1980:88-89）認為甘吉布勒姆的地位，源於該城在古代印度南部一個大產棉區中的戰略位置，這一位置使其作為一個紡織中心發展起來。

很顯然，這裡的紡織業一直延續到朱羅王朝時期，即便此後的甘吉布勒姆已不再是首都城市。霍爾（1980:89-90）描述道：

> 朱羅銘文描繪了一個精密的布料生產系統，分工相當專門化：先是提取原棉，而後將它們分給紡紗工，由他們紡出紗線；之後，這些紗線交到織布工手裡，由他們編織出各種質地的布料；然後，成布會零售或批發給專門從事布料銷售的商人。所有這些活動都是在甘吉布勒姆進行的。

我們仍舊不清楚朱羅王朝時期是怎樣組織紡織業的，霍爾（1980:115）的解釋顯然也是假設性的。他認為，富有的布商控制了布料供應

> 或許包括原料的「生產」，及其向紡紗工和編織工家庭的流入。在那裡，他們將原料加工成成品。在編織業中，一夥商人，如格子布商人*很可能會向當地的編織工提供紗線……〔編織工〕再將成品交給原料的提供者……然後再由提供者銷售布料。至於編織工能否從成品銷售獲益中分取杯羹……沒有記載。

也沒有證據能表明商人如何對紡織工人的工資進行管理，正因如此，產品標準的設定和對劣等工藝進行罰款的情況也都不得而知了。

關於印度紡織業的技術水準，爭議頗多。有種觀點認為印度的紡織工藝直到很晚都很原始，先是中東技術，之後是歐洲技術的輸入才使其工藝日益高超。專事印度蒙兀兒帝國研究的伊爾凡・哈比卜（Irfan Habib）是這種觀點的主要擁護者。（See Habib, 1969, a view later revised ib 1980 but also Habib, 1982.）然而，印度南部的證據揭示了一幅不同的圖景。

拉馬斯瓦米（Ramaswamy, 1980:227）證實，印度南部在西元六世紀時使用了「梳弓」（carding bow），十二世紀時使用了顯然已非常古老的立式織布機（Ramaswamy, 1980:230）。還有證據證實了自十一世紀以來印度南部就在使用提花機或花布織機（Ramaswamy, 1980:237）。唯有後來對紡車的採用印證了哈比卜的觀點。十三世紀時，印度南部的女性仍在沿用紡錘，因為紡車直到十四世紀時才由土耳其傳入印度（Ramaswamy, 1980:227-228）。〔直到十六世紀才傳入歐洲（Ramaswamy, 1980:241）。〕所有這些都表明，「印度的織布工藝絕對不亞於多數史學家到目前所假定的西方或中國的水準」（Ramaswamy, 1980:231）。

儘管我們或許無法確切地知曉朱羅時期的紡織業是怎樣組織的，但我們可以確信它們的產品規模已經相當可觀，編織工已遍佈城市的各個角落，至少在甘吉布勒姆如此（Hall, 1980:91）。我們還知道，商人階級的財富和權力也在隨著紡織產業基地的擴展而膨脹。

* 英文原文為 caliya-nagarattar，該詞中的 caliya 是從另一個詞 caliyan 變化而來的，caliyan 引申出的 caliyapputavai 指那個時代的一種格子布；而 nagarattar 是從 nagaram 變化而來的，nagaram 指城市中商人雲集的區域。——譯者

商人階級

早在朱羅王朝之前，帕拉瓦王國的各行政區（「土地」，nadu）就建立了商業城鎮，那時稱為「鎮」（nagaram）[17]。只需向統治階層繳納交易稅，地方貿易和長途貿易就可以比較自由地在這些城鎮經營。這一模式一直延續到朱羅王朝時期。在甘吉布勒姆，朱羅國王與帕拉瓦王朝時期建立的「鎮」（商人團體）保持著類似的關係，允許商人管理該城商業區的經濟、行政，甚至宗教，以此來支撐當地的稅收（Hall, 1980:93）。顯然，這種自治之所以得到容許是因為城鎮決定著「一張巨大的地區商業網的效忠與否」，它會帶給「國庫相當客觀的商業稅收」（Hall, 1980:94）。

這種稅入部份地依賴於紡織業的發展水準。王室收益源於從棉花的銷售、紗線的紡制和編織中所徵收的稅款，以及購置織機的許可費。所以，「甘吉布勒姆的商業活動直接有益於……朱羅王朝的統治者」。十二世紀時，隨著「保護人—被保護人」關係讓步於更加抽象的關係，紡織品生產和貿易變得愈益成熟。生產商「出售他們自己的產品……或者與專門從事代理商角色的商人階級建立了關係」（Hall, 1980:96-97）。

十二世紀晚期，國際商人開始頻繁來到柯洛曼德爾海岸諸港，當地的行商管理著組織完善的貿易系統，提供外國需要的珍珠、檳榔、香料和棉製品。朱羅王朝統治者對這種貿易採取了一種積極的姿態，因為他們從中獲得了豐厚的經濟收益（Hall, 1980:2-3）。不過，隨著朱羅王朝的衰落，他們逐漸喪失了對商人階級的控制。商人階級「開始更加引人注目，在很多情況下，他們成為新的政權中心謀求發展的核心力量」（Hall, 1980:4）[18]。

城市化

紡織業的健康發展，以及國際上日漸增長的紡織品需求，都促使十三世紀成為一個高度城市化的時期，印度南部和西歐均是如此。按斯坦因（1982a:36）所言，「自……泰米爾的古典時代……即西元紀年的最初幾個世紀以來，城鎮從未擁有它們在十三世紀之後那樣重要的地位」。

但是，城鎮的擴張更多地源於國家權力的集中，與長途貿易並沒有多大關係，這時的遠程貿易正在從印度西海岸轉入穆斯林商人的掌控之中。加強中央控制的途徑之一就是修建印度教寺廟，很多寺廟就是在十三世紀建成的（Stein, 1982a:37）。斯坦因（1982a:38-39）認為由於國家對寺廟的建造彙集了眾多的工匠和勞力，所以它既有利於城鎮的發展，又有利於國家權力的集中。朱羅王朝的繼任者也沿用了這一模式。

十四世紀中期的轉變

正如在對馬拉巴爾海岸的討論中提到的那樣，對分析中世紀的歐洲子系統和中東子系統很有作用——對後者稍差一些——的「興」「衰」日期，似乎與印度西部海岸不太相關。印度西部海岸的貿易活動與埃及息息相關，而埃及是唯一在十四世紀經歷了蒙古帝國的瓦解和黑死病的摧殘而存續下來的中東國家。

相比之下，對印度北部和東南部來說，一三五〇年是一個很明顯的截止日期，儘管兩個地區的情況有別。十四世紀中期，印度一北一南兩個地區的兩件事共同改變了這些地區在世界體系中所扮演的角色。這些事降低了兩個地區的貿易的重要性，並因此擴大了印度洋地區正在形成中的權力真空。

在印度北部，德里帝國於十四世紀下半期開始瓦解；一三九八年，帖木兒軍隊圍困了德里城，給帝國以致命一擊。國庫裡通過長期不平衡貿易所積累的大量金銀財富全被運到了撒馬爾罕（Richards, 1986:15），直至蒙兀兒王朝時期國庫才重又充盈起來。

在印度南部，新的印度教國家——維查耶納伽爾王國或「勝利之地」（Abode of victory）建立起來，它不但征服了海岸周邊的小的穆斯林蘇丹國，還征服了此前朱羅王朝的大部份領域——長期以來，這一區域為相互對抗的曷薩拉王朝（Hoysalas）與潘地亞王朝所分割（see, inter alia, the work of Mahalingam, 1940, 1951；Dallapiccola and Lallemant, 1985; Krishnaswami Pillai, 1964）。維查耶納伽爾王國的首都深居內陸的德干高原之上（fpr recent excavations, see Fritz et al., 1985），該王國既不致力於農業生產，也不關注國際貿易。有史以來，印度南部首次處於具有軍事封建性質的集權制度的統治之下。為保證外籍士兵對王國的效忠和軍隊的壯大，這種制度允許這些士兵持有從農業和商業中索取的利益[19]。

外籍士兵似乎從農業中獲益更多。伴隨農業生產的快速發展，「工業」生產也一片繁榮，尤其是絲織業。在維查耶納伽爾王國時期，紡織業生產組織呈現出很多與資本主義相關的特徵（Ramaswamy.1985a），其中包括商人階級的出現，他們擁有小工廠，能保證技術的革新，並有明顯的階級分層。這一點在寺廟所在的城鎮尤其明顯，但傳統的紡織村鎮也有這種情況（Ramaswamy.1985a:302-303）。

儘管這裡的大多紡織品都輸往國外市場，但維查耶納伽爾王國似乎無法控制這些紡織品在國外的銷售。斯坦因（1982a:19, italics added）再次很清楚地指出這一點：

> 十四世紀時，印度南部在政治組織和經濟組織上的變化，使得行商社團喪失了先前的功能……〔他們〕最終在國內貿易中與當地的商人群體聯合起來。在此之前的很多流動人群或許已經乘穆斯林主宰的印度洋貿易體系之便，成為了印度南部海岸穆斯林貿易團體的一部份。十四世紀時……必須將海外貿易看作印度南部國內經濟體的延伸；十四世紀之後，印度南部龐大的、更加城市化的國內經濟體的出現削弱了該地區對舊有貿易網路的依賴，及其海上貿易的擴展。印度洋的作用也不再那麼重要，直至歐洲人控制

了印度南部很久之後。

古吉拉特和馬拉巴爾的穆斯林商人——既有阿拉伯人，也有當地人——逐漸掌控了柯洛曼德爾與印度東南部地區之間的貿易。印度西部海岸商人朝孟加拉灣這個在傳統上有點獨立的環路的「過度擴張」，或許導致了西部海岸地區潛在的權力真空的擴大——後來明政府的撤離使得這一真空一目了然，但我們將在第九和第十章再回到這個情節中來。

從印度洋事例中得到的經驗

假如單是戰略位置就能確保霸權永恆的話，那麼印度南部地區——其位置相當於印度洋東部海盆和西部海盆的「鉸鏈」，由地中海地區前往中國的海上航線的中心——無論是在十三世紀之前，還是十三世紀之後都應當在世界體系中一枝獨秀了。

事實並非如此。十三世紀之後，印度南部地區扮演了一個有幾分消極的角色。該地區的確是海上強國前往其西部（阿拉伯地區）和東部（中國）的必經之地；正如第九章將要描述的那樣，該地區的確對印度半島和東南亞島國產生了重要的文化影響；該地區沿岸也的確有很多重要港口，為了他們的經濟利益，地方統治者通常會支援大批商人在此購買當地產品或外國物品。但是，除了古吉拉特人和印度的一些穆斯林與在馬拉巴爾海岸和柯洛曼德爾海岸之外經營貿易的阿拉伯人或波斯人相互融合外，印度人在印度洋貿易中並不是非常積極。儘管在很早的時候，錫蘭（Indrapala, 1971）和蘇門答臘（Nilakanta Sastri, 1932b）就建立了大量的泰米爾商人僑居地，但這裡的居民更多地被看作僑民，而非四處生財的航海家。

印度在遠程海上貿易中所扮演的有些消極的角色，在某種程度上緣於縱貫印度歷史的貿易順差。

印度（包括斯里蘭卡）生產了廣為世界市場所需的產品……棉織品和絲織品……染料、單寧、香料、油菜籽和麻醉劑……紫膠、樹脂等林業特產、蜂蜜和象牙製品……相反，主要輸入品的清單……非常短。印度商人進口了用於作戰和騎乘的馬匹……〔他們還進口了〕印度沒有種植的香料，如丁香、豆蔻……從東南亞。〔還有〕西方的玻璃器皿和中國的瓷器……從中東輸入的金屬，尤其是銅——某些盔甲和武器……〔以及〕玫瑰香水和其他香水。最後還有主要是從阿比西尼亞輸入的奴隸……和從中東輸入的切爾克斯奴隸。（Richards, 1986:33-34）

但是，正如理查茲（1986:34）所斷定的那樣，「印度對中世紀時期世界市場上交易的大量商品要麼自給自足，要麼漠不關心。」印度的資源、寶石和香料等原材料、農業的高度發展，及其工業品的品質，都使其成為其他地區覬覦的物件。印度售出的商品要多於買進的商品，儘管正如我們將要看到的那樣，東南亞對印度的癡迷一如後來印度對歐洲的癡迷。頗具諷刺意味的是，似乎是富足而非貧窮使得印度無法在十三世紀的世界體系——該體系更多地是由需求而非知足推動的——中扮演一個更具進取心的角色。的確如此，印度越是捲入十二至十三世紀正在整合中的世界體系，她在實際的貿易活動中就越是消極。

某種程度上來講，印度有利的地理位置意味著她始終處於這樣一種危險之中，即她任意一側的海上力量的擴張都可能取代其地位。這種可能似乎在十三世紀末至十四世紀初時已經出現。那時，在印度西方，穆斯林商人（包括伊斯蘭化的古吉拉特人）將他們對船運的控制擴展到海峽地區；而在印度東側，中國則將他們的貿易路線延伸至次大陸地區[20]。其結果就是，隨著印度南部，尤其是盤踞德干高原的維查耶納伽爾王國所控制的泰米爾地區將注意力從海上轉向農業上大範圍的精耕細作，印度洋中心地區的海事活動就減少了。這種衰退也蔓延到麻六甲海峽被印度化的地區，該地區的一部份海事活動由直接的中國船運所取代。

這為印度洋地區潛在的權力真空的出現創造了條件，至此，該地區的西部由穆斯林控制著，而東部則由中國人控制著。十四世紀後半期時，進行大擴張的並非四支強大的海上力量，而是僅僅餘下的兩支力量。當這兩支中的一支（中國）從中退出時，該地區就任人佔有了，葡萄牙人後來把握住了這一良機。在接下來幾章中，我們較為翔實地考察了這種權力真空在印度洋東部海盆的發展情況。

第九章　海峽兩岸

誰控制了麻六甲，誰就扼住了威尼斯的咽喉。

（Tome pires,trans. Cortesao, 1944 vol.2:287）

切斷坎貝與麻六甲的貿易，坎貝就無法存活了。

（Tome pires,as cited in Gopal, 1975:8）

今天的巴鄰旁和麻六甲

由蘇門答臘島中部的佩坎巴魯（Pekanbaru）「國際機場」起飛的飛機向南穿越一片一望無垠的熱帶雨林，這片雨林不曾為道路切割，也從未被村落沾染。蘇門答臘島犁形的輪廓被遠遠地拋在後面，這裡人跡罕至，唯有一連串河流像蛇一樣蜿蜒地向東流入平靜的麻六甲海峽。海峽將輪廓模糊的蘇門答臘島與馬來半島豐饒的農田和精心栽培的橡膠林分割開來。每條河流都在扇形入海口處變得寬闊了，河口暗淡的光澤表明這裡是無法通航的淺灘區。迄今為止，這裡最長、最寬的河是哈里河，中世紀的占碑（Jambi，現約有十萬人）就坐落在哈里河上。

但是現如今，這一串河流留給人們的是下述深刻的印象。穆西河穿越深深的河道流入海洋，兩側的沼澤地在海洋附近形成一個三角洲，這條河流看上去孕育著很多希望。穆西河的河口受到岸邊不遠處一個較大島嶼的保護，這使其非常安全，也印證著十三世紀流傳的一個傳說，傳說講述了一條鎖鏈將河道纏繞起來，阻止了那些讓人生厭的船隻的駛入。

飛機突然降落在穆西河上游大約七十五英里的巴鄰旁的一片空地上。巴鄰旁位於蘇門答臘島的東南部，五千名印尼人在這裡過著平靜的生活。他們依然乘坐長長的獨木舟穿越河道來接收一些「進口商品」。這些獨木舟運送的商品由人力卸到河邊，再費力地從河邊沿著低淺的斜坡搬到鄰近的露天市場的貨攤和地面上的展示區。機器和製成品則由每天屈指可數的幾班飛機運到這個簡陋的機場。

幾乎難以置信的是，七—十二世紀時，巴鄰旁居然是室利佛逝「帝國」[1]的首都，巴鄰旁的國王——通過向中國統治者適時進貢和大獻殷勤取得並維持其統治地位——居然對培育了海上國際貿易生命線的印度和阿拉伯商船規定麻六甲海峽和巽他海峽的通行條件。

在麻六甲海峽另一側的馬來亞，坐落著一個更小的地方市鎮——麻六甲，麻六甲河就在這裡流入海峽。十四世紀末，巴鄰旁一個被流放的王子[2]就在此處建立了一個可以媲美的商業中心。距今天的海岸很遠的地方，在葡萄牙「征服者」建造的高大堡壘下面矗立著殘破的城門。十六、十七世紀葡萄牙人和荷蘭人相繼而來，這個如今已經乾涸的地方，便是他們的軍艦、民船的錨泊地。

水路現在已經退縮，陸地淤塞了「港區」，這裡的中心是一個滿是草地的公園。籬笆將公園圍了起來，籬笆外的地方現在是一片沙灘，過去它曾經是大船離岸錨泊的所在。淤塞區南部已經建起了現代的寓所、辦公室、餐館和電視機商店。沙灘區北部是殘存的麻六甲河的河道，非季風季節時，河道裡充塞了灰綠色的淤漿和污泥。搖搖晃晃的木質碼頭旁停泊著幾艘帆船，它們形似中世紀的單桅帆船，但船舷兩側都披裹著破舊輪胎，看上去很不相稱。如今，貨倉（商店）佔據了水平面之上的河岸地區，它們的臺階通常直接通往河道。幾艘類似中國帆船的方形小遊艇停泊在遠處的河流上游，準備搭載著遊客在這個荒廢的商業中心進行一次水上之旅。這裡會是那個來自世界體系的四個地區的船隻都停泊於此，每個地區都由其自己的港都首長把持的那個熙熙攘攘的碼頭嗎？如同在巴鄰旁和占碑一樣，麻六甲也曾在世界商業和生產領域扮演著重要的角色，但如今那種氣息已難再尋覓了。

唯有親臨那些曾支配了歐洲霸權之前的世界體系的遺跡，方知彈指間的歷史興衰就栩栩然近在眼前；而這些過往的「世界城市」今已是斷壁殘垣，這正是說明世界體系變幻無常再好不過的鐵證。

這些城市頗具戲劇性的衰落過程，引發了我們對這個區域及其城市化的非同尋常的特點的關注。大城市的一個顯著特點就是它們試圖永遠保持其地位，即便其功能已經發生了變化。考古挖掘中經常會發現層層疊疊且前後相繼的遺跡。位置優勢、具有象徵意義的崇拜地，甚或純粹的惰性等因素似乎能解釋這種持續性。然而，麻六甲海峽地區的貿易中心很少表現出上述特點。相反，隨著商人從一個地點轉向另一個地點，這裡的港口也一個接一個地浮現、崛起，然後衰落。（如今，新加坡的位置最重要。）恒定不變的是該港口位於世界的「咽喉」（按照皮列士的說法）之上，不過具體是哪一個港口，這要由政治因素而非生態因素來決定。

麻六甲海峽地區具有共同的生態特徵：波瀾不驚的水面（甚至被稱為「姑娘湖」）提供了平靜的通道，不同的風系匯聚在海洋上的某個地區，長時段的無風期打斷了一年一度的出航季節；海峽兩側分佈著低窪的海岸，海岸後面高山聳立，熱帶雨林鬱鬱蔥蔥；眾多河流向下注入海峽，那些地位低下但很精明的執政者在河口建起了城堡市鎮港口，以接收來自上游的物品，控制他們資源豐富的內地的入口，條件允許的話，還可以用這些物品交易其他地方的物品。馬來半島的高地傳入的物品有錫、木材及其他木製品，蘇門答臘島（中世紀時印度人稱之為「金島」）內地傳入的有礦物、樟腦、其他樹脂及木製品。

很顯然，這裡的原住民有的是經陸路從泰國來到這裡，而有些則是經水路從印尼群島來到這裡的，他們收穫著森林和海洋帶來的財富。這些原住民要麼完全過著遊牧生活（see Carey, 1976,on land nomads; Soper, 1965, on sea nomads），要麼過著刀耕火種的農業生活。比較起來，那些處於河口的小型貿易中心卻很可能容納從事貿易活動的外地人。內地與沿海的這種共生關係延續至今，內地容納著眾多的種族社會群體，而沿岸城市裡生活的群體在種族上則是千差萬別的——按照人數遞減順序，主要有馬來人、中國人、印度人，以及（現在幾乎見不到的）阿拉伯人。

在這樣的生態環境下，一個穩定的城市統治集團是不可能存在的（a pointrecognized by Bronson, 1977; Wheatley, 1983; Lim, 1978）。這裡既沒有大片的農業地區可供城市發揮中心地點的作用，也沒有一個非常獨特的區域能給某個特定的地點，比如道路或河流的交匯點，帶來比較優勢。此中原因就在於麻六甲海峽的矛盾之處。在這條世界貿易幹道上，蘇門答臘島海岸和馬來半島海岸成為天然的，也是必然的目的地，但是，該地區內沒有令人神往的停靠點。

我們在本章中挑選出中世紀時期兩個前後相繼的重要中心——巴鄰旁和麻六甲，但不要誤以為這一地區就這麼兩個中心。其實，若非我們對北部更遠處的兩個地點——馬來西亞海岸的吉打（Kedah，Kalah）[3]和蘇門答臘海岸的巴賽——的瞭解比巴鄰旁和麻六甲還少的話，它們也能輕易入選。（見圖十三）

與外部的聯繫

麻六甲海峽地區始終是海洋的交匯點，麻六甲海峽的海岸也是文化的交匯點。正如第八章所提到的那樣，東南亞地區的土著人在文化傳播中扮演了一個比普遍看法更早也更積極的重要角色（MacKnight, 1986:217）。然而，從西元一〇〇〇年開始，他們更像是成為了外來傳統的接受者。

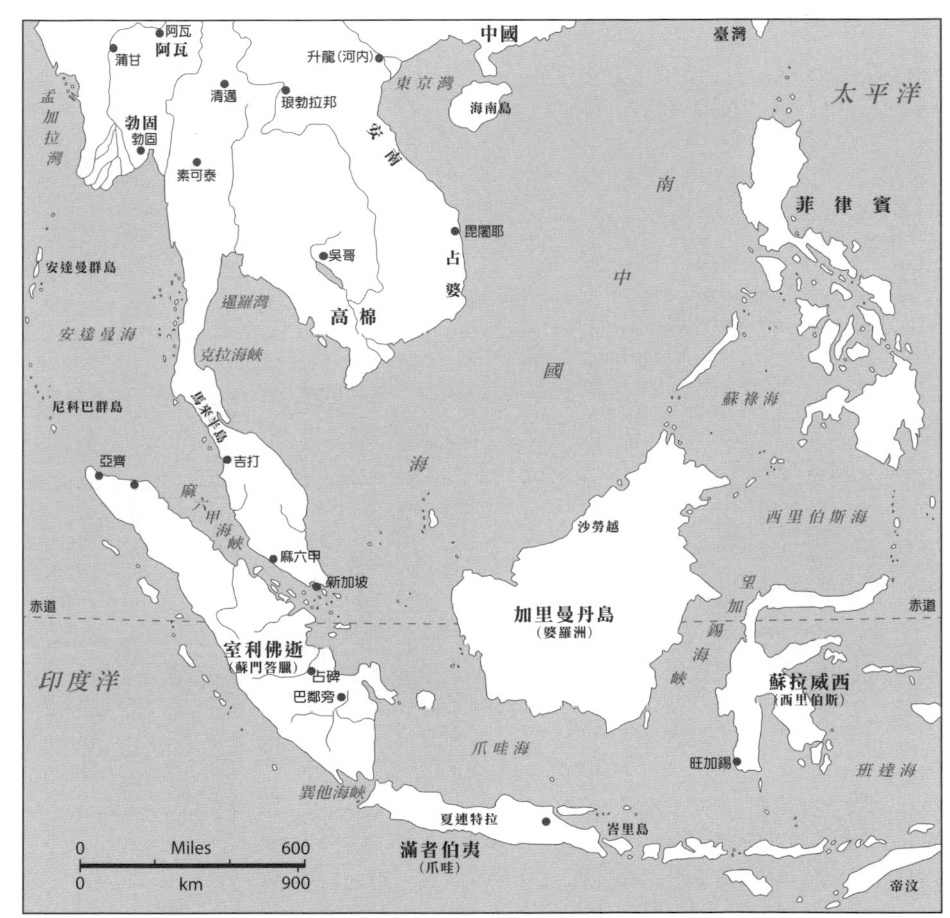

圖13　麻六甲海峽：海上路線的咽喉

東南亞位於亞洲大陸上的印度與中國這兩個農業區之間，同時受到兩個方向的文化和宗教（印度教和佛教）的影響。自十四世紀以來，這些影響就通過伊斯蘭教在這裡進行「最後的」轉化，如今，伊斯蘭教成為蘇門答臘印尼和馬來半島的主要信仰。隨著不斷地「皈依」，這一轉化過程更為深刻地植入了社會結構之中。統治者接受了印度教的宗教制度，但普通民眾僅僅借用了它們的一些語言而已，除了國際性港口的僑民社區外，印度教很難融入當地的社會生活。佛教對下層群體影響較深，但最終是伊斯蘭教在這個地區深深扎下了根。印尼是當今世界上最大的伊斯蘭教國家，伊斯蘭教在印尼和馬來亞都是信仰人數最多的宗教。

然而，在我們所要討論的這個時段中，印度和中國的影響是最為重要的，尤其是在巴鄰旁。麻六甲王國的締造者在晚年皈依伊斯蘭教之後，伊斯蘭教才在整個地區確立了地位。

對資料問題的質疑

一個佔據了世界水運交叉口的地區的重要性本無需贅言，但發人深省的是事實並非如此。我一廂情願地試圖查找盡可能多的當地文獻，但這對麻六甲海峽地區來說幾乎是不可能的事情。一個又一個的研究該地區的專家無不扼腕歎息於這樣一個事實，即我們先前對該地區的瞭解幾乎全是來自其他地區的人的敘述[4]。

如果那個時代的當地記載有所保存的話，那麼它們應該書寫在薄樹皮或竹片之上，在熱帶雨林氣候又熱又潮的條件下，這些記載應該早就腐爛了。對於蘇門答臘島來說，在歐洲人到來之前，除了寥寥無幾的幾塊石碑外，根本沒有任何記載留存下來。馬來半島其實也僅有《馬來紀年》（*Sejarah Melayu*）（the Malay Annals, translated by Leyden, 1821; retranslated by C.C.Brown, 1952）可供查閱，但現存手稿（#18 Raffles）僅能追溯到一個很晚的年代。該文獻從麻六甲王國的締造開始寫起，第一章內容是讓人半信半疑的歷史年譜，用以將統治者的地位合法化，認為他繼承了先前的室利佛逝國、朱羅王朝和夏連特拉王朝（Sailendra，在爪哇島上）的衣缽，更讓人無法容忍的是，它竟然還將其世系追溯至亞歷山大大帝那裡！（對該手稿的評價，主要參見Wolters, 1970, and Tregonning, 1962。）

有些中文文獻和斷代史（由王賡武*一九五八年精心選編的宋代之前的資料）間或提到了所謂的室利佛逝國及其首都——先是巴鄰旁，而後是占碑——的情況，不過這些資料——並非故意地——顯然有些曲解和偏頗。它們認為巴鄰旁的國君們雖然是其眾多附屬國的「統治者」，但他們不過是中國的「封臣」，定期地攜帶國禮前來進貢。事實不可能如此，因為我們知道巴鄰旁不只同中國人有著貿易往來，還與阿拉伯人和印度人進行貿易往來；我們也知道中文裡的「進貢」不過是對交易的委婉說法，因為中國在那個時期不鼓勵私營貿易（參見第十章）。

我們對於佛教文化在巴鄰旁的重要性的瞭解源於一份十七世紀的參考文獻，它是一名中國學僧留下的敘述，該學僧在去往印度時曾在此駐足數月。他說巴鄰旁有上千名佛教僧侶，但他記述的準確性和出發點值得懷疑。

最後一份中文資料來自於十三世紀的市舶使趙汝括（trans. by Hirth and Rockhill 1911），他描述了駐在刺桐（泉州）的外國商人的來源地。不過，他的部份描述出自一份差不多比他早一個世紀的資料，而其他描述都源於他本人與商人們的會談，且其中的一些商人明顯有所掩飾。此外，這份中文資料的歷史可追溯到室利佛逝國衰亡——這個時間有公認的說法——之後的某個時段。

上述支離破碎的資料都讓人半信半疑，將阿拉伯文和中文地名轉譯成英文的問題也令人費解。我們仍然

* 王賡武（1930—），澳大利亞籍歷史學家、教育家。著有《南海貿易：南中國海華人早期貿易史研究》、《南洋華人簡史》和《南洋貿易與南洋華人》等。—譯者

不能確定文獻中提到的所有地點的確切方位，在某些具體地點的中文名字是什麼這個問題上也有很多爭議。很多文章和著述（e.g., Douglas, 1949, reprinted 1980; Wheatley, 1961）都致力於嘗試解開因不同語言裡的術語而導致的不可避免的困惑。

關於麻六甲海峽地區，阿拉伯旅行家和地理學家進行了描述，他們的作品寫於九—十四世紀（其中有大約九—十世紀的商人蘇萊曼、阿布・扎伊德・阿西拉弗，十世紀的麥斯歐迪；十二世紀的伊德里斯，以及十四世紀上半期的伊本・巴杜達），但他們中的很多人似乎並沒有親臨過他們所描述的地區。尤其是當他們描述到從印度西海岸前往東南亞時（不然就是還沒描述到這裡的時候），他們變得越發難以置信了。唯有伊本・巴杜達似乎確實往返過中國，他對印度（作為法官，他在德里供職多年）和中國的描述「最為翔實」，但很少提及印度和中國之間的地帶。

印度南部的文獻極為詳細地記載了蘇門答臘和馬來半島的情況，在印度人的想像中，這些地方似乎佔據著有利位置[5]，自帕拉瓦王朝以來，婆羅門就一直通過這條天然出路來傳教。印度人大量的（但這僅僅相對於當地資料和其他資料的缺乏而言）記述都過於誇張地描寫了印度文化對「印度群島」（包括爪哇島）的影響，這一點我們在第八章已有所論述。此外，正是那些專事宗教信仰和宗教儀式的有文化的婆羅門創作了該地區的梵文文獻。來自古吉拉特或柯洛曼德爾的人數眾多的定居商人沒有將他們關於城市和貿易的乏味（對我們來說卻是很有意思）觀察資料保留下來。

最後，葡萄牙人在印度洋的出現以及他們於一五一一年對麻六甲的征服，催生出非常不同的文獻，這些文獻以主觀經驗為依據，以實際「功用」為準繩。其中最引人注目的是多默・皮列士的《東方志》（*Suma Oriental*, trand. Cortesao, 1944），該書基於皮列士本人在十六世紀二〇年代的親身體驗以及他所能收集到的任何有關該地區歷史的背景材料。雖然它實際上等同於一部豐富的原始資料，並且幾乎是我們所能仰仗的唯一資料，但它和《馬可波羅行紀》一樣，以西方的視角緊盯著「有用的」訊息，時常戴著有色眼鏡，並傾向於假定歷史和現實一模一樣，而且直接掩蓋了一些事實真相。

於是，歷史學家在想像中融合並重組了同樣有限的訊息片段，以此替代中世紀時期麻六甲海峽地區的真實資料。我學力不逮，無法構思出另一個假說，所以，我將試著從專家們——他們都非常內行，非常受人尊敬——相互矛盾的觀點中提取出基本的「事實」，用於描述十六世紀之前世界體系的這一部份的發展和衰落。

印度對麻六甲海峽地區的影響

喬治・賽代斯（Georges Coedès,1886-1969）是最為有名的從事東南亞中世紀史研究的學者，他的《東南亞的印度化國家》（*Les ètats hindouises d'Indochine et d'Indonèsie*, original 1949, revised and translated into 1968）一書為解釋印度文化對東南亞地區的影響確立了基本的正統說法，這一說法得到了那些洋洋自得的印度學者的支持（see, for example, Nilakanta Sastri, 1949; and Majumdar, 1937-1938, 1963, who even speaks of Indian "colonies"），並被圖森特（一九六六年）全盤接受。他們引用了這樣一個無可辯駁的證據，即在整個東南亞地區（在吳哥和爪哇）都可以找到印度風格的雕塑和廟宇[6]。正是賽代斯發表於一九一八年的那篇文章首次提出了深受印度文化影響的室利佛逝帝國的存在。

上述思想流派猜測印度南部的僑民群體於四世紀的某個時期移居到了東南亞。賽代斯（1966:247）認為單憑這種人口流動就足以解釋五世紀時在「婆羅洲和爪哇這兩個印度王國」出現的印度碑文。他推測文化影響的傳播就是由這些僑民推動的[7]。

另外一個從事東南亞貿易研究的著名學者是范勒爾（J.C.van Leur, 1955）。他的《印尼的貿易與社會》（*Indonesian Trade and Society: Essays in Asian Social and Economic History*）一書的第一部份集中研究了十五世紀之前的貿易。范勒爾將東南亞地區劃分為栽培稻米的農業國家和人口稀疏的市場貿易區，麻六甲海峽地區就是後者的典型事例。至於後者如何被印度化這一問題，他的答案與賽代斯的解答有所不同。

范勒爾對早期印度僑民的殖民地表示懷疑，他認為，即便確實存有殖民地，它們也不足以解釋「高等文化」的擴散，因為它們有可能是那些對梵文一無所知的商人和水手創建起來的。與此相反，他認為是婆羅門將印度教（和後來的佛教）以及他們的管理技巧傳播到當地統治者的宮廷裡，以贏得統治者的資助。這些統治者認識到宗教的法定化和行政管理的系統化有利於強化對國民的控制，因此他們會扶持這些制度在社會中的複製。〔Wheatley（1961:185-187）concurs, as does Hall, 1985:83-93）.〕這方面的證據就是梵文，而非本地語言在重要的王室銘文以及與高等文化相關的藝術品（諸如雕刻和建築）中的使用。本地語言可能為下層的商人所使用。

持有上述觀點的學者往往將印度的影響至少追溯至帕拉瓦王朝時期（六世紀之前），並強調柯洛曼德爾海岸的婆羅門教文化與室利佛逝王國和（爪哇島上的）夏連特拉王朝之間持續的宗教聯繫。他們認為巴鄰旁在七世紀時成為室利佛逝王國的首都與這些印度的婆羅門有直接關係。

相比之下，斯潘塞（1983:82）沒有忽略印度商人在文化傳播中可能發揮的作用，雖然其作用很難被描述出來。他認為沒有這些商人，高等文化是無法傳播的。

> 來自印度，或者馬來半島和其他地方的水手、商人和探險家在貿易路線上的流動，是印度文化東傳的前提。海上貿易網路為跨越東南亞的船隻提供了航行路線和航海技術，它們是婆羅門和其他文化使者完成

使命所仰賴的條件。

范勒爾認為平凡的商人和探險家不可能傳播「深奧的梵文文化，這種文化是印度化王國裡具有高度裝飾性的宮廷文化」，作為對他的回應，斯潘塞（1983:83-84）提醒我們：

> 印度的藝術活動絕不少於宗教活動……反映了工匠們並不僅僅從事藝術創作……婆羅門絕不可能像商人那樣掌握〔必需的〕手藝……印度的藝術風格在國外的傳播，或許就是印度工匠的正常創作活動在國外新場所的延續。

斯潘塞斷言，在那些因貿易而形成的沿海商業中心，如室利佛逝，商人傳播者或許是中世紀時期將東南亞地區印度化的主力軍。

我們知道泰米爾商人長期在麻六甲海峽地區活動。在室利佛逝國強盛的時代，來自柯洛曼德爾的商人明顯控制了這一地區，考慮到朱羅王朝在十三世紀之前的世界貿易中所發揮的積極作用，這種情況並不出人意料。儘管朱羅王朝從未擁有莫克基（Mookerji, 1912）提出的無敵「海軍」，但它的艦隊在十一世紀早期時已經非常強大，足以對巴鄰旁和室利佛逝聯盟的其他貿易中心進行「懲戒性的」和極具毀滅性的打擊。不過，正如我們在第八章中已經看到的那樣，不到一個世紀之後，朱羅王朝就漸漸喪失了對途徑所轄港口的遠程貿易的控制，控制權轉移到來自印度西部和阿拉伯國家的穆斯林商人手中。

不足為奇的是，隨著麻六甲王國的締造及其首位統治者皈依伊斯蘭教，古吉拉特商人在海峽貿易中的作用更加突出了。戈帕爾（Gopal, 1975:6）強調，十五世紀或更早以前，

> 古吉拉特商人已是馬來半島和印尼群島各港口，即麻六甲、吉打、木歪（Bruas）、雪蘭莪（Selangor）、亞姆亞姆（Mjamjam）、巴賽和佩迪爾（Pedir）的常客。他們經常隨身攜帶著錫、胡椒和香料。不過，麻六甲才是古吉拉特商人和古吉拉特貨物在這一地區的聚集地。

古吉拉特商人從麻六甲前往蘇門答臘島、爪哇島、帝汶島、婆羅洲、摩鹿加群島，甚至中國。皮列士對古吉拉特與麻六甲之間的貿易的價值和內容都進行了深刻描述，他對坎貝商人的財富和地位的評價也是無可置疑（Gopal, 1975:7-8）。但是，十六世紀早期的資料並不能替代此前的資料。早在十六世紀早期之前，中國人就已經從印度洋撤離了，麻六甲的伊斯蘭化也使得古吉拉特人與麻六甲人達成同盟。我們很快就會看到，中文資料給出了截然相反的景象，在這一景象中印度和穆斯林的影響是微不足道的，而中國扮演了一個畏首畏尾卻又很重要的角色。

中國與麻六甲海峽

儘管中國在十三至十四世紀的國際貿易中的作用將在第十章詳加闡述，但我們有必要梳理一下其中的大致輪廓，以便更好地解釋這樣一個讓人費解的悖論，即室利佛逝在世界體系剛剛形成的七—十二世紀裡地位顯赫，但到了世界體系臻於頂峰的十三世紀晚期至十四世紀時，該地區卻幾近衰亡（至少在文獻中如此）。

當初是什麼反常情況的出現竟然導致了世界體系在後來的退化呢。悖論就在於此。數個世紀以來，海峽地區在中國與印度之間的海上貿易路線——也間接地包括了阿拉伯世界和歐洲的地中海地區——一直保持著壟斷地位。隨著貿易額的不斷增加，其地理位置的價值確實也在日漸凸顯。然而，在室利佛逝王國的「衰落」與麻六甲王國的「崛起」之間有一段令人迷惑的長達數個世紀的時間空隙，室利佛逝王國的競爭對手——爪哇的逐漸壯大無法解釋所有問題。值得注意的是，室利佛逝王國衰落的這個時段恰好是中國積極地參與世界貿易的那兩個世紀。

從南宋政權於十二世紀晚期初次涉足海洋至明朝於十四世紀晚期從海洋撤離為止〔原文如此〕，與海峽地區的彈丸小國相關的記載逐漸減少。其間，海峽沿岸的港口城市在物質上無法保持其原有規模，也不能維護它們的區位優勢。它們在「政治上」似乎不再是壟斷著通往中國港口的門戶的媒介。該地區由「隘口」變成了附庸，聽任核心貿易大國的擺佈。我認為它們的依附局面或許是「正常」現象，它們作為隘口的角色才是需要進一步作出解釋的真正的反常現象。我們先簡要地掃視一下它們的依附情況，然後再轉向後者。

儘管海峽地區的貿易中心至關重要，但它們在某種程度上仍然處於世界體系的「邊緣」，因為工業品並不是由這些地區，而是由印度和中國這樣的核心區製造和加工的。理查茲（1986:25-26）斷言，東南亞的地位始終不如核心地區，因為它既不大量生產工業品也不大量運輸工業品。儘管東南亞經濟體在轉口貿易中非常重要，但它們所能提供的僅僅是「印度與中國的工業生產所需的農產品和原材料」。

就像非洲的鈾和埃及蘇伊士運河的戰略位置無法使這兩個地方躍居當今世界體系的核心地位一樣，其他地區對東南亞的香料的渴求以及作為必經之地的水路也都無法確保東南亞在十三世紀世界體系中能佔據核心地位。如果政治上的依附就是指外部的決定對一個無力反抗的國家的內部大事產生過度影響的話，那麼作為中國的附庸，海峽地區就必定符合這個概念了，從某種程度上而言，至少在此前數個世紀裡如此。

在古典時代裡，中國人口的「重心」在內地。外部貿易沿著偉大的絲綢之路橫跨大陸進行著。自大約六世紀以來，隨著羅馬帝國的崩潰，陸上貿易逐漸衰退，中國的人口重心向南部沿海地區轉移。伊斯蘭勢力稱霸時期，陸上線路得以恢復，但依然受到北方部落的威脅。起初，長城的修建就是為了抵禦這些北方部落。（十三世紀頭幾十年，成吉思汗佔領了中國北部，掃除了這些部落的威脅。）由於跨越大草原的通道時常關閉，中國理所當然地將更多的注意力轉移到海上。中國的貿易，尤其是與東南亞島國之間的少量「貿易」業已展開，這種「貿易」委婉地隱藏於「蠻夷」之國的「朝貢」中。

七世紀時室利佛逝國的興起似乎與上述朝貢貿易有關。據沃爾特斯*（Wolters, 1970）研究，朝貢貿易使得中國皇帝以一種超然的姿態面對他的「封臣」，這些「封臣」必須證明他們的法統和順從。在數個世紀裡，室利佛逝國的貢使似乎已經讓皇帝確信他們具備以上兩點要求，儘管文獻資料無法讓眾多學者信服[8]。無論室利佛逝國是否真正存在過（as claimed by Coedes, 1918），中文文獻都證明了中國的主義在該王國——中國人稱之為三佛齊（San-fo-Ch'i）——的存在。這些文獻宣稱室利佛逝國定都巴鄰旁，該王國「統治著」十四或十五個海峽地區的封邑。其實，巴鄰旁的王公或他派出的使者每年都會假借「拜訪」中國進行大量的貨物交易。據記載，他們有一次居然攜帶了三十八噸胡椒當作「貢品」！室利佛逝國的真正任務似乎就是除了「銷售」本國物品和中東物品外，也「銷售」印度南部的物品。

然而，這種委婉的朝貢貿易並非一帆風順。八世紀，阿拉伯水手步波斯水手的後塵，對中國港口進行了直接訪問，唐朝政權對這些與眾不同、或許不諳禮節的造訪者缺少相應準備。起初，這些新來的商人被限制在廣州，這裡建有很多穆斯林商人社區。不過，正如第六章已經描述的那樣，麻煩很快就升級了。中國政府對他們的回應很簡單，她再一次對這些不肯卑躬屈膝的商人封鎖了港口。他們可以進入海峽地區，但禁止往前一步。而室利佛逝國人員在表面上依然是中國的溫順「奴僕」，他們可以出入中國港口，這一事實或許表明了他們「神秘的」——如果只是暫時的——力量。

宋朝時期，尤其是在蒙古大軍使得所謂的南宋政權南遷之後，中國一度廢除了抑商政策，室利佛逝「帝國」的作用日漸淡化。一旦印度，尤其是阿拉伯船隻獲得更多的——儘管也要受到監管——進入中國幾個港口（廣州、金塞或叫杭州、泉州或叫刺桐）的機會，一旦中國船隻和商人（包括「官營」和「私營」）開始在海上貿易中發揮更積極的作用，海峽地區的幾個小公國就不再是必不可少的媒介了。在蒙古勢力統治的元朝吞併了南宋的疆域之後，這種更加開放的商業政策得以延續和強化。如前所述，馬可波羅曾對忽必烈統治時期中國城市和港口存在的大量穆斯林商人進行過描繪。

隨著中國船隻向西遠行至奎隆，阿拉伯和（或許）印度船隻駛入中國港口，穿越麻六甲海峽的航線得以維持下去，但室利佛逝人的壟斷實力卻不復存在了。他們從中間商淪落為海盜和剪徑賊，要麼在公海實施搶劫，要麼向駛入穆西河河口的船隻強徵通行費。此後的時期裡，巴鄰因成為中國海盜的「老窩」而惡名遠播。

中國在商業上這段長達兩百年的「冒險主義」並未延續下去，對此，我們將在第十章詳加闡述。在元朝的灰燼之上建立了明朝之後，中國又回到——儘管不無爭議——先前面對貿易和外國人時的不自信狀態之中。海峽地區的人們敏銳地意識到朝貢貿易恢復之後將要帶給他們的機遇，他們認為室利佛逝國即將復蘇。沃爾特斯認為，《馬來紀年》前面開列的冗長系譜，是將麻六甲王國的締造者（in ca.1398）與巴鄰旁的王室家系（除了印度的泰米爾王室和爪哇的夏連拉特王室）聯繫起來的精心嘗試，以此證明麻六甲王國是室利佛逝國的真正繼承者。或許他們認為室利佛逝國依然在中國人中享有較高的聲譽。麻六甲渴望成為前往中國的新「隘口」——所有貿易國的商人都匯集於此，但只有少數幾個選定的國家才能通行。

在皈依伊斯蘭教之後，麻六甲王國的締造者改稱伊斯干達沙（Iskandar Shah），他成功地吸引了先前駐

---

* 沃爾特斯（Oliver William Wolters, 1915-2000），英國學者、歷史學家、作家。——譯者

留在其他貿易中心的外國商人。他所提供的優惠的貿易條件，低廉的關稅以及安全無虞的水域都極為誘人。尤其是他皈依了伊斯蘭教這一點更是吸引了很多穆斯林商人，他們此前更喜歡駐留在蘇門答臘島東北海岸的停靠港或距馬來亞海岸北部較遠的吉打港。

雖然伊斯干達沙確實成功地將麻六甲建設成重要的貿易中心，但他未能壟斷朝貢貿易。在冒險出海的兩個世紀裡，自從中國人對世界有了較為清晰的認知之後，他們就不再對海峽地區的彈丸小國抱有幻想了。

阿拉伯人與麻六甲、巴鄰旁及周邊地區的聯繫

我們從中文資料（Hui-Ch'an, 727 A.D.）和日文資料（748 A.D.）裡首次得知阿拉伯和波斯的海上商人曾抵達過中國港口（Di Meglio, 1970:108-109）。有意思的是，這些參考資料比現存最早的中東文獻——商人蘇萊曼的記述至少早了一個世紀（Akhbar al-Sin wa al-Hind. presumed 851 A.D.），十世紀時的西拉夫的阿布•扎伊德的文稿吸收了蘇萊曼的記述。

如果蘇萊曼的記述可信的話，那麼它就證明了從波斯灣直通中國的航線的存在。因為蘇萊曼的行紀描述了以下幾段旅程：從馬斯喀特到奎隆，然後再耗時一個月穿過錫蘭正北方的保克海峽（Palk Strait）；再花一個月的時間穿越孟加拉灣，跨過尼科巴群島前往馬來半島西北海岸的吉打海灘；再花十天穿越麻六甲海峽至刁曼島（Island of Tiyuma）；以及最後一段為期兩個月的經由印度支那半島，穿過被稱為「中國的門戶」的麻六甲海峽至廣州的行程（see, inter alia, Ferrand, 1922:13-19）。阿布•扎伊德的進一步解釋，證明吉打城確實是「蘆薈、樟腦、檀香、象牙、錫、烏木、蘇木和各種香料的交易市場」所在地。他指出「阿曼的船隻也使用這個港口」（Ferrand, 1922:96）。

麥斯歐迪完成於十世紀的作品證實了吉打作為阿拉伯船隻的主要停泊港的重要地位，儘管我們必須承認他的親身體驗在印度就告一段落了。除了在西拉夫和其他地方與商人和水手的交談外，他還利用蘇萊曼和阿布・扎伊德的記述來描繪東方更多的地區。不過，他的陳述充實了早期的解釋。他注意到九世紀晚期，廣州發生地方變亂（隨後，廣州港禁止阿拉伯商人駐留），其後，吉打這個高牆林立、花園遍佈的宏偉城市變得愈發重要，因為它成為穆斯林船隻與中國船隻的交匯點（see, inter alia, Shboul, 1979:162; Di Meglio, 1970:109）。布祖爾格*的《印度奇觀》也提到了吉打及其與阿拉伯人的商業往來（Di Meglio, 1970:112）。伊德里斯完成於十二世紀的地理學論著則認為吉打是來自錫蘭和尼科巴群島的阿拉伯船隻的最終目的地（Hans. by Ahmad, 1960:34），不過當然，其論著主要利用了「二手資料」。

儘管那時的巴鄰旁也是阿拉伯船隻的停靠港，但有意思的是，有關該港的參考資料為何會這麼少呢？「社婆格」（Zabaj）這一術語通常指稱與吉打有別的地方，似乎是指蘇門答臘、室利佛逝或巴鄰旁，然而據迪・梅利奧（Di Meglio, 1970:113）研究，稱呼室利佛逝的常用的專門術語是摩訶羅闍（Maharaja）〔原文如此〕，其首都就是室利佛哲（Sribuza, Sririjaya），梅利奧認為摩訶羅闍就是巴鄰旁。布祖爾格將室利佛哲（室利佛逝）描述成擁有著既寬闊又安全的海灣[9]，街道上店鋪林立（在某條專設的街道上有八百位錢商！），稅收政策寬鬆的城市。

* 布祖爾格（*Buzurg ibn Shahriyar Ram' Hurmuzi*），一艘中世紀波斯商船的船長，他的著作《印度奇觀》（*'Aja' ib al-Hind*）記載了他在西元九〇〇—九五三年間的航行經歷。—譯者

十二世紀晚期至十三世紀的阿拉伯和波斯的地理學家，比如雅古特*、卡茲維尼†和伊本·賽義德‡等人也提到了麻六甲海峽地區，但他們大多使用我們已經引用的那些早期著述中的描述來替代親身體驗。他們都提到了爪哇，這反映出爪哇日益凸顯的重要性，到十二世紀晚期時，它在財富積累和商業活動方面都超越了室利佛逝。十三世紀時，建於爪哇的滿者伯夷王國（kingdom of Majapahit）控制了蘇門答臘島的東北部和馬來半島的部份地區，並最終於十四世紀中期淘汰了室利佛逝（Di Meglio, 1970:114-115）。

就在之前的一三四五—一三四六年間，伊本·巴杜達從印度西海岸（在坎貝、卡利卡特和奎隆等港口停歇，為我們留下了很多第一手的觀察資料）旅行至中國。然而，與對印度和中國的大量描述相比，他很少提及海峽地區和印度群島的各個貿易社區的重要性。一些學者認為，巴杜達對這些中繼站的漠視是它們作為貿易國地位下降的徵兆。或許果真如此，但是，他也有可能是很迅速地穿越了麻六甲海峽，無暇顧及那些港口。

作為一名穆斯林官員，伊本·巴杜達主要關注伊斯蘭教在海峽地區的傳播情況。通過巴杜達我們可知，蘇門答臘島東北部的巴賽和霹靂（Perak）的統治者，以及爪哇島北部海岸城鎮的統治者都皈依了伊斯蘭教（Di Meglio, 1970:116-117）。考古發現和碑刻銘文證實，自十三世紀六〇年代始，伊斯蘭勢力在這些地區取得了顯著成就。

除了早期的「印度化」外，穆斯林商人和水手似乎一直就在勸說異教徒皈依伊斯蘭教和文化，儘管我們還無法得知這些穆斯林商人中有多少真正來自中東。鑒於該地區長期以僑居貿易為主要特點，那麼定居下來的阿拉伯人和印度的穆斯林（主要來自古吉拉特）「種」群應該長期分佈在海岸周邊的港口裡。他們與當地的家族通婚，雇用工人，招攬顧客，在他們富裕而又高檔的社區裡誠信經營生意，資助與宗教信仰有關的社會機構，並將其制度化，由此來吸引人們皈依伊斯蘭教。

皈依者中有很多統治者，他們的皈依或許有著更為功利的目的：那些彈丸小國實力不濟的時候，統治者的皈依能吸引一些穆斯林商人前來。其中最典型的就是麻六甲王國的締造者，到十五世紀時，麻六甲完全超越了其他競爭對手。儘管本書已經考察過麻六甲王國的締造過程，但我們不能因此忽視了這一過程，因為如前所述，這一歷史進程與地中海世界非常契合，卻無法與印度洋貿易的發展完美地對接起來。尤其是在追溯伊斯蘭教在整個東南亞地區的灌輸和傳播時，整個故事顯然不可能半途而止。

一五一一年，葡萄牙人佔領麻六甲並按照他們的意圖對其進行了改造，或許揭示此前麻六甲港在十五世紀國際貿易中所扮演的中心角色的最佳方式，就是描繪出該港的運行機制。該港有四名管理人，每人都負責監管船隻的出入、對船載貨物徵收稅款、為貨物提供倉儲（貨棧和卸載碼頭），以及為貨主提供住宿。每個管理人均就貨物的管理以及各自轄區的商人的信譽向當地財政長官負責。為何是四個人？顯然是由於貿易額非常巨大（以及商船千差萬別），單獨一名管理人無法處理所有事務。

每個較大的國際商人來源地區都由特定的海港管理人負責。其中一人專門管理來自中東、波斯、印度和錫蘭的船隻，一人管理來自蘇門答臘島和海峽沿岸其他地點的船隻，也就是「當地」貿易。還有一人管理來自附近島嶼，如爪哇島、婆羅洲和望加錫（Makasser）的船隻，最後一名管理人負責來自暹羅（泰國）、柬埔寨、琉球、汶萊以及最重要的——來自中國的商人。任何一個事實都無法比這四個人更為完整地刻畫出十五世紀的世界體系的「形狀」，四人中沒有人高人一等，每個人都必須參與麻六甲港的管理。

* 雅古特・哈馬維（Yaqut al-Hamawi,1179-1229），敘利亞地理學家、傳記作家，主要著作有《地理詞典》*(Kitab mu'jam al-buldan)* 與《作家辭典》*(Mu'jam al-udaba)*。——譯者

† 卡茲維尼（Zakariya al-Qazwini,1203-1283），波斯地理學家，天文學家，著有《萬物奇跡》*(The Wonders of Creation)*。——譯者

‡ 伊本・賽義德（Ibn Sa'id al-Maghribi, 1213-1286），北非地理學家，歷史學家，著有 *Kitab al-Mughrib fi hul al-Maghrib*。——譯者

情況很快發生了變化。到十六世紀時，麻六甲港依然保持著優勢地位——不過是處於新的海上大國葡萄牙的支配之下，葡萄牙至少是在短期內控制了印度洋以及通往中國的海峽。儘管葡萄牙人將要先後受到荷蘭人和英國人的挑戰，但是任何一個歐洲入侵者都沒有受到此前在該體系中處於支配地位的大國的有效挑戰。唯一能抵制歐洲霸權的大國——中國，早在大約七十年前就退出了爭奪。

第十章分析了中國國力的來源，以及中國不願或不能利用其國力這個令人困惑的問題。不過，在著手處理這個重要問題之前，有必要評估一下我們對海峽地區的考察對於我們理解歐洲稱霸之前的世界體系都有哪些幫助。

由麻六甲海峽地區得出的經驗

作為其他國家的門戶或交易點的買辦國家，完全仰賴於那些利用它們經營貿易的地區的工業生產和商業利益。不管當地的資源或戰略位置如何，該地區的興衰總是與其他地區息息相關。

地方特產（即便是十三世紀很珍貴的香脂、香料和貴金屬）的供應根本無法確保市場的持續，它僅僅有這種可能而已。地下或地上資源（潛在資源）與實際資源的區別在於「估價」影響之下的開採價值不同，後者是一種市場現象。附屬地區不能或不去開發、利用其本身資源，但可以將這些資源提供給其他地區。這就是當今一些石油生產國依然「依附」的原因。

在這個意義上，麻六甲海峽地區就是十三至十四世紀世界體系中的天然依附地區。相對於其他地區而言，該地區資源豐富，有錫、銅，尤其是黃金等礦產，還有木材、水果、香料、堅果、樹脂、樟腦以及其他香脂或藥材等有機產品，唯一需要的就是開發利用這些資源的勞力。所需勞力多是其內陸地區技能高超的當地人[10]，他們對海岸周邊港口城市的需求水準極度敏感。當需求高漲時，天然產品就成為出口資源；當需求減少時，勞力就轉投到自給經濟上。然而，問題的關鍵在於外部地區在本質上決定著需求的高低。十二世紀及隨後一個時期，急速網路化的世界體系對各種產品的需求都與日俱增，正是這種需求使得麻六甲海峽地區從一個依附於中國的謙卑夥伴轉變成一個買辦社區。

無可否認，麻六甲海峽沿岸各港口的「天然」角色就是買辦（或牛意「代理人」），這一角色很容易受到政治的影響，在經濟上也很不穩定。比如，該地區在當今世界體系中的兩個典型——新加坡和中國香港，都將它們的「奇跡」歸功於「世界主義」。新加坡是個「自由」港，大量商家在此交易外地生產的貨物，且免於苛刻的管制和稅收；他們可以安全地存儲財物，隨心所欲地將資金從一個貿易圈轉換到另一個貿易圈。新加坡非常類似於此前的麻六甲。香港同樣是一個「自由貿易」區，作為「門戶」服務於中國。中國曾長期限制外國商人進入，甚至如今她還只是通過上海和廣州這樣的國際港口與外界溝通。因此，香港的繁榮完全仰賴其進入有限市場的特權。在這方面，香港與巴鄰旁或占碑有諸多共性，巴鄰旁或占碑的重要地位源於它們與宋朝之前推行的朝貢貿易之間的特殊關係。

我們很容易理解為何這些地點極易受到政治的影響。作為靠近航道的重要國際港口，上述地點除了本身的地理優勢外，還必須時常倚賴港口本身通過確保人身和貨物的安全，以及交易自由，來吸引各地外商的能力。尤為重要的是，該港口必須「確保」其他地區的商人將參與到相同的交易中來。港口本身顯然無法控制所有這些變數。

本章一開始描繪了麻六甲在當今的蕭條狀態，作為麻六甲海峽附近的國際港口，該地曾在數個世紀裡無可匹敵。麻六甲的衰落表明了其極易受到政治影響這一特點。在葡萄牙人的控制之下，該港依然保持著先前的重要地位，即使很多穆斯林商人轉投到了亞齊（Atjah）港。然而，英國人在該地區建立了他們的統治之後，他們決定在麻六甲海峽適於防禦的一端建造港口；一流的檳榔嶼（Penang）和新加坡港的建造，促成了麻六甲港今日乏人問津的窘境[11]。二十世紀六〇年代，剛剛獨立的馬來西亞接管了這兩個大港，那時，它們還都處於共同的管制政策之下。只是在新加坡島退出馬來西亞聯邦，建立了獨立的買辦性質的國家之後，新加坡港才最終取得支配地位。

香港的實例同樣有助於我們洞察所謂的室利佛逝帝國的衰亡，如同已經看到的那樣，在享有進入相對封閉的中國的特權時期，該帝國臻於頂峰。香港的未來現在就已經定型了。短期內，英國對這塊享有治外法權的飛地的租借期就要結束，香港將回歸中國政府。香港與中國市場的「特殊關係」的喪失將帶來一系列後果，這些後果已經展現於當地資本和外國資本的大量外移，以及商人及其公司遷移（逃脫？）到歐洲、美國和加拿大。另一方面，外國公司開始與中國經濟進行更為直接的聯繫，以取代先前由香港為媒介而達成的關係。或許就是相似的情形導致了室利佛逝國的崩潰。推測五十年後的香港的狀況是很有意思的事情，儘管她不可能回歸到巴鄰旁那種蠻荒狀態。

上述事實對於十三世紀世界體系的興起和衰落有何含意？顯然，麻六甲海峽地區在體系興衰過程中都是一股比較被動的力量，其地位幾乎全部源於體系的其餘部份的運轉情況，並最大限度地加以利用，但該地區從未引發或阻止某些事件的發生。唯有在得到體系中的真正霸主的「許可」時，麻六甲海峽周邊的小國才能在疏導世界貿易中發揮較為積極的作用。

儘管如此，這些小國的所作所為產生的影響無疑都是局部的。城市國家之間可以在轉口貿易市場上相互競爭。一些毫無約束的群體——海上遊民的艦船（prahus）會猛然從海峽地區山勢陡峭、叢林密佈的島嶼中穿出——偶爾會對過境船隻徵收保護費，或迫使船隻駛經巽他海峽，甚至要穿越克拉地峽的泰國半島。但是，這個世界的「咽喉」只能妨礙貿易，或促使貿易順利地進行，它並不能孕育貿易。

「咽喉」兩側的小國從未憑藉本身實力成為海上強國。儘管諾特博姆（Nooteboom,1950-1951）持有異議，但在我們考察的這段時間裡，大多數海運由來自西方的阿拉伯和印度的船舶，以及來自東北方的中國人的平底帆船承擔。當中國人積極地走出國門時，轉口港變得更加繁榮，但它們的地位卻不合常理地越來越不重要。當中國人從最西端環路撤回，或者更為極端地禁止外國船隻直接駛入其海港時，海峽地區的港口的繁榮僅僅緣於中國船隻接管了最東端環路的岸邊凹地，並在巴鄰旁、吉打或後來的麻六甲會見交易夥伴。然而，當中國於十五世紀從東端線路撤出時，真空就形成了。歐洲在十六世紀填補那個毫無防備的真空時，十三世紀的「舊」世界體系成為依然影響當今世界——儘管其影響日漸衰退——的「現代」體系的胚胎。

第十章　中國的資源

在中世紀，中國是世界上面積最廣、人口最多、科技最發達的國家。長期以來，中國的國家組織方式、中國人的智力水準，以及高效的農業生產方式不斷發展。在這一過程中，中國的實力也越來越強，令世人矚目。宋朝時期（九六〇年—一二三四年在北方，其後在南方延續到一二七六年），中國不斷遭受來自北方邊境地區野蠻的少數民族的威脅，並最終被蒙古人征服，整個中國都處於元朝的統治之下（1276-1368）。儘管如此，中國在這一時期取得的成就很可能達到了現代化之前的頂峰。中國巨大的人口數量就體現了這一點。中華人民共和國公佈的數字顯示：到一一九〇年，中國至少有七千三百萬居民。何炳棣（Ho Ping-ti, 1970:52）估測十三世紀時，就在蒙古人入侵中原之前，金朝和宋朝統治區域內的居民可能已經達到一億人。如果放眼全球，看看十三世紀的世界體系，我們肯定會認為中國的實力將繼續增長。

本章將主要探討宋元時期中國經濟的發展，不僅分析其國內生產和商業的發展，還分析中國與其他亞體系之間不斷加強的聯繫，這些亞體系包括：雖然處於從屬地位但依舊重要的阿拉伯世界；屬於半邊緣世界的印度以及南亞世界；以及剛剛開始從邊緣地位步入更大世界舞臺的歐洲。本章將從對一系列事件的描述中得出結論，這些事件扭轉了中國強大的地位，進而導致了在十三至十四世紀生成的世界體系的崩潰，或者說這些事件重新將世界體系塑造成了以歐洲為中心的現代世界體系。

中國參與世界貿易

中國國內外的資料都給人這樣一種印象，即：中國人對貿易「不感興趣」，認為貿易僅僅是一種朝貢形式，相對而言，他們只是消極地接受，而不積極爭取商業收益。正如我們在第九章看到的，研究室利佛逝「帝國」的學者有時會以中國帝王施行的排外性貿易政策來解釋聯盟在七—十二世紀的特殊作用。

然而，之所以產生這種印象，主要是因為我們基本上是按照字面意義來解釋中國的官方文件，例如由政府主持編纂的斷代史或宮廷實錄。這些文檔都是嚴格按照一定格式，遵循傳統形式編制的，其目的是將帝王刻畫成溫和仁慈、堅定踐行儒家思想並且盡職盡責的統治者形象。因此，在闡釋這些文件時要非常謹慎，很顯然，沃爾特斯（1970）沒能做到這一點。

通過進一步觀察，我們明顯發現實際的貿易量遠遠高於官方記載的數額，而且官方檔中所記載的唯一貿易形式——朝貢貿易只是冰山一角，其實還有大量未被載入史冊的「私人」貿易。王賡武（1970:215）認為，中國人對海上貿易不感興趣的說法與事實不符，儘管「中國官員一直持有這一觀點，而且官方檔也使這一觀點深入人心」。他強調，事實上，海上貿易有兩個層面，即直接由朝廷進行的「官方」貿易，以及「私人」貿易，需要分別加以研究，儘管官方的檔忽略了後者，但其往往在數量和價值上都超過前者（Wang, 1970:216）。

然而，即使這樣區分也不足以完全反映事實。這種區分會造成這樣一種假象，即這兩種貿易形式與其貿易主體互不相干。然而，由於在中世紀時期的中國，國家（朝廷）和民間社會緊密聯繫，因此顯然不可能進行這種區分。除了處理所謂的朝貢貿易外，包括特使在內的朝廷官員似乎也在經營他們自己的私人貿易，朝廷雖然不完全支持這種做法，但對此也並非毫不知情。而且，無論是在皇室家族內部還是通過國家機器，統治者似乎也參與到大量的生產和交易活動中。漢朝時，皇家作坊在中國與在拜占庭帝國一樣普遍，奴隸為這些作坊提供了生產力。後來，元朝時，馬可波羅和伊本・巴杜達對這些作坊進行了描述（Englosh trans., 1929:291, 294-295）[1]。政府壟斷了鹽的生產和銷售，於是，國家必須發揮重要的監管作用，這在很大程度上類似於威尼斯的鹽壟斷。國家的支持是貨幣體系運轉的必要條件，從唐代（如果不是更早的話）起，中國就在熟練地使用信用貨幣甚至是紙幣。

但是，歸根結底，中國可以接受的「私人貿易」（特別是國外的海上貿易）量取決於國家政策，這些政策有時會妨礙「私人貿易」，方式就是對外國商人的來訪進行嚴格控制，而且總要對外國商人的入境、旅行以及交易進行管制，從而監督「私人貿易」。所以，中國的對外貿易不是鐵板一塊，而是處於不斷變化之中。

儒家思想鄙視商業，而現實是政府及個人都積極參與貿易，正如這兩者之間存在偏差一樣，不同時期的貿易方式也存在巨大不同。與馬克斯・韋伯（1951trans.）所認為的不同，中國對待商業的「態度」並非一成不變，千篇一律。相反，隨著形勢或者中國人觀念的變化，「資本主義」生產和貿易的總額（Balazs, 1964:34-35）也在不斷變化。相當長的「擴張」期和防禦性撤退期似乎交替發生，這種交替基本上與相對穩定的宗教意識形態不相關。（值得一提的是，即使在不存在儒家「道德觀」的情況下，二十世紀的中國也經歷了從對外開放到閉關鎖國再到對外開放這樣一個交替過程，之前也有過類似先例。）

王賡武（1970:219-220）根據實際情況以及對外貿易政策的不同，將中國漫長的前現代化史劃分成四個階段。第一個階段是西元五世紀之前。當時海上貿易還無足輕重。在這一時期，人口集中在北方，南方則人煙稀少，而且南北方之間的聯繫還處在相當原始的水準。當時的對外貿易是通過陸路上的絲綢之路開展的。

第二個階段是五—八世紀，在這一階段，人口大規模遷移使得南方人口增加[2]，並推動了農業生產，增進了南北的溝通。在農業方面，長江流域沼澤地的排水造田，以及水稻耕種技術的進步，都擴大了耕種面積。在南北方交流方面，建成了連接黃河和長江的大運河，降低了國內的交通成本，並將南方邊緣地帶與北方的經濟和政治中心連接起來。在這一階段，雖然北方陸路上的貿易處在相對沉寂之中，但國內市場卻在不斷拓展，而且南方港口的條件也在逐漸成熟，足以大力拓展海上貿易(Wang, 1970:220-221)。

第三個階段大約是從九世紀到十四世紀後期。這一時期，中國經濟大幅度發展。與歐洲的情況一樣，農業革命為新的繁榮奠定了基礎，而遠端貿易和工業則進一步強化了這一發展過程。歐洲生產力的提高源於耕犁的改進以及耕畜的應用，而中國南方生產力的提高則源於水利設施的建設：「水壩，水閘，水車……以及腳踏翻車」（Elvin, 1973:128）。伊懋可認為，到十三世紀時，中國已經「擁有世界上最先進的農業，只有印度可與之匹敵。」（Elvin, 1973:129）。儘管突厥部落和蒙古部落不斷威脅中國北部邊境，並最終佔領了部份甚至中國整個疆土，但中國經濟的「起飛」得以延續下去。

十世紀時，中國的人口，尤其是南部沿海平原地區的人口迅速增長。工業的發展與海上貿易的不斷增加，加速了該地區的城市化進程，推動了社會進步。南宋時期（1127-1276），中國的農業生產力、工業技術以及商業和金融業都經歷了重大變革。雖然（甚或受其推動）北方邊境地區奉行軍事主義的遊牧民族侵佔了中國大部份領土，但這些變革仍舊促使中國積極地融入世界市場之中。

蒙古人於一二三三年首先侵佔了金國女真人居住的北方地區，並於一二七六年最終佔領了之前由南宋統治的疆土。此後，他們積極地接納，甚至進一步發展了這些高級文化的科技和社會發明。蒙古人雖然統治著這些高級文化，但當面對這些文化時，他們總會感到有些自卑。（Wang, 1970:221-222）。雖然忽必烈在北方的北京建立了政權，但中國的經濟重心和人口重心卻不可逆轉地南移了。到十三世紀末，居住在南方的人口佔總人口的百分之八五到百分之九〇（Kracke, 1954-1955: popoulation estimate 480）。

從某些方面講，十二世紀到十四世紀早期中國的貿易是反常的，因為這一時期鮮有「條約」形式的貿易或者說官方貿易。另一方面，「私人」貿易卻膨脹起來（Wang, 1970:217），本章隨後會對此進行詳述。

第四個階段是一三六八年以後，是年，元朝滅亡，明朝取而代之。王賡武認為(1970:222-223)，那時

> 中國已經具備了在國內外取得貿易繁榮的幾乎所有的前提條件……國內需要發展海上貿易；資金盈餘，可以用於風險投資；信貸和金融機構已經確立，雖然還缺乏保護措施；航海技術先進；政局穩定。

此外，中國還擁有一支強大的艦隊，這支艦隊由官方船隻和私人船隻構成，是當時世界上最大、最適合航海的艦隊。羅榮邦（Lo, 1958:150）認為，十四世紀末的明朝海軍擁有三千五百艘適於遠洋航行的船隻，包括一千七百多艘戰艦和四百艘用於運送糧食的武裝船。當時，世界上任何海上力量都無法和強大的中國艦隊匹敵。

最初，這支艦隊發揮了其應有價值。但後來受到瘟疫和內戰的影響，明朝經歷了短暫的混亂期。此後，明朝「決定謀取亞洲的海上霸權……〔並〕取得了空前勝利」[3]。一四〇五年六月，鄭和將軍作為明朝特使，率領一支由六十二艘巨船組成的強大艦隊前去「拜訪」印度洋沿岸各國的國王（Pelliot, 1933:275）。兩年期間，他到過爪哇、卡利卡特、亞齊（在蘇門答臘島）和巴鄰旁（當時處於中國總督的統治之下）。鄭和於一四〇八年開始了第二次航行，這次率領了一支由四十八艘船隻組成的艦隊（Pelliot, 1933:277, 281, 283），航行歷時三年，其間，他到達占婆、麻六甲和錫蘭等地。但是與首次航行一樣，他的艦隊並未駛往印度之外的地方（Pelliot, 1933:290）。從一四一二年底到一四三〇年，鄭和又進行了五次航行，每次都歷時數年。鄭和正式「訪問」（並與之交換「貢品」）的地點包括爪哇、印度、蘇門答臘和婆羅洲的所有重要港

口，此外還有東非沿岸（馬林迪和摩加迪休）和阿拉伯海波斯灣（鄭和到訪了亞丁港和荷姆茲港）（Pelliot, 1933:passim）。其實，在其環印度洋的三次航行中，鄭和到訪了所有重要地方。中國似乎就要成為整個體系的霸主。

然而，這種出訪戛然而止。明朝突然撤回艦隊，限制海上貿易，並終止了與其他大國的聯繫。「一四三五年後，中國政府的政策轉變如此鮮明，以至於此後沒有任何一個國家真把中國當成海上強國」（Wang, 1970: 223, italics added; but see also Lo, 1958, and the end of this chapter for a different interpretation）。

中國當時在世界上處於至高無上的地位，但她為何沒有邁出關鍵一步，在世界體系中建立真正的霸權呢？而且當時的世界體系的整合程度已經達到了相當高的水準，其後三個世紀的世界體系無法望其項背。至少在過去的一百年裡，這一問題一直困擾著那些嚴肅的學者，甚至使他們感到絕望。格魯塞（Grousset, 1942: 318）可能是上一代人中最優秀的研究亞洲問題的學者。他提出的假設也困擾著所有研究「歐洲稱霸之前」時段的學者，該假設是：如果歐洲的航海家在到達印度地區和馬來半島時發現中國已經在那裡建立了海上霸權，那麼亞洲（我們或許還可以加上世界）的命運將會如何？

儘管這一假設有違常理，但它卻抓住了問題的要害。在十四世紀末十五世紀初，中國具備了在印度洋——從印度沿海到波斯灣——建立霸權的所有條件。當時的中國幾乎就要控制全球很大一片區域了，而且在平靜的生產活動，甚至在艦隊實力和軍事上都享有技術優勢（Toussaint, 1996; McNeill, 1982:Chapter 2），但她為何轉過身去，撤回艦隊，進而留下一個巨大的權力真空呢？那時，穆斯林商人由於缺乏國家海上力量的支撐，根本無力去填補這個真空。而歐洲商人在經歷了近七十年的間隔之後，對於填補這個權力真空的機會已是垂涎欲滴且力所能及了。

這一難題是本章討論的焦點，它對理解十三世紀世界體系的興衰至關重要。在解決這一問題之前，我們首先必須表明即便中國無意成為世界霸主，但她也已經具備了這個能力。如果到十四世紀時，歐洲的工業、軍事、交通和經濟制度的發展水準已經超過中國，我們可以說：即使中國沒從這場競爭中退出，結果也會和歷史事實一樣。她的艦隊將會遭遇並屈從於崛起的歐洲所擁有的更強大的力量。在接下來的各小節裡，我們試圖表明，這種自問自答式的觀點是與事實不符的。

技術水準

過去，在中國的科技成就方面，西方學者掌握的資料還不夠充分，他們一般認為歐洲在世界舞臺上最終勝出是因為它擁有獨一無二的科技創造力，與此相反，東方人雖然可能很「聰明」，但從未將科技革命進行到底。李約瑟（inter alia, 1954-85, 1970, 1981）對此做了大量研究，他的研究不僅僅糾正了這一觀點。如今，我們掌握了更加詳盡的資料，它們證實了中國對醫學、生理學、物理學和數學作出的貢獻以及它們在技術中的實際應用。

席文（Sivin, 1982:105-106）認為李約瑟做得還不夠，他離承認中國在南宋時期就已經進行了真正的科學「革命」僅咫尺之遙，而這正是中國學者的堅定立場（例如李國豪等人，一九八二；儘管陳榮捷持有異議，一九五七）。無論用「科學革命」這一術語來描述當時的情況是否恰當，毋庸置疑的是，在中世紀後期，中國的技術水準遠遠超過了中東，而中東的技術水準又領先歐洲好多世紀。篇幅所限，在此只能列舉少數幾個例子：造紙術和印刷術、冶鐵和煉鋼、武器製造（包括槍支、大炮和炸彈）、造船技術以及導航技術，還有兩個主要的出口製成品，即絲綢和瓷器。

紙

錢存訓（出自李國豪等，1982:459）認為：

> 在西元前，中國就發明了紙；一世紀伊始，中國將紙用於書寫；從二世紀初，中國開始用新鮮纖維來造紙……大約在西元七〇〇年，中國首次使用了木板印刷……十一世紀中期時，中國發明了活字印刷術。

九世紀時，阿拉伯人向中國人學習了造紙術，之後又將這一寶貴知識傳授給「西方人」。布勞岱爾（1973:295）認為，十二世紀時，在西班牙出現了歐洲第一個造紙作坊，但直到十四世紀，義大利才開始造紙。基於伊里古安（Irigoin）在一九五三年發表的一篇文章，奇波拉（Cipolla, 1976:206）聲稱，十三世紀後半期，拜占庭王朝已不再從阿拉伯而是從義大利進口紙張。（For more detail, see T.F.Carter, 1925, revised 1955.）但不管怎麼樣，中國的優勢顯而易見。

鋼鐵

中國的冶金術比造紙術更讓人驚歎，中國在這方面的技術領先歐洲幾百年。至少從八世紀起，中國北方就開始開採煤炭[4]，並將煤炭用於熔煉優質鐵甚至「通過將生鐵和熟鐵共熔〔即灌鋼法或稱團鋼法、生熟法〕，或直接在冷的氧化氣流中脫碳的方式〔炒鋼法〕」來煉鋼（Elvin, 1973:86; see also Needham, “Iron and Steel Production in Ancient and Medieval China,”, 1956 lecture reproduced in Needham, 1970:107-112, and the works of Hartwell, 1962, 1966, 1967）。

哈特韋爾（1967）對當時的產鐵規模進行了估測，其數字十分驚人。據他估測，十一世紀時，中國北方每年冶鐵所需煤炭總量「大致相當於十八世紀初英國所有冶金工人每年用煤總量的百分之七十」（Hartwell, 1967:122）[5]。十一世紀末，宋朝開始鑄造鐵錢，並生產很多金屬製品。據哈特韋爾研究（1967:122-123）：當時有多達七千名工人在開採礦石和燃料，掌爐，鍛打，或是精煉……〔而〕另一些工人則忙著將原料從礦上運送到煉鐵廠。

當時，個體煉鐵廠的生產規模非常龐大，史無前例……在十九世紀的工業革命之前，可能沒有哪個國家能與之匹敵。如果將製作工具和武器的工人與直接開採礦石、處理礦石的工人算到一起的話，那麼我們可以得知，中國的工業發展無疑已經達到相當高的水準。

事實證明，這些先進的科技在某種程度上成為他們的禍根。伊懋可（1973:18, 84-87）認為，入侵的金政權不僅採用了中國北方的冶金術，還將它們傳授給蒙古人，因而蒙古人學會了用金屬製作箭頭，這大大提高了他們的軍事力量，使他們有能力打敗俄國，並最終擊潰了金和南宋。

不管怎樣，由於這些遊牧民族對北方的入侵，該地區的鐵產量急劇下降。哈特韋爾認為人口數量和制度的變化都促使鐵產量自十三世紀中期開始下滑。金朝時，北方產鐵地區的人口基本上保持不變，因而，鐵產量和需求量也較為穩定。但在蒙古人統治時期，由於大量人口逃往南方，並且還有很多人被掠為苦力，北方的人口數量銳減。一二三四年，蒙古人統治了北方。由此至一三三〇年，河南省的人口數量下降了百分之八十六 (Hartwell, 1967:151)，這清楚地表明北方遊牧民族的入侵並不僅僅損害了煤炭生產和鐵生產。

但是，哈特韋爾（1967:150-151）認為制度變化同樣導致了鐵產量的下降。他說

> 十三世紀中期，北宋時期獨立的創業者為王侯〔僧侶〕所取代；勞動力變得不再自由；在幾個主要的鐵器生產中心，王侯們固定的有限需求……取代了先前日漸擴大的大市場……在忽必烈統治時期（1260-1294），領取俸祿、代表中央政府的官員逐漸取代了那些王侯……但獨立的管理體制尚未恢復，在元朝滅亡（1368）之前，中國北方制鐵業的主要特點是：勞動力不具有人身自由，缺乏自由市場。

因而，鋼鐵生產的「黃金時代」在北宋時終結了，儘管南宋當局可能掌握著相關的技術知識，但是要建立有成本效益的大規模冶金業，他們的煤炭儲量是遠遠不夠的。然而，蒙古人無法放棄鋼鐵生產，因為金屬連同火藥是他們的戰爭機器軍械庫裡的重要組成部份。

武器與海軍

很明顯，在西元六五〇年左右，中國人就偶然發現了火藥具有爆炸性，儘管這一發現直到九世紀中期才被記載到科學文獻中。十世紀早期的文獻提到火藥用來引爆噴火武器，大約到西元一〇〇〇年時，「火藥開始用於簡易炮彈以及手榴彈製作」（Needham, "The Epic of Gunpowder and Firearms," reprinted 1981:30-31）。李約瑟（1981:36-38）和斯柯拉季（Skoljar, 1971:136）文中的例證明確表明，中國人不僅將火藥用於煙花表演，而且還運用到武器裝備上。

金朝統治下的中國工匠將宋人火力相對弱小的火藥轉變成真正的炸藥，一二三一年，中國人首次使用了炸藥；一二七二—一二七三年，中國人又進一步進行了創新，將普通的穆斯林投石機與易爆炸彈結合起來（Elvin, 1973:88）。在十四世紀初，甚至更早，中國人已在使用一種精準的投彈裝置（see illustration of it in

Needham, reprinted 1981:31），羅榮邦（1955）告訴我們元朝海軍的船隻一般都配有這種裝置。

「槍」差不多也出現在這個時期。它是由金朝之前使用的「飛火槍」發展而來的必然產物。金朝之前，火藥從紙筒中噴射出來，之後進一步改良成將彈丸從竹筒中射出。一二五九年，為了抵抗蒙古人的入侵，南宋就使用了改良版的「飛火槍」。十四世紀時，蒙古兵配備了真正的金屬製火銃，這種槍可以噴射出爆炸性彈丸（Elvin, 1973:89）。十四世紀後半期，明朝最終取代了四分五裂的元朝，那時，火器已經成為戰爭中不可或缺的裝備（Elvin, 1973:92）。

因而，我們很難贊同這樣一種觀點，即：中國技術止步不前或捨本逐末。這絕不是開玩笑。如果中國艦隊沒有解散，它會成為一個強勁的敵人，足以讓葡萄牙船隻和槍炮相形見絀。

從各個方面講，中國的造船技術和導航技術毫不遜於歐洲。正如第四章所提到的那樣，指南針源於中國，然後傳到阿拉伯和義大利。大約西元九〇〇年的一本航海手冊首次明確提到了指南針在中國導航技術中的運用，十二至十三世紀時，中國船隻已普遍使用浮動指南針（Needham, 1960 lecture on "The Chinese Contribution to the Development of the Mariner's Compass," reprinted 1970:particularly 243-244），以及風向圖（Teixeira da Mota, 1964：60）。而且，宋元時期的中國船隻體積龐大，非常適於航海，遠勝於他國船隻。正如羅榮邦的著述所表明的那樣，它們無疑可以與歐洲船隻一較高下。

用於國際貿易的消費品

中國的兩種產品即絲綢和瓷器，也具有很高的技術含量，世界市場對這兩種產品的需求量最大。早期，對這些產品來說，最重要的是原料，這些原料由中國政府實行壟斷[6]。即使在中國閉關鎖國的時期，絲綢仍源源不斷地運往中東和歐洲的奢侈品市場上，但在六世紀時，敘利亞人從中國走私蠶繭，並開始自己生產少量蠶絲，打破了中國政府的壟斷。然而，在中世紀時期，瓷器取代絲綢成為中國的主要輸出品（Hudson, 1970:160）。在印度洋沿岸以及印度洋周邊地帶，包括東非地區，可以發現大量的中國陶瓷碎片。

從某種程度上講，瓷器取代（或者說增補）絲綢成為主要輸出品，反映出中國地緣政治的變化，以及向國外市場運貨方式的變化。絲綢非常適於陸路運輸，因為絲綢價值高，重量輕，體積小。一旦中國的空間佈局發生重組，人口和權力都聚集到東南沿海地區，那麼船運就成為主要的交通方式，這樣海上船隻就可以（其實也很有必要）裝載大宗貨物。十二世紀時的一份資料（朱彧《萍洲可談》）描述了當時商人們如何分割船上空間的情境，「人得數尺許，下以貯物，夜臥其上」。其中的大部份貨物都是陶器。

中國瓷器品質上乘，設計精美，引人入勝，但陶器卻極為普通，而且設計樣式可以（事實也的確如此）被仿製。為何當時對中國瓷器的需求量那麼大呢？需求本身似乎不足以回答這一問題，這一問題很可能與壓艙物有關。中國進口的產品是體積較大的重型土特產，而中國的輸出品卻價值高、體積小、重量輕。所以，如果沒有陶器充當壓艙物，貨船無法從中國返程。（see, inter alia, Chaudhuri, 1985:53）。其實，穿越時空的「收支差額」可以從中國歷朝歷代的陶器在全球的分佈中找到答案。

而絲綢生產情況則有所不同。南宋時，絲綢業達到頂峰。將中國的養蠶和絲綢紡織的技術和組織與當時世界體系中其他地方較為常見的紡織業——歐洲的毛織業，埃及和敘利亞的亞麻業（和棉織業），以及印度的優質棉織業——進行比較是很有意思的事情，我們會自然而然地認為是技術因素決定了這些地區工業化性質的不同。要生產出任何種類的自然紡織品，農民和工人之間以及城市和鄉村之間都必須存有一種共生關係，這是絕對的。而原材料本身的不同，決定了在哪以及由誰進行紡織生產。

毛織物生產需要牧場，因而耕地面積就不斷減少，無地農民為羊毛加工提供了勞力——婦女主要負責紡線，男人主要負責漂洗、染色和編織。在未被加工之前，羊毛非常便於運輸，因此，羊毛產地和羊毛加工地就可以分離開來。正如第三章提到的，在十三世紀至十四世紀早期，法蘭德斯的織機使用的就是英國產的羊毛。

棉織品和亞麻織品的生產過程有所不同。就它們而言，農業土地的耕種，棉花和亞麻的培植，均需要密集的勞動力。此外，為了保證土壤品質，這兩種作物還必須與豆科作物輪流耕種，這也就意味著種植棉花和亞麻的農民和普通農民沒有什麼區別，農民也不會被迫脫離土地。原材料會被運送到其他地方進行深加工，或者由於體積大、重量重，它們可能首先經過初步加工和漂洗，然後再運至紡織工人那裡。此外，這兩種產業通常還會產生副產品，原產地可以對這些副產品進行簡單的工業處理（例如棉籽可以榨油），這在一定程度上促成了鄉村地區的「工業化」。

而絲綢生產則完全不同（見圖十四）。絲綢的生產過程遠比以上三種織品複雜，而且還需要大量的鄉村工人，他們必須生活在鄰近地區，以保證每天都要參與其中。「農村城鎮」定居點就自然而然地出現了。我沒能找到描寫中世紀時期中國南方絲綢生產技術的資料，但它或許與蘇耀昌（Alvin So, 1986）在其書中詳細描述的十九世紀和二十世紀初期中國南方絲綢生產地的情況大同小異。蘇耀昌（1986:86; 87）強調在生產絲綢的複雜協作體系（見圖十四）中，農村家庭構成了基本的勞動單位。

> 早在一月份，農户裡當父親的和兒子們就開始在塘基上栽下桑苗。在這一年的冬天裡，他們剪掉桑株上新發的枝條，只留下離出地面約一英尺的植株，用肥沃的塘泥覆蓋起來。與此同時，當母親的和女兒們正忙於購買蠶卵，照料蠶的孵化。隨之春天到來了，當女兒的採摘鮮嫩的桑葉，喂著剛剛孵出的小蠶，小蠶溫文爾雅地吃著，長得很快，需要的桑葉越來越多。當父親的和兒子們每天都要清理蠶沙，為蠶兒

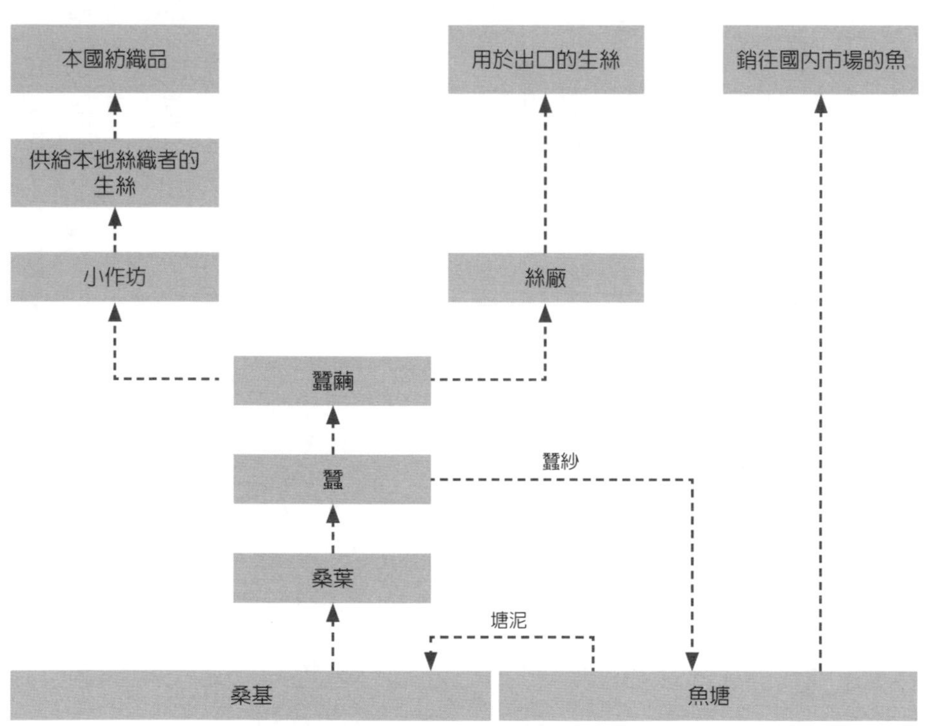

圖14　蠶絲產區的生態系統（基於So）

準備「眠」的地方。「眠」了五次之後，發育成熟的蠶兒開始吐絲，用絲線把自己裹了起來，形成蠶繭。接著全家人都忙於繅絲。

請注意，這一過程需要婦女和男人的長期合作。此外，這一過程還存有風險，即：桑葉供應可能無法滿足桑蠶急劇擴大的胃口[7]。此外，照料桑蠶以及剝離絲線都需要格外小心。蠶很脆弱，適宜的溫度，柔和的光線，溫柔的觸動，以及安靜的環境（特別是在其「休眠」時）對蠶的孵化和發育尤為關鍵。一旦形成蠶繭，必須將它們投進熱水中。由於單個蠶繭上的絲線太細，無法用於紡織，所以「通常把四至八個蠶繭抽出的絲合在一起，穿過一個瑪瑙環，繞到一個慢慢轉動的輪子或轉軸上」（蘇耀昌，一九八六年：一〇一頁）。為了保證絲線的連貫，工人必須精準地將新絲線加到紡輪上；需要極為精湛的技術才能紡出粗細均勻的絲線。這個工作很費勁，一般由婦女承擔，總的來說，相比毛織品和棉織品生產，她們在養蠶業中的作用更加重要。

很明顯，這一冗長的勞動過程不易轉移到「工廠」中，而且省力機器也無法完成這一過程。如果說中國紡織業落後於其他國家的話，這很可能緣於原材料的限制，而非技術創新的缺失。

商業慣例和制度

中國不僅生產技術發達，而且在社會制度上也不乏創新。宋元時期，中國基本上具備了國有和私有資本主義發展所需的全部制度。其中有三種基本制度：組織生產和分配的體系、利於投資和賒購的貨幣和信用體系，以及進出口監管體系。我們來依次介紹這三種體系。

生產和分配

加藤繁*在評論中國的行（Hang，商人協會）時開篇即講：「眾所周知，中國存在商人協會，這些行在某種程度上類似於中世紀歐洲的行會，它們圍繞所謂的會館形成……」（1936:45），而這些會館顯然在唐宋時期有過先例。（Kato, 1936:46）。早期，「行」既指協會，又指「由出售同類產品或經營同類貿易的商店組成的」街道（Kato, 1936:46）。「行」與中東的集市以及中世紀歐洲的行會非常相似。

中世紀中國的行會種類繁多。謝和耐在南宋都城杭州發現了大量行會，他僅僅列舉了其中的一小部份：珠寶商行會、鍍金工行會、粘膠商行會、古董文物商行會、銷售螃蟹、橄欖、蜂蜜或生薑的商人行會、醫生行會、算命先生行會、清潔工行會、制鞋工行會、澡堂老闆行會，以及中世紀時期遍佈世界各地的貨幣兌換商行會，這些錢商「經營貴金屬、鹽引[8]，以及其他種類的票據。他們貨攤上堆滿了金銀物品以及銅幣」（Gernet,English trans., 1962:87）。正如謝和耐所言（1962:88），這些行會不僅負責管理內部事務，而且還像中東的行會那樣，代表整個行業與政府打交道。

> 組建行會的一個首要好處，就是能為商人和工匠提供一種與政府交往的途徑。當政府進行徵用時，不管它徵用的是商店裡的貨物還是作坊裡的工匠，政府都要通過行會的行頭行事。這樣一來，官方中間人就可以確保貨物價格的合理，以及工匠領到合理的工錢。

在提到政府通常以低於市場價的價格購買徵用貨物，並強迫商人以高價從政府購買貨物時，加藤繁（1936:62-63）並不像謝和耐那麼樂觀，而是更加切合實際。在謝和耐筆下，商人階級是獨立的，而在加藤繁筆下，商人受到政府更為嚴格的控制和更為殘酷的剝削，我懷疑這一轉變與宋元兩朝代的更替有關。（同樣的轉變也發生在處在法蒂瑪王朝和馬穆魯克王朝之間的埃及，而且緣於相同的原因，即外族的軍事統治。）

然而，我們必須承認在中國這樣一個社會中，是不可能形成獨立而且強大的資產階級的，因為在中國，商人無法成為朝廷官員，而且大權在握的中央政府為貨幣和信貸設定了限制。如喬杜里（1985：11）所言，商人「在將農業盈餘轉化成可支配的政府收入的過程中是不可或缺的中間人」，國家統治者有可能是依靠商人創建市場，集中稅收（Chaudhuri, 1985:16）。但是，當國家支持的紙幣成為核准貨幣時，要想背離國家機器或在國家機器之外聚斂資本就很困難了。

紙幣和信貸

在歐洲和中東，政府發行金屬貨幣，其價值由重量決定，其匯率取決於金銀（也可能是價值更低的金屬）之間的公認比價。中國首選銅幣，但它只是一種貨幣形式。儘管任何一個政府都能夠（通過使用賤金屬來降低金屬幣價值含量的方式）影響官方金屬幣的價值，但它並不能完全控制金屬貨幣；國際貿易使得金屬貨幣在各國間流動，從事海上貿易的商人總能在別的地方聚斂大量財富。在這種情況下，遠端貿易商人為了方便起見而發行的期票衍生出了「紙幣」。

* 加藤繁（1880-1946），日本歷史學者，長於中國經濟史的研究。——譯者

中國的情況截然不同。在某些方面，中國的紙幣更像是我們今天的「法定貨幣」，而不是中世紀時可在其他地方兌換的匯票。這是因為中國紙幣源於政府的交易，而非商人之間的協議。基於楊聯陞（Yang, 1952:51-53）的作品，伊懋可（1973:155）將中國貨幣的早期發展情況概括如下：

> 自唐朝時期，中國人就知道用票據來轉移和交換現金和商品。最早的票據可能就是府兵持有的「食券」……一方面由於稅收體系，另一方面由於茶葉貿易，南北方貨幣流動形成了一種相輔相成的模式，八世紀時，唐朝政府在此基礎上，建立了所謂的「飛錢」制度。商人將其貨幣存儲在京城，政府會發給一份憑證，持有人可以藉此在任何省份的財政部門獲取同等數額的貨幣……宋朝的「便錢」的使用模式幾乎與此如出一轍。

感受到這種制度便利性的群體主要是商人，他們在宋代變得極為強大。然而，唯一的麻煩在於貨幣僅限於單向流動，即從都城流向各省。

十一世紀初，真正的紙幣在四川出現，它最終給出了克服這個困境的方法（Yang, 1952:156-157），而使用這種紙幣本是為了解決另一個完全不同的交易問題。最初，富商們聯合起來，印製並控制他們自己的紙幣，但詐騙事件卻頻繁發生。一開始，政府試圖制止這種歪風，但之後決定印製官方紙幣。從約一〇〇〇年至一四〇〇年，政府對貨幣實行壟斷，這不僅為商人提供了「便利的兌換途徑」，而且還為政府贏得了可觀的收益（Yang, 1952:9）。伊懋可（1973:159）解釋道：

> 如同為官方紙幣所替代的富商們發行的紙幣一樣，早期政府發行紙幣是為了抵制民眾對貨幣的貯存……

這些紙幣還必須經過進一步的發展，才能成為今天的紙幣。國家必須直接發行紙幣……毋須等待公眾的需求……〔有效期一定不能有時間限制，〕必須建立與紙幣價值相對應的現金儲備……所有這些條件……似乎都迅速到位了。

十一世紀末，中國北方出現了紙幣。十二世紀時，金朝和南宋統治的地區已普遍使用紙幣，儘管當時金屬幣亦並行不悖。

蒙古征服者欣然採用了這一制度（來賺取錢財！），但他們又更進一步。為了確保紙幣的地位，元朝禁止在商業交易中使用銀幣和金幣；到一二八〇年，貿易中只能使用紙幣。只有在製造業中，「紙幣才能與金幣和銀幣自由兌換」；它們〔貴金屬〕不能流通（Yang, 1952:63-64）。

到中國訪問的外國人見證了元朝在執行這條麻煩的禁令上所取得的巨大成功。因此，十三世紀末期，馬可波羅寫道，在中國，常見的貨幣就是一張印有元朝印章的棉紙。外國商人必須用金幣或銀幣兌換這種貨幣。在蒙古人統治的整個時期，這種制度都一直延續著。巴杜齊・彼加洛梯（Balducci Pegolotti）在他寫於十四世紀初的書*中提醒商人，「中國的皇帝會將你們的銀幣納入國庫，他會給你們換成黃紙，上面蓋有皇帝的印章稱為寶鈔，當購買絲綢等物品時，所有人都會接受這種黃紙。」[9]

伊本・巴杜達證實了這一點，他在十四世紀四〇年代寫道（1929trans, :283），外國商人在商業活動中不能使用金幣或銀幣，只能使用「紙張，每張紙幣有手掌那麼大，上面蓋有君主的印章……如果有誰用迪拉姆或第納爾銀幣交易，沒人會接受它們。」據伊本・巴杜達（1929 trans.:286）所言，穆斯林商人旅行者在中

* 《東域紀程錄叢—古代中國聞見錄》（*Cathay and the way Thither*, Yule trans., Vol.II, 1937:294）

國從來沒有接觸過貨幣。

穆斯林商人來到中國任何城市，可自願地寄宿在定居的某一穆斯林商人家裡或旅館裡。如願意寄宿在商人家裡，那商人先統計一下他的財物，代為保管，對來客的生活花費妥為安排。來客走時，客人如數送還其財物，如有遺失，由商人賠償。如願意住旅館，將財物交店主保管，旅店客人購買所需貨物，以後算帳。*

紙幣（普遍信用）的應用，以及即便外國商人也必須使用紙幣的做法，帶來了幾個重大後果。首先，提高了貨幣的流通速度，進而推動了經濟增長（for China, see Elvin, 1973:146; for Eueope, see Goldstone, 1984）。其次，由於每個人都必須使用相同貨幣，因此國家能夠監控外匯匯率，並進而成為外國商人和中國商人之間不可或缺的中間人。

控制對外海上貿易

在我們討論的各個時期，陸路貿易一直延續著，它們主要控制在維吾爾商人和穆斯林商人手中。而海上貿易卻是另一種情況。外國商船只能駛入有限的幾個港口，並在此接受管制。廣州（在阿拉伯資料中，被稱為廣府）是其中最早開放的港口，早在唐朝時就投入使用，而且幾乎一直都是最重要的港口。甚至在唐朝時，在紙幣代替金屬幣之前，中國就已經開始小心地對到達廣州港的商人進行控制。「商人蘇萊曼」（Ferrand trans., 1922:54）描寫了九世紀中期廣州港的情況：

當船員經由海路到達中國時，中國人就將他們的貨物查封並封鎖到倉庫中。他們會保管這些貨物達六個月之久，即從船員抵達之日直到那個季風季節最後一批船到達之時。對所有進口的商品，中國都施加百分之三十的關稅，並將餘下的貨物歸還給主人。

我們只能這麼推測，即這些被徵用的貨物不但充實了皇帝的國庫，而且還流入了海關官員利潤豐厚的貿易之中。「私人」貿易和「朝貢」貿易的差別竟如此之大！但是我們必須承認，中國船隻在這一時期也在出航；阿拉伯文獻證實中國船隻曾出現於西拉夫、巴士拉和阿曼等港口，這也就是說，出於互惠互利的目的，中國政府不得不平等地對待外國商人。

在南宋和其後的元朝時期，另外兩個通商口岸開始趕超廣州：一個是南宋都城杭州（金塞）[10]，據說是世界上最大的城市，另一個是泉州（在福建），義大利人和阿拉伯人稱之為刺桐，馬可波羅和伊本·巴杜達都認為它是世界上最大的港口[11]。

幸運的是，我們有不止一份而是兩份文獻，這兩份文獻由兩位中國人（其中一位是穆斯林裔）寫成，在十三世紀早期和晚期，他們負責監管停靠在福建省泉州港的外國商船。這兩份文獻極為詳盡地描述了當時的貿易情況，包括商船的出處、所運貨物、如何對貨物徵稅，以及如何控制船隻的活動。

第一份文獻是由趙汝括寫於一二二五年的《諸蕃志》。他當時任提舉福建路市舶司。不幸的是，他的著作混入了一份一一七八年的資料的內容（translators' introduction, Hirth and Rockhill, 1911），這讓我們很難將這部作品看成是對十三世紀早期的精確描述。這份文獻試圖描寫「蠻族」之邦，並對它們輸往中國的貨物作出鑒別。因此，它有助於我們判定中國人在十三世紀時都知道哪些「西方」國家，並獲得一些對外貿易中種類繁多的商品的知識。儘管這份資料有很多地方不夠精確，甚至令人困惑，但任何一位研究十三世紀亞洲貿

＊本段譯文引自伊本·巴杜達著，馬金鵬譯：《伊本·巴圖塔遊記》，銀川：寧夏人民出版社，一九八五年版，第五五〇頁。—譯者

易的學者都無法忽視這一文獻[12]。

從我們的研究目的來看，第二份文獻更有趣，因為它詳細記載了中國對待外國商人的方式。蒲壽庚任職泉州（刺桐）市舶司，也是宋朝最後一位市舶司官員，於一二八〇年投靠了蒙古入侵者（見桑原騭藏*日文作品的英譯本，一九二八年和一九三五年）。他的姓「蒲」（=Abu）表明他是定居在中國港口的眾多大食（Ta-Shih）[13]居民的後裔（桑原騭藏, 1935:2-3）。通過職位之便，他聚斂了大量財富。桑原騭藏（1935:36-37）解釋說：

> 從唐代開始，進入中國港口的外國商船不僅要繳納關稅……而且要向朝廷進獻一些國外物品……除此之外……商人還要以展示樣品的名義〔原文如此〕，賄賂當地官員，包括市舶司官員……政府派官員檢查貨物……檢查之後……商人要舉行宴會犒勞這些官員，期間還會向官員行賄……所有這些其實都是中國官員所獲得的收益。

然而，還有些更加貪婪的官員……會強迫商人以低於市場價格的價格出售商品，之後通過（再次）出售來謀取利潤。由此可見官方貿易和私人貿易之間的巨大區別。對於市舶司官員來說，致富是輕而易舉之事。

然而，謀取這樣一個油水豐厚的官位確非易事。蒲壽庚不僅僅是朝廷命官；他的地位還歸功於其麾下艦船鎮壓當地海盜的海上功業。這表明在南宋衰落之時，各種力量都已經發展起來（包括海上和陸上的軍閥）。在蒙古人入侵南宋時，蒲壽庚以他的海上力量援助了蒙古人，並為此獲得了至高榮譽，成為閩廣大都督兵馬招討使（桑原騭藏, 1935:38-40）。

蒲壽庚並不是特例。元朝時，中國的穆斯林聚集區勢力強大（可回顧第五章中馬可波羅對汗八里的穆斯林官員艾哈邁德的描寫），而且所有描寫中國主要港口城市的文獻都提及穆斯林社區。為了使大家對中世紀中國港口城市的社會組織有所瞭解，我們以杭州為例，進行考察[14]。或許任何抽象的討論，都不及謝和耐重現的杭州圖景更能清晰地展現十三世紀的中國所取得的輝煌成就。當時的杭州擁有百萬人口，一直是世界上最大的城市，這一地位直到十九世紀才被倫敦取代。

十三世紀的杭州

杭州地處巨大的人工湖（西湖）和東流入海的錢塘江之間，城區及郊區總面積約為七—八平方英里。整個城市由城牆環繞，「開了五座大城門，運河即經這些城門流過；又開了十三座門樓，城市的大街直通這裡」（Gernet, 1962:26）。十三世紀時，城牆外的郊區面積甚至超過了城區面積。為了適應城區不斷拉長的趨勢，杭州調整了「四個區的中心點」（Wheatley, 1971），其規劃方式使得主要的「禦街」能夠縱貫南北，而其他街道則適當地橫穿其上（Gernet, 1962:27）。

在建築擁擠的城區內，人口密度差異懸殊。南部的小山是皇宮所在地，周圍居住著達官顯貴以及「在對外貿易中牟得暴利的商賈」（Gernet, 1962:32）。窮人的房屋則與之形成鮮明對比。居民們擠在三至五層的狹小樓房裡，底層多是商鋪或作坊。住宅區內佈滿了狹窄的小路和巷道，這些不方便抵達的地方還建有完善的消防系統，以控制頻繁發生的火災。在這些小街巷里，所有貨物都只能靠人力搬運。鋪設好的禦街足有三英

* 桑原騭藏（1871-1931），日本歷史學家，京都學派的代表人物，長於東西交通史的研究。——譯者

里長，一百八十英尺寬（！），在這裡，由小馬或人力牽引的馬車運送貨物（Gernet, 1962:40-41）。如同在威尼斯一樣，運河在中國的交通運輸中也發揮著重要作用，遠方的貨物經大運河以及連接各臨近地區的當地運河運送到各地。

除了西湖邊上的魚市和城外的批發市場外，杭州城至少還有十個市場。因此，這裡有大量的富商。他們會在城中的眾多茶肆和飯館招待客人（在這些地方按照編號點菜，中國餐館至今還保持著這一習慣）或者雇上幾條小船和幾名樂師，泛舟西湖（Gernet, 1962:51-55）。由於國際貿易不斷擴展，這裡的很多富商和船主都不是杭州當地人，而是來自廣州或長江流域。謝和耐（1962:82）認為，這些外地人的存在反映了當時「國內市場的胚芽」正在發育。

隨著蒙古人統一中國，這個胚芽得以發展成為一個完整的體系，它將中國的南北方統一起來，並將直到那時仍然相互隔絕的（穿越中亞的）陸上軸線和（貫穿印度洋的）海上軸線連接起來。中國商人與定居當地的外國商人進行貿易往來。杭州城內的一整條街區都是外國商人的住地，其中穆斯林商人居多。十四世紀初期，由於外國商人的融入，杭州進一步擴大。

伊本・巴杜達（1929 trans.:293-297）在十四世紀三〇年代時到過杭州，他認為當時的杭州仍是「世界上最大的〔城市〕。」他說需要數日才能遍遊杭州的六個城；每個城都設有圍牆，六個城又被另一個大城牆包圍。

第一城（明顯是在外環）是城市衛隊及其將領所在地……有一萬兩千名士兵……穿過……「猶太人之門」（Jews' Gate），我們進入了第二城。這裡居住著猶太教徒、基督教徒，還有崇拜太陽的突厥人〔祆教徒，Zoroastrian〕……第三天時，我們來到了第三城，這裡居住著穆斯林教徒。這個城區很精美，市街佈局與在伊斯蘭國家一樣；城區裡有清真寺和宣禮員——我們進城時聽到他們正在召集教徒進行正午禱告……這個城區裡的穆斯林教徒非常多……第四城是官府所在地……只有皇帝的奴僕住在這裡……之後第二天，我們進入了第五個也是最大的城區，這裡住著……〔中國的平民百姓〕。這個城區的集市還不錯，有很多技藝高超的工匠……〔第二天，我們穿過「船夫門」(Boatman's Gate) 來到第六城，〕它緊挨錢塘江，裡面住著船員、漁民、修船工、木匠以及弓箭手和步兵……

這樣一個令人矚目的城市卻沒有成為當時世界體系的中心，這似乎難以置信，但事實的確如此。如今，杭州的人口與十三、十四世紀時的人口差不多，但它現在只是一個省會城市，遠遜於北京和上海。

眾多因素導致了杭州發展狀況的止步不前，其中一個是一三六八年之後，明朝部份地撤出了當時的世界體系；另一個就是一四三三年之後，明朝完全放棄了海上貿易。一二六八年，明朝建立，但是在十四世紀中期前，反元勢力的種子就已經散播開來。我們在第五章曾提到黑死病很可能首先爆發於中國，它嚴重削弱了蒙古統治者維持帝國統治的能力。明朝建立者朱元璋的身世或許也起到了推波助瀾的作用。由於瘟疫（可能是腺鼠疫）的爆發，朱元璋於一三四四年失去雙親和兩個兄弟，由此成為孤兒。鼠疫之後又爆發了饑荒，這方面的歷史資料更為翔實。這些事件無疑加深了民眾對蒙古統治者的反抗情緒，他們認為這些統治者不但生性腐敗，而且做事不公（Chan, 1982:6-7）。明朝恢復了正統的漢人統治，由此產生了諸多影響，其中一個就是中國最終中斷了對外關係。

中國為何退出世界體系

如前所述，學者們對明朝撤離世界體系的原因進行了各種推斷，很多學者認為完全是意識形態宗教的原因，還有一小部份認為是社會結構的原因。持前一種觀點的學者強調儒家思想的重要性，儒家思想認為奮鬥是世俗的，不主張謀求商業利益，並將「德行」置於對財產的合法保護之上。制度史學家強調中國社會精英的分層，從而進一步完善了上述解釋。他們認為中國的精英分化為兩個階層，一個是官僚階層，他們控制著國家機器，但是不參與商業活動；另一個是富商階層，他們根本得不到國家權力。因此，與歐洲的富商不同，中國的富商不僅無法利用國家權力增進利益，而且命運多舛，社會地位受到削弱。這兩種觀點都輕視了變革的作用，這使得它們無法充分解釋之前所描述的經濟活動和政策週期。

隨著時間的推移，無論是儒家思想對中國人「想像力」的控制，還是官僚階層在實踐中貫徹其意識形態的能力都必然有著巨大的變動。但即便這兩者確實都發生了某種程度的改變，似乎也無法充分解釋所有的爭論。或許它能在一定程度上解釋元朝支持貿易和產業的原因，但它無法解釋為何在南宋時期私人貿易完全取代了朝貢（官方）貿易。這個例子只是所有爭論中的一個。

儘管蒙古人統治中原長達一個多世紀，儘管他們非常尊重中國的優秀文化（具體表現為對中國宗教禮儀的接納以及對宋朝行政機構的沿用），但歸根結底，對中國而言，蒙古人仍舊是外來勢力。十三世紀末至十四世紀初，私人貿易體系和政府的財政扶持，極大地促進了國內產業和海上對外貿易的發展。當然，元朝並沒有「創建」這兩個體系。相反，他們採納並進一步發展了南宋時期對待世界體系的部份立場（Schurmann,1956：passim）。然而，這些模式為蒙古統治者所認同，並因此受到恢復了漢人統治的明朝的質疑。

或許是為了將自己與那些曾經「厚顏無恥」地任意發展「商業」的元朝統治者區分開來，明朝統治者試圖重新確立源自過去的正統象徵，這種象徵會鼓吹新政權的正統性，並證實其合法性。我們將會發現，極力貶低謀利行為的儒家思想以及更早的朝貢貿易就是兩個這樣的象徵[15]。

然而，在明朝早期（一三六八年－一四〇三年），雖然海上貿易出現衰退，但這似乎並非緣於政策的突然變化。相反，我們很容易就能把這種暫時的衰退歸咎於這個新王朝所面臨的左右兩難的處境。明朝現在必須鞏固它對這片廣袤土地的統治，因為這片土地剛剛經歷了瘟疫的破壞，一場曠日持久的抗擊蒙古統治者的「勝」仗，以及這兩個相互關聯的事件所引發的大範圍的混亂。我們沒有必要從「政策」方面對明初禁止貿易活動的原因作出回答。明朝初期，海上貿易的衰落並非緣自某些象徵性因素，而是確有原因。事實上，那些變動為他們抗擊蒙古人提供了有利條件。

黑死病在中國

一三五〇年－一三六九年，中國大部份區域都受到流行病的摧殘，與此同時，腺鼠疫造成中亞和地中海地區的人口大批死亡。關於兩種瘟疫是否同一種傳染病，或者是否由其他類型的疾病導致了上述惡果，學術界至今沒有定論。（見之前圖七，該圖顯示了瘟疫傳播路線和貿易路線的重疊。）但是，威廉・麥克尼爾認為這一時期的中國極有可能爆發了致命的黑死病。麥克尼爾在《瘟疫與人》（*Plagues and Peoples*, 1976:259-269）附錄中按照年份和發生地，列舉了約瑟夫・查（Joseph Cha）所能搜集到的有關西元前二四三年至西元一九一一年發生在中國的流行病的所有參考文獻。中世紀時期，中國只爆發過一次持續時間較長的瘟疫，很多地方都報告了人口的大量死亡，那就是發生在十四世紀的這次。

如果約瑟夫・查搜集的資料準確無誤且相對完整的話，那麼我們可以得知在十四世紀初，河北在幾百年間首次成為傳染中心，因為該省在一三一三、一三二一、一三二三和一三三一年時都有疫情報告；據估測，一三三一年時，河北有十分之九的人口死於瘟疫，這表明當時一種新型的傳染病襲擊了中國。十五年間（也就是從一三三一－四五、一三四六年間），河北人口損失慘重。與此同時，福建（泉州港位於該省）和位於福建以北的山東沿海地區也爆發了瘟疫。一三五一－五二年，山西、河北和江西都出現了疫情；五三年，湖北、江西、山西和綏遠出現疫情；五四年，山西、湖北、河北、江西、湖南、廣東和廣西出現疫情；五六年的河南、五七的山東、五八年的山西和河北、五九年的陝西、山東和廣東、六〇年的浙江、江蘇和安徽、六二年的浙江以及六九年的福建都有疫情出現，屍骨遍野。其後，瘟疫爆發的頻率似乎有所下降，而且也沒有證據表明它們傳播到了其他地區。

基於這份資料，麥克尼爾猜測，蒙古騎兵把瘟疫帶到了河北（1976:143），瘟疫又從河北傳播到中國大部份地區，特別是中國南部的長江流域[16]。蒙古人的實力受到很大削弱，因無力維持統治，而被迫撤回蒙古和中亞，將一個滿目瘡痍的中國留給了於一三六八年取代元朝的明朝。

在某種程度上為了象徵意義（北京一直都是中國「真正」的首都），但可能也是出於現實考慮（當時南方的情況極其糟糕），明朝重新將注意力轉向了北方，試圖圍繞北京建立經濟基礎。我們還記得，北京的外部經濟一直與亞洲各國的溝通狀況相關。但是，中亞仍舊由蒙古人控制，十四、十五世紀之交，帖木兒帝國控制了這一地區。中國北方與歐洲的陸路聯繫在十四世紀中期大幅減少，至此則是完全中斷了。

對中國撤離原因的再思考

在十五世紀的前幾十年，中國的國內秩序逐漸恢復，黑死病造成的影響也開始消散，中國再次試圖擴張權力。自蒙古人控制了陸路之後，明朝就只能回到海路這條唯一開放的途徑上。當時，中國重新開始擴建海軍，花重金建造了大量船隻。促進貿易發展並非這一舉措的唯一目的，甚至不是主要目的。除此之外，明朝還試圖實現另外兩個目標，一個極具象徵意義，另一個極具軍事意義。二者都是為了增強中國在世界上的影響力。

當時，船隻無疑有助於宣揚中國的國威。艦隊司令鄭和率領多艘巨型「寶船」（each carring a crew of 500, according to Lo, 1958:151）所進行的航行並不是出於商業目的，儘管有些朝廷官員希望它們能促進貿易的進一步發展。相反，十五世紀頭三十年裡明朝在印度洋附近所做的力量展示，旨在向那些「蠻夷之邦」暗示中國已在國際格局中恢復了合法地位，並再次成為世界的「中心國家」。在達到這一目的後，明朝船隻就回到了中國，靜候小國的朝拜（以及某些「朝貢」貿易）。

然而，明朝追求的第二個海上目標，也就是軍事征服，並未實現。一四〇七年，明朝倚仗其強大的戰艦，入侵並佔領了安南國。但之後，她的艦隊在一四二〇年被擊潰，由此「開啟了一系列的潰敗，並導致艦隊於一四二八年撤出越南北部的東京（Lo, 1958:151-152）。中國當時面臨兩個選擇：要麼增強海軍力量，以取得決定性勝利，要麼選擇撤退。國內的經濟困難迫使明朝作出了第二種選擇。

十五世紀中期，明朝面臨著一場嚴重的經濟危機（Lo, 1958:155）；財政收入下滑，通貨也不穩定。政府無力維持龐大的艦隊。海盜（多是日本人）不斷侵擾中國船隻，而且隨著朝貢國家數量的減少，朝貢貿易也逐漸衰落。羅榮邦（1958:157, 158）寫道：

明朝海軍衰微的徵兆是顯而易見的。從外交政策以及戰略上看，中國已從攻勢轉為守勢，從進取轉為撤退。「寶船」的行程……以及在安南取得的勝利，都有力地證明了明初海軍的擴展……但是，之後，明朝改變了戰略政策。她……（於一四三六—一四四九年）撤銷了福建的前哨基地，並於一四五二年撤銷……沈家門基地……戰艦也不再去海上巡遊，它們常年停泊在港口裡，無人管理，鏽跡斑斑。

十五世紀後半期，明朝海軍中有一半以上的艦船都已廢棄，而且也沒有再建新船（Lo, 1958:158）。羅榮邦堅信，正是十五世紀中葉中國經濟的衰敗這個盡人皆知的事實導致明朝海軍「神秘地」撤離了印度洋。

中國經濟的崩潰

如果羅榮邦的觀點正確的話，那麼問題的關鍵就不是中國為何從海上撤退，而是中國為何在十五世紀時出現經濟的崩潰，並迫使她撤銷海軍。雖然中國的史學家放棄了這是由「理念變化」所致的觀點，並開始探究經濟因素，但他們依舊主要關注國內因素，將明朝經濟的崩潰歸咎於明末的腐敗猖獗、黨派林立、「政府無能」以及日漸懸殊的財政收支差額。儘管不能完全忽視這些因素，但我們必須將其置於本書所探究的世界體系的變遷這個大背景之中。

中國當時遭受的經濟困難是否——至少在某種程度上——緣於以她為中心的世界體系的崩潰這一事實？這一系列問題值得我們探索。我們的假設是：這一體系的根基在十四世紀早期就開始遭受侵蝕；十四世紀中後期的瘟疫嚴重削弱了體系的根基；而蒙古「帝國」的瓦解最終徹底破壞了體系的根基。儘管明朝繼之而起，但蒙古「帝國」的瓦解仍切斷了中國與中亞腹地的聯繫。因此，儘管中國歷史將明朝的建立視為正統王朝的恢復，但從世界體系的角度來看，明朝的建立卻意味著十三世紀世界大貿易圈的最終瓦解，而中國曾在其中發揮著至關重要的作用。儘管我們將在第十一章對這一觀點詳加闡述，其中會探討該體系衰亡的各種原因，但我們現在可以概括一下造成中國經濟崩潰的因素。為了理解中國崛起所仰賴的基礎，我們來回顧一下中國崛起的過程。

在古典時期，北京是重要都會和行政中心，中國主要通過經由中亞的陸路與他國發生聯繫。即使在東南沿海地區的人口超越北方，南北方融為一體之後，海上貿易仍舊是次要的貿易活動。但是，隨著唐朝實力的下降，中國越來越依賴外族軍隊（主要是維吾爾人，參見第五章）來保護北方邊境，而且北方形成了藩鎮割據的情形。「九世紀時，這些地方軍隊將領往往都是外族人，他們控制著各自區域，抵制中央政府的干預」（Rossabi, 1983:5）。九〇七年，唐朝滅亡，中國分裂為十五個「王國」，其中十個在南方，由漢人控制，另外五個在北方，由外族人控制。儘管北京處於外族人的控制之下，但它仍是一個重要的都城。但即使是在那時，蒙古族中的一支——新興的契丹人已開始騷擾中國的北方邊境。

九六〇年，宋朝重新統一了中國南部和北方大部份區域，建立了一個「較小」的帝國。但北方仍舊受到契丹人的威脅，一〇〇五年，宋朝被迫與契丹人簽訂了屈辱的盟約，同意向契丹人交納歲幣，以換取北方邊境（現在面積大大減少）的安寧。但是，進貢和安撫都無法給宋朝提供永久保護。宋朝曾聯合蜂擁而入的女真人對付契丹人，但事與願違。此後，宋人在南方重新組建了政權，並將杭州作為他們的臨時首都。宋朝的戰敗可能使得他們並未意識到成吉思汗的軍隊帶來的新威脅，如今，成吉思汗已經侵佔了宋朝在北方的敵人所控制的領土。

那時，南宋已經建立了一支強大的海軍，並可以通過徵用強大的中國商人的船隊來增補海軍力量（Elvin, 1973:90）。我們還記得，唯有在大批人口遷往東南沿海地區，北方（首都是北京）和南方之間的運輸體系建成之後，經由印度洋的通商航行才在中國出現。但唯有在南宋因突厥人和蒙古人佔領了北方而幾乎被迫撤退到長江以南之後，通商航行才成為中國主要的外部經濟基礎。

儘管擁有強大的海軍，但宋朝最終還是被蒙古人打敗，他們不僅在陸地上吃了敗仗，而且居然在海上也遭遇了潰敗。儘管元朝的艦隊使用了它所俘虜的船隻和海員，其航行範圍也超過了宋朝，但在元朝統一的中華帝國內，北京依舊是首都和皇宮所在地。儘管南方港口依然繼續壟斷著海上貿易，但中國真正的權力中心卻再次北移。

蒙古入侵中國，並最終於一二七九年統一南北，建立元朝，其後，兩個相互協作的外部貿易體系補充了中國國內以農業為主的經濟基礎。一個是重新被啟動的、橫穿中亞的「絲綢之路」，其終點是北京；另一個是經由印度洋的海上貿易之路，其目的地是廣州、泉州，有時是杭州。於是，中國成為連接陸地和海上貿易的關鍵環節。至少在它自己的勢力範圍內，中國已經在日漸一體化的世界體系中成為一個令人敬畏的大國。這種模式的「全力運行」使得中國經濟極其繁榮，儘管分配不平等。

明朝接管了整個中國，但是這時中國的地緣政治已經發生了巨大變化。儘管自南宋以來，中國的人口、生產、貿易中心都在南方，但是十四世紀中期，南方因爆發瘟疫而遭到了嚴重破壞。此外，象徵著中國的道統和法統的北京位於北方。出於現實和象徵意義的考慮，明朝重新在北方建立了政權，但那時北方已不再是原本的陸路出口。帖木兒帝國阻斷了先前以北京為終點的陸路。

但是，南方的海路依然運行著。明朝試圖重新啟動這條線路，但那時為時已晚。印度洋地區的貿易也在衰退。鄭和的航行並未產生預期的效果。不但海軍「得不償失」，而且在新一輪的退卻思想的影響下，那些遠離首都的港口如今被視為充斥著外國人的地方，而且這些人都帶著「不正當」的商業目的。其結果就是中國從海上撤退，集中精力重建農業經濟基礎，恢復國內生產和國內市場。南方港口曾佔據經濟中心長達兩百年，這一反常現象就此終結，隨之，中國也失去了謀求世界霸權的可能。

由中國得出的經驗

十三世紀，中國在世界體系中處於至關重要的位置，因為它連接著北方陸路和同樣重要（甚至更為重要）的印度洋海路。當兩條線路同時充分發揮作用時，特別是當中國處於統一狀態，因而成為連接兩條線路的「暢通無阻的溝通媒介」時，世界貿易線路是完整的。其實，只有在十三世紀和十四世紀初期，世界貿易線路處於完整狀態時，我們才能說存在著前現代「世界體系」。

與這個世界體系的其他分區一樣，中國的經濟狀況主要仰賴其本身的政治組織、科技創新、科學技術和商業活動的發展狀況，即開發本身資源的能力。但是，還有一部份經濟活力源於中國從外部體系獲取盈餘的能力，在十三世紀和十四世紀初期時，這在中國的經濟成分中佔有相當大的比重。當外部體系收縮並瓦解時，之前與其有所聯繫的所有地區，包括中國都不可避免地遭遇困難。

在本章及此前各章中，我們已盡力勾勒出組成約一二〇〇—一三五〇年的國際貿易體系的「城鎮列島」的幾乎所有成員的興衰過程。它們的興衰過程有著驚人的一致性（誠然，其中也有偏差，我們已對此有所解釋），這表明它們之間並非毫不相干。從中我們明顯發現每個地區的崛起都與其進一步融入世界有關。至於「脫離」世界會對各地區的衰落產生怎樣的影響，我們著墨甚少。在第十一章中，我們將詳細闡述這一問題。

結論

第十一章　重組十三世紀世界體系

我們在結尾這一章不僅要綜合關於十三世紀的研究成果，還要處理一個更有意義的問題，即世界體系為何衰落。既然我們認為在世界體系的組建階段和瓦解階段都運行著很多相同的變數，儘管它們在這兩個階段的運行方向相反，那麼對世界體系為何衰落這個問題的解釋，將源於對世界體系的形成過程的理解，至少在某種程度上如此。

對十三世紀世界體系的綜合理解

本書描述了早期世界體系的興起過程，該體系生成於十二世紀末期，至十四世紀最初幾十年臻於頂峰，涵蓋了從西北歐至中國的廣闊區域。儘管該體系不是全球性的體系，因為它並未囊括依然與世隔絕的美洲大陸與澳洲大陸，但比照此前已知的世界，它仍然是一個非常龐大的體系。它重新整合了一套相當複雜的、環環相扣的子系統，包括歐洲、中東（含非洲北部）和亞洲（海岸地區和草原地區）。

儘管該體系天生就極其不規則，如同將無邊無際的相對隔絕的農業區和開闊地之上的「世界城市」整合為一個群島的網絡，但是，這種不規則並非十三世紀所獨有。我們不能因為體系內的不規則而否定一個包羅萬象的體系的存在。十三世紀的世界城市與內陸地區之間的差異，是否像當今世界體系中的東京或紐約與多哥鄉村地區之間的鴻溝那樣巨大呢？其實這是個頗具爭議性的問題。

雖然與現代世界體系相比，十三世紀的國際貿易體系及與之相關的生產活動，規模不大，技術也不先進，但在前面的章節中，我已盡力表明，十三世紀世界體系組織之複雜，規模之龐大，運轉之精密，都是前所未有的。總而言之，該體系並不亞於十六世紀時的世界體系。

造船和航海技術、生產和銷售的社會組織、貿易經營方面的規章制度，如合作關係、籌款集資機制，以及鑄造貨幣和兌換貨幣的技法等諸方面的複雜性顯而易見。因此，沒有任何單獨的、決定性的原因能解釋後來的歐洲霸權，認識到這一點是很重要的。那些專注於歐洲社會的技術、文化、心理，甚或經濟特點的解釋，都是不充分的，因為它們往往忽略了先前體系內那些承前啟後的變化。

首先，十六世紀時，在海運中佔據首要位置的地區沒有大的改觀。儘管歐洲的船隻比之前先進了很多，但它們依然落後於鄭和率領的於十五世紀早期遊弋於印度洋的中國船隊。其實，很晚之後世界體系才經由海路實現了真正的整合。直到十九世紀發明了汽船之後，世界體系的狀況才發生了顯著變化。

另外，十六世紀時，社會制度方面（生產組織、資金籌集，以及貨幣與信貸機制）也沒有任何質的飛躍。通過知識的傳播和闡述，該領域同樣只是連續而平緩地發展著，並沒有出現重大突破。因阿拉伯世界在十三世紀缺少現代的銀行而認為阿拉伯世界貿易水準低下，或因中國沒有實行金本位就認為中國的法定紙幣軟弱無力，都是不對的，也與它們所處的時代不符，因為這些制度是隨著經濟發展的延續逐漸在歐洲出現的。同樣，我們大可以想當然地認為，只要非西方世界依然在世界貿易中佔有重要一席，那麼十三世紀時存在於這些地方的原始的貨幣和信貸機構無疑會繼續發展下去。未能開發出更為成熟的商業機制，是非西方世界力量衰退的表徵，而不是其中的原因。

最後，鑒於這個早先的世界體系中沒有一個個體在文化、宗教或經濟制度上佔主導地位，我們很難接受純粹從「文化」角度對支配權作出的解釋。無論在技術發明還是在制度創新上，似乎沒有任何特定的文化能佔據壟斷地位。想要在十三世紀取得優勢，也沒有任何典型的心理特徵、任何特定的生產和交換組織形式，以及任何宗教信仰或價值觀是不可或缺的。儘管早先的世界體系中途夭折，但十六世紀時「西方勝出」這一事實，無法令人信服地表明唯有西方的制度和文化才能最終勝出[1]。

其實，十三世紀世界體系中值得注意的是彼此共存、相互協調的文化體系，迥異於西方的各種社會組織支配著這一體系。基督教、佛教、儒教、伊斯蘭教、瑣羅亞斯德教以及其他眾多通常被視為「異教」的小的教派，似乎都容許，其實是推動了如火如荼的商業、生產、交換、冒險，以及其他類似活動。其中，基督教所扮演著相對次要的角色。

同樣，十三世紀也共存著不同的經濟體制，既有國家政權扶持的「類」私人資本主義，又有私營商人支持的「類」國家製造。而且，這些差異與地理範圍或宗教分佈並不完全一致。甘吉布勒姆的紡織業生產組織類似於法蘭德斯地區，而中國和埃及則具有更多的相似點。在威尼斯和中國，國家會建造貿易活動所需的船隻，而在其他地方（甚至是在不同時期的熱那亞、中國和埃及），國家會徵用私人船隻，以滿足國家之需。

十三世紀的世界體系也缺乏將所有經濟活動都標準化的內在基礎，因為該體系的參與者包括（一）覆蓋了次大陸廣闊區域的大片農業社會，如印度和中國，這裡的工業生產主要但並非僅僅以農業原材料的加工為導向；（二）小型城市國家港口，如威尼斯、亞丁、巴鄰旁和麻六甲，它們極好地發揮著中間人的作用；（三）類型各異的地點，如印度南部、香檳地區、撒馬爾罕、黎凡特，以及波斯灣周邊的港口，它們處於交易夥伴的交匯點上，因其戰略位置而具有重要地位；以及（四）擁有絕無僅有的珍貴原材料（如英國的上等羊絨、蘇門答臘的樟腦、阿拉伯半島上的乳香和沒藥、印度群島的香料、錫蘭的寶石、非洲的象牙和鴕鳥毛，甚至歐洲東部作為兵源的奴隸）的地點。以上種種並非世界體系的起因，相反，它們是世界體系的產物。

上述地區的經濟活力源於它們參與其中的世界體系，至少在某種程度上如此。所有這些單位不但彼此進行貿易往來，經營其他地區的轉口貿易，而且已經開始重組其內部的經濟單位，以迎合世界市場的需求。種植某種纖維作物滿足了國外紡織業日益增長的需求；圈佔更多的土地養羊同樣為生產輸出品的紡織工提供了羊毛；冶金部門的擴充滿足了國外與日俱增的對武器的需求；專人尋找樟腦和貴金屬，或專門種植胡椒或其他香料，也都與出口需求息息相關。這些新事物都是世界體系帶來的結果，到十三世紀末，世界各地都欣欣向榮。這一時期在經濟上的突飛猛進表現於參與世界體系的城市規模的擴大（相關樣本參見表十五）。

然而，大約五十年後，該體系開始瓦解，至十五世紀末時，僅有很少的部份地區還保持著先前的活力。體系的發展過程漸漸終結。何以至此？對經濟的擴張與收縮的週期性進行闡述並不能給出答案。把康得拉季耶夫週期（四十四—四十五年）或其他規律性的經濟週期當作內在固有的推動力，而非多少有點實際意義的可供考察的典型產物來討論，似乎是有些神秘主義了。我們確實選取了大約百年的「上升」期和五十年的「衰落」期，但那在某種程度上僅僅是為了研究之便。興衰週期非常符合歐洲的情況，這並不意外。其實，最初我之所以選取那幾十年是因為它與歐洲歷史中廣為人知的一段波動相符合。然而，如同我們所看到的那樣，即便是在西歐，各地的起始點都不盡相同，上升點也很可能隨著主體的不同在時間上出現或早或晚的變動。而轉衰點則較為一致，這與造成人口數量銳減的黑死病相符，歐洲大多數歷史學家都認為黑死病使歐洲開始在結構上發生深刻變化。

不過，如果對中東地區進行單獨研究，而不是將其置入包括北部歐洲在內的世界體系的話，中東的經濟週期將顯現出迥然不同的時間「邊界」。早在八世紀時，中東地區的勢力就開始日漸強大，儘管各分區的終

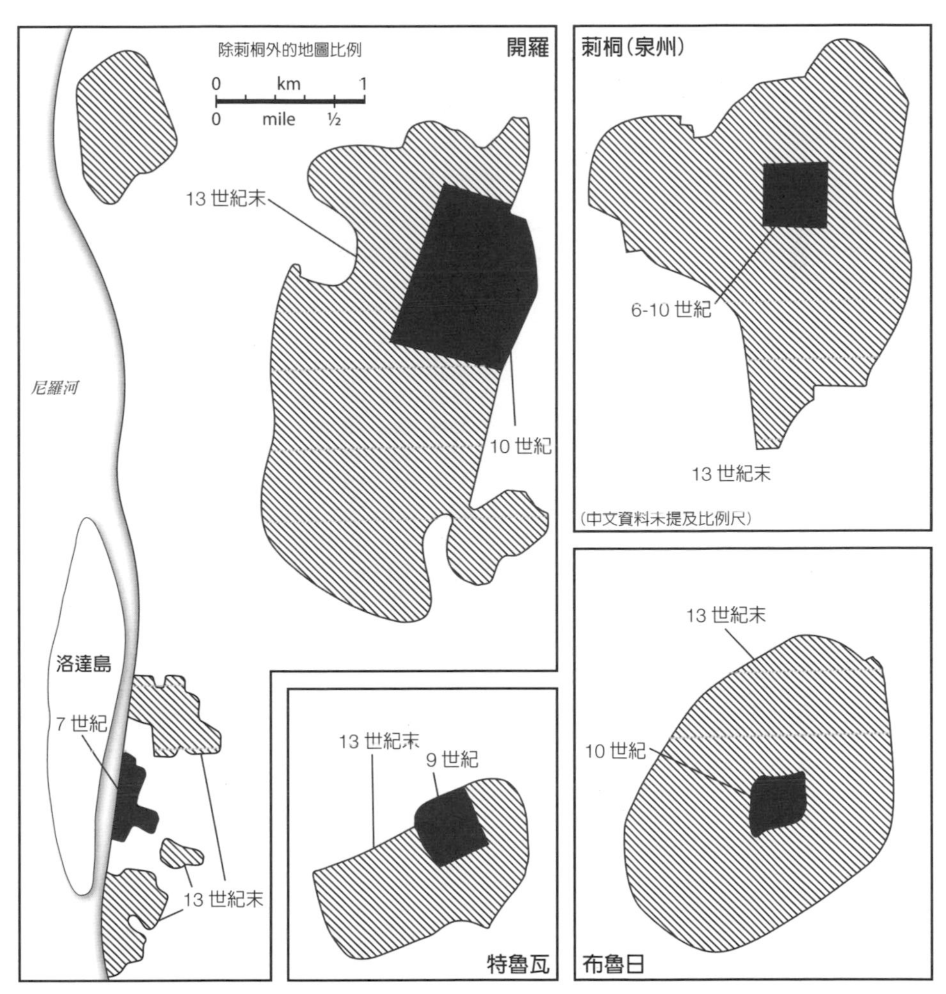

圖15　9-10世紀至13世紀末某些重要城市的發展狀況

結階段不盡相同。八—十世紀時，中東地區臻於「巔峰」，推動了巴格達和開羅的發展，其後這兩個帝國中心的歷史出現分流。其實，埃及在中世紀時期的輝煌幾乎是停滯不前的伊拉克的逆像。儘管受到造成大量人口傷亡的黑死病的影響，但埃及的人口數量並未像十四世紀後半期世界體系的其他諸多地區那樣出現明顯下降。如同我們看到的那樣，威尼斯和開羅通過達成鬆散的、矛盾重重的聯盟實現了貿易上的壟斷，這使得它們在面對競爭對手的圍困時免遭削弱。過了一個半世紀，當葡萄牙人完成了環繞非洲的航行之後，開羅才最終衰落下去。奧斯曼帝國於一五一六年對埃及的征服，並非導致開羅優勢地位喪失的原因，而是其表現。

再向東，經濟週期也並不完全同步。印度西海岸的命運與中東地區息息相關，該地區的經濟週期與埃及的經濟週期有著因果聯繫，它較長的上升期與埃及的上升期大致相當。相比之下，印度東海岸日漸增長的被動性，甚至是衰退，始於十四世紀之前，並完全與室利佛逝國地位的逐漸下滑相關，進而又與中國的積極進取聯繫起來。中國人積極地繞過麻六甲海峽地區的商人和柯洛曼德爾海岸的港口，直接前往奎隆。

在北部草原，統一與分裂的週期和「蒙古」部落聯盟建立的帝國的一舉一動聯繫在一起。這一地區的擴張期始於十三世紀早期，其統一程度在十四世紀早期達到最大化。與此相反，國家分裂與領土喪失（包括中國）成為十四世紀後半期的主要特徵。正如先前表明的那樣，這一地區的發展週期對十三世紀世界體系其他參與者的發展週期造成巨大影響。

中國有其本身的發展週期，該地區的發展開始於十一至十二世紀的宋朝，比其他地區稍微早一些，十五世紀中期時，其發展勢頭告一段落。元朝時期，南方地區（包括通往印度洋貿易的港口）與北方地區（包括穿越中亞的陸路）完全統一起來，整個地區臻於頂峰。當南北兩條聯結世界體系的路線開放時，中國就會繁榮；而當這些線路封閉時，中國就會衰落，被捲入十三世紀世界體系的其他地區也會隨之衰落。

鑒於上述複雜情況，在分析整個世界體系時就不應該將「經濟週期」具體化。相反，我們一直闡明的理論是：當相關地區的上升週期出現重疊時，這些週期便產生互動。至少在某些地方，上升期的出現源於世界體系中某個地區設法與其他地區建立的聯繫。反過來，世界體系也強化了各地的發展。

反之亦然，當個別地區遭遇挫折時，無論其潛在原因是特殊的，抑或普遍的，整個體系的發展方向也會因此偏離。這恰恰是因為各個地區是如此的緊密相連，一個地區的衰落會不可避免地導致其他地區的衰落，尤其是當在彼此相鄰的地區之間達成了「合作關係」時。

十四世紀中期最為重要的一個系統性的變化，當然就是世界上很多地方同時發生的人口數量的銳減了，這源於給世界體系的絕大部份地區都造成嚴重損害的鼠疫和其他疫病的大流行。儘管各地區對人口銳減的回應有所不同（有些地區恢復得較快，而有些地區則較為緩慢或者從未復蘇），但都出現了兩個非常普遍的結果。一是對農業生產的再重視，受到削弱後的人口中有很大一部份投入到農業生產中來，這在過去幾十年間從未出現過。另一個結果是城市化速度的減緩。這兩個結果都表明，各地區都已無法像十三世紀那樣產生盈餘。這樣一來，貿易總額，尤其是遠端貿易總額也會因此下降，儘管這只是暫時的。

另一個系統性的變化是地緣政治上的變化。十三世紀期間，通過商人及其貨物的流通而構建起來的地緣政治環境越來越和諧，越來越連貫。穿越中亞的兩條不同路線（一北一南），以及經由印度洋，從中東至亞洲的兩條不同路線（紅海和波斯灣）的同時運轉，意味著迴圈不斷的體系中任何一個節點上產生的阻礙都可以得到規避。這種彈性不但能保證個別路線上壟斷著保護費的守衛者將他們對過路商人的收費限定在一個「可以接受」的範圍內，而且可以確保貨物在受到某些困擾的情況下也能安全通過。

那個公認的暴戾無常的中亞帝國統一體由成吉思汗組建而成，並遺留給了他眾多的子孫。然而，十四世紀中期時，這個紛爭不已的帝國陷於紊亂。這最終封鎖了先前作為海路替代品的中亞路線。一三六八年，黑死病（或其他某種大瘟疫）嚴重削弱了蒙古帝國，蒙古人「喪失了」中國，世界也喪失了關鍵性的交通紐帶，這條紐帶的一邊是終點設在北京的陸路，另一邊是終點設在中國東南部諸港口的穿越印度洋和南中國海的海路。整個世界貿易系統都能感受到世界體系最東端的這種分崩離析帶來的反響。

十四世紀晚期至十五世紀，經地中海和印度洋建立起來的歐亞之間的聯繫借由威尼斯人與埃及人權宜的合作維持下去。其實，他們控制的海路已變得尤其重要，因為與之競爭的路線已基本廢棄。然而，這條狹窄的線路所聯結的南亞和東南亞體系已經開始衰落了。

南亞和東南亞的內部發展，減少了該體系活躍的參與者的數量。在印度南部與西部海港繼續在貿易中發揮著重要作用，而建立在山地之上的維查耶納伽爾統治的東部海岸則在海上貿易中愈益消極。中東和印度南部的商人在這個貿易線路裡極度擴張，他們深入到孟加拉灣一帶，先前這裡原本是柯洛曼德爾人的活動空間。

海峽地區，顯然主要是麻六甲海峽地區的小國家，緩慢地填補了因柯洛曼德爾商人商業活動的減少而產生的一部份空檔。不過，這些小國家從未擁有實現真正自主的實力，它們的生命力源於它們對貿易的參與，一邊是印度地區的貿易，另一邊是中國地區的貿易。唯有這兩個大國之間的直接聯繫因貿易禁運而被人為地阻塞，或者因任何一方船隊的衰減而被動地萎縮的時候，海峽地區才能在幾乎自然而然的情況下發揮更為積極的作用。海峽地區諸國的實力隨著整體貿易的衰減而普遍下降這一事實，清楚地表明瞭這些小國家的自主權的有限性。兩個時期都出現了這種情形，至少是在與中國有關的方面。

明朝剛剛建立的時候，他們對貿易的興趣暫時被更為緊要的事務拖累，或者說也可能因「治國理念的轉變」而受到抑制。在十五世紀的最初幾十年（一四〇三年—一四三〇年）中，明朝恢復了對外聯繫，但這種聯繫充滿了矛盾情結，而且正如我們已經看到的那樣，對外聯繫最終夭折。一四三五年之後，中國船隊撤離了印度洋，與此同時，阿拉伯商人和古吉拉特的印度商人都滲透到了印度洋最東端的兩個貿易圈，沒有強大的海軍為他們提供庇護，這就在印度洋留下了權力真空。最終，歐洲人——先是葡萄牙人，其後是荷蘭人，最後是英國人——填補了這一真空。

最為重要的事實是，「東方的衰落」先於「西方的興起」，正是先前存在的體系的轉移為歐洲的輕易佔領提供了便利。因此，那些將「西方的興起」看作對先前運行中的體系的簡單「接管」，或者僅僅是歐洲社會內部特點所產生的結果的觀點，都是不正確的。相反，「西方的興起」是兩股相互衝突的力量共同作用的結果。

首先，一系列歐洲國家「佔有」和改造了在十三世紀裡形成的通道和路線。歐洲不必去創造體系，因為十三世紀世界體系已經打好了根基，那時的歐洲依然只是剛剛加入該體系的次要參與者。在這個意義上講，西方的興起得益於它對先前存在的世界經濟體的重組。

然而，我們必須清楚，歐洲人並未按照舊方式「接管」十三世紀世界體系。十六世紀早期，葡萄牙入侵者在舊的世界體系中無所不至，卻幾乎沒有遭到抵抗。何以如此呢？在某種程度上來講，這種情況本不該出現，因為該體系已經具備了初步的（儘管或許是暫時的）組織體制。或許由於該體系完全適應了各種貿易參與者共存的情況，以至於對從事短期掠奪而非長期交易的參與者毫無戒備。尤其是那時歐洲人採取的「貿易加搶劫」的新方式使得早已形成並存在了五個多世紀的世界體系發生了根本改變[2]。

在早期的世界體系中，儘管也確實存有競爭和一些地區內部的衝突，但整個貿易格局涵蓋了諸多實力相當的參與者。在十三世紀至十四世紀早期的世界體系中，沒有任何一個國家佔據絕對的統治地位，大多數參與者（蒙古人可能是個例外）都從共同生存和相互容忍中受益。個別統治者確實也曾小心翼翼地試圖掌控貿易方式，並管理生活在他們管轄的港口和內陸中心地區的「外國商人」，但他們似乎不必也無意（或許還無力）去掌控整個世界體系。因此，十六世紀新來的歐洲人所導致的「遊戲規則」的變化使得原來的參與者毫無戒備。

新的遊戲規則不僅施加於舊世界，甚至還變本加厲地施加於新世界。就此而論，我們必須指明早在哥倫布和達伽馬於十五世紀末進行遠洋航行，徹底告別過去之前，歐洲就已經開始轉向大西洋了。儘管他們的航行得到了大西洋沿岸的伊比利半島的君主的贊助，但前期的基礎工作卻是由熱那亞人完成的，而且哥倫布就是熱那亞人。

我們還記得威尼斯和熱那亞這兩個海上對手，兩國在地理上的「自然」優勢截然不同。威尼斯位於義大利的東海岸，輕易就能進入地中海東部地區。而且，她跨過阿爾卑斯山穿越（今天的）奧地利和德國就能進入北海。因此，她的地理位置非常不適於利用大西洋的優勢。相反，位於義大利長靴地形西海岸的熱那亞則是更容易利用地中海西部地區。十三世紀中期之後，西班牙的基督教勢力「奪回了」安達盧西亞，擊潰了熱那亞在北非的穆斯林對手，減少了穿越直布羅陀海峽的障礙，這為熱那亞向大西洋這一「中間的海」的擴張創造了尤為優越的條件，而大西洋將在十六世紀奪走地中海的關鍵角色。因此，儘管表面上看來威尼斯在她與熱那亞長達數個世紀的競爭中佔得先機，但正是熱那亞對東方貿易問題作出的「解答」，最終在緊隨其後的世界體系中勝出。

我們還記得，熱那亞船隻開始於十三世紀末十四世紀初繞開那條不再一帆風順，不再有利可圖的穿越法國的陸路駛入大西洋。熱那亞船隻駛往大西洋的頻率的增長與香檳集市的衰落構成反比，那時香檳集市已不再「暢通無阻」，法蘭德斯地區的布商也無法輕易地抵達那裡。因此，熱那亞向大西洋的轉移主要受到了歐洲亞體系內部，而非「整個世界體系」內部的變化的激發，而且熱那亞最初的轉移僅限於歐洲內部。

儘管如此，這種轉變卻最終導致了大體系的整體轉變。歐洲航海家向南繞過了非洲海岸，或者向西抵達美洲，但並不是他們「發現了」新航路。在中世紀時期，阿拉伯水手就已經知曉環繞非洲的路線，而且至少有一些證據一次又一次地表明瞭中東的水手早就抵達過美洲。但是由於中東商人控制了更為便捷的路線，所以他們並不需要這種繞行路線。

埃及堅守著更為簡短的便捷路線，直到威尼斯強化了與她的合作關係時，威尼斯的競爭對手——起初只有熱那亞，但是後來大西洋周邊的海洋國家也加入進來——才開始找尋通往東方的替代路線。他們最終如願以償，正是這一點，而不僅僅是歐洲文化制度上的或動機上的特徵改變了世界歷史。

儘管替代路線帶來的後果或許不在本書的研究範圍之內，但我們卻無法完全忽略它們。對「現代」世界體系的形態造成決定性影響的，並非葡萄牙人對「舊世界」的接管，而是西班牙人向「新世界」的融入（as Chaunu,1983）。這種地理上的重新定位以一種決定性的方式轉移了世界的重心，如果馬克思的觀點合乎常理的話（參見註釋2），那麼這種重新定位還通過原始積累的方式給歐洲帶來了意外之財，這些財富最終促進了工業的高度發展。這或許是歐洲學者充分關注十六世紀的根本原因。

西班牙和葡萄牙最先撈取了新世界的意外之財，但他們卻沒能充分利用這些財富，其原因完全是另一個問題，韋伯關於新教倫理的理論以令人信服的方式對之進行了闡述。相反，他關於儒教、印度教、道教和伊斯蘭教等宗教倫理的著作似乎有點不恰當。儘管他為與天主教相對的新教進行了有力辯護，但十三至十四世紀中國、印度和阿拉伯世界等經濟體的狀況似乎讓人對他的觀點產生懷疑，因為他認為東方文化提供給商人和企業家的是一個很不友好的氛圍，不利於經濟的發展。正如我們所看到的那樣，這些地區在十三世紀的世界裡也佔有重要席位，它們只是缺乏免費的資源罷了。

說到歐洲的發展狀況，我們有必要認識到直至數個世紀之後，囊括了美洲的剛剛全球化了的世界體系才全力作出回報，將歐洲送上了世界霸主之巔。那時，東方貿易已經復蘇，但它們處於新的霸權體系的支配之下，這些貿易最初由代理人（得到國家支持的歐洲貿易公司）掌管，但最終還是由強大的國家親自接管過去。但這就是一個完全不同的故事了。

世界體系的重組

我們現在必須弄清楚兩個問題：首先，世界體系的組織原則極具變動性；其次，世界體系處於變化之中，並因此經歷定期的重組。

世界體系結構的可變性

正如華勒斯坦（一九七四年）令人信服地指明的那樣，根據不同的生產方式（資本主義、半封建和前資本主義），在十六世紀以來的多個世紀中形成的「現代」世界體系逐漸建立起等級制度。生產方式的差異與具體的地理分佈大體一致：資本主義的霸權核心位於西北歐，半邊緣的農業區在地理上集中在東歐和南歐，而其餘地方則都屬於邊緣地帶。不過，世界體系的這種組織模式並非我們所能想到的唯一模式。

如前所述，十三世紀世界體系的組織原則就截然不同。該體系並非處於單一霸權的支配之下，而是為眾多共存的「核心」力量所主宰。通過競爭與合作[3]，這些力量逐漸在十三世紀至十四世紀前半期整合起來。由於該體系不是等級制體系，沒有任何單一霸權能夠限定其他地區的生產方式和貿易方式，所以沒有哪個地理實體處於該體系的中心地帶。不過，當時世界上很多地區都存有核心區、半邊緣區和邊緣區（當然還有一些過渡地區）的組織結構。阿拉伯波斯帝國中心就是這樣一個核心，其周邊是半邊緣區，並通過對邊緣地區的單方面影響與之聯繫起來。蒙古帝國的支配中心是另一個「核心」，隨著時間的推移，當處於支配地位的蒙古勢力與中國合併起來時，這種結構尤為明顯。發展中的西歐（法蘭德斯、法國和義大利）城市開始形成第三個「核心」區，這些城市統領了各自的內陸地區並操縱著內陸地區與外部世界的關係。此外還有「亞帝國勢力」，諸如印度北部的德里蘇丹國、印度海岸的商人社區以及東南亞港口等，它們要麼是關口，要麼是飛地，將各自地區與世界生產和世界貿易聯繫起來。「半邊緣區」這一術語似乎不太適用於它們。

我們之所以必須認識到體系組織原則的可變性，是因為按照定義理解，運行著的體系都處於變化之中。隨著組織原則的變更，體系本身也會重組。如同佔主導地位的生產方式正在經歷變革，而舊有的社會結構仍在其社會內部繼續存活一樣，當某個特定的組織體系瓦解時，該體系的原有組成部份通常也會被納入新體系之中，即便新舊體系的結構關係迥然不同。

世界體系的重組

今天，研究者用「重組」（restructuring）這一術語來指稱（第二次世界大戰之後的）過去半個世紀中以非常戲劇性的方式發生的世界體系的重新構建。然而，當我們意識到先前曾經發生過數次重建時，這一概念就有了更為寬泛的適用性。如同在生成於十六世紀的現代世界體系之前存在著一個截然不同的十三世紀世界體系一樣，十三世紀世界體系之前還存有古典時代的體系。

大約兩千年前存在著一個更早的世界體系，該體系幾乎包括了十三世紀世界體系的所有地區（北歐除外）。從地理角度來看，該體系非常類似於十三世紀世界體系，儘管該體系在政治上更多地是由諸帝國構建而成，在經濟上也沒有將各部份很好地整合起來。惠特莫爾（Whitmore, 1977:141）結合對東南亞的研究總結道：

> 羅馬帝國在西方臻於頂峰，漢帝國在東方不可一世，印度的貿易則是欣欣向榮，在這種情況下，國際貿易路線的運轉情況良好，經一系列紐帶，通過東南亞將羅馬帝國與中國聯繫起來。這條路線起自地中海，然後到達印度西海岸，環繞到印度東海岸，再穿越孟加拉灣抵達馬來半島……東南亞位於往返於中國的這條海路之上這一事實明確地表明瞭該地區重要的商業地位。

他只需加上那條同一時期仍在使用中的穿越中亞的偉大的「絲綢之路」就可以複製再現於十三世紀的貿易環路。

但我們要注意到這個兩千多年前的早期體系在結構上的不同特點：該體系兩端的兩個大帝國彼此間僅僅建立了極為有限的間接聯繫，一旦這兩個帝國開始衰落，處於它們之間的那些支離破碎的地區根本無法維持這個體系。在羅馬帝國和漢帝國瓦解之後，該體系也「崩潰了」，最終唯有通過伊斯蘭世界的「崛起」及其向東方的持續擴張才得以重組。這一重組過程最終以本書所追溯的十三世紀世界體系的構建而告終。

如果我們認為一個世界體系繼承另外一個世界體系並非「替代」，而是「重組」的話，那麼儘管其間經歷了混亂時期，我們都不能將體系的瓦解等同於各組成部份的瓦解，而只能認為這是先前將各組成部份聯繫起來的途徑已經喪失了效能。當說起十三世紀世界體系的瓦解時，我們的意思是體系本身發生轉移了。這種轉移既是其組成部份及諸多環線的「衰落」的結果，也是各組成部份及環線「衰落」的表現。

因此，一直以來被不加區別地用於國家[4]、帝國[5]、文明[6]，現在又用於世界體系之上的關於「興衰」的陳詞濫調，是非常不準確的。在歷史發展的過程中，一些國家，至少是國家內的一些集團，取得了相對較大的權力，並偶爾通過直接統治（帝國）、間接監管（今天我們稱之為新殖民主義），或對其他地區的內政所施加的不同影響（霸權），成功地設定了它們與附屬地區的互動條件。這種情況稱之為「興起」，反之，優勢地位的喪失則稱之為「衰落」，縱使實際生活水準並沒有出現真正的退化[7]。帝國的興衰有著不同的判斷標準。當帝國版圖擴張時就被視為興起，反之，當版圖收縮時則被視為衰落。關於整個文明的興衰的思想更為複雜，文明的內涵被分為「高級」或「墮落」等類型。

世界體系的興衰與國家、帝國或文明的興衰模式有所不同。當一體化程度增大時，世界體系就興起了，而當原有線路的聯繫衰退時，世界體系也就衰落了。不過，如果因為某個地區的一體化失去了活力就認為世界即將回歸原狀的話，那這種觀點就太淺薄了。相反，原有組成部份會繼續存活下去，並成為重組所需要的素材，正如原有的體系所繼承的也並非白紙一張（a tabula rasa），而是一套在某種程度上組織完善的亞體系一樣。按照定義去理解，當此前處於邊緣地帶的行為體開始佔據體系中更加有利的位置，以及在此前密切的互動中微不足道的地區成為互動中的焦點甚至權力中心時，這種重組就會發生。（如果這些行為體和地區持續存在下去的話，只要它們不消失，無論體系內發生多麼劇烈的動盪，這種重組都不會發生。）

很久以來，將歐亞大陸在地理上整合起來的「核心區」一直是中亞和印度洋，後來，地中海加入進來。這些核心區一直存在於古典世界體系和十三世紀世界體系之中。直到十六世紀，這一模式才發生了決定性的重組，那時，北歐國家開始進入大西洋，這使得牢牢處在奧斯曼帝國統治之下的地中海成了一潭死水（Braudel, 1972）。

如今，隨著太平洋取代大西洋成為幾乎完全全球化的世界體系中的擴張區和推動力，類似的變化似乎正在發生。要理解當今的這個重組勢頭，我們需要一個更具解釋力的體系變遷理論，而不是通常用來解釋「西方的興起」以及由此默認的「東方的衰落」的理論。接下來的內容勾勒了該理論的一些設想。

體系變遷理論

第一，無論是體系的形成還是轉移重組都不能僅僅歸因於抽象的變數，無論這些變數多麼讓人信服，尤其是當引入諸如國家特質這樣的變數時更是如此。我們應當把體系的變遷視為主要趨勢（或動力）在方向和形態上的變換，而不應將其概念化為「自」變數影響「因」變數而導致的結果[8]。動力上的這種變化是各個小動力日積月累地變化的結果，有些小動力彼此毫無關聯，但有些則源於相互關聯或較為系統的變數。在一個體系內，體系各組成部份之間的關聯才是我們必須研究的內容。當這些關聯得到鞏固並形成網路時，我們就可以稱這個體系「興起了」；當這些關聯瓦解時，該體系就衰落了，儘管它可能在後來經歷重組和復興。

第二，前後相繼的體系會以某種漸進的方式發生重組，前一時期確定的形態和建立的關聯大多會維持下去，即便它們在新體系中的地位和角色可能會有所變更。鑒於累積的技術變革至少有可能會擴大互動的範圍，增進互動的速度，所以除非遭到重大災害的阻礙，體系往往會進一步擴充並更加一體化[9]。

第三，任何體系都不是完全一體化的，因此任何體系都無法完全受控，即便最強大的參與者也無法完全掌控整個體系。構成實證主義社會科學基礎的「相同的原因得出相同的結果」這種傳統邏輯似乎很難解釋體系變遷問題。相反，（最近由格雷克〔Gleick〕提出的）混沌理論[10]或許更為恰切。如同在天氣系統中一樣，世界體系中局部地區的小情況可能會與相鄰地區的情況相互作用，進而產生意想不到的結果；有時候大的紊亂會不了了之，而有時候小的紊亂會失去控制，無限膨脹，這依賴於體系其餘部份的狀況。

第四，任何變化都事出有因，但這些原因只有在具體情境下才有意義。當發生時間不同，周邊體系的結構不同時，同樣的行為會產生不同的後果。維京人抵達了新世界，但他們並未重組舊世界。阿拉伯人環游了非洲，但他們並未使大西洋成為核心。中國的科技（包括火藥）遙遙領先，但它們並未使中國成為霸主。類似事例不勝枚舉。

最後，除了能解釋體系的生成過程外，體系變遷理論還應該能夠解釋體系的衰落過程。然而，說著容易，做著難。在追溯體系的生成、擴展乃至更為一體化的過程中，我們會自然而然地專注於那些能增強「體系性」的事物。然而，對於那些力圖分析體系的衰落過程的學者而言，這種自然選擇原則是不存在的。因此，對積極的變遷作出解釋，比對消極的變遷作出解釋更容易一些[11]。

未來的世界體系

我們想以這樣一個問題作為本書的結語，即在十三世紀世界體系的遺跡上建立起來的以歐洲為中心的「現代」世界體系能否繼續維持下去，或者說我們是否已經進入一個進一步重組的階段，而且這次重組將最終至少如同十六世紀的那次重組一樣，動盪劇烈，影響深遠。很多與世界體系有關的資料似乎都將歐洲的霸權視為故事的結尾。但是，通過對先前存在的體系的分析，我們能夠推測出所有的體系都是暫時的。

隨著「現代」世界體系向戰後週期的演進，該體系的特點越來越突出，其中一個就是美國擁有無可爭辯的霸權。然而，這並不是新時期即將開啟的標誌，而似乎是舊時期將要終結的象徵。在第二次世界大戰之中，很多歐洲國家遭到摧毀，這產生了權力真空，這種真空類似於十四世紀的黑死病帶來的權力真空。第二次世界大戰似乎就是兩個體系之間的分水嶺。

自第二次世界大戰以來，我們見證了一系列新國家的發展，見證了全球體系中心從大西洋向太平洋的轉移，這非常類似於由地中海轉向大西洋標誌著十三世紀世界體系向十六世紀世界體系的過渡。日本加入三邊委員會（the Trilateral Commission）這一事實表明日本已經成為一個世界核心國家，日本的崛起是當前的體系重組的最為重要的組成部份。中國此前是個內向的巨人，擁有世界上四分之一的人口，如今她已經重新回到世界體系之中，這是另外一個顯著變化。與此相伴的是所謂的亞洲「奇跡」經濟體（NICs，即新興工業化國家）——韓國、中國臺灣和新加坡等地的迅猛發展，如今，這些地區都已經開始在各自的周邊地帶組織生產活動。相反，歐洲先前在非洲和中東地區建立的殖民地在第二次世界大戰的覺醒中獲得了獨立之後，居然在世界體系中失去了地位，有些甚至完全「脫離」了體系。隨著社會主義從東歐向第三世界各國的傳播，「資本主義」也沒有遍佈全球。

面對世界在地緣政治上的這種重組，美國試圖以兩種策略來維持其先前的霸權：一種是通過軍事，要麼進行直接的軍事干涉，要麼在一些地區扶持軍事代理；另一種策略就是通過與軍火貿易不無關係的資本的全球化。

上述兩種策略可能都漸漸失去了效力。直接的軍事行動遭遇了一連串的嚴重失敗，而間接的軍事投機也大都使得一個又一個地區陷於局部衝突之中，不但未能化解衝突，反而使衝突進一步延續下去。儘管這種做法能夠消減世界體系中競爭者的數量，但它並未消除所有的勁敵和對手。美國試圖通過國際金融與其他大國建立同盟，但這卻使其國際債務逐漸膨脹到極點。

西方霸權所蘊含的舊有優勢或許正在喪失。十三世紀時，世界上很多地區並存著多種原初資本主義體系，它們實力相當，沒有任何一個地區遙遙領先。隨著西方資本主義的發展，以及「新世界」的「發現」和征服所帶來的原始積累，世界體系的某個地區突然超越了其他地區，並於十九世紀晚期的「帝國的時代」（Age of Empire,Hobsbawn,1987）充分鞏固了由不平等發展所帶來的收益。

在二十世紀後半期，世界體系的原有「核心」試圖通過經濟手段維持因去殖民化運動而喪失的特權。但這種嘗試都是徒勞無益的。重組給原來的霸主——起初是英國，現在是美國——造成越來越大的影響。在如今的經濟體系中，由於多個大國共用繁榮，彼此間更加趨同（蘇聯進行了新思維改革，社會主義國家出現「私有化」，而西方國家則越來越多地出現了計劃性經濟），所以任何國家都不具備絕對優勢。

現今的世界體系如此不穩定，所以任何全球性的動盪都可能會導致體系內的徹底變革。新式的世界征服或許將要取代歐洲西方霸權的時代，但這是很難想像的。不過，未來倒是很有可能再次出現十三世紀世界體系中那種多個中心的均勢局面。但這種情況的出現需要遊戲規則的變更，至少也需要終結歐洲在十六世紀時採用的遊戲規則[12]。

二十一世紀的世界體系將真正全球化，在這種新形勢下，國家在和平共處中生存的能力變得比早期更加重要。在十三世紀，很多地區的生活都沒有受到中心區的影響，即便一些強大的國家也能從體系中抽身而退。當今世界已不會再出現類似情況。通過研究迥異於當今世界體系的十三世紀世界體系，我們或許可以學到很多東西。

譯後記

珍妮特・李普曼・阿布盧格霍德（Janet Lippman Abu-Lughod, 1928-2013）是美國著名的社會學家，世界體系理論的重要代表人物。阿布盧格霍德一生著述頗豐，在城市社會學、中東研究和世界體系理論等領域均產生了重要影響。《歐洲霸權之前：一二五〇年至一三五〇年的世界體系》（以下簡稱《歐洲霸權之前》）是她的代表作。鑒於國內對其著作譯介較少，研究薄弱，此處有必要略加介紹其生平及《歐洲霸權之前》一書。

珍妮特・李普曼（Janet Lippman，珍妮特・阿布盧格霍德結婚前的名字）出生於一九二八年八月三日。早在中學時，她就深受路易斯・芒福德（Lewis Mumford）的《技術與文明》和《城市文化》等著作的影響，對城市社會學產生興趣。後在芝加哥大學取得學士學位和碩士學位，一九六六年在麻塞諸塞大學阿姆赫斯特分校獲得社會學博士學位。在畢生的執教生涯中，曾任教於芝加哥大學、伊利諾大學、開羅美國大學、賓夕法尼亞大學、西北大學以及紐約社會研究新學院（New School for Social Research），直至一九九八年在紐約社會研究新學院以榮休教授身份退休。二〇一三年十二月十四日，阿布盧格霍德在紐約去世。

阿布盧格霍德早年致力於阿拉伯世界的研究，這一方面出於她在埃及工作期間持有的純粹的學術興趣，另一方面緣自她於一九五一年與巴勒斯坦政治科學家和活動家易卜拉欣・阿布盧格霍德（Ibrahim Abu-Lughod）結成了婚姻關係（兩人於一九九一年離婚）。自一九五九年始，她花費多年精力研究開羅的城市史，並圍繞這一學術興趣點撰寫了《開羅：一千零一年的勝利之城》（*Cairo: 1001 Years of the City Victorious, 1971*），該書至今仍被學界奉為城市史研究的經典作品。因其在城市社會學研究方面作出的貢獻，一九七六年被授予「約翰・西蒙・古根海姆紀念基金會學術獎」，一九九九年被美國社會學會授予「羅伯特和海倫・林德獎」。阿布盧格霍德一生發表了一百多篇學術論文，出版了十三部學術著作。除上述著作外，其重要著作還包括《發展與人口理論：重估並應用於阿拉伯世界》（*Theories of Development and Population: A Reassessment and an Application to the Arab World*, 1980）、《拉巴特：摩洛哥的城市種族隔離》（Rabat:Urban Apartheid in Morocco, 1980）、《變幻的城市：城市社會學》（*Changing Cities: Urban Sociology*, 1991）、《從都市村莊到紐約東村：紐約下東區之戰》（*From Urban Village to East Village: The Battle for New York's Lower East Side*, 1994）、《紐約、芝加哥和洛杉磯：美國的全球城市》（*New York, Chicago, Los Angeles: America's Global Cities*, 1999）以及《芝加哥、紐約和洛杉磯的種族、空間與騷亂》（*Race, Space, and Riots in Chicago, New York, and Los Angeles*, 2007）等。

阿布盧格霍德的研究領域非常廣泛，她的研究興趣包括城市、人口、種族、貿易等，這些內容涉及城市社會學、人口統計學、歷史學和地理學等多個學科，在時間上縱貫從中世紀至今的數個世紀，在地域上涵蓋北非、中東、中亞、東南亞和北美等文化區域。如她在本書序言中所言，「當學者們大膽地跨越學科界線時，原創性的洞見往往成為可能。」正是在多個學科、城市之間往復穿行的經歷，帶給她異乎尋常的洞察力，讓她能夠更全面、更準確地察覺傳統範式無法解釋的「反常現象」，構思出更具獨創性的觀點和作品。她廣博的學識、深厚的學術素養和宏闊的研究視野充分體現於《歐洲霸權之前》之中。

《歐洲霸權之前》出版於一九八九年，該書萌生於阿布盧格霍德在長期的學術研究過程中遇到的諸多困惑。她對中東地區和第三世界城市的觀察、研究，與當時歐洲中心論式的研究成果發生嚴重抵觸，這促使她盡力發掘並還原歷史的真相。對此，她在序言中作出了解釋。豐富的生活經歷和前期的學術積累為她的創作打下了基礎，而快速發展的世界體系理論帶給她重要啟發。世界體系理論興起於二十世紀七〇年代的美國學術界，長於對歷史的宏觀分析和長時段書寫。該理論流派的代表人物伊曼紐爾・華勒斯坦分別於一九七四和一九八〇年出版了《現代世界體系》的第一和第二卷。儘管阿布盧格霍德對華勒斯坦所闡釋的十六世紀以來的現代世界體系大加質疑，但《現代世界體系》無疑為她提供了尤為重要的概念工具和分析框架，她正是以這個放矢之的為參照重構了「十三世紀世界體系」，對世界體系理論的推衍也使她自然而然地成為該理論流派的重要一員。

《歐洲霸權之前》的主要觀點是：一、在十六世紀現代世界體系出現之前，就已經存在一個先進的「十三世紀世界體系」，跨地區的長途貿易和地理擴張推動了該體系的誕生。二、「十三世紀世界體系」覆蓋了從西北歐到中國之間的廣大地區，由西歐、中東和遠東這三個中心地區組成，這三大地區又可以劃分為八個互相聯結的亞體系或貿易圈，即西北歐亞體系、跨地中海亞體系、中亞亞體系、波斯灣亞體系、紅海亞體系、阿拉伯海亞體系、孟加拉灣亞體系以及南中國海亞體系。各個亞體系的中心都是大城市，威尼斯、熱那亞、君士坦丁堡、開羅和麻六甲等樞紐城市是十三世紀世界體系的重要結點。三大中心地區大致均衡發展，不存在一個統轄整個世界體系的霸權勢力。三、東方的衰落先於西方的興起，十四世紀末期以來世界體系中的權力真空為歐洲勢力的擴張和現代世界體系的形成提供了可能。

《歐洲霸權之前》甫一問世就引發學界的高度關注，華勒斯坦、弗蘭克、喬治・莫德爾斯基等人紛紛發表書評，其中既有高度褒揚，也不乏尖銳批評，圍繞它的爭論經久不息。該書榮獲一九九〇年美國社會學會傑出貢獻獎，頒獎委員會認為「其視野堪比伊曼紐爾・華勒斯坦和費爾南・布勞代爾的著述」。作為一部由實證支撐的理論著作，《歐洲霸權之前》豐富了世界體系理論的譜系。阿布盧格霍德突破了華勒斯坦強調的歐洲資本主義發軔時的一五〇〇年這個歷史界限，將世界體系的存在時間回溯到十三世紀，並論證東方的衰落為西方的興起提供了機會，將十三世紀世界體系與十六世紀現代世界體系在時間上銜接起來，證明了世界體系的連續性。而弗蘭克和巴里・吉爾斯（Barry K. Gills）正是在此基礎上才提出了五千年世界體系理論，將世界體系的存續時間從五百年擴展到五千年之久，促進了該流派的理論自省和發展。

就阿布盧格霍德個人的學術經歷而言，《歐洲霸權之前》的寫作督促她盡可能廣闊地拓展視野，並盡可能詳盡地掌握與不同文明相關的史料。圍繞世界體系的思考與爭論，讓她更加關注全球化中的城市。在退休之後，她仍舊興致不減，著書立說，懷著對當下的深切關照，將對「未來世界體系」的思考延續下去。在《紐約、芝加哥和洛杉磯：美國的全球城市》中，她將「全球城市」界定為國家層面或國際層面的多種互動得以發生的城市結點，它們控制著全球體系。她認為在早期的世界體系中，就已經有全球城市了，如熱那亞、威尼斯和君士坦丁堡等。隨著世界體系變得更具全球性，很多城市失去了原有的全球城市的作用，而有些城市成為新的全球城市，如香港、北京、東京和孟買等。

對於中國學界而言，《歐洲霸權之前》的意義不僅在於書中對中國的濃重書寫，以及將中國與其他諸文明的等量齊觀，更在於它提供了一個全球視野。一旦具備了這種視野，我們就能最大程度地擺脫「只在此山中，雲深不知處」的困境，走出歐洲路燈的光影，更為理性地思考諸如「黑暗的中世紀」、「西方的興起」和「東方主義」等概念、命題，反思歷史解釋中的成見和偏見。作為「全球史譯叢」中的一部著作，《歐洲霸權之前》與全球史研究有著多方面的契合。該書超越了以國家或地區為研究單位的書寫範式，注重對世界歷史的整體研究，進而突破了歐洲中心論的分析框架。書中內容以大範圍的跨地區貿易、領土擴張為主，同時涉及疫病擴散、技術傳播和文化交流等議題，強調不同文明、區域之間的互聯性和依賴性。誠然，研究範疇的拓展，會帶來細節缺失、史料失真等危險，這也正是本書受到苛責的原因之一。然而，如阿布盧格霍德所言，「通過審視通常由專家們分別加以研究的眾多地理實體之間的關聯所獲得的洞見，會對採用如此全球性的觀點這一狂妄之舉帶來足夠的補償」。相信讀者在翻閱此書時會感受到她的洞見帶來的震撼，並帶著豐富的歷史想像追問下去。

本書的中文翻譯始於二〇一〇年夏，但因諸多原因延宕至今。夏繼果教授分配了各譯者的具體任務，並親自校訂了某些篇章的譯稿。劉新成教授密切關注本書的翻譯，不時督促相關環節的工作進度。商務印書館文史編輯室的張豔麗老師認真負責，一絲不苟，在最大程度上保證了本書的翻譯品質。在翻譯過程中，譯者還得到諸多師友的幫助，恕不枚舉，一併謝過。二〇一二年譯稿初成之時，譯者曾試圖請求作者本人為中譯本撰序，為此還曾叨擾傑瑞·本特利教授，但多方聯繫未果。如今，作者終究未能等到本書中文譯本的出版，而本特利教授也不幸於二〇一二年七月遽然離世，這著實令人黯然神傷！

本書涉獵範圍廣博，而譯者學力不逮。書中不少人名、地名尚無標準的中文譯名，我們因襲了現有中文譯名。以Tomé Pires為例，有多默·皮列士和托梅·皮雷等幾種譯法，因其著作《東方志》已被江蘇教育出版社引進，並產生了一定影響力，其中使用了多默·皮列士的譯法，我們便加以採用。有些術語，如funduk（源自阿拉伯語，意為商站或倉庫），loca（源自拉丁語，意為船上的空間），caliya-nagarattar（源自泰米爾語，意為格子布商人）等，我們遍尋資料卻難覓中文譯本，只好視情況或音譯，或意譯。在涉及中國的部份，我們盡可能地查閱了相關中文資料加以比照，尤其在涉及官職名稱的時候，保留了中文中的慣常稱謂，如元朝授予蒲壽庚的官職，我們譯為閩廣大都督兵馬招討使。書中所引許多經典史料，如《馬可波羅行記》和《巴杜達遊記》等，均已由名家譯為中文。我們在理解和翻譯相應史料時對這些譯本多有參考，受益良多。另外，有些詞彙的翻譯頗費思量。如對World Economy和World-Economy這兩個術語的理解，它們可以分別直譯為「世界經濟」和「世界經濟」，但這顯然會造成誤解。從作者在前言和導論中的敘述可以推測，前者指的是某個時期涵蓋全部已知世界的經濟體系，而後者是一種地方性的、但具有世界影響力的經濟體系。幾經推敲，我們將前者譯為「世界經濟體系」，後者譯為「世界經濟體」。上述各類情況見諸多處，不能一一列舉。

本書的翻譯分工如下：第二部份的第五至第七章由何美蘭翻譯，其餘部份均由杜憲兵翻譯或整理。武逸天對全部譯稿進行了仔細校對，提出了不少修改建議。在此基礎上，三人進行了多次校改，最後由杜憲兵定稿。譯者雖戰戰兢兢，竭盡所能，但恐怕譯文仍有諸多錯訛。當然，任何困難都不足以成為降低譯文品質的藉口，懇請專家和讀者不吝批評指正，以便俟機完善。勞煩聯繫 duzi56@163.com，為盼！多謝。

譯者

二〇一四年三月十日

歐洲霸權之前
1250-1350年的世界體系

Before European Hegemony
The World System A.D. 1250-1350

作　　者　珍妮特・L.阿布—盧格霍德（Janet L. Abu-Lughod）
譯　　者　杜憲兵 何美蘭 武逸天
責任編輯　沈昭明
社　　長　郭重興
發行人暨出版總監　曾大福
出　　版　廣場出版
發　　行　遠足文化出版事業有限公司
231新北市新店區民權路108-2號9樓
電　　話　(02) 2218-1417
傳　　真　(02) 8667-1851
客服專線　0800-221-029
E-Mail　service@bookrep.com.tw
網　　站　http://www.bookrep.com.tw/newsino/index.asp
法律顧問　華洋國際專利商標事務所　蘇文生律師
印　　刷　中原造像股份有限公司
一版一刷　2019年5月
定　　價　550元
版權所有　翻印必究（缺頁或破損請寄回）

國家圖書館出版品預行編目(CIP)資料

歐洲霸權之前：1250-1350年的世界體系／珍妮特.L.阿布-盧格霍德(Janet L. Abu-Lughod)著；杜憲兵, 何美蘭, 武逸天譯. -- 初版. -- 新北市：廣場出版：遠足文化發行, 2019.05
面；　公分

譯自：Before Eeuropean hegemony : the world system A.D. 1250-1350
ISBN 978-986-97401-5-9(平裝)
1.霸權主義 2.國際體系 3.世界史
550.9405　　108005405

© 1989 by Oxford University Press,Inc.
The edition is published by arrangement with Oxford Publishing Limited through Andrew Nurnberg Associates International Ltd.

註釋

導論　第一章 形成中的體系研究

1 即韋伯對現代資本主義的定義（最早於 1904-1905 年提出）與隨之產生的「心理上」的看法（以及韋伯為了把產生於新教倫理的現代資本主義，和早期其他資本家的舊有貪婪區別開來而必須極力作出的爭辯），與托尼（Tawney, 1926）基於信貸和理性簿記等「現代」機制對現代資本主義的定義，之間那場收益甚小的爭論。韋伯（1981 年重印本）也並非與他自己的定義完全一致，因為他在 *General Economic History* 一書中對資本主義的定義明顯更多地立足於制度和文化。至少有兩個參考要素可以用於界定資本主義：「財產私有權和基於市場的社會關係」的存在，以及「基於與生產方式的不同關係而形成的某類」階級的存在。第一個意義上的資本主義在古羅馬時期（Runciman, 1983：157）和 13 世紀世界的絕大部份地區都可以找得到。第二個意義上的資本主義只是偶爾出現，在時間上更晚。華勒斯坦（1983）和後來的馬克思，以及馬克思主義歷史學家莫里斯·多布（Maurice Dobb, 1947, 1984 年再版）都認為只有第二種形式才能稱為「真正的資本主義」。

2 在第一卷（1974）中，華勒斯坦僅僅回溯了「現代世界體系」的第一階段（約 1450-1640 年），他認為這一階段「仍然只有一個歐洲世界體系」（Wallerstein, 1974：10）。然而，他對世界體系的界定依然很不精確，這著實讓人苦惱。他將其定義為一個「大於任何具有法律意義的政治單位」的體系（Wallerstein, 1974：15），僅將其與中央集權的民族國家或帝國區分開。我們在後面就會看到, 13 世紀世界體系經濟體和十六世紀世界體系一樣廣闊（「新世界」的內容除外），都有自由勞動力、半自由勞動力和奴隸勞工。然而，它們的組織原則截然不同。「世界體系」這一術語——如同當今的用法一樣——不幸和十六世紀以來形成的特有的等級制組織結構混為一談，這使得關於世界體系的爭論收效甚微。一個體系不過是「由按某種規則有序地排列起來的各部份組成的整體」（Oxford Dictionary），記住這一點很重要。規則本身不是特定的。我們將在本書中探討一個截然不同的體系，一個沒有任何霸權支配的體系。

3 例如，研究中世紀佛蘭德斯地區紡織業的專家 Henri Laurent（1935：206）明確認為，中世紀的城市紡織業經濟「通過擴張將其名聲傳遍當時的世界，在很大程度上它應被視為世界經濟體（*world-economy*）的一個參與者」。

4 比如, 13 世紀的布魯日或建有第一家銀行的義大利的城市國家。

5 Gideon Sjoberg (1960), 持有這一觀點，但這一區別忽略了「蒸汽」之前的整個時期，那時在使用水力。

6 尤其參見布勞岱爾在 *Civilization & Capitalism, 15-18th Century* 第三卷

The Perspective of the World(1984)第一章中的討論。

7 布勞岱爾讓我們注意到馬克思在這個問題上的矛盾做法。作為對華勒斯坦的答覆，布勞岱爾寫道：「從根本上而言，困擾他〔華勒斯坦〕的問題 [即資本主義世界經濟體系肇始於何時], 與馬克思提出的問題，不是同一個問題嗎？我再次想到那句名言'資本的生命史開始於十六世紀'。對華勒斯坦而言，歐洲的世界經濟體就是資本主義的發源地……因此我同意馬克思所說的（雖然後來他又背棄了這一說法）歐洲的資本主義——實際上他甚至說過資本主義生產——發端於 13 世紀的義大利。這個爭論根本不具有學術意義」（Braudel, 1984：57）。

8 Germaine Tillion（1983：20）。西德尼·帕卡德（1962）以一種更為學術的方式論述了這個問題，荷蘭學者 J. C.范勒爾（1955）作出了更為中肯的論述。參見範勒爾早期作品的選編和翻譯（1955），尤其是第一章中他對歐洲歷史如何被曲解並如何醜化其他地區歷史的強調。Charles Tilly 在 *As Sociology Meets History* (1981)中有類似觀點。

9 我將城市視為大體系內的研究結點，因為在囊括了城市國家、鬆散聯盟以及大帝國所有這些形態的體系里，城市是唯一具有可比性的單位。然而，這麼做是要付出代價的。在這個框架內，最容易做的就是對城市國家——主要存在於歐洲、波斯灣阿拉伯海地區和麻六甲海峽地帶——的研究。但在研究帝國的廣闊疆域時，這個框架就沒有那麼好用了。為了更好地描述城市生活，闡明個別地點的「崛起」和「衰落」是如何影響帝國變遷的，我對一些帝國中心進行了討論。但我對馬穆魯克王朝時期的埃及和敘利亞，中亞的蒙古聯盟，尤其是對中國的闡述，必然超出了這個城市框架。考慮到一個共同體系下參與者的多樣性，我認為這個困境是不可避免的。假如把「帝國」當作我的分析單位的話，我會遇到更大的麻煩，即如何把城市國家置入那個框架之中。

10 那個術語深得美國學者的厚愛，被麥克尼爾早期的那本名著（1963）和奇洛特最近的一篇文章（1985）當作標題。奇洛特步馬克斯·韋伯後塵，也認為西方的特質在很大程度上導致了它的「興起」。但他是在西方二手資料的基礎上得出這一結論的，並沒有意識我們提到的歷史學方法論問題帶來的影響。Jones（1981）也犯了同樣的錯誤。另一方面，麥克尼爾認識到了 13 世紀的穆斯林世界、蒙古和遠東世界的強大力量（尤其參見 McNeill, 1963：479, 485, 525-526），並意識到很多外因最終導致了它們的衰落。Philip Curtin 的 *Cross-Cultural Trade in World History*（1884）和 Eric Wolf 的 *Europe and the People without History*（1982）也抨擊了西方種族中心主義。沃爾夫的假定和我很接近，他大膽地認為以西方人的視角寫成的歷史，讓世界上絕大部份人民「沒有了歷史」, 如同「人類學家筆下的'原始的當代人'」；東方在建立帝國過程中取得的成就和遠端貿易「塑造了一個世界，不久之後，歐洲便會重組這個世界，以滿足本身的需要」（引自 Wolf, 1982：25）。這給那些以自我為中心的文獻帶來了一縷新鮮空氣。

11 大量的倖存文獻表明，義大利人沿用的借貸機制實乃從東方借鑒而來。比如可參見, Lopez 和 Raymond 的 *Medieval Trade in the Mediterranean World*（1967）中收集的文獻, Udovitch 的著作（1967, 1970a）以及 Rodinson 的著作（英文版

1974）。

12 因此船員經常抱怨公海上的劫掠行為，那些「海盜」通常來自競爭對手的城市或國家，他們或許將商業活動視為一種戰爭形式。

13 見 Southern（1980：37），他進而提到了 Mlle.M. T. d'Alverny, "Deux traductions latines du Coran au Moyen Age," *Archives d'Histaire Doctrinale et Litteraire du Moyen Age* XVI, 1948, 69-131 進行的「劃時代研究」。他還提到了 James Kritzeck 在"Robert of Ketton's Translation of the Qur'an," *Islamic Quarterly* II, 1955, pp. 309-312 的研究成果。

14 Chau Ju-Kua 的 *Chu-Fan-Chi*（英譯本 1911）；P'u Shou-keng (參見 Kuwabara, 1928 和 1935）。

15 出現於 Austen H.Layard's *Discoveries among the Ruins of Nineveh and Babylon* (London, 1853：663), 在 Jacques Barzun and Henry Graff (1957：3)中被引用。

16 這和新生的「混沌」科學一樣有趣。見 James Gleick, *Chaos：Making a New Science* (1987)。

第一部份　歐洲亞體系

從古老帝國中浮現

1 從這些話語中可以得知，我們將西北歐產生的封建制度看作一種特殊的社會形態，沒有人 能找到一模一樣的複製品，因為沒有任何環境繼承了精確的羅馬法律和日爾曼習俗，二者在特定的時間和地點才能彙聚在一起。另一方面，中世紀歐洲的封建制度在其他的時間和地點表現出另外一些特徵。只要明白並非各個部份都要有所注解，那麼我們用「封建制度」這個術語去暗指其他的形態，並指明這些共性，是沒有什麼害處的。

第二章　舉辦香檳集市的城市

1 雖然我在接下來的描述中用了過去時態，但需要注意的是，在當今的摩洛哥的鄉村地區還存有定期集市。

2 特魯瓦的十一個水磨坊的描述，參見 Gies and Gies (1969：12), 這些磨坊建於 12 世紀後半期，由此產生的動力不僅用於加工糧食，還用於榨油和鍛造鐵胚。

3 此前, Postan (1952：181)的論文"The Trade of Medieval Europe：The North"幾乎表達了完全相同的觀點。

4 後來的學者，比如 Bautier 和 Benton, 在這些資料中糾正了錯誤，我修正了他們的解釋。

5 這裡我引用了 Boutiot (1870, I：354)，他認為這些集市並不總是在同一日期舉行，除非另有說明，本書一直堅持這一觀點。

6 Chapin (1937：107)將其界定為 2 月 19 日。

7 這些定期集市與本章初始描述的摩洛哥的定期集市大為不同，因為每個集市都持續數月，而非一天。

8 在 *Etudee surr les foires* I (1865)中, Bourquelot 似乎將這一工會與迥然不同的倫敦商人工會混為一談，後者是為了確保法蘭德斯地區有足夠的英國羊毛供應而組建的。正如 Bautier (1953：126)指明的那樣，在 Henri Pirenne 的 *La Hanse flamande de Londres* (1899, Pirenne, 1939 年再版, Vol.II：157-184)中，Bourquelot 的觀點完全站不住腳，該書認為倫敦商人工會是一個完全不同的聯盟。

9 12 世紀中期之前，威尼斯人一直沒有參與過香檳集市（Desportes, 1979：97），因為他們向北進入歐洲大陸的路線很可能要通過現在歸屬奧地利和德國的地區，直至北海的盧貝克。

10 Chapin (1937：54-55)；但是可以將這與 Nicholas (1971)描述的法蘭德斯地區紡織業城鎮——布魯日、伊普爾和根特的城市布料商人所享有的類似的壟斷特權相比較。參見下一章。

11 Chapin (1937：227-228), Lestocquoy (1952a)也描述了同一時期法蘭德斯地區和義大利城鎮的相同聯合。參見下一章。

12 據 Chapin (1937：102)研究，早在 12 世紀，拉尼就有了貨幣兌換機構。

13 在 Bourquelot 的著作里，這兩個團體被完全混淆，因此 Boutiot 也是以訛傳訛, Bautier 曾籲請注意這一過失。幸運的是，就研究需要而言，我們沒必要理清其中的頭緒。

14 因為古代的絲綢已經為中國人、希臘人和羅馬人所知曉。這個新產業在查理曼大帝時期擴展到阿拉伯世界、希臘，甚至摩爾人統治的西班牙，但沒有滲透到法蘭西。在整個 13 世紀里，義大利出現了小規模的絲綢產業，但它依賴從印度、格魯吉亞、中國和小亞細亞進口的絲線（Bourquelot, 1865, I：258-259）。「……十字軍東征傳播了對金銀色布匹的喜好，這種布料多半產自黎凡特、敘利亞、波斯和埃及，亞歷山大和大馬士革……」（Bourquelot, 1865, I：269）。

15 在冷凍技術出現之前的時代，香料是長期保存的肉食的重要調味品。

16 參見 de Roover (1948：12), 他推薦在 Pirenne 的 *Economic and Social History* 一書中查看更多的細節。

17 前者現在是一個舒適的小鎮，而後者在被納入巴黎大都市圈後開始步入全新的生活。

18 參見 Ekholm (1980：155-166)那篇觀點敏銳的論文。不過其中的事例取自古代而非中世紀。

19 Max Weber 在他的 The City 文集（選編自 *Economy and Society*, Martindale 譯, 1958a）中對此論述頗多，他一直認為除中世紀歐洲之外，任何地方都沒有「真正的」城市，並主張那裡的市政自主機制催生了自由放任的資本主義。

20 參見 Theodore Evergates (1975) 對香檳地區的鄉村和城市封建主義的生動描述。他的研究駁斥了學齡兒童們所接受的關於中世紀封建主義的傳統理論。

第三章　布魯日和根特

1 現代的比利時建於 19 世紀，由南部說法語的人口以及東部和北部說法蘭德斯語的人口組成的不穩定的同盟發展而來，這裡對民族主義的語言標誌以及國內的經濟和社會競爭依然保持著高度敏感。我惴惴不安地在這些城市

的法語名稱和法蘭德斯名稱之間作出選擇，最終，我決定「不偏不倚」，儘量採用為國際公認的名稱，因此就有了法蘭德斯語的根特（Ghent），而非 Gand，以及法語的布魯日（Bruges），而非 Brugge。

2 13 世紀中期，根特和巴黎均約有 80000 人，布魯日或許不足 40000 人。不過，將這些「真正的」城市與同一時期僅有 15000 人口的特魯瓦相比還是很有意義的（Russell, 1972）。在黑死病以及接踵而至的大蕭條之後，僅僅擁有 60000 人口的根特遠遠小於巴黎，她也僅比布魯日多出 50%的人口（Nicholas, 1985：1）。

3 Fris（1913：67）認為這個比例是三分之一，而 van Werveke 則認為是二分之一。不過，這些資料似乎反映了紡織業衰落後的某個時段的情況。Nicholas 的資料更為精確一些，他認為大約在 1356-1358 年這個時期，約有 2/5 的人口參與到紡織品生產中來，這一比例在 14 世紀末時大約下降到僅僅 1/4（私人通信）。不過也可參見 Nicholas（1985：1），他估計 14 世紀時的根特有 1/2 到 2/3 勞動力從事紡織業生產。

我們不應該想當然地認為從事紡織業的勞力都是清一色的成年男性。沒有婦女和兒童的大量參與，紡織品產量就不會如此之高。13 世紀建有很多女修道院（Beguinages）。它們安置了沒有皈依宗教但作為世俗之人居住在一起的單身女性。很多女性靠紡織業養活自己。英語里的未婚女人（spinster）就直接來源於她們所從事的紡織業。法語里的紡紗工（fileuse, 英文中的 spinner）則與線（fil, 英文中的 thread）或者與姑娘（fille）——未婚女性——有關。在中世紀歐洲的經濟中，女性顯然發揮了至關重要的作用。

4 參見 Haepke（1908）。這一問題曾在研究中世紀的歷史學家中引發過爭論，焦點集中在對布魯日的定位上。支持者主要是比利時歷史學家，但他們或許太過於強調布魯日的作用了。Henri Pirenne 認為，在中世紀的國際貿易中，布魯日的作用甚至比威尼斯更重要。Braudel（1984：101）認為這種說法有些誇張，我與他不謀而合。

5 布魯日和根特似乎都不符合這種描述，因為布魯日顯然不是宗教機構所在地，而在根特發現的兩處修道院僅僅可以追溯到七世紀。參見 Pirenne（n. d.xix）。

6 尤其參見 van Werveke（1955：551）。儘管根特早在九世紀時顯然就是港口（portus），但布魯日或許沒那麼早。根據 Pirenne（Vol. I. 1929：188-189）的研究，港口是船隻登陸的地方，也是海灣或河流上的貨物集散地，外國商人和工匠彙聚於此，它們通常處於主教機構或兵營的保護之下。根特和布魯日作為「外國人」或陌生的「都市人」的形象最初由 Pirenne 樹立起來，並為其他歷史學家所接受（尤其參見 Ganshof, 1949：69-70, 他認為「都市人」是指那些勇於冒險的篷車商人），近來這種說法受到指責，因為它以多餘的方式將這一過程異域化了。港口（*portus*）這一術語催生了法蘭德斯語里的中產階級（最初意思是指城鎮或村鎮里的自由居民）*poorter*。

7 布魯日好像再次遜色於根特。直到九世紀 60 年代，作為商業中心（和地區 *[pagus]*）的根特才首次在文字中出現。但早在 811 年時，就有文字記載查理曼曾前往根特查看為了抵禦諾曼（北方人或維京人）襲擊者而建造的艦船（van Werveke, 1946：15）。之後布魯日港口的修建（或再建）很可能出於同

樣的防禦目的。

8 詳情參見 J. J. Carlier（1861-1872：127-139）。Van Houtte（1953：尤其 183 頁）給出了 13 世紀（可知的最早的年代）集市的迴圈週期：2 月 28 日-3 月 29 日在伊普爾；4 月 23 日-5 月 22 日在布魯日；6 月 24 日-7 月 24 日在杜豪特；8 月 15 日-9 月 14 日在里爾；10 月 1 日-11 月 1 日在梅森。

9 Van Werveke（1946：18）引用的一份文獻提到了由內河船隻運送到根特集市的羊毛。

10 雖然早期城牆的主要功能是保護定居點免遭外部威脅，但中世紀後期的城牆具有不同的功用。它劃清了自治（自由）城鎮與鄉村的界限，因為後者依然處於封建主和君主的控制之下。

11 我不大同意 Espinas 的這個因果分析，因為即便有什麼因果關係的話，也應該按照相反的方向發生作用。在 11 世紀經濟復蘇期間，農業技術突飛猛進，法蘭德斯最大的進步就是具備了開鑿運河和排水造田的能力，這大幅度地增加了可供耕種的肥沃土地。或許從中東引入的風車和水車在 12 世紀推動了這一進程（Braudel, 1973：261-268；Cipolla, 1976：162-168）。較高的農業生產率養活了一大批人，甚至使得剩餘勞力從封建領主的義務中脫離出來。這些脫逃的農奴遷移到城鎮定居點，儘管那裡並沒有完全自主。

12 關於對這些英國商人——儘管在稍後一段時間里他們就很普通了——的深刻理解，參見 T.H.Lloyd（1982）。關於英國集市，參見 Moore（1985）。

13 不應過度強調義大利城市-國家在促成比利時人與東方的聯繫中所發揮的作用，因為法蘭德斯同東方有著直接聯繫。1190 年，弗里斯蘭人伯爵羅伯特（Count Robert the Frisian）從熱那亞開始了第三次十字軍東征；1204 年，法蘭德斯伯爵鮑德溫九世參與了第四次十字軍東征，目標改為征服君士坦丁堡。為此，法蘭德斯伯爵成為君士坦丁堡首位說拉丁語的皇帝；他的繼承人繼續在他們的名字之後加上「君士坦丁堡的」這一短語，雖然鮑德溫九世在隨後的一場戰役中已經戰死。

14 那時肯定尚未使用「貴族階級」這一詞彙。更確切地說，該詞彙是現代歷史學家對羅馬先人和富裕的中產階級/企業家（ver Werveke, 1946：30-31）的類比，其中，中產階級統治著法國的法蘭德斯城市，並控制著日益無產階級化的勞力。當然，古羅馬時期和今天有著顯著的區別。David Nicholas 仔細評論了本章草稿，對此我心懷感激，他極力反對我將階級分類強加於 14 世紀的根特，他在 1985 年出版的書中也持反對態度。儘管他依舊是該領域的泰斗，而且我的確從他的研究中受益頗多，但是，我認為很多研究中世紀的學者盲目抵制階級這個非常敏感的概念的做法不利於發現現代資本主義早期的先例。歸根結底，這是一個值得進一步研究的議題。

15 「騷亂」導致了意想不到的後果，布魯日市政廳的鐘塔被燒, 1241 年的布魯日憲章和一些文獻付之一炬，檔案保管員不得不重建 1282 年之前的布魯日的歷史。

16 迄今為止，研究這一複雜而又引人入勝的問題的最好書籍是 David Nicholas 的 *Town and Countryside：Social, Economic, and Political Tensions in Fourteenth-Century Flanders*（1971），對早期工人運動史感興趣的讀者可以直接參照本書。

17 它們與 20 世紀美國的許多共性令我震驚，那時新英格蘭的制鞋業和紡織業都向南遷移，以降低勞動成本。

18 誤稱為漢薩同盟（Hanseatic League），字面意思翻譯為「聯合會似的」同盟，這種來自德國各城市的商人行會組織在 14 世紀之前是非正式的（Lopez, 1976：114-115；Braudel, 1984：102；Rorig, 1967：37-39）。它如同十七城市同盟和倫敦商業公會的聯合體，前者（在香檳集市發揮作用，由根特的商人行會領袖來統領）是一個集體，保護著它們的商人，商議常見的商業條款，而後者（由布魯日統領）的目標則是從國外輸入商品，主要是羊毛。參見 Dollinger 的經典著作（1964, 英文版 1970）。

19 參見 de Roover（1968）。「交易所」（bourse）這一術語或許與布魯日有淵源。正如我們將要看到的那樣，外國商人通常住在專門的旅館內。作為義大利商人和法蘭德斯東道主之間的仲介機構，這些旅館還具有更多的功用。自 13 世紀中期以來，布魯日的中心地帶就有這麼一個旅館，它由范德·布林斯家族把持著，並以此來給旅館周圍的空地取名（在法語中被定名為布林斯的地方）。義大利商人聚集在這一區域，後來，熱那亞、佛羅倫斯以及威尼斯商人的宿舍也創建於此（它們依然坐落在那裡）。這些商人-銀行家的金融交易如此頻繁，以至於這個地區因「交易」, 進而是「Bourse」而聞名。相關情況參見 Frans Beyers," De familie 'vander Beurse' in de oorsprong van de handelsbeurzzen", 這是我在布魯日看到的單行本，但遺憾的是它不能用作資料；也可參見 van Werveke（1944：47）。不過,「Bourse」在詞源學里的順序完全有可能相反，因為古英語里的 purs 或許就是上述家族名字的起源。A.Stinchcombe 給我指出了這一點，對此我心懷感激。

20 將這個群體與參與香檳集市的義大利商人組成的組織加以對比是很有意思的一件事。義大利商人或許模仿十七城市同盟（Laurent, 1935：93）組建了一個相似的組織——倫巴第和托斯卡納大學，這一標題在 1288 年得以擴展，以囊括其他義大利人（Laurent, 1935：119）。但是，暫住商人的需求和那些常住商人的需求迥然不同。

21 其中最有名的代理商是 Francesco de Balducci Pegolotti, 他給佛羅倫斯的巴爾迪（Bardi）公司服務，在 14 世紀早期被派駐法蘭德斯，後來又到了英國（de Roover, 1948：33）。我們在下一章考察歐洲與黎凡特的貿易時還會提到他，他撰寫的商人行會手冊是研究中世紀貿易的珍貴文獻。

22 根據 de Roover（1948：99-104）的研究, 13 世紀末期時，倫巴第人和卡奧爾人連同其他義大利人最早來到了法蘭德斯。1281 年，倫巴第人首次獲得許可，他們為經營生意付出了高昂的代價。

23 在安特衛普，某人（也就是能買賣支票的人）簽署這種「支票」的權利一直延續到 17 世紀早期（de Roover, 1948：35）。

24 14 世紀末，斯勒伊斯港口的條件非常惡劣，以至於大型船隻不得不在近海的島嶼拋錨，然後將貨物由駁船運往斯勒伊斯（van Houtte, 1966：40）。

25 關於其原因和後果，可參見 Gottfried（1983）最近的描述，以及 McNeill（1976）較為宏觀的探究。

26 關於布魯日的多數資料都作出這種估計，它源於那時參加民兵組織的人員名單，然後再與民兵和非民兵人口的大體比例相乘。因此，這一資料很不準

確。參見 de Smet（1933：636）。

第四章　熱那亞和威尼斯海上商人

1 這兩個城市在 13 世紀都至關重要，而且那時實力相當，但很多文獻區別對待她們，這讓我很吃驚。對威尼斯的研究大有人在，本書參考書目中引用了很多；與其形成鮮明對比的是，僅有屈指可數的幾位非義大利學者對熱那亞抱有興趣，研究主題也是僅有的城市發展史。即便那些著手比較二者的著作（比如, Kedar, 1976）也對熱那亞冷眼相看，對威尼斯情有獨鍾，而不是理性地判斷。好像是威尼斯當今的優點使得時常遭遇劫難的熱那亞低人一等，如同「後娘養的」一樣，儘管熱那亞的經濟地位更高一些。我個人的解釋是，學者們在想要置身其中的虛擬場所里找尋意義，並因此而研究。唯有這樣才能解釋，譬如，為何圖盧茲這麼一個美輪美奐但缺乏重要歷史意義的城市，其受研究程度要高過除巴黎之外的法國的任何城市！

2 參 見 Ennen “Les differents types de formation des villes europeennes”, 載 *Le Moyen Age* (1956) 和 *The Medieval Town* (1979：多處)。

3 在一篇很有意思的文章里, Henri Pirenne （1933-4：677-687）詳細說明了敘利亞人在始於古代的香料貿易和其他貿易中的作用。在海上貿易於 9 世紀復蘇之後，敘利亞人也時常向康佈雷市（有一份珍貴的文獻記載）提供「紙莎草、胡椒、桂皮、丁香、生薑、樹膠……以及其他東方物品」（Pirenne, 1933-4：679-680）。9 世紀時，他們繼續頻繁出入法國，但其後就不見了（Pirenne, 1933-4：686-687）。

4 關於君士坦丁堡及其與十字軍隊伍和義大利海上商業城市，尤其是熱那亞和威尼斯的關係的詳細描述，請主要參見 *The Cambridge Economic History of Europe*, II（1952）中 Steven Runciman 的文章。

5 在首次十字軍東征中，海路的作用是次要的，絕大多數十字軍戰士經君士坦丁堡跨越了大陸，此後他們再也沒有走過這條路。

6 參見 See Thrupp 的 “Comparisons of Culture in the Middle Ages；Western Standards as Applied to Muslim Civilization in the Twelfth and Thirteenth Century”（1977 年再版：67-88）。

7 這是 Maalouf（1984：39）引用的當代編年史學家 Usamah Ibn Munqidh 的話。

8 關於運貨小帆船或圓船以及後來日漸成熟的配有武器的帶槳貨船的技術改進訊息，參見 Byrne（1930）和 Unger（1980）。

9 在接下來的描述中，我大量地參考了這一文獻，英文版本參見 *Joinville & Villehardouin*：*Chronicles of the Crusades* （1963, 1985 年再版）。在這段描述中, Villehardouin 並未掩蓋他對威尼斯人的蔑視，稱他們腐敗、野蠻而又膽小怕事。文獻認為義大利人惹是生非、言行不一。然而，這份描述完全為十字軍軍隊開脫，認為他們對所發生的一切不負任何責任，這使得其可信性大大下降。我們很難接受這樣一個事實，即在沒有征得對方同意與順從的前提下，威尼斯人操縱著一支全副武裝的軍隊去做錯事，而且還帶著 Villehardouin 後來描繪的極大熱情。我們列舉的引文證實了這一點。

10 或許 Norwich（1982：141）最後的評判有些過火了：

第四次十字軍東征——如果它確實可以這麼稱呼的話——表現出的背信棄義、口是心非以及暴虐貪婪要勝過前幾次十字軍東征。12 世紀的君士坦丁堡並非僅僅是世界上最偉大、最富有的都市，它還是最文明的……對它的洗劫使得西方文明遭受了比 5 世紀時異族人對羅馬的洗劫更大的損失……〔這〕或許是人類歷史上最大的劫難。

11 如同在第三章看到的那樣，鮑德溫九世很快就為剛剛贏得的榮譽搭上了身家性命。之後不到一年的時間，他就被埋葬在曾經加冕過的教堂里。

12 很難找到比這種常見的描述方式更好的具有歐洲中心特徵的歷史作品。黑人作家 Jan Carew 的文章 "The Origins of Racism in the Americas"〔載 Ibrahim Abu-Lughod, ed., *African Themes* (Evanston：Program of African Studies, 1975), pp. 3-23〕剛一開篇就讓我們大吃一驚，他寫道：「令人驚奇的是，自從聖薩爾瓦多的阿拉瓦克部族的盧卡約人（Arawakian Lucayos）在他們的海灘上發現哥倫布和他的水手之後的 482 年裡，關於 '新世界'的種族主義的起源的研究竟是如此微乎其微」。我們以新的視角重讀這句話。至今 Carew 仍提及「新世界」, 仿佛它剛剛被發現，而不是重新將其放入歐洲人的視野之內。

13 儘管很多學者顯然對此有所質疑，但中國科學方面的研究權威 Joseph Needham 在 1960 年名為「中國在航海指南針發展中的貢獻」(「The Chinese Contribution to the Development of the Mariner's Compass」) 的講座上堅信如此（1970 年再版：239-249）。他提到大約西元 900 年的一份中文航海手冊中明確提及磁鍼（p.243），並認為 11-12 世紀時，羅盤針肯定已經用於中國船隻的導航了。關於指南針（*busolla*），參見 Commune di Genova Servizio beni Culturali, *Navigazione e Carte Nautiche nei secolo XIII-XVI*, the catalogue for the Naval Museum in Pegli (Genoa：Sagep Editrice, 1983), p.6, 圖示參見 p.25。

14 McNeill（1974：22）將威尼斯人在海上的成功歸功於他們「過度熱衷於訴諸暴力」, 這或許過於偏頗。不過，威尼斯人顯然正在進行「原始積累」。

15 顯然，另一個原因在於熱那亞——威尼斯有過之而無不及——缺乏一塊以陸地為基礎的腹地，在此之上，相互競爭的宗派力量能通過挪用農業資產獲得發展。「貴族」和平民的命運都仰賴海上貿易的成功以及維持海上貿易所需的軍事能力。

16 這種針對富人的「稅收」與文藝復興時期義大利大家族對美術作品的投資熱有著密切的聯繫。強行的公債索取以財產為基礎，不包括室內陳設和家庭消費。因此，財產就被以繪畫作品、牆上掛飾以及金銀物品等形式遮蔽開來。關於這在 15 世紀的佛羅倫斯的運作情況，參見 David Herlihy 的很有意思的一篇文章, "*Family and Property in Renaissance Florence*", in Miskimin, Herlihy, and Udovitch (1977：3-24, 尤其是 4-5)。

17 最容易想到的作者就是 Armando Sapori (1952)。尤其參見他在 *Italian Merchant in the Middle Ages* (英譯本, 1970)一文中對 Sombart 的譏諷。

18 譬如令人肅然起敬的 A.Fanfani, 其著作 *Le Origini dello Spirito Capitalistico in Italia* (1933)。

19 作為一個次要點, Le Goff 強調，在中世紀大規模的資本主義工業中，工人階級正在形成，這種工業僅僅存在於法蘭德斯的絲織業和義大利港口的船舶工業（1956：49）。

20 在接下來的部份，我利用了如下資源：Lane (1966, 1973), McNeill (1974), Lopez (1976), Lopez and Raymond (1967), Postan(1952), Byrne (1916, 1930), Heers (1977) 和 Sapori (1952, 1970 年譯本)。

21 這種制度與阿拉伯商人很早就普遍採用的合作合同制——在 A.Udovitch 的 Partnership and Profit in Medieval Islam (1970a)中有所描述——非常相似，以至於難免會得出這樣的結論，即前者是直接從後者借鑒而來的。儘管 Lopez(1976：76)提醒我們「不能排除相似的合同」在拜占庭伊斯蘭文化區和歐洲文化區「分別出現的可能性」，但這種可能性似乎不大可能出現，因為 Byrne（1916：135）將熱那亞人的「公司」（*societas*）的來源追溯至剛開始與敘利亞進行貿易往來之後的時期。我們在第二部份探討中東體系時再回到這一問題上來。

22 這種合同曾經在穆斯林商人中普遍使用，現在依然如此。中世紀時期，它在北非的猶太商人中也廣為流行，儘管它早就被威尼斯所棄用（Lopez, 1976：73-74）。

23 威尼斯似乎也曾使用過類似的制度，然而由於政府對造船業的直接干預，使其未能像在熱那亞那樣得到推廣。比如參見 McNeill (1974：16-17)。

24 就像資本主義的其他體制的通常模式一樣，隨著額度的增加，銀行最終成為地方的主要持有者，其管理被委託給經紀人（Byrne, 1930：19）。

25 很明顯，他們只在 1295 年——在十字軍勢力崩潰之後——途經君士坦丁堡返回義大利。

26 我認為這些事後分析非常值得懷疑。穀物歉收，財政緊縮等都是非常短暫的週期性現象，當長期趨勢出現大回升時，歷史學家很少關注它們。然而，當出現大衰退時，這些週期性事件都受到密切審視。

27 這種黨派之爭在中世紀義大利的城市景觀上刻下了烙印，私人防禦塔樓高高林立，在時常演變成一個家族對抗所有家族的戰爭中，每個大家族藉此自保。其實，熱那亞或許比其他商業城市更少受到內訌的削弱，由於派系之爭「非常不利於商業的發展」，所以她似乎能夠跨越或改變內訌的惡劣影響。

28 儘管 Renouard (1969：I)或許是非常武斷地提出了這一觀點，但是研究義大利中世紀時期經濟史的學者（有可能的例外就是 Queller, 1986）幾乎無不認同。然而，正如在本章開頭看到的那樣，威尼斯存在著複雜的黨派紛爭，這給學者們所作出的一些判斷蒙上了陰影。對威尼斯政府的最為尖刻的批評應該來自佛羅倫斯的鼓吹者，這似乎並非偶然。因此，J. Lucas-Dubreton 在他的 *Daily Life in Florence* (英譯本, 1961)中認為威尼斯的統治階級是「一群陰謀家，遠離民眾。而民眾則在'神秘而又無形的極權主義國家面前瑟瑟發抖」，相反，佛羅倫斯則是「優秀文化的家園」。

第二部份　中東腹地

通往東方的三條路線

1 關於之前的體系的敘述，見 Loewe (1971：166-179), Charlesworth (1924) 和 Warmington (1928)。Lombard (1975) 和 Hodgson (1974：特別見 330-335) 以很有說服力的事例論證了中東是 13 世紀「世界體系」的中心這一觀點，儘管

兩人都沒有使用「世界體系」這個術語。

2 它們也不是東征的第一支遊牧部落，儘管向東是慣常的方向。Barfield（1989）梳理了西元前 209 年到 20 世紀期間中國和亞洲內部大草原民族之間關係的三個週期。他假定強大的中國和強大草原帝國之間有著積極的相互關係。相當有趣的是，這個模式的唯一例外發生在 13 世紀，這是歷史上唯一一次中亞遊牧民族統治了中國。這個例外論有助於解釋那個時期世界體系的形成，而元朝之後這種關係的倒退則在某種程度上解釋了世界體系在 14 世紀後期的解體。

3 儘管在蒙古人的口述轉錄成維吾爾文字之前，他們沒有文字，但我們還是有幸讀到了自 13 世紀流傳下來的不少基本文獻。首先，有稱為 *The Secret History of the Mongols* 的「歷史文本」集，儘管它可能在 1241 年就已開始編纂，但它實際上涉及 1251-1252 年這個時段（Boyle, 1962；1977 年再版：136-137）。沒有人見過維吾爾文原本。然而，我們可以利用該文獻早期漢譯本的德文版 (Haenisch, 1941)。Spuler 的 *History of the Mongols*（1972）的英譯本涉及該文獻中的許多摘錄。最近，此文本的第一部份由 F. W. Cleaves 譯成了英文(1982)。*The Secret History of the Mongols* 涉及成吉思汗及其後人的生活，但是，它更像冰島薩迦(Icelandic Saga, 冰島及北歐地區特有的文學作品，泛指與歷史相關的世俗小說和文學作品。——譯者), 不像我們所謂的「歷史」。從剛一開始對成吉思汗家世的描寫就可以窺見該文本的風格：「一條藍色的狼出生了，上蒼註定了它的命數。他的配偶是一隻　鹿」。Ala-ad-din Ata Malik Juvaini 在編輯其 *The History of the World Conqueror* (Boyle 譯, 1958)時顯然採用了這段文稿。此外，我們還有 13 世紀晚期編纂的波斯醫生 Rashid al-Din 的普世史, Boyle 將其譯成了英文，名為 *The Successors of Genghis Khan*（1971）。有關這些著述的評介見 Barthold (1928：37-58)。然而，這些多卷文本讓對經濟史感興趣的人感到沮喪。儘管它們呈現了譜系，詳述了戰役，敘述了個人軼事，記錄了王朝間的爭執，但是，除了 Rashid al-Din 之外，其他人都徹底忽視了蒙古帝國的內政。

4 horde 一詞最初沒有貶義。蒙古語中的「ordu」指家庭的「帳篷」, 由此引申為效忠於帳篷主人的部落。因此，horde 一詞指的是任何一個蒙古部落或部落聯盟。

5 來自突尼斯馬迪亞（Mahdiya）港口的法蒂瑪人擅長遠洋航行，而內陸的馬穆魯克人則懼怕海洋。其中那些來自中亞的土耳其系的人（拜巴爾本人是欽察人）擅長馬上作戰，他們通常把港口城市看作是歐洲敵人的潛在灘頭堡，因此予以摧毀。基督教徒失去了巴勒斯坦海岸之後，歐洲人更多地使用了從黑海跨越蒙古領土的北方路線。

6 阿拉伯語中「馬穆魯克」指「被佔有或擁有的人」。儘管在阿尤布王朝之前國家防衛就已經依靠那個「被佔有的」軍事種姓，但這個種姓一直是附屬於統治者的禁衛軍。然而，隨著軍事需求的增加，必須利用新手段來招募大批士兵。新兵多是被俘獲的男孩（或者，越來越多的是那些由義大利商人通過黑海販來的奴隸），他們皈依了伊斯蘭教，絕對效忠於上層的和已獲自由的馬穆魯克家庭，還接受戰鬥技術和統治藝術的訓練。這種封建軍事制度靠從所轄地區和省份那裡勒索的農業剩餘維持下去。作為回報，主要的馬穆魯克

首領負責提供一定數量的士兵。不過，直到這種制度篡奪了蘇丹政權之後，我們才可能稱之為馬穆魯克政權。

7 別兒哥反對旭烈兀征戰穆斯林，這導致了兩個蒙古國之間的戰爭。這的確是個出人意料的因素，它迫使馬可波羅的父親和叔父向東進入忽必烈汗的領土，因為戰爭封鎖了他們從別兒哥的大本營回返君士坦丁堡的路線（Latham, 1958：23）。進一步說，拜巴爾和別兒哥的聯盟打破了歷史的常規。拜巴爾死後，別兒哥連續三年（1277-1280）是埃及巴哈里（Bahri）馬穆魯克蘇丹國的虛位「蘇丹」。

第五章　蒙古人與東北通道

1 當然, Balducci Pegolotti 從未聲稱親自去過那裡。但他堅定地向讀者保證,「根據曾經穿越這條路線的商人的說法，不論晝夜，從塔納到中國的旅程都絕對安全。」（Yule, II, 1924, II：292）。

2 Barfield 持有異議。他認為成吉思汗之前的中亞部落更樂於「收買」, 而非直接征服，所以他們與中國政府達成了互不侵佔的協定。然而，這種偏好只是推測。他們可能想征服中國，只是限於實力使然。

3 *The Successors of Genghis Khan* 中記述的 Rashid al-Din 的短文引人入勝（Boyle, 1971：多處）。逸事和箴言表現出的社會價值觀和「好統治者」的形象駁斥了西方人和穆斯林將蒙古人看作野蠻人的偏見。公正、聰慧和慷慨是最受人敬慕的秉性。可汗們通常慷慨地接待外國商人，賜予他們遠遠高於貢品「價值」的回報。馬可波羅的父親和叔父輕易地博得了別兒哥的歡心（Latham, 1958：22），而可汗們卻似乎將他們的慷慨看作高尚品德的表現。

1844 英國史學家 Mattew Paris（1200-1259）在 1240 年的著述中明確推翻了這兩種看法（參見 Boyle, 1970；1977 年再版：6-7 的大段引文）。

5 例如，比較 de Rachewiltz（1971）的插圖與 Lach（1965）中的插圖。

6 參見 J. Voporsanger," The Travels of Benjamin of Tudela in the Twelve Century," Bulletin of Geographical Society of California II (May 1894)：77-96。

7 這種親切友好和慷慨大度的貿易態度顯然與「地獄之人」的說法發生抵觸，但這在馬可波羅的敘述中比比皆是。

8 "Les marchands italiens dans l'empire Mongol" (Petech, 1962：549-574).

9 按照麥克尼爾的說法，羅馬商人於西元 166 年首次來到中國（1976：101)。

10 McNeill (1976)甚至認為，伊斯蘭教在 7 世紀的興起得益於瘟疫對波斯和羅馬軍隊的削弱。但在解釋變化時，我們需要謹慎地把流行病狀況當作扭轉乾坤的力量。此外，麥克尼爾對社會興衰進行的流行病學解讀很難適用於印度和中東這兩個重要地區，因為那裡的聯繫從未中斷過。

11 一位中國史學家給我提供了有關鼠疫爆發的時間和地點的資料，它們收集在麥克尼爾一書的附錄中。就所討論的這個時期而言，麥克尼爾的假設沒有得到證實，因為鼠疫首次在內地爆發之後，好像立刻就轉向了沿海地區。見圖 7。

12 Barthold（1928：88）認為，在成吉思汗入侵之前，撒馬爾罕城約有 10 萬戶人家。「如果我們記得在這次征服的前幾年，這座城市曾遭到花剌子模沙王

們的蹂躪，黑汗帝國時期基本上是個文化和社會生活衰敗的時代，那麼，我們會毫不誇張地推測薩曼王朝時期的撒馬爾罕居民會超過 50 萬。」然而，鑒於這個城市的經濟基礎，我認為這確實是個誇張的數字。我們將會看到，開羅這個綜合性大城市在其最興旺的時候才大致達到這個數字。

13 法薩赫（farsakh）指的是一頭驢子在一個小時內的行程，所以很難譯為長度單位。不過，在平地上 1 法薩赫約等於 3 英里。

第六章　辛巴達之路: 巴格達與波斯灣

1 參見 Adil Ismail Muhammad Hilal 未曾發表的一篇很有意思的文章 "Sultan al-Mansur Qalawun's Policy with the Latin States of Syria 1279-90, and the Fall of Acre" (American University in Cairo, 1983：quotation 114-115)。

2 伊兒汗國君主關閉了陸路，這條線路通常是馬穆魯克新兵源的來路。它的關閉暫時讓熱那亞人處於特殊的壟斷地位，他們充分利用了這個優勢。

3 尤其參見 Robert Lopez (1943：164-174；引自 p.170)。

4 之前曾經有多次沿非洲西海岸向南航行的嘗試。「大約在 1270 年……Lancelot Malocello 指揮的熱那亞艦隊駛進大西洋，並……抵達加那利群島」（Toussaint, 1966：95）。

5 這本世界地理書籍清楚地展現了穆斯林廣博的世界知識。它不僅涉及從大西洋到中國海的所有區域，而且在開頭就直接宣稱「地球是圓球體，它圍繞自己的兩個極點……北極和……南極轉動，蒼穹籠罩」(Hudud al- 'Alam, Minorsky 譯, 1937：50), 歐洲人直到 500 年以後才接受這個論斷。

6 參見 Muhammad ibn Ahmad al-Muqaddasi, *Ahsanu t-Taqasim fi Marifati-l-Aqalim*, G.S.A.Ranking and R.F.Azoo 譯, Calcutta：1897-1910。

7 他的敘述建立在道 塗 的基礎之上，帶有偏見。有關其評價，參見 D.S.Richards, "Ibn Athir and the Later Parts of the *Kamil*：A Study in Aims and Methods" (1982：76-108)。與之相對照的是由 Bretschneider（1875：I：118-139）翻譯過來的相當平淡的中文資料 Si Shi Ki 和 Kuo K'an 的傳記。很顯然，作者的「興趣」決定著敘事方式。

8 然而，僅僅在巴格達被毀滅 12 年之後，馬可波羅就把它描寫成為一座興旺的大城市。如前所示，阿拉伯/波斯的資料經常區分底格里斯河西岸的王室城市（Madinat al-Salam）與東岸的商業城市；前者毀壞殆盡，後者繼續是生產和貿易中心。這個區分可能導致了眾多描述的不一致。

9 1260 年，旭烈兀率領的蒙古軍隊基本上毀掉了阿勒坡。「阿勒坡被破壞，近乎荒廢。它需要一個世紀的時間才可能從大屠殺中恢復過來」（Humphreys, 1977：349）。

10 Al-Muqaddasi（Ranking and Azoo 譯本：180）認為巴士拉是「烏瑪律（Umar）時期由穆斯林建立的一座宏大都城。烏瑪律命令其下屬 '在波斯和阿拉伯國家之間、伊拉克邊境、中國海上建立穆斯林城鎮'……〔巴士拉〕的名字源於葉門船隻用作壓艙物的扔在這裡的黑石頭」（Ranking and Azoo 譯本：184）。

11 隨著來往於印度和波斯灣的陸岬之間的阿曼和西拉夫的水手和商人將新作物或舊作物的新品種從東南亞、馬來西亞以及更遠的地方傳到中東（Watson,

1981：30），這種統一還導致了 Watson（in Udovitch, 1981：29-58）所謂的「中古的綠色革命」。從那裡，新作物向西傳播到阿拉伯世界，並最終傳到歐洲（Watson, 1981：35）。

12 在匿名文獻 *Periplus of the Erythrean Sea* 中發現了希臘人在這個地區航行的證據。尤其參見 Toussaint (1966：39-40) , 原文的英譯本參見 W.B.Schaff 編輯的 *The Periplus of the Erythrean Sea*（London：1912）。

13 參見 Joseph Toussaint Reinaud (和編輯的冗長引言), *Relation des voyages faits par les Arabes et les Persans dans l'Inde et a la Chine dans le Ixe siecle* (1845)。此文獻的比較好的譯本是 Jean sauvaget 的 *Akhbar as-Sin wa l-Hind, Relation de la Chine et de l'Inde* (1948)。

14 9 世紀晚期的農民暴動使得國家陷於荒廢。憤怒的農民甚至毀掉了他們的桑樹，輸往阿拉伯的絲綢貿易也長期中斷（Heyd, 1885：31）。

15 第三部份將比較詳細地討論這兩份重要文獻，但我們可以在此提供引文。參見 *Chau Ju-Kua*：*Chu-fan-chi* 〔*His Work on the Chinese and Arab Trade in the Twelfth and Thirteenth Centuries*〕, 由 Friedrich 翻譯成了英文。還參見 Jitsuzo Kuwabara,「On P'u Shou-keng：A Man of the Western Regions who was the Superintendent of the Trading Ships' Office in Ch'uan-chou towards the End of the Sung Dynasty, together with a General Sketch of Trade of the Arabs in China during the T'ang and Sung Eras,」載於 *Memoirs of the Research Department of the Toyo Bunko* (1928：1-79；1935：1-104)。

16 另外, Jean Sauvaget 認為 11-14 世紀期間沒有航海指南，他的這個看法建立在最完整可靠的文獻資料上，儘管只有一份。這就是 15 世紀的航海大師 Ahmad ibn Majid al-Najdi 的 *Kitab al-Fawa'id fi usal al-bahr wa'l-qawa'id*, 它吸收並利用了之前編集的所有主要的航海指南。這份資料的優秀譯本及其冗長引言見 G.R.Tibbetts, *Arab Navigation in the Indian Ocean before the Coming of the Portuguese*, London：The Royal Asiatic Society of Great Britain and Ireland, 1981。

17 例如， 參見 S.D.N.Goitein, "Two Eyewitness Reports on the Expedition of King of Kish (Qais) against Aden," 載 *Bulletin of the School of Oriental and African Languages* XVI (1954)：247 及以後各頁。

18 Serjeant (1963：11)將荷姆茲描繪成「貧瘠之地，但卻……極其富有。儘管它沒有食物、淡水，也沒有植被，必須從大約 12 英里外的波斯陸地進口補給品，但它卻因倖免於劫難，並因其優良的海港發展成幾乎與亞丁同等規模的大城市。荷姆茲是源自印度的海路的中心……直到 1529 年葡萄牙人才滲透到這裡……」

19 當然，兩者都沒有「完全休戰」。馬穆魯克與帖木兒的戰爭在 14 世紀末將再次開啟。

20 當今事件清楚地表明瞭這一點。雖然最近伊朗和伊拉克之間因波斯灣領導權問題而進行的持久戰爭導致了航運風險的加劇，並使得兩國貧困潦倒，但波斯灣的航運並未中斷。當然，船上的貨物不是棗、絲綢、香料、青金石和黑曜岩等遠端貿易商品，而是新貨物——石油。

第七章　奴隸蘇丹政權時期開羅的貿易壟斷

1 路易九世本人被俘，在支付了巨額贖金後才獲釋。

2 Ehrenkreutz（1981：342-343）特別嚴厲地評價了熱那亞人在歐洲人在那個地區遭遇失敗中所起的作用。他認為：

熱那亞和馬穆魯克蘇丹之間〔在13世紀下半期〕的奴隸貿易對於塑造地中海西部的歷史起到了至關重要的作用。熱那亞借此獲得商業霸權。馬穆魯克蘇丹借此維持和擴展了對埃及、敘利亞和西西里亞的控制。在這項貿易提供的大批軍事奴隸的致命攻擊下，十字軍國家和亞美尼亞各公國都消亡了……可以這樣認為，熱那亞人的親馬穆魯克政策幫助穆斯林戰士清除了基督徒。

但是，人們很容易地認為，威尼斯在遠端貿易中的合謀與熱那亞所提供的奴隸對於埃及政權的鞏固起到了幾乎同樣重要的作用。

3 我本人對資料缺乏的解釋是，儘管在經營生意方面，穆斯林與義大利人或香檳集市的商人們一樣精明，但相關資料卻很少留存。其原因有二：首先，在伊斯蘭教中，多以口證確保合同的有效性。所以，儘管協議可能寫在書面上，但如果沒有證人的證言，就無法強制履行協議。這意味著有的協議書可能沒有書面形式。其次，儘管穆斯林商人通過公證人證實它們的交易，但實際的協議書文本只提供給買賣雙方。與歐洲同行不同，阿拉伯世界的公證人似乎不在大筆記本（如在熱那亞），或者管理員（bailiffs）的記帳簿（如在香檳地區）上保留「權威性」記錄。於是，保留下來的都是合同的樣本，一旦交易完成，它們就被隨手扔掉，也就是在基尼薩藏經洞的「廚房垃圾」里找到的文件。

4 我們將看到, Goitein 已經研究了部份基尼薩文獻（1967），但它們僅涉及非常有限的時段，而且抽樣誤差極大。

5 共同所有權明確規定，不經過共同所有人的同意，沒有人能更改股份，利潤分配按照所有權份額進行（Udovitch, 1970a：25-26）。沙斐儀學派的教法不贊成把資本不加區分地合併在共同所有權之下，而其他教派則接受這一做法。有限投資合夥關係是嚴格的沙斐儀學派實行的唯一的合夥類型。

在這個安排中，各合作人貢獻一定數目的錢作為共同資金；為了使合同生效，這筆資金必須混合在一起。投資者必須作出相等的，或者適當的貢獻。各投資者的盈虧與其在整個投資中的份額成正比。分配給任何一方投資者的利潤多於其投資份額比例的任何規定都是無效的。任一合夥方不應因其生意技能或合同獲得津貼（Udovitch, 1970a：34）。

6 另見 Goitein（1967：87, 以及 362-367 的事例）。然而，這些資料並非毫無關係。因為 Udovitch 參考了 Goitein 的"The Main Industries of the Mediterranean as Reflected in the Records of the Cairo Geniza" (1961)。

7 Udovitch（1970a：172）指出，儘管「近東和地中海世界的人們自古以來就有類似於康孟達的非正式的商業協議，但是商業協議書的最早樣本卻是伊斯蘭式的合同（*qirad, muqarada, mudaraba*），它們是與後來流行於歐洲的康孟達一致的經濟和法律制度」。

8 基尼薩文獻發現於福斯塔特（舊開羅）猶太會堂旁邊的一個倉庫里，雖然這個會堂主要由來自馬格里布（現在的突尼斯和摩洛哥）的猶太人使用，但它

涉及的卻不只是猶太人。此外，正如 Goitein 在別處指出的那樣（1964b），猶太人和穆斯林的商業行為沒有實質性區別。

9 Labib 同樣系統地分析了歷史編年史，即那些不是為解答經濟問題而設計的資料，然後提出了關於馬穆魯克時期的有所不同的觀點（1965）。

10 Udovitch 在其發表在 *The Dawn of Modern Banking* (1979：255-273)的文章中聲稱,「銀行」是在十九世紀由歐洲人引入中東的，之前這裡的人對此一無所知。然而，這個對比似乎不合理。我們今天意義上的銀行同樣不存在於 13 世紀的歐洲，我們對 14 世紀的布魯日的研究表明, Goitein 所描述的許多銀行業的做法已經普遍存在（參見第三章）。

11 Goitein（1967：241）指出，法語中的保付簽字（aval）——在匯票上的簽注，源自阿拉伯語「哈瓦拉」（*hawala*）。

12 下面的許多內容從 *Cairo：One Thousand and One Years of the City Victorious* (Abu-Lughod, 1971) 一書濃縮而來。

13 開羅是外來貴族階層的城市，普通人根本不能進入。

14 如前所述, 10 世紀和 11 世紀初，熱那亞艦隊和北非的法蒂瑪人之間的海上衝突其實是十字軍東征的開始。

15 al-Muqaddasi 認為運河已經關閉。Ranking 和 Azoo 在翻譯 al-Muqaddasi 的著作時，用了一個解釋性按語（第 28 頁），他們給出下面的背景：「這……指的是圖拉真運河，它連接著……尼羅河的〔一條〕支流和紅海上的阿爾西諾伊（Arsinoe）。最初的運河統稱為托勒密河……由法老尼科二世（西元前 480 年）開始開鑿……完成於托勒密法老時（西元前 274 年）……在圖拉真（Trajan）時期（西元 106 年）恢復使用……一直到 10 世紀都用於運輸。」而 Heyd（1885：40）將它的堵塞追溯到八世紀晚期，這個時間似乎不太可能。

16 Goitein（1964b）把 10-12 世紀稱作阿拉伯和猶太人共生的巔峰期。

17 Labib（1965：62）明確指出，在阿尤布和馬穆魯克時期，商人必須是穆斯林。「那些想要加入喀里米階層的人必須首先皈依伊斯蘭教，或者已經是穆斯林。通過這種方式，喀里米階層受益於〔那些皈依了伊斯蘭教的〕基督徒和猶太人的經驗；同時，由於伊拉克受到干擾而變得不安全，許多穆斯林來到埃及並定居下來，他們的經驗也被喀里米所利用」。但是，喀里米也可能是新近皈依者。例如, Wiet（1955）所列名單中就有一位從猶太教皈依伊斯蘭教的重要商人。

18 Fischel（1958：70）確信這點。但是, Ashtor（1956, 1978 年再版：51-52）和另外的學者卻表示異議。

19 在 Wiet 列舉的喀里米商人名單中，許多已經出現在黑死病死亡者之列，當然也有一些活躍在 15 世紀下半期的商人，而 Ashtor 卻認為他們此前早就消失了。

20 據 Ashtor（1981：105）研究，敘利亞專家被引入賽普勒斯指導蔗糖生產。馬可波羅提到埃及的技術顧問在 13 世紀下半葉把他們的蔗糖提煉技術傳授給中國人，儘管我在翻譯中並沒有找到相關資料。

21 Labib 將劣質埃及絲綢與伊拉克和波斯生產的品質好得多的絲線和絲綢作比較。另一方面，敘利亞絲綢備受推崇。埃及織工將他們自己的絲綢與敘利亞絲綢混在一起，以便賣個好價。其實，有 500 名敘利亞人住在法尤姆

（Fayyum），政府委託他們在那裡種植桑樹，培育桑蠶（Labib, 1965：307）。

22 決定性的結局出現於 1429-1434 年。在早些年中，蘇丹巴斯拜（Barsbay）建立了對胡椒貿易的壟斷。1430 年，他阻止威尼斯商人在亞歷山大港卸貨；而喀里米商人卻無視蘇丹的命令，跑到義大利人的船上與他們交易。這件事導致了政府和商人之間的公開鬥爭。1434 年，巴斯拜禁止喀里米商人與威尼斯商人發生聯繫，完全壟斷了胡椒市場；後來又將壟斷政策擴展到其他貿易項目（Labib, 1965：337-357 多處）。

23 埃及的死亡率高於敘利亞，這就頗具諷刺性地證明了埃及在世界貿易路線上更為重要的地位。Ibn Habib 估算大馬士革僅有的少量人口中只有四分之一死於這場瘟疫（Dols, 1981：415）。

24 關於馬穆魯克時期的「封建主義」的詳細分析，參見 Rabie（1972,多處），他拒絕使用這個術語。Humphries（1977：7）這樣比較馬穆魯克制度與其在敘利亞的前身：「如果將 12 世紀的敘利亞軍隊……與 13 世紀晚期的馬穆魯克軍隊做比較，後者顯然是國家更為沉重的負擔。馬穆魯克軍隊形成了緊密團結的自覺組織，他們更有能力為自己謀利益，但也更加遠離了他們所控制的社會。」

25 直到 19 世紀，隨著法國人和英國人聯手開鑿了蘇伊士運河，歐洲人設計的通往印度的最短航程才得以實現。

26 據 Labib（1965：240-243）研究，來自歐洲和拜占庭的基督教徒必須繳納各種稅款。每位旅行者到達時都要繳納入境稅（maks al-samah, 約相當於 15 世紀的兩枚金幣）。他們還必須繳納 2%的現金稅。來自哈爾伯（Dar al-Harb, '戰爭之地'的意思，即法蘭克人）的商品在所有伊斯蘭教國家都必須繳納 20%的關稅。亞歷山大港和杜姆亞特徵收這項稅款，而羅賽塔則不徵收，因為來自哈爾伯的商人不能進入羅賽塔。相比之下，穆斯林商人只需支付天課（zaqat, 理論上是 2.5%）。如果歐洲人從埃及出口商品，也必須繳納類似稅款。

第三部份　亞洲

第八章

1 用 McNeill 在這裡使用的這一術語來形容威尼斯會更加貼切。

2 在 Burton Stein 的"South India"（1982a）（載於 *The Cambridge Economic History of India*, Volume I：c.1200-c.1750, 由 Tapan Raychaudhuri 和 Irfan Habib 主編）中可以清楚地看到這兩個地區之間的區別。接下來的這部份內容，我主要參考了這部著作。

3 正如 Stein（1982a：22-23）所指出的那樣，柯洛曼德爾富裕的農業平原區與印度西部海岸的喀拉拉平原之間有著驚人的差異，前者的灌溉需要溝渠和水庫，而季風雨總能為後者一年兩季的作物——與兩個季風週期相符——提供充足的降水。這種生態上的差別導致了泰米爾「水力」灌溉地區與喀拉拉地區的農業社會在社會組織上的截然不同，前者是更為集中的父權制，而後者是較為平等的母權制（儘管需要男性戰士的保護）。

4 Admiral Ballard（1984：1）甚至斷言，跨海旅行很可能源自阿拉伯半島，因

為這裡乾燥的氣候使得捕魚和貿易成為必要，而那些居於宜人的生態環境之中的人們則不必如此。不過，我們必須對他這個純屬推測的假定保持謹慎。

5 關於西部海岸，這本指南非常詳細，但之外的地區則少有提及。「錫蘭……少有人知，也無人光顧……〔另外,〕馬來群島、馬達加斯加……〔等地，對希臘人來說〕依然是未知世界（terrae incognitae）」（Toussaint, 1966：39）。

6 有證據顯示，在古典時期，柯洛曼德爾海岸與羅馬也有貿易往來，要麼通過間接途徑，要麼從馬拉巴爾通過陸路。值得注意的是,「羅馬金幣的發現地點主要位於印度南部，尤其是泰米爾地區。印度最有名的一個供羅馬人周轉貨物的集散地就……位於泰米爾中心地區」, 即今天馬德拉斯南部的本地治里（Pondicherry）（Spencer, 1983：77）。

7 根據 Richards（1986：10-11）的研究，大量輸往埃及和敘利亞的貴金屬通過義大利港口運出歐洲。「大量……威尼斯金幣運往亞歷山大港，不過是貴金屬源源不斷地從歐洲輸往中東這一現象最顯而易見的方面」。隨著埃及對歐洲的貿易順差的東移，類似的情況在亞歷山大港也發生了。「馬穆魯克王朝的鑄幣廠發行了大量金幣和銀幣，這些錢幣在整個印度洋地區流通，遠及麻六甲海峽和非洲東海岸」（Richards, 1986：12）。「在最重要的東部路線上……ducat、ashrafi、grossi、tankas 等幣種，或金銀錠流入印度西部的大港口：坎貝及其分佈在古吉拉特地區的眾多附屬港口；果阿……奎隆和馬拉巴爾港。斯里蘭卡（錫蘭）的主要港口加勒（Galle）也是這些貴金屬的流入地……」（Richards, 1986：13）。這些過剩的大量貴金屬會以貢金和贓物的形式流入印度內陸地區。另一個方向的中國傳入大量銅幣，以填補他們的貿易逆差。「東南亞的眾多王國……沒有嚴格的貨幣制度……〔因此〕依據重量來衡量的具有穩定純度的金幣就滿足了〔他們〕進行大規模交易的需要」（Richards, 1986：16）。「從麻六甲〔地區〕……亞洲的硬幣再流向印度海岸和錫蘭地區的商業中心」（Richards, 1986：18）。

8 Stein（1982a：18-19）給出了一個稍有不同的時段，這部份地緣於他所論述的重點是柯洛曼德爾海岸。他認為將印度南部與更廣闊的世界聯繫起來的貿易體系

> 從西元紀年伊始或許一直延續到 13 世紀。有兩件事導致了該體系在 13 世紀的崩潰，一個是穆斯林對印度洋貿易的日漸牢固，這使得他們取得了同印度西部的貿易優勢……處在穆斯林更為強大的控制之下。柯洛曼德爾的穆斯林繼續參與印度洋網路，但隨著此後印度西部地區在貿易體系中的作用的增加，柯洛曼德爾的影響就相對地削弱了。

9 尤其參見 Chaudhuri, 1985：23, 103, 107。Tome Pires（見 Cortesao, 1944）是十六世紀早期的葡萄牙作家，他生動、精確地描述了印度洋的貿易和航海情況。他並非首位發現單在一個季風期無法完成整個線路的航行的人，儘管他在解釋季風期時比早期的穆斯林地理學家更準確一些。比如 Al-Idrisi 記述了印度洋和中國海里的船長曾告訴他「每年會發生兩次海水的潮漲潮落；夏季月份時，海洋東部出現落潮，與此相反，海洋西部出現漲潮；接下來的六個月中，海洋西部發生落潮」（Al-Idrisi, Ahmad 英譯, 1960：35）。

10 Geniza 的論文探討了印度的猶太商人僑居地的作用, Goitein（1963：189）利用該文中的材料，最早注意到「猶太商人在印度貿易中的份額似乎相當

小」。儘管如此，他發現了很多 11 世紀時亞丁和馬拉巴爾海岸的猶太商人之間的信件。這些信件提到了印度的棉花和絲綢、中國的瓷器和金屬製品（鐵、鋼、黃銅和青銅），此外還有更讓人期待的香料、染料、香脂、藥物、珍珠、椰子和木材（Goitein, 1963：196），這表明即便是在 13 世紀之前，亞洲的輸出品就包括了很大一部份工業品。由紅海或亞丁輸往東方的物品也明顯集中於製成品，食品僅佔在列物資的 1/10（Goitein, 1963：197-198；也可參見他 1954 和 1980 年的文章）。不過，需要指出的是，這些資料提到了一個時間，那時，猶太人在埃及的貿易中的地位要比他們在阿尤布王朝晚期和馬穆魯克王朝時期更為顯著。另外，他還提到了一個時段，卡利卡特的穆斯林商人那時尚未佔據突出地位。

11 的確, Spencer（1983:68）指責印度學者和西方學者關於中國和印度給「落後的東南亞地區群體」帶來了假定的影響的寫作思路「陷入了歐洲殖民姿態的圈套，因為關於印度 '殖民化'和 '大印度'的討論，其實在語氣上非常類似於英國作家描述英國在印度的所謂 '文化'使命的小冊子」。

12 傳言是偉大的阿拉伯水手（老練的水手）Ahmad Ibn Majid al-Najdi——一本翔實但散亂的 15 世紀的航海指南的作者（見 Tibbetts, 1981）——引領葡萄牙人到達了印度洋。這種傳言顯然是不可能的，因為當他的 *Kitab al-Fawa'id*……於 1490 年寫成的時候，他已經垂垂老矣。

13 一個半世紀之後，巴鄰旁王朝（Palembang Dynasty）的某個親王採用非常相似的策略在麻六甲建立了與卡利卡特相競爭的港口。通過政治保護和經濟誘惑，他在其控制範圍內聚集了眾多商人群體，遍及麻六甲海峽地區。

14 喀拉拉是個例外，那裡有「武士血統」（Stein, 1982a：32-33）。此外，自 14 世紀中期以來的維查耶納伽爾王國軍事封建統治時期也是例外（參見 Nilakanta Sastri, 1976）。

15 研究印度的學者強調了朱羅王朝統治區的村鎮自治機構重要性，而與此同時又強調高度的中央集權制。比如，參見 Nilakanta Sastri（1976, 1978, 尤其是 1955）和 Misra（1981）的一些作品。Stein 在他那篇才華橫溢的文章"The State and the Agrarian Order in Medieval South India：A Historiographical Critique"（1975：64-91）裡斥責了他們，他認為朱羅王朝並沒有他們聲稱的那樣集權化，也沒有那麼高效；「世俗領域」和婆羅門村莊的地方自治，更多地緣於其必要性，而非思想意識。

16 朱羅王朝時期，流動貿易越來越多地「由遠端貿易商行會——稱為 '薩瑪雅姆'——來管理，該組織相當於亞洲貿易大體系內的地方市場網路」（Hall, 1980：141）。「加入該行會的商人需要對著一部商業行為法規宣誓……該法規將會員與其他行商分離開來。富有的「薩瑪雅姆」成員成為 '富商', 他們可以效仿上層人的生活方式……並對某些物品享有特權」（Hall, 1980：147）。「薩瑪雅姆」起初是「一小夥遠端商人，他們服務於……內陸的偏遠地區……為了共同的安全而結合起來。行商攜帶著自己的武器，他們的行為甚至像強盜一樣」（Hall, 1980：151）。進入任何一個「薩瑪雅姆」的外國貨物都需要市場負責人的照料；與此相反的是「帕塔納」（*pattana*）或港口,「它們是政府指定的貨物交易中心，貨物經海路或陸路送到這裡……在印度南部的語境里, '港口'這種寬泛的定義稍微有所變動。朱羅王朝時期，「帕塔納」

普遍與那些參與國際貿易的城鎮聯繫起來，這些城鎮既有海岸地區的港口城市……又有內地重要的商業中心」（Hall, 1980：142-143）。一個「帕塔納」里的地方商人和外國商人似乎並不衝突：地方商人經營地方貨物，而行商則限於經營遠端貿易的特定物資（Hall, 1980：144）。「在內陸地區，行商的地位更多地取決於他們與地方機構之間的聯盟,〔如〕「地方會議」（*nagaram* assemblies）；而他們在海岸地區的港口……則享有特殊地位」（Hall, 1980：146）。

17 據 Hall（1980：50）研究,「城鎮實際上就是一群稱作 *nagarattar* 的人的特定居住區,〔他們〕……是公司團體中的成員」, 其中，布商和油商最為重要（Hall, 1980：53-54）。城鎮團體似乎由一個委員會率領，該委員會雇用了一名監管公地的監督者、一名銷售員和一名會計（Hall, 1980：56）。該團體從王室那裡獲得土地並為此繳納稅金，而王室則藉此增加稅入（Hall, 1980：57）。「由於朱羅王朝時期遠端貿易的急劇擴展，地方商人開始……與行商組織〔建立〕制度聯繫。這種對外聯繫確保了地方城鎮經濟的穩定性……甚至使得商業中心成為新的政治權力中心得以發展的內核」（Hall, 1980：81）。隨著實力的日漸增長，城鎮開始擺脫其他地方機構的管理，並直接與朱羅政府進行稅金清算。此外，在朱羅王朝時期，城鎮甚至「在軍隊之外」組建了「自己的軍事單位，最初它們受雇於保衛地方市場和陸上貿易路線」（Hall, 1980：81）。「但隨著朱羅王朝的衰落，這些商業機構開始向他們的所在地施加壓力，並單獨控制此前與農業機構——如 *ur* 和 *nadu*——共用的行政權力」（Hall, 1980：82）。

18 Hall（1980：2）假設商業的制度化最初是通過城鎮「在指定的地區市場——通常就是城鎮本身——內容許外國商人的商業滲透」來完成的。儘管這或許是其最初意圖，但它最終導致了一個相對獨立的城市商人工業家中產階級的生成，這在中世紀歐洲之外的地區並不多見。

19 維查耶納伽爾王國的軍事封建制度與埃及的馬穆魯克制度有很多有趣的相似性。這種模式似乎把一個對城市和農業核心區進行直接控制的強大國家，與一個更加分權化的軍事性質的「包稅制」——軍事首領（稱為 nayaka）在週邊地區分得轄區，他們從中盡其所能地榨取利潤；作為對這種「封地」的回報，他們有責任提供指定數量的騎兵和步兵——結合起來。（主要參見 Stein, 1982b；Krishnaswami Pillai, 1964；Mahalingam, 1940；Nilakanta Sastri and Verkataramanayya, 1946。）

20 中國的技術優勢顯然是其中原因之一。Digby 強調「13-14 世紀時，中國帆船在技術上是最先進的，也是那個時代最適於航海的船隻」, 還是最大的船隻（Digby, 1982：131-133）。

第九章　海峽兩岸

1 關於巴鄰旁是不是一個或許稱作「帝國」的政權的「首府」, 學術界爭議頗多（尤其參見註釋 8）。

2 Wolters（1970）再次很中肯地駁斥了這一點，他認為《馬來紀年》（英譯本, 1821 年起始, Raffles ms. 18）中的宗譜並不「真實」。但是這個事例比較靠後。

3 學者們甚至對阿拉伯語資料經常提及的吉打港的位置意見不一。儘管今天的馬來西亞確實有一個吉打省，而且很多學者認為吉打港就大致坐落在這個地區，但還是有一些學者（Wheatley, 1961）認為它位於更北端的泰國的克拉地峽附近。

4 儘管幾乎所有的歷史學家都因缺乏本土的成文資料而感到沮喪，但鮮有學者像 Alastair Lamb（出自 Wang, 1964：l00-101）那樣明確地指出一條解決之道。Lamb 指出，唯有「仔細綜合……考古學、人類學和語言學證據」, 即研究碑銘和非馬來語文本，方能得到所需的答案。不過，在收集這三類證據的過程中，有必要小心謹慎，避免曲解。

源於文本的歷史是……搜尋一個國家的歷史。中文、阿拉伯文和印度文資料關於具體地點的學術文獻……卷帙浩繁……〔但〕出人意料地是，它們都無法令人信服。源於考古調查的歷史……非常精確……但它無法在名稱和日期方面為我們提供非常重要的資源……我們能追溯一些聚居地的興衰，也能看到中國和印度帶來的影響，但我們無法確切地查明這些聚居地的稱謂。（出自 Wang, 1964：101）

5 正如 Spencer（1983：80-81）敏銳地指出的那樣,「古代印度人對東南亞的看法融入了五彩繽紛的宗教文化……〔這種文化〕為勾勒古代印度的地理範圍提供了途徑」。史詩中的金島指的就是東南亞。「蘇門答臘島總是被描述成金島。當地的物產……都引人注目：黃金、寶石、樟腦……〔我們可以由此得知〕, 早在與中國進行實質性的貿易往來之前，印度人〔或許〕就頻繁出入東南亞尋求財富」。

6 然而，令人失望的是，巴鄰旁和佔碑沒有印度風格的大型寺廟。這使得很多學者認為，東南亞建築風格的「印度化」是沿著一條稍有不同的路徑進行的。印度物質文化或許經陸路，而非偶爾穿越水路傳播到印度支那地區（佔婆，越南），而後向下穿過泰國和馬來半島傳入爪哇島東部地區（即婆羅浮屠）。即便是這些地區，似乎也沒有「移植」太多的外國風格，而是逐漸吸收或融匯了印度次大陸的樣式。通過對船隻的專門研究, Nooteboom（1950-1951：125）為這種本土化提供了生動的證據。在仔細查看了婆羅浮屠寺里的浮雕後，他斷定浮雕里的船隻具有雙側舷外浮材（能前後移動）；這種設計最早出現於爪哇，但從未用於印度船隻。

今天巴鄰旁的周邊地區缺少印度風格的遺跡，絕不意味著這裡沒有印度風格的城市；該地區或許禁止建造大型紀念性建築。William Marsden 於 18 世紀末期撰寫的經典的蘇門答臘史（1811 年第三版, 1966 年重印：361）這樣描述巴鄰旁：它坐落於「毫無生機的沼澤地」，沿穆西河及支流向兩岸擴展 8 英里。「建築物……都是由木材或竹子搭建而成，矗立在支柱上，大多由棕櫚葉覆蓋著」，此外還有「很多流動住所，主要是船隻……幾乎所有的交通都是……〔經過〕船隻」。在這種環境下根本不可能存有考古遺跡。

7 就像 Coedès 是印度的崇拜者一樣, Nooteboom（1950-1951）是蘇門答臘的「民族主義者」, 他極力主張印度對蘇門答臘和爪哇的影響不應歸因於印度人的移居，而應歸因於室利佛逝國本身的船隻所進行的傳播（Nooteboom, 1950-1951：127）。他指出了從史前時期開始的連貫的航海記錄（河上的獨木舟與公海里具有雙側舷外浮材的船隻），並強調蘇門答臘船隻在中世紀時期前往

印度的航道中所發揮的積極作用（Nooteboom, 1950-1951：119-123）。

8 是否曾經存有一個真實的室利佛逝「帝國」是歷史上很有爭議的一個問題。Wang（1958），Coedès（1918, 1968），當然還有 Nilakanta Sastri（1949）都持肯定答案。儘管 Hall（1985）在「帝國」如何運轉的問題上與他們有所分歧，但他也同意「帝國」的存在。而 Spencer（1983）等一些學者，包括我在內，則持有懷疑態度，認為室利佛逝國或許就是一個「幌子」。最具殺傷力的訊息源於 1974 年在巴鄰旁附近進行的一次大規模的考古發掘，其結果令人失望，沒有出土任何可以追溯至假定的室利佛逝國的手工藝品。要麼室利佛逝國是個騙局（或者是 Coedès 和 Ferrand 的憑空想像），要麼其首都巴鄰旁位於別處。需要指出的是 Wolters 在這些考古發掘之前就在他的書中提到了室利佛逝國的衰落，這使得他的頗具價值的資料缺乏足夠的權威性，而 Hall（1985）則是參與了這些發掘活動並在其後撰寫了他的著作。

9 這裡提到的海灣讓人對這些描述產生懷疑，尤其是當現在的巴鄰旁與此前的巴鄰旁同在一個位置時。或許有個叫巴鄰旁的城市，阿拉伯人認為那裡就是室利佛逝，但那是在別的地方！ Hall（1985）持有這種立場。

10 樟腦的事例表明提取這些資源需要非常高超的技巧，採摘樟腦的堅果絕非易事。樟腦是一種鈣化了的樹脂，因病害而產生於一種樹內，從樹的外部很難察覺。Marsden（1811, 1966 年重印）認為查找含有樟腦的樹木需要反復摸索和大量砍伐，其實當地有大量的關於這些貴重物質的分佈的知識。同樣，儘管有時需要在溪流中淘出金沙，但在蘇門答臘的其他一些地方可以開採到大塊的天然塊金，這表明了當時已經具備了相當高超的勘探技巧。

11 英國作出這一決定誠然還有其他原因。隨著吃水較深的蒸汽輪船的發展，麻六甲港的設施已無法滿足需求。在將離岸大型船舶上的貨物和乘客駁運到無法容納這些船隻的潛海港時，它們需要繳納駁運費。唯有數量龐大的投資才能「拯救」麻六甲港。

第十章　中國的資源

1 Ibn Battuta 描寫了他在 14 世紀 40 年代到訪過的至少兩個城市中的奴隸居住區。在 Qanjanfu 中，他指出「君主的奴隸」居住在位於皇宮週邊的第二個城區（1929 譯本：291）和杭州，杭州是「我在世界上見過的最大的城市」（1929 年譯本：292）。他在書中描寫了在皇宮最中心做事的奴隸（Ibn Battuta, 1929 年譯本：294-295）。

> 皇宮位於這座城市（杭州）的中心……城里有很多拱形建築，工人們坐在里面製作華麗的衣服和鋒利的武器……有 1600 名師傅，每名師傅都有 3-4 名學徒。他們無一例外都是皇帝的奴隸……腳上戴著腳鐐……〔而且〕不能走出大門……他們的慣例是：工作滿十年後，可以摘下腳鐐……年滿 50 歲時，可以免於勞作，由國家供養。

但我們應該注意，儘管在漢朝和元朝時期確實存有某種強迫勞動，但奴隸制並不普遍。

2 政府策劃並組織大規模移民是中國歷史上的常有之事，因為「國家會不斷利用移民來解決公眾救濟，整合政治和社會，推動經濟發展，以及控制富人和

特權階層」（Lee, 1978：21）。Lee 用他從中國 3000 多年歷史中選取的事例詮釋了這一觀點。

3 1405-1435 年，鄭和將軍率領船隊七下西洋，遊歷了從中國到荷姆茲的整個海域，以「展示國力」, 但必須承認在其意義方面，學者們存在很大分歧。有些學者認為這些航行不是為了謀求商業霸權，而是為了宣示中國又象徵性地回歸了儒家朝貢思想，因為明朝皇帝出身平民。我們最多只能說航行目的的模糊可能源於朝廷官員在未來政策走向上的猶疑，或者至少是意見不一。（Schurmann, 1956：114-115, 講述了早期元朝政府官員在類似問題上的分歧）。有可能在航行開始之時，政府也未能確定它們的最終目的。

4 Elvin（1973：85）認為唐朝時，由於北方森林橫遭砍伐，人們被迫轉而使用煤爐。

5 更令人警醒的是，我們發現馬可波羅完全不瞭解他在中國看到的黑煤塊，而且對它們的用途也感到迷惑。他只知道它們是用來供暖和燒洗澡水的！以下是他所有關於這些煤塊的描述（1958 年譯本：130）。

> 接下來，我來告訴你們那些能像木材一樣燃燒的石頭。中國各地都產有一種黑色石頭，它們被從山坡的礦洞里挖出來……這些石頭比木材更容易生火……〔而且〕熱量很高……當然中國也有大量木柴。但是……〔人們要洗浴〕各階層各行業的人家裡都有浴室……這種石頭儲量豐富，價格低廉，因此極大地節省了木材。

6 西元前 1000 年，中國就在生產絲綢。「在一座可以追溯到西元前 350 年的墳墓里，發現了……存留下來的最早的絲綢標本。」（Loewe, 1971：169）。

7 So（1986：88-89）引用了 Howard 和 Buswell 作品中的下述驚人資料：一張蠶紙孵出的蠶，一齡時需要桑葉 8 斤，三齡時需要桑葉 70 斤。到最後一齡（即吐絲結繭前的最後三天里），蠶一下子需要吃 2000 斤桑葉！難怪企業資本主義和金融投機的關注點不是蠶蟲的生產，而是桑葉的「前景」。

8 即使是在帝國之前的時期，鹽業也是由中國政府壟斷，並用來提高財政收入。「尤其是在唐宋時期，中國遭受了最嚴重的財政和軍事危機……政府只得靠壟斷鹽業來增加財政收入」, 因為鹽的產地十分有限，所以「政府很容易壟斷」鹽業（Worthy, 1975：105）。12 世紀早期，宋朝將鹽業管理收歸中央，其中一個主要的鹽產地就是杭州灣（Worthy, 1975：105）。「想要購買〔那裡〕生產的鹽的商人……首先要在〔其中一個〕……專賣署……購買購鹽憑證……然後拿著憑證去相應的分銷中心」排隊等候，有時候要等上數月，在此期間他們的憑證還有可能過期。一旦買到鹽,「商人還會拿到另一個許可證……證明他們的鹽……乃通過合法途徑購得。」但是儘管政府採取了這些管制措施，但似乎還是存在大量非法走私行為，削弱了政府的壟斷（Worthy, 1975：134-139）。元朝時，除了鹽，其他物品（例如酒、茶葉等）也被政府壟斷（Schurmann, 1956：146-212）。

9 明朝時，政府不再壟斷貨幣。儘管政府努力打擊假幣，保障紙幣價值，但金幣和銀幣仍又進入流通領域（Yang, 1952：66）。

10 「中世紀時期，西方人將杭州稱為 Khinsai, Khinzai 和 Khanzai 等……這些名字被認為……是 King-sze……或 Capital 的音譯，外國人將 Capital 誤讀成 Khinsai」（Kuwabara, 1928：21 頁注 21），儘管 Kuwabara 其實認為 Khinsai 是外

國人對 Hing-tsai 的誤讀。

11 雖然首份阿拉伯資料里僅僅提到了廣州港，但泉州港似乎與廣州港有著同樣悠久的歷史。10 世紀末，兩個港口都是「對外貿易」港口。12 世紀時，它們是僅有的兩個允許外國船隻停泊的港口（Chau Ju-Kua, Chu-fan-chi 的譯者導言, 1911：18-19, 22）。之後，杭州和其他港口都向外國商人開放。

12 Wheatley（1959：5-140）對這份材料進行了詳盡的梳理。原始資料見 Hirth 和 Rockhill 的作品（1911：195 頁及其後）。

13 「大食」是中國人對西亞以及來自西亞的阿拉伯人和波斯人的稱呼。儘管他們依然被中國人視為「蠻族」, 但他們的高級文化和優越性卻得到了中國人的認可。中文資料認為這些外國人控制著大部份對外貿易，而且在上述大部份城市中都建有大範圍的自治地。尤其參見, Enoki（1954）。

14 泉州應該是首選城市。但不幸的是，我所掌握的關於泉州的資料都很零碎，而且幾乎全是中文資料。根據我的建議，紐約新學院的中國歷史學家 Jin Xiaochang 撰寫了一篇有關宋元時期的泉州的研究論文。據他估計，泉州在元朝時臻於頂峰，擁有 40-50 萬人口。更有意義的是，他的研究強有力地證明了中國的船運業在 13 世紀的擴張。Jin Xiaochang 比較了三份原始資料〔Yun-lu man-chao (1206), Chu-fan-chi (1230s), 和 Dao-yi-zhi-lue (1302)〕中提到的泉州的「停靠港」的數量，發現其數量從 32（1206 年資料）增長到 48（1230年資料），後又增張到 78（1302 年資料）。參見 Jin Xiaochang,“*Quan-zho and its Hinterland During the Sung and Yuan Dynasties*”（unpublished paper, New School for Social Research：1988）。

15 王賡武（1970：223）的觀點有所不同。他猜測儒家思想「在早期並未影響〔海上貿易〕, 在某種程度上緣於 1368 年之後儒家思想的主導地位有所下降；還因為當時的海上貿易尚未發展到這樣一種程度，即如果再進一步發展，就將對公認的處於主導地位的儒家思想構成挑戰。」我認為這一假設既簡明又無法被證偽。問題是為什麼海上貿易在那個特定時期被視為一種威脅。我認為我的假設為這個問題提供了一個合理的答案，儘管同樣無法被證偽。

16 正如麥克尼爾指出的那樣，瘟疫不可能從內陸向港口傳播。相反，開始時在河北爆發的瘟疫可能只是一個獨立的事件。如果事實果真如此，那麼瘟疫應該首先於 1345 年同時在兩個對外港口爆發，只是後來才傳入內陸。我非常感謝 Jin Xiaochang 為我在地圖上描繪了 Cha 的資料。

結論

第十一章　重組 13 世紀世界體系

1 儘管持歐洲中心論的歷史學家和社會科學家始終試圖將歐洲在十六世紀的成功歸因於歐洲「文化」或純正的「資本主義」的特質，但本書卻對此有所質疑。

2 我們有必要留意一下馬克思的觀點中一個前後矛盾的地方，我認為這種情況的出現源於馬克思沒有弄清楚歐洲現代資本主義的起源。（參見我們在第

一章中的論述。)《共產黨宣言》以及由恩格斯編寫的關於封建主義向資本主義過渡情況的著述，都認為資本主義源於歐洲範圍內新型的資產階級的生產力與舊式的封建社會的生產關係（財產關係）的「束縛」之間的內部矛盾——到 13 世紀時，這種現象已非常突出。馬克思後來的著作，尤其是《資本論》則對歐洲現代資本主義的興起進行了截然不同的論述。在談到原始積累的作用時，馬克思明確認為現代資本主義的原動力源於國際舞臺，在國際舞臺上通過暴力所進行的財富（資源和勞動力）的原始積累為歐洲提供了大量資本，這些資本被投入到歐洲的生產活動之中。在馬克思的這一分析中，國家顯然置身事外。毋庸置疑，直到十六世紀時，歐洲的「征服」才使得這種原始積累成為可能。

3 Georg Simmel 就因持有這一洞見而聞名，他認為衝突也是一種互動。參見他關於「衝突」的論文。

4 比如參見 Mancur Olson (1982)。

5 最近的著述主要有 Robert Gilpin (1987), David Calleo (1987)和 Paul Kennedy (1987)。

6 相關著述中主要參見 Spengler 的 *The Decline of the West* (1926 年初版) 和 Toynbee 的 A Study of History (1947-1957)。

7 源於 Paul Kennedy (1987)第八章的全部爭論似乎都圍繞著這種區別而展開。關於此次大爭論的具體內容，尤其參見 1988 年《紐約時報》特刊刊登的一組論文。

8 在遞交給 1987 年美國社會學協會（American Sociological Association）會議的論文中，波蘭社會學家 Stefan Nowak (1987：尤其是 27-33)表述了與我的「動力」理論相接近的觀點，儘管對於我而言，他的分析有點過於實證。

9 比如二十世紀的第二次世界大戰。

10 見 James Gleick (1987)。我在此處過於簡化了這個大有用武之地的理論的提出過程。

11 在本課題的早期研究階段, Immanuel Wallerstein 在信中提醒我對衰落的研究要難於對興起的研究。我必須承認他的提醒是正確的，但我已經將這一難題置於研究之中。我已盡我所能去解決這一難題。

12 在選定了本書的書名之後，我想到了其反義詞「霸權之後」, *After Hegemony* (Keohane, 1984)這本書清楚地表達了這一觀點。

Bibliography

參考書目使用指南

本書參考書目的編排方式對讀者和研究人員雙方的需求進行了折衷處理。讀者希望本書列有嚴格按照書目作者姓名首字母順序編排的單個參考書目，以便捷地找到本書引文的全部參考訊息。而專業研究人員則希望按照國家或地區來編排參考書目。我所採用的編排方式無法讓雙方都完全滿意，大體方式如下：理論部份與涉及整個世界的書目（主要與第一和第十一章有關）以及涉及整個歐洲或歐洲多個分區的書目編入第一部份，其中還包括研究香檳集市（與第二章有關）、法蘭德斯地區（與第三章有關）以及義大利（與第四章有關）所引用的書目。書目的第二大部份覆蓋了中東地區。一些概覽性著作的某些章節涉及蒙古人（與第五章有關），但與第六和第七章有關的參考書目主要涉及阿拉伯世界。書目的第三大部份與阿拉伯世界的東部地區有關。這些書目主要涉及印度地區（與第八章有關）、東南亞地區（與第九章有關）和中國（與第十章有關）。鑒於文獻資料的特點，我們無法始終遵循上述分類原則。

General and Europe

Abu-Lughod, Janet.1987-1988."The Shape of the World System in the Thirteenth Century," plus comments, *Studies in Comparative International Development* 22 (Winter)：3-53.

Anderson, Perry.1974a. *Lineages of the Absolutist* State.London：NLB.

Anderson, Perry.1974b, reprinted 1978.*Passages from Antiquity to Feudalism*. London：Verso.

Bairoch, P.1982."Urbanisation and Economic Development in the Western World：Some Provisional Conclusions of an Empirical Study," pp.61-75 *in Patterns of European Urbanisation since 1500.*ed.By H.Schmal.London：Croom Helm.

Baratier, Edouard, 1970."L'activite des occidentaux en orient au moyen age," pp.333-341 in *Societes et compagnies de commerce en orient et dans l'Ocean Indien*. Paris：S.E.V.P.E.N.

Barraclough, Geoffrey, ed.1978,*The Times Atlas of World History*.Maplewood,New Jersey：Hammond.

Barzun,Jacques and Henry Graff, 1957. *The Modern Researcher*.New York：Harcourt Brace.

Bernard.J.1972."Trade and Finance in the Middle Ages, 900-1500," pp.274-338 in Volume I of *The Fontana Economic History of Europe*. London：Collins.

Bloch,Marc.1961.*Feudal Society*.Chicago：University of Chicago Press.

Braudel,Fernand.1972.*The Mediterranean and the Mediterranean World in the Age of Philip II*.2 volumes.Trans.By Sian Reynolds.New York：Harper & Row.
Braudel,Fernand.1973.*Capitalism and Material Life：1400-1800*.Vol.I.London：Weidenfeld and Nicholson.
Braudel,Fernand.1977.*Afterthoughts on Material Civilization and Capitalism*. Trans,by P.M.Ranum.Baltimore：The Johns Hopkins University Press.
Braudel,Fernand.1980.*On History*. Trans,by Sarah Matthews.Chicago：University of Chicago Press.
Braudel,Fernand.1982-1984.*Civilization & Capitalism, 15th-18th Century*.Trans,by Sian Reynolds.3 volumes.1982.Vol.I.*The Structures of Everyday Life*；1983.Vol.II.*The Wheels of Commerce*；1984.Vol.III.*The Perspective of the World*.London：Collins；New York：Harper & Row.
Braudel,Fernand.1985. *La dynamique du capitalisme*.Paris：Arthaud.
Brenner,Robert.1977."The Origins of Capitalist Development：A Critique of Neo-Smithian Marxism," *New Left Review* 104 (July-August)：25-92.
Calleo,David.1987.*Beyond American Hegemony：The Future of the Western Alliance*. New York：Basic Books.
Calvino,Italo.1974.*Invisible Cities*.Trans.By W.Weaver.New York and London：Harcourt Brace Jovanovich.
Cambridge Economic History of Europe.1952.Vol.II.*Trade and Industry in the Middle Ages*.ed.by M.M.Postan and E.E.Rich.Cambridge：Cambridge University Press.
Carus-Wilson,E.M.1941."An Industrial Revolution of the Thirteenth Century," *Economic History Review* II：41-60.
Cave,R.C.and H.H.Coulson,eds.1936.*A Source Book for Medieval Economic History*. Milwaukee：The Bruce Publishing Co.
Chase-Dunn,Christopher.1989.*Global Formation：Structures of the World Economy*. New York：Basil Blackwell,in press.
Chaunu,Pierre.1969,second ed.1983.*L'expansion europèenne du XIIIe au Xve siècle*. Paris：Presses Universitaires de France.English translation of the first edition is available under the title *European Expansion in the Later Middle Ages*.1979.Trans. By Katherine Bertram.Amsterdam：North-Holland Pub-lishing Company.
Chevalier,Bernard.1969.*L'occident de 1280 à 1492*.Paris：A.Colin.
Cheyney,Edward P.1936.*The Dawn of a New Era, 1250-1453*.New York：Harper & Brothers.
Chirot,Daniel.1985."The Rise of the West," *American Sociological Review* 50：181-195.
Cipolla,C.M.1956.*Money,Prices,and Civilization in the Mediterranean World,Fifth to Seventeenth Century*. Princeton：Princeton University Press.
Cipolla,C.M.1976.*Before the Industrial Revolution：European Society and Economy*, 1000-1700.New York：Norton.
Colloques Internationaux d'Histoire Maritime,Sixième colloque,held in Venice in 1962.1970.*Mediterranee et Ocean Indien*.Paris：S.E.V.P.E.N.
Cox,Oliver.1959.*The Foundations of Capitalism*.New York：Philosophical Library.

Curtin,Philip D.1984.*Cross-Cultural Trade in World History*.Cambridge：Cambridge University Press.

de Rachewiltz,Igor.1971.*Papal Envoys to the Great Khans*.London：Faber & Faber.

de Vries,Jan.1984.*European Urbanization 1500-1800*.Cambridge,Massa-chusetts：Harvard University Press.

Deyon,P.1979."L'enjeu des discussions autour du concept. de 'protoin-dustria-lisation,'" *Revue de Nord* 61：9-15

Dobb,Maurice.1947,reprinted 1984.*Studies in the Development of Capitalism*.New York：International Publishers.

Dochaerd,Renee.1978. *The Early Middle Ages in the West：Economy and Society*. Trans.by W.G.Deakin.Amsterdam：North-Holland Publishing Company.

Dochaerd,Renee.1984.*Oeconomica Mediaevalia*.Brussels：V.U.B.,Centrum voor Sociale Structuren.Collection of older essays.

Dollinger,P.1964.*La hanse (XII-XVIIe siècles)*.Paris.English translation is available under the title *The German Hansa*.1970.Trans.by D.S.Ault and S.H.Steinberg.Stanford：Stanford University Press.

Duby,Georges.1976. *Rural Economy and Country Life in the Medieval West*. Columbus：University of South Carolina Press.

Ekholm,Kajsa.1980."On the Limitations of Civilization：The Structure and Dynamics of Global Systems," *Dialectical Anthropology* 5 (July)：155-166.

Ennen,Edith.1956."Les differents types de formation des villes curopèennes," *Le Moyen Age*,Serie 4.Vol.2.

Ennen,Edith.1979.*The Medieval Town*.Trans.by Natalie Fryde.Amsterdam：North-Holland Publishing Company.

Espinas,Georges.1931."Histoire urbaine,direction de recherches et resultats," *Annales：Ec onomies,Societes,Civilisations*.First series,3：394-427.

Espinas,Georges.1933-1949.*Les origines du capitalisme*.4 volumes.Lille：E.Raoust.

Fontana Economic History of Europe.1969-1982.6 volumes.London：Fontana.

Fourquin,G.1969.*Histoire economique de l'occident medieval*.Paris：Presses Universitaires de France.

Friedmann,John and Goetz Wolff.1980."World City Formation," *International Journal of Urban and Regional Research* 6：309-343.

Ganshof,F.1943.*Etude sur le developpement des villes entre Loire et Rhin au moyen age*.Paris：Presses Universitaires de France.Also Brussels：Editions de la Librairie Encyclopèdique.

Ganshof,Francois.1953. *Le moyen age*.Paris：Hachette.

Genicot,L.1964."On the Evidence of Growth of Population from the 11th to the 13th Century," *Change in Medieval Society*.ed.by Sylvia Thrupp.New York：Appleton-Century Crofts.

Genicot,L.1968,second ed.1984.*Le XIIIe siècle europeen*.Paris：Presses Universitaires de France.

Genicot,L.1973."Les grandes villes de l'occident en 1300,"pp.199-219 in *Melanges E.Perroy*.

Paris：Presses Universitaires de France.
Gilpin,Robert.1987.The Political Economy of International Relations.Princeton：Princeton University Press.
Gimpel,Jean.1975.*La revolution industrielle du moyen age*.Paris：Editions du Seuil.
Gleick,James.1987.*Chaos：Making a New Science*.New York：Viking Press.
Goldstone,J.1984."Urbanization and Inflation in England,1500-1650," *American Journal of Sociology* 89：1122-1160.
Gottfried,Robert.1983.*The Black Death：Natural and Human Disaster in Medieval Europe*.New York：Macmillan.
Gutkind,Erwin.1964-1967.*International History of City Development*.New York：Macmillan.Several volumes deal with European cities.
Havinghurst,Alfred.1958.*The Pirenne Thesis,Analysis,Criticism and Revision*.Boston：D.C.Heath and Co.
Heer,Friedrich.1962.*The Medieval World：Europe,1100-1350*.Trans.from the German by Janet Sondheimer.Cleveland：World Publishing Co.
Hobsbawm,Eric.1987.*The Age of Empire：1875-1914*.New York：Pantheon Books.
Hodges,Richard and David Whitchouse.1983.*Mohammed,Charlemagne and the Origins of Europe：Archaeology and the Pirenne Thesis*.Ithaca：Cornell University Press.
Hohenberg,Paul and Lynn.H.Lees.1985.*The Making of Urban Europe,1100-1950*.Cambridge,Massachusetts：Harvard University Press.Part I deals with the eleventh to fourteenth centuries.
Joinville and Villehardoun,Chronicles of the Crusades.Original 1963,reprinted 1985.Trans.with an introduction by M.R.B.Shaw.New York：Dorset Press.
Jones,E.L.1981,second ed.1987.*The European Miracle*.Cambridge：Cambridge University Press.
Kennedy,Paul.1987.*The Rise and Fall of the Great Powers：Economic Change and Military Conflict from 1500 to 2000*.New York：Random House.
Keohane,Robert.1984.*After Hegemony：Cooperation and Discord in the World Political Economy*.Princeton：Princeton University Press.
Kraus,Henry.1979.*Gold was the Mortar：The Economics of Cathedral Building*.London：Routledge and Kegan Paul.
Krey.A.C.1958 reprint of original 1921. *The First Crusade,the Accounts of Eye-Witnesses and Participants*.Gloucester,Massachusetts：P.Smith.
Kuhn,Thomas.1962.*The Structure of Scientific Revolutions*.Chicago：University of Chicago Press.
Latouche,Robert.1961.*The Birth of Western Economy：Economic Aspects of the Dark Ages*.Trans.by E.M.Wilkinson.London：Methuen.
Lavedan,Pierre and Jeanne Hugueney.1974.*L'urbanisme au moyen age*.Geneva：E.Droz.
Le Goff,Jacques.Original 1956,now in 6th ed,1980.*Marchands et banquiers du moyen age*.Paris：Presses Universitaires de France.
Levenson,Joseph.ed.1967.*European Expansion and the Counter-example of Asia*.Englewood Cliffs,New Jersey：Prentice-Hall.

Lewis,Archibald.1970.*The Islamic World and the West*,A.D.622-1492.New York：John Wiley.

Lewis,Archibald.1978.*The Sea and Medieval Civilisations,Collected Studies*.London：Variorum Reprints.

Lloyd,T.H.1982.*Alien Merchants in England in the High Middle Ages*.New York：St.Martin's Press.

Lopez,R.S.1949."Du marche temporaire a la colonie permanente：I'evolution de la politique commerciale au moyen age," *Annales：Economies,Societes,Civilisations*. Second Series 4：389-405.

Lopez,Robert S.1955."East and West in the Early Middle Ages：Economic Relations," pp.113-164 in *Congresso (X) Internazionale de Scienze Storiche,Relations* (Florence) III.

Lopez,Robert S.1970."Les methodes commerciales des marchands occidentaux en Asie du XI au XIV siecle," pp.343-348 in *Societes et compagnies de commerce en orient et dans l'Ocean Indien*.Paris：S.E.V.P.E.N.

Lopez,Robert S.1976.*The Commercial Revolution of the Middle Ages,950-1350.* Cambridge：Cambridge University Press.

Lopez,R.S.and H.A.Miskimin.1962."The Economic Depression of the Renai-ssance," *The Economic History Review*,Second Series,XIV：397-407.

Lopez,Robert S.and Irving Raymond,eds.1967.*Medieval Trade in the Mediterranean World*.New York：Norton.

Lyon,Bryce Dale,ed.1964.*The High Middle Ages.1000-1300*.New York：The Free Press of Glencoe.

Maalouf,Amin.1984.*The Crusades through Arab Eyes*.Trans.by Jon Rothschild.London：Al Saqi Books.

Mann,Michael.1986.*The Sources of Social Power*.Vol.I.Cambridge：Cambridge University Press.

Marx,Karl. *Corpus* but especially the *Grundrisse.*

Marx,Karl.1964.Grundrisse.Excerpts trans.by Jack Cohen,edited and with an introduction by Eric Hobsbawm under the title.*Precapitalist Economic Formations*.New York：International Publishers.

McEvedy,Colin.1961.T*he Penguin Atlas of Medieval History*.Hammond sworth：Penguin Books.

McNeill,William Hardy.1963.*The Rise of the West：A History of the Human Community*.Chicago：University of Chicago Press.

McNeill,William Hardy.1976.*Plagues and Peoples*.Garden City,New Jersey：Anchor Books.

Melanges d'histoire du moyen age：dedies à la memoire de Louis Halphen.1951. Paris：Presses Universitaires de France.

Mendels,F.1972."Proto-industrialization：The First Phase of the Indus trialization Process," *Journal of Economic History* 32：241-261.

Miskimin,Harry A.1969.*The Economy of Early Renaissance Europe,1300-1460.*

Englewood Cliffs,New Jersey：Doubleday.

Miskimin,Harry,David Herlihy,and A.L.Udovitch,eds.1977.*The Medieval City*.New Haven：Yale University Press.

Mollat,Michèl,ed.1962.*Les sources de l'histoire maritime en Europe du moyen age au XVIIIe siècle*.4th Colloque Internationale d'Histoire Maritime.Paris：S.E.V.P.E.N.

Mollat,Michèl.1977a.*Etudes sur l'economie et la societeè de l'occident medieval,XIIe-Xve siècle*.London：Variorum Reprints.

Mollat,Michèl.1977b. *Etudes d'histoire maritime,1938-1975*.Turin：Bottega d'Erasma. A collection of earlier published essays.

Mollat,Michèl.1984.*Explorateurs du XIIIe au XVI siècle*.Paris：J.C.Lattes.

Mols,R.S.J.1954. *Introduction à la demographie historique des villes d'Europe du XIVe au XVIIIe siècles*.2 volumes.Gembloux：J.Ducolot.

Morgan,D.O.ed.1982.*Medieval Historical Writing in the Christian and Islamic Worlds*. London：School of Oriental and African Studies,University of London.

Mundy,John and Peter Riesenberg.Reprinted 1979. *The Medieval Town*.Huntington,New York：Robert E.Krieger Publishing.

Nowak,Stefan.1987."Comparative Studies and Social Theory." Mimeo.paper,delivered at Annual Meeting of the American Sociological Association,Chicago.

Olson,Mancur.1982.*The Rise and Decline of Nations：Economic Growth,Stagflation and Social Rigidities*.New Haven：Yale University Press.

Packard,Sidney.1962."The Process of Historical Revision：New Viewpoints in Medieval European History." Northampton,Massachusetts：Smith College.

Pirenne,Henri.1898."Villes,marches et marchands au moyen age," *Revue Historique* LXLII.

Pirenne,Henri.1925.*Medieval Cities*.Princeton：Princeton University Press.Republished Garden City,New Jersey：Doubleday,1956.

Pirenne,Henri.1939.*Mohammed and Charlemagne*.Translated from the 10th edition in French.London：Allen and Unwin.

Pirenne,Henri.1956. *A History of Europe：From the Invasions to the XVIth Century*. Trans.by Bernard Miall.New York：University Books.

Polanyi,Karl,C.M.Arensberg,and H.W.Pearson,eds.1957.*Trade and Market in the Early Empires：Economies in History and Theory*.Glencoe,Illinois：The Free Press.

Postan,M.M.1928."Credit in Medieval Trade," *Economic History Review* I：234-261

Postan,M.M.and E.E.Rich,eds.1952.*Trade and Industry in the Middle Ages*.Vol.II of the *Cambridge Economic History of Europe*.Cambridge：Cambridge University Press.

Postan,M.M.and Edward Miller,eds.1963.*Economic Organisation and Policies in the Middle Ages*.Vol.III of the *Cambridge Economic History of Europe*.Cambridge：Cambridge University Press.

Power,Eileen.1924 original,reprinted 1963. *Medieval People*. New York：Barnes & Noble.

Power,Eileen.1941.*The Wool Trade in English Medieval History*.Oxford：Oxford University Press.

Renouard,Yves.1948."Consequences et interêts demographiques de la peste noir de 1248," *Population* 3：454-466.

Renouard,Yves.1951."Les voies de communication entre pays de la Mediterranee et pays de l'Atlantique au moyen age.Problemes et hypotheses," pp.587-594 in *Melanges d'histoire du moyen age,dedies à la memoire de Louis Halphen*.Paris：Presses Universitaires de France.

Reynolds,Robert.1961.*Europe Emerges：Transition toward an Industrial World-Wide Society,600-1750*.Madison：University of Wisconsin Press.

Richard,Jean.1976.*Orient et occident au moyen age：Contact et relations (XIIe-Xve siecle)*.London：Variorum Reprints.

Rorig,Fritz.1967 English trans.*The Medieval Town*.London：B.T.Batsford.

Rosecrance,Richard.1986.*The Rise of the Trading State：Commerce and Conquest in the Modern World*.New York：Basic Books.

Runciman,W.G.1983."Capitalism without Classes：The Case of Classical Rome," *British Journal of Sociology* 34：157-181.

Russell,J.C.1972.*Medieval Regions and Their Cities*.Bloomington,Indiana：University of Indiana Press.

Schneider,Jane.1977."Was There a Pre-capitalist World-System?" *Peasant Studies* 6：20-27.

Simmel,Georg.Original essays 1904 and 1922.English trans.1955.*Conflict and the Web of Group Affiliations*.Trans.by Kurt H.Wolff and Reinhard Bendix.New York：The Free Press.

Sjoberg,Gideon.1960.*The Pre-Industrial City,Past and Present*.Glencoe,Illinois：The Free Press.

Sombart,W.1975. *Krieg and Kapitalismus*.New York：Arno Press.

Sombart,Werner.*Der Moderne Kapitalismus*,various editions.

Southern,R.W.Original 1962,reprinted 1980.*Western Views of Islam in the Middle Ages*. Cambridge,Massachusetts：Harvard University Press.

Spengler,Oswald.1926-28 original.*The Decline of the West*.New York：Knopf.

Tawney,R.H.1926.*Religion and The Rise of Capitalism：A Historical Study*.New York：Harcourt Brace.

Taylor,John C.1979.*From Modernization to Modes of Production*.Atlantic Highlands,New Jersey：Humanities Press.

Thrupp,Sylvia.1977."Comparisons of Cultures in the Middle Ages：Western Standards as Applied to Muslim Civilization in the Twelfth and Thirteenth Centuries," pp.67-88 in *Society and History：Essays by Sylvia Thrupp*.ed.by R.Grew and N.Steneck.Ann Arbor：University of Michigan Press.

Tillion,Germaine.1983.*The Republic of Cousins：Women's Oppression in Mediterranean Society*.English trans.of *Harem et les cousins*.London：Al Saqi Books.

Tilly,Charles.1981.*As Sociology Meets History*.New York：Academic Press.

Toynbee,Arnold J.1947-1957.*A Study of History*.10 volumes.New York and London：

Oxford University Press.

Unger,Richard William.1980.*The Ship in the Medieval Economy,600-1600*.London：Croom Helm.

Usher,A.P.1943.*The Early History of Deposit Banking in Mediterranean Europe*. Cambridge,Massachusetts：Harvard University Press.

van der Wee,H.1975-76."Reflections on the Development of the Urban Economy in Western Europe during the Late Middle Ages and Early Modern Times," *Urbanism Past and Present* I：9-14.

van Houtte,J.A.1977.*Essays on Medieval and Early Modern Economy and Society*. Leuven：University Press.Reprints of previously published articles in the languages in which they appeared.

Wallerstein,Immanuel.1974.*The Modern World-System* I.New York：Academic Press.

Wallerstein,Immanuel.1979a.The Modern World-System II.New York：Academic Press.

Wallerstein,Immanuel.1979b.*The Capitalist World Economy*：Essays.New York：Cambridge University Press.

Wallerstein,Immanuel.1983.*Historical Capitalism*.London：Verso Editions.

Weber,Max.Original 1904-05,English trans.1958. *The Protestant Ethic and the Spirit of Capitalism*.New York：Charles Scribner's Sons.

Weber,Max.1958a.*The City*.Trans.by Don Martindale and Gertrud Neawirth. Glencoe,Illinios：The Free Press.

Weber,Max.1958b,reissued 1967.*The Religion of India*：*The Sociology of Hinduism and Buddhism*,Trans.by Hans Gerth and Don Martindale.Glencoe,Illinios：The Free Press.

Weber,Max.1968.Sections on"Premodern Capitalism" and "Modern Cap-italism." Trans,by Frank Knight,pp.129-165 in *Max Weber on Charisma and Institution Building*. ed.by S.N.Eisenstadt.Chicago：University of Chicago Press.

Weber,Max.1978.*Economy and Society*.2 volumes.New York：Bedminster Press.

Weber,Max.1981 reprint.*General Economic History*.New Brunswick,New Jersey：Transaction Books.

White,Lynn,Jr.1962.*Medieval Technology and Social Change*.Oxford：Clarendon Press.

Wolf,Eric .1982.*Europe and the People without History*.Berkeley：University of California Press.

France

Alengry,Charles.1915.Les foires de Champagne.(*Etude d'histoire economique.*) Paris：Libraire Arthur Rousseau.The bibliography in this work is extremely inaccurate and the rest of the book is untrustworthy.

Baldwin,John W.1986.*The Government of Philip Augustus*.Berkeley：University of California Press.

Barel,Yves.1975,1977. *La ville medievale*：*Systeme social-systeme urbain* (on the city

of Montpellier ］.Grenoble：Presses Universitaires de France.
Bautier,R.H.1942-1943."Les registres des foires de Champagne,"*Bulletin Philologique du C.T.H.S.*:157-185.
Bautier,R.H.1945."Marchands siènnois et 'draps d'Outremont'auxfoires de Champagne," *Annuaire-Bulletin de la Societe de I'Histoire de France*：87-107.
Bautier,R.H.1953."Les foires de Champagne,recherches sur une evolution historique," *Recueils de la Societe Jean Bodin* (Brussels) V：97-147.
Bautier,R.H.1958."Lèxercice de la juridiction gracieuse en Champagne du milieu du XIIIe s.à la fin du XVe," *Bibliotheque de l 'Ecoledes Chartes* 116：29-106.
Bautier,R.H.1960."Recherches sur les routes de l'Europe médiévale,I.De la Mediterranee à Paris et des foires de Champagne par le Massif Centrale," *Bulletin Philologique et Historique du C.T.H.S.*：90-143.
Bautier,R.H.1966/ issued 1970."Les relations èconomiques des Occidentaux avec les pays d'Orient au moyen age：Points de vue et documents," pp.263-331 in *Actes du VIIIe Colloque International d'Histoire Maritime*.Beirut,1966.Issued under the title *Sociètès et compagnies de commerce en orient et dans l'Ocèan Indien*.Paris：S.E.V.P.E.N..
Benton,John F.1976."The Accounts of Cepperello da Prato for the Tax on *Nouveaux Acquêts* in the Bailliage of Troyes," pp.111-135,453-457 in *Order and Innovation in the Middle Ages：Essays in Honor of Joseph R.Strayer*.ed.by William C.Jordan et al.Princeton：Princeton University Press.
Bibolet,Francoise.n.d."Les institutions municipale de Troyes aux XIV et XVe siècles." In Troyes Municipal Library.
Bibolet,Francoise.1945."Le role de la guerre de cent ans dans le dèveloppement des libertès municipales a Troyes," in *Mèmoires de la Sociètè Acadèmique d'Agricultures,des Sciences,Arts et Belles-Lettres du Dèpartement de l'Aube* XCIX：1939-1942. Published late at Troyes.
Bibolet,Francoise 1957."Le dèveloppement urbain des villes de foires de Champagne au moyen age," *La Vie en Champagne* (June).
Bibolet,Francoise.1964-66."La Bibliothèque de Chanoines de Troyes：leurs manuscrits du XIIe au XVIe s.," pp.139-177 in *Mèmoires de la Sociètè Acadèmique d'Agricultures,des Sciences,Arts et Belles-Lettres du Departement de l'Aube* CIV.In Troyes Municipal Library.
Bibolet,Francoise.1966."Troyes et Provins," in *La Vie en Champagne* (May).
Bibolet,Francoise.1970."Les mètiers a Troyes aux XIVe et XVe siècles," in *Actes du 95°Congrès National de Sociètès Savantes*.Reims.Published by Bibliotheque Nationale.In Troyes Municipal Library.
Bourquelot,Fèlix.1865.*Etudes sur les foires de Champagne,sur la nature,l'entendue et les règles du commerce qui s'y faisait aux XIIe,XIIIe et XIVe siècles. Mèmoires presentès par divers savants à l'Acadèmie des Inscriptions et Belles-Lettres*,Deuxième Sèrie,Tome V.2 volumes.Paris：L'Imprimerie Imperiale.
Bourquelot,Fèlix.Original,1839-1840,reprinted 1976.*Histoire de Provins*.Original Paris：

Allouard ; reprinted Marseille : Laffitte Reprints.

Boutiot,T.1870-1880,reprinted 1977.*Histoire de la ville de Troyes et de la Champagne mèridionale*.Troyes : Dufey-Robert,and Paris : Aug.Aubry,1870-1880.In 5 Volumes.1870.Vol.I ; 1872.Vol.II ; 1873.Vol.III ; 1874.Vol.IV ; and 1880.Vol.V (an index prepared posthumously by his son,Henry Boutiot).This book has been reissued 1977 in 5 volumes.Brussels : Editions Culture et Civilisation.

Carrè,Gustave.1880.*Apercu historique sur la ville de Troyes*.Troyes : E.Caffe.In Troyes Municipal Library.

Carrè,Gustave.1881.*Histoire populaire de Troyes et du dèpartement de l'Aube*.Troyes : L.Lacroix.

Chapin,Elizabeth.1937.*Les villes de foires de Champagne des origines au debut du XIVe siècle*.Paris : H.Champion.

Coornaert,Emile.1957."Caractères et mouvement des foires internationales au moyen age et au XVI siècle," in *Studi in onore di Armando Sapori*,Vol.I.Pages 357-363 deal with the Champagne fairs.Milan : Istituto Editoriale Cisalpino.

Corrard de Breban.1977.*Les rues de Troyes,anciennes et modernes*.Marseille : Laffitte Reprints.

Crozet,Renè.1933.*Histoire de Champagne*.Paris : Boivin.

Desportes,Pierre.1979.*Reims et les Rèmois aux XIIIe et XIVe siècles*.Paris : Picard.

Doehaerd,Renèe.1939."Un conflit entre les gardes des foires de Champagne et le comte de Hainaut,1302," *Annales du Cercle Archèologie de Mons* 56 : 171-184.

Dollinger,Pierre,P.Wolff,and S.Guenèe,eds.1967.*Bibliographie d'histoire des villes de France.No.282 of Histoire de France* bibliographies.Paris : C.Klincksieck.

Dubois,Henri.1976.*Les foires de Chalon et le commerce dans la vallèe de la Saone à la fin du moyen age (vers 1280-vers 1430)*.Paris : Publications de la Sorbonne,Imprimerie Nationale.

Dubois,Henri.1982."Le commerce et les foires au temps de Philippe.Auguste," pp.689 seq.in *Colloques Internationaux du Centre National de la Recherche Scientifique*,No.602.

Duby,Georges,ed.1980.*Histoire de la France urbaine*.Paris : Editions du Seuil.Volume II is on *La Ville mèdièvale des Carolingiens à la Renaissance.*

Evergates,Theodore.1974."The Aristocracy of Champagne in the Mid-Thirteenth Century : A Quantitative Description," *Journal of Interdisciplinary History* V : 1-18.

Evergates,Theodore.1975.*Feudal Society in the Bailliage of Troyes under the Counts of Champagne,1152-1284*.Baltimore : The Johns Hopkins University Press.

Finot,Jules.1894.*Etude historique sur les relations commerciales entre la France et la Flandre au moyen age*.Paris : Alphonse Picard.

The First Crusade.The Chronicle of Fulcher of Chartres and Other Source Materials.1971.Edited and translated by Edward Peters.Philadelphia : University of Penn-sylvania Press.

Gallais,Pierre and Yves-Jean Riou eds.1966.*Mèlanges offerts à Renè Crozet*.Poitiers :

Sociètè d'Etudes Mèdièvales.

Ganshof,F.I.1948.*Etude sur le dèveloppement des villes entre Loire et Rhin au moyen age*.Paris：Presses Universitaires de France.

Gies,Joseph and Frances Gies.1969.*Life in a Medieval City*〔Troyes in 1250 A.D.〕.New York：Harper Colophon.

Higounet,Ch.,J.B.Marquette,and Ph.Wolff.1982.*Atlas historique des villes de France*.3 volumes.Paris：Editions de Centre National de la Recherche Scientifique.

Kleinclausz,A.Original 1939-1952,reprinted 1978.*Histoire de Lyon*.3 volumes.Marseille：Laffitte Reprints.

Lalore,C.1883."Ce sont les coutumes des foires de Champagne," *Annales de l'Aube*.In Troyes Municipal Library.

Laurent,Henri.1932."Droits des foires et droits urbains aux XIIIe et XIVe siècles," *Revue Historique de Droit Francais et Etranger* 4e sèrie,Tome XI：600-710.

Laurent,Henri.1934."Choix de documents inèdits pour servir a l'histoire de l'expansion commerciale des Pays-Bas en France au moyen age," *Bulletin Comm.Royale d'Histoire*：335-416.

Laurent,Henri.1935.*Un grand commerce d'exportation au moyen age：la draperie des Pays-Bas en France et dans les pays mèditerranèens (XIIe-XVe siècle)*.Liège-Paris：Librairie E.Droz.

Lefèvre,Andrè.1868-69."Les finances de la Champagne au XIIIe et XIVe siècles," in *Bibliothèque de l'Ecole des Chartes*,4e sèrie,IV and V.

Lestocquoy,Jean.1952b.*Patriciens du moyen age：Les dynasties bourgeoises d'Arras du XIe au XVe siècle.In Mèmoires de la Commission Dèpartementale des Monuments Historiques du Pas-de-Calais*,Tome V,fasc.1.

Longnon,A.1901-1914.*Documents relatifs au Comte de Champagne et de Brie (1172-1361)*.3 volumes.Paris.Part of *Documents inèdits sur l'histoire de France.*

Mesqui,Jean.1979.*Provins.La fortification d'une ville au moyen age*.Paris-Geneva：Bibliothèque de la Sociètè Francaise d'Archèologie.

Mikesell,Marvin W.1961.*Northern Morocco：A Cultural Geography*.Berkeley：University of California Publications in Geography #14.

Portejoie,Paulette.1956.*L'ancien coutumier de Champagne (XIIIe siècle)*.Poitiers：Imprimerie P.Oudin.

Postan,M.1952."The Trade of Medieval Europe：The North," in *Cambridge Economic History of Europe* II.Cambridge：Cambridge University Press.

Renouard,Yves.1963."Les voies de communication entre la France et le Piedmont au moyen age," *Bollettino Storico-Bibliografico Subalpino*：233-256.In Marciana Library,Venice.

Roserot,Alphonse.1883."Les origines des municipalitès de Troyes," in *Mèmoires de la Sociètè Acadèmique de l'Aube* 47：291-303.

Roserot,Alphonse〔under direction of〕.Reprinted 1977.*Dictionnaire historique de la Champagne mèridionale (Aube) des origines à 1790*.Published originally in Langres in the 1940s.This has been reissued,Marseille：Laffitte Reprints.4 volumes：

I is A-D ; II is E-Q ; III is R-Y ; and IV is Plates.
Sayous,Andrè-Emile.1929."Le commerce de Marseille avec la Syrie au milieu du XIII siècle," *Revue des Etudes Historiques* XCV : 391-408.
Sayous,Andrè-Emile.1932."Les opèrations des banquiers en Italie et aux foires de Champagne pendant le XIIIe siècle," *Revue Historique* CLXX : 1-31.
Vallet de Viriville,A.1841.*Les archives historiques du dèpartement de l'Aube et de l'ancien diocèse de Troyes,capitale de la Champagne,depuis le VIIe siècle jusqu'à 1790*.Troyes Municipal Library.

Flanders

Beyers,Frans.n.d."De familie 'vander Beurse' in de oorsprong van de handelsbeurzen." Offprint in Municipal Library at Bruges.
Bigwood,G.1921.Le règime juridique et èconomique du commerce de l'argent dans la Belgique du moyen age.Brussels,2 volumes.*Acadèmie Royale de Belgique,Mèmoirs*,Tome XIV,2ème sèrie.
Blockmans,V.1939."Eenige nieuwe gegevens over de Gentsche draperie : 1120-1213," pp.195-260 in *Handelingen van de Konink*l.Commissie voor Geschiedenis,CIV,3/4. Brussels.University of Ghent Library.
Blockmans,W.1983."Vers une sociètè urbanisèe," in *Histoire de Flandre*.ed.by R.Doehaerd. Brussels : La Renaissance du Livre.
Blockmans,W.,I.de Meyer,J.Mertens,G.Pauwelyn,and W.Vanderpijpen.1971.*Studien betreffende de sociale strukturen te Brugge,Kortrijk en Gent in de 14de en 15de eeuw*.Gent : Rijksuniversiteit.
Bogaerts,P.and Deljoutte,V.1846.*Notice historique sur les impots communaux de Bruges depuis leur origines jusqu'en 1294*.Brussels : Em.Devroyè et Cie.In Bruges Municipal Library.
Bruges : *City of Art*.1984.Bruges : Gidsenbond Brugge.
Brulez,W.and J.Craeybeckx.1974."Les escales au carrefour des Pays-Bas (Bruges et Anvers) 14e-16e siècles," *Receuils de la Sociètè Jean Bodin* 32 : 417-474.
Carlier,J.J.1861-1872."Origine des foires et des marchès en Flandre," *Annales du Comitè Flamand en France* VI : 127-139.
Carson,Patricia and Gaby Danhieux.1972.Ghent : *A Town for All Seasons*.Ghent : E.Story-Scientia.
de Roover,Raymond.1948.Money,*Banking and Credit in Medieval Bruges : Italian Merchant-Bankers,Lombards and Money-Changers,A Study in the Origins of Banking*.Cambridge,Massachusetts : Mediaeval Academy of America.
de Roover,Raymond.1963."The Organisation of Trade," in *Cambridge Economic History of Europe*,Vol.III.Cambridge : Cambridge University Press.
de Roover,Raymond.1968.*The Bruges Money Market around 1400*.Brussels : Verhandelingen van de Koninklijke Vlaamse Academie.
de Smet,J.1933."L'effectif des milices brugeoises et la population de la ville en 1340," R*evue*

Belge de Philologie et d'Histoire XII：631-636.

Doehaerd,Renèe.1946.*L'expansion èconomique belge au moyen age*. Brussels：La Renaissance du Livre.Reprinted in her *Oeconomica Mediaevalia.*

Doehaerd,Renèe.1983a."Un berceau d'une règion," pp.15-41 in *Histoire de Flandre.* Brussels：La Renaissance du Livre.

Doehaerd,Renèe,ed.1983b.*Histoire de Flandre：des origines à nos jours*.Brussels：La Renaissance du Livre.

Duclos,Adolphe.1910.Bruges：*histoire et souvenirs*.Bruges：K.van de Vyvere-Petyt.

Dumont,Jacques.n.d.*Bruges et la mer*.Brussels：Editions Charles Dessart.

Dusauchoit,R.1978.*Bruges：Portrait d'une ville*.Bruges.

Espinas,Georges.1923.*La draperie dans la Flandre francaise au moyen age*.2 volumes.Paris：August Picard.

Espinas,G.and Henri Pirenne.1906-1923.*Recueil de documents relatifs à l'histoire de l'industrie drapière en Flandre*.4 volumes.Brussels：Publications of La Commission Royale d'Histoire.Additions in 1929 *Bulletin de la Commission Royale d'Histoire* XCIII.

Ferrier de Tourettes,A.1836.*Description historique,et topographique de la ville de Bruges*.Brussels：Louis Hauman.In Municipal Library at Bruges.

Ferrier de Tourettes,A.1841.*Description historique,et topographique de Gand*.Brussels：Hauman et cie.In New York Public Library.

Finot,Jules.1894.*Etude historique sur les relations commerciales entre la France et la Flandre au moyen age*.Paris：Alphonse Picard.

Fris,Victor.1913.*Histoire de Gand depuis les origines jusqu'en 1913*.Second edition with a preface by Henri Pirenne.Gand：G.de Tavernier.

Ganshof,Francois L.n.d.*Pages d'Histoire* on Bruges：99-106.In Bruges library.

Ganshof,Francois L.1949.*La Flandre sous les premiers comtes*.Brussels：La Renaissance du Livre.

Gerneke,C.and F.Siravo.1980."Early Industrialization in Gand," *Storia della Città* 17：57-78.

Gilliat-Smith,Ernest.1909.*The Story of Bruges*.London：J.M.Dent.

Gilliodts-Van Severen,Louis.n.d.*Bruges：ancien et modern*.In Municipal Library at Bruges.

Gilliodts-Van Severen,Louis.1881."Glossaire flamand-latin du 13e siècle,"*Bulletin de la Commission Royale d'Histoire*,Sèrie 4,Tome 9：169-208.

Gilliodts-Van Severen,Louis.Various dates.*Inventaire des archives de la ville de Bruges*. In Municipal Library at Bruges.

Ha ë pke,R.1908.*Brügge：Entwicklung zum mittelalterlichen Weltmarkt*.Berlin：K.Curtius.

Hymans,Henri Simon.1906.*Gand et Tournai*.Paris：H.Laurens.

Lestocquoy,J.1952a.*Aux origines de la bourgeoisie：les villes de Flandre et d'ltalie sous le gouvernement des patriciens,XIe-XVe siècles*.Paris：Presses Universitaires de France.

Letts,Malcolm.1924.*Bruges and Its Past*.Bruges：C.Beyaert.

Manuscrits datès conservès en Belgique.Tome I, 819-1400.1968.Brussels-Gent：E.Story-Scientia.In Municipal Library at Bruges.

Marèchal,Joseph.n.d."Bruges：Mètropole de l'occident," *Internationales Jahrbuch fur Geschichts-und Geographie-Unterricht* Band XIII：150 seq.In Municipal Library at Bruges.

Marèchal,Joseph.1953."La colonie espagnole de Bruges du 14e au 16e siècle," *Revue du Nord* 35：5-40.

Moore,Ellen Wedemeyer.1985.*The Fairs of Medieval England*.Toronto：The Pontifical Institute of Medieval Studies.

Nicholas,David.1971.*Town and Countryside：Social,Economic and Political Tensions in Fourteenth-Century Flanders*.Bruges："De Tempel."

Nicholas,David.1978."Structures du peuplement,fonctions urbaines et formation du capital dans la Flandre mèdièvale," *Annales：Economies.Sociètès.Civilisations*.33：501-527.

Nicholas,David.1979."The English Trade at Bruges in the Last Years of Edward III," *Journal of Medieval History* 5.

Nicholas,David.1985.*The Domestic Life in a Medieval City：Women,Children and the Family in Fourteenth-Century Ghent*.Lincoln,Nebraska：University of Nebraska Press.

Nicholas,David,1988.*The Van Arteveldes of Ghent*.Ithaca：Cornell University Press.

Panorama van Brugge Geschiedschrijving Sedert Duclos (1910).Gedsenbond van Brugge en West-Vlaanderen.1972.A detailed bibliography on Bruges,and indispensable.

Pilon,Edmond.1939.*Bruges*.Paris：H.Laurens.

Pirenne,Henri.n.d."Coup d'oeil sur l'histoire de Gand," preface extract of *Gand*.Vander Haeghen.Extract in University of Ghent library.

Pirenne,Henri.1895."La chancellerie et les notaires des comtes de Flandre avant le XIIIe siècle," in *Mèlanges Havet*.Paris：Leroux.

Pirenne,Henri.1897.*Documents relatifs à l'histoire de Flandre pendant la première moitiè du XIVe siècle.Commission Royale d'Histoire*.5m sèrie,Tome 7,No.124. Brussels：Hayez.

Pirenne,Henri.1899."La Hanse Flamande de Londres," *Bulletin de l'Acadèmie Royale de Belgique*.3m sèrie,Tome 37,2me partie,No.1：65-108.

Pirenne,Henri.1911."Le plus ancien règlement de la draperie brugeoisie," *Bulletin de la Commission Royale d'Histoire de Belgique* 80.

Pirenne,Henri.1929.*Histoire de Belgique*.7 volumes,1902-1932.I have used the fifth edition.Vol.I.*Des origines au commencement du XIVe siècle*.Brussels：Maurice Lamertin.

Robinson,Wilfrid.1899.*Bruges：An Historical Sketch*.Bruges：L.de Plancke.

Saint Gènois,Baron Jules de.1846.*Les voyageurs Belges du XIIIe au XVIIe siècle*.Volume I.Brussels：A.Jamar.Examined at Royal Geographical Society of Egypt.(Preface dated

at Gand.)

Vander Haegen,Victor.n.d.*Inventaire des archives de la ville de Gand.*In New York Public Library.

van der Wee,H.1975."Structural Changes and Specialization in the Industry of the Southern Netherlands,1100-1600," *Economic History Review*,Second Series,Vol.28,No.2：203-221.

Vanhoutryve,Andrè.1972.*Bibliografie van de geschiedenis van Brugge. Handzome,Utigaven Familia et Patria.*In Municipal Library at Bruges.

van Houtte,J.-A.1943.*Esquisse d'une histoire èconomique de la Belgique.*Louvain：Editions Universitas.

van Houtte,J.-A.1952."Bruges et Anvers,marchès 'nationaux' ou 'internationaux' du XIV au XVIe siècle," *Revue de Nord* 34：89-109.

van Houtte,J.-A.1953."Les foires dans Belgique ancienne," *Recueils de la Sociètè Jean Bodin* V：175-207.

van Houtte,J.-A.1966."The Rise and Decline of the Market of Bruges," *Economic History Review*,Second Series 19：29-47.Reprinted in *Essays on Medieval and Early Modern Economy*,pp.249-274.

van Houtte,J.-A.1967.*Bruges：Essai d'histoire urbaine.*Brussels：La Renaissance du Livre.

van Houtte,J.-A.1977.*Essays on Medieval and Early Modern Economy and Society.* Leuven：Leuven University Press.Collection of previously published articles.

van Houtte,J.-A.1982.*De Geschiedenis van Brugge.*Bruges：Lanoo/Tielt/Bussum.

van Werveke,Hans.1943.*Jacques van Artevelde.*Brussels：La Renaissance du Livre.

van Werveke,Hans.1944,*Bruges et Anvers；Huit siècles de commerce flamand.* Brussels：Editions de la Librairie Encyclopèdique.The Flemish version of this book was published in 1941.

van Werveke,Hans.1946.*Gand.Esquisse d'histoire sociale.*Brussels：La Renai-ssance du Livre.

van Werveke,Hans.1955."Les villes Belges：Histoire des institutions èconomiques et sociales," *Recueils de la Sociètè Jean Bodin.*Vol.VII,La Ville.

Vercauteren,F.1950-51."Documents pour servir a l'histoire des financiers lombards en Belgique," *Bulletin de l'Institut Historique Belge de Rome.*

Verhulst,A.1960."Les origines et l'histoire ancienne de la ville de Bruges (IXe-XIIe siècles)," *Le Moyen Age* 66：37-63.

Verhulst A.1977."An Aspect of the Question of Continuity between Antiquity and Middle Ages：The Origin of Flemish Cities between the North Sea and the Schelde," *Journal of Medieval History* 3：175-206.

Vlaminick,Alphonse de.1891."Les origines de la ville de Gand," in *Acadèmie Royale d'Histoire de Belgique.*Mèmoire Couronnès.Brussels.

Willems,J.F.1839."De la population de quelques villes belges au moyen age," *Bulletin Acadèmie Royale de Belgique* VI：162-169.

Italy

Balducci Pegolotti,Francesco de.Latin edition issued in 1936.*La Pratica della Mercatura.* A document of the early fourteenth century.ed.by A.Evans.Cambridge,Massachusetts：The Mediaeval Academy of America.An abridged English version is in Volume II *Cathay and the Way Thither*,1924,revised 1937.ed.and trans.by H.Yule.Published by the Hakluyt Society.

Benvenuti,Gino,1977.*Storia della Repubblica di Genova.*Milan：Mursia.

Bettini,Sergio.1978.*Venezia.Nascita di una città.*Milan：Electa.A history of Venice from its origins to the XIIIth century.

Borsari,Silvano.1963.*II dominio veneziano a Creta nel XIII secolo.*Naples：F.Fiorentino.

Braunstein,Philippe.1967."Le commerce du fer a Venise au XVe siècle," *Studi Veneziana* VIII (1966)：267-302.

Braunstein,Philippe and Robert Delort.1971.*Venise：Portrait historique d'une citè.* Paris：Editions du Seuil.

Brion,Marcel.1962.*Venice：The Masque of Italy.*Trans.by Neil Mann.London：Elek Books.

Brun,R.1930."A Fourteenth Century Merchant in Italy," *Journal of Economic and Business History* II：451-466.

Brunello,Franco.1981.*Arti e mestieri a Venezia nel Medioevo e nel Rinascimento.* Vicenza：N.Pozza.

Byrnc,E.I I.1916."Commercial Contracts of the Genoese in the Syrian Trade of the 12th Century," *Quarterly Journal of Economics* XXXI：127-170.

Byrne,E.H.1919-20."Genoese Trade with Syria in the 12th Century," *American Historical Review* XXV：191-219.

Byrne,E.H.1930.*Genoese Shipping in the Twelfth and Thirteenth Centuries.* Cambridge,Massachusetts：Mediaeval Academy of America.

Cessi,Roberto.1942a.*Documenti relativi alla storia di Venezia anteriori al Mille*,Vol I,Secolo V-IX；Vol.II,Secolo IX-X.Padua：Gregoriana Editrice.

Cessi,Roberto.1942b."Venezia e l'Oriente," pp.315-343 in *Problemi storici e orientamenti storigrafici* …Como.In Marciana Library,Venice.

Cessi,Roberto.1964.*Un millennio di storia Veneziana.*Venice：Casa di Resparmio sotto gli auspici dell' Ateneo Veneto.

Cessi,Roberto,1968.*Storia della Repubblica di Venezia.*2 volumes.Milan-Messina：G.Principato.A new revised and expanded one volume edition was published in 1981. Florence：Giunti Martello.

Cessi,Roberto.1985.*Venezia nel duecento：tra oriente e occidente.*Venice：Deputazione Editrice.

Chiaudano,Mario.1970."Mercanti genovesi nel secolo XII," pp.123-146 in *Richerche storiche ed economiche in memoria di Corrado Barbagallo*,Vol.II.Naples.In Marciana Library,Venice.

Chivellari,Domenica.1982.*Venezia.*Milan：Electra.

La Civiltà Veneziana del secolo di Marco Polo.Conferenze di R.Bacchelli,A. Monteverdi,R.S.Lopez,Y.Renouard,O.Demos.1955.Venice：Centro di Cultura e Civilta della Fondazione Giorgio Cini.

Commune di Genova.1983.*Navigazione e Carte Nautiche nei secolo XIII-XVI*.Genoa：Sagep Editrice.

Cracco,Georgio.1967.*Societa e stato nel medioevo veneziano (secolo XII-XIV)*. Florence：L.S.Olschki.

Delogu,Paolo et al.1980.*Longobardi e Bizantini*.Turin：U.T.E.T.

De Negri,Teofilo Ossian.1974.*Storia di Genova*.Milan：A.Martello.

Doehaerd,Renèe,ed.1941,1952,1969.*Les relations commerciales entre Gênes,la Belgique et l'Outremont,d'après les archives notariales gènois*.1941.Volume I：XIIIe et XIVe siècles.Brussels and Rome：Palais des Acadèmies.1969.Vol.II：1320-1400.ed.by Leone Liagre de Sturler.Brussels and Rome.1952.Vol.III：1400-1440. ed.by R.Doehaerd and C.Kerremans.

Edler,Florence.1934.*Glossary of Medieval Terms of Business：Italian Series 1200-1600*.Cambridge,Massachusetts：Mediaeval Academy of America.

Fugagnollo,Ugo.1974.*Bisanzio e l'Oriente a Venezia*.Trieste：LINT.

Gênes et l'Outre-mer.1973,1980.Tome I ,1973.*Les actes de Caffa du notaire Lamberto di Sambuceto 1289-1290*.ed.by Michèl Balard. Tome II,1980.*Les actes de Kilia du notaire Antonio di Ponzo 1360*.ed.by Michèl Balard.La Haye：Mouton.Paris：Ecole Pratique des Hautes Etudes,Sorbonne.See also under Balard in Middle East section.

Goy,Richard.1985.*Chioggia and the Villages of the Venetian Lagoon：Studies in Urban History*.Cambridge：Cambridge University Press.

Hazlitt,W.Carew.1915.*The Venetian Republic：Its Rise,Its Growth,and Its Fall,A. D.421-1797*.2 volumes.London：Adam and Charles Black.Volume I covers A.D.409-1457.

Headlam,Cecil.1908.*Venetia and Northern Italy,Being the Story of Venice,Lombardy and Emilia*.London：J.M.Dent.

Heers,Jacques.1961.*Gênes au XVe siècle*.Paris：S.E.V.P.E.N.

Heers,Jacques.1962."Urbanisme et structure sociale a Gênes au moyen age," pp.369-412 in Vol.I of *Studi in onore di Amintore Fanfani*.Milan：Istituto Editoriale Cisalpino.

Heers,Jacques.1977.*Family Clans in the Middle Ages：A Study of Political and Social Structures in Urban Areas*.Trans.by Barry Herbert.Amsterdam：North-Holland Publishing Company.

Heers,Jacques.1979.*Sociètè et èconomie à Gênes (XIVe-XVe siècles)*.London：Variorum Reprints.

Herlihy,David.1985.*Medieval Households*.Cambridge,Massachusetts：Harvard University Press.

Herlihy,David and Christiane Klapisch-Zuber.1985.*Tuscans and Their Families：A Study of the Florentine Catasto of 1427*.Trans.from the French.New Haven：Yale University Press.

Hocquet,Jean-Claude.1979,1982.*Le sel et la fortune de Venise*.2 volumes.Vol. I,1979.*Production et monopole*；Vol.II,1982.*Voiliers et commerce en Mèditerranèe,1200-1650*.Second ed.Lille：Hocquet.

Hrochova,Vera.1967-8."Le commerce vènitien et les changements dans l'importance des centres de commerce en Grèce du 13e au 15e siècles," *Studi Veneziana*...(Florence) IX：3-34.

Hughes,D.O.1975."Urban Growth and Family Structure in Medieval Genoa," Past and Present 66：3-28.

Hyde,John Kenneth.1973,reissued 1983.*Society and Politics in Medieval Italy：The Evolution of the Civil Life.1000-1350*.London：Macmillan,Basingstoke.

Kedar,B.Z.1976.*Merchants in Crisis：Genoese and Venetian Men of Affairs and the Fourteenth-Century Depression*.New Haven：Yale University Press.

Kreuger,Hilmar C.1957."Genoese Merchants,Their Partnerships and Inve-stments,1155 to 1164," pp.255-272 in *Studi in onore di Armando Sapori*,Vol.I.Milan：Istituto Editoriale Cisalpino.

Lane,Frederic C.1944."Family Partnerships and Joint Ventures in the Venetian Re public," *Journal of Economic History* IV：178-196.

Lane,Frederic C.1957."Fleets and Fairs：The Functions of the Venetian Muda," pp.649-663 in *Studi in onore di Armando Sapori*,Vol.I.Milan：Istituto Editoriale Cisalpino.

Lane,Frederic C.1963."Recent Studies on the Economic History of Venice," *Journal of Economic History* XXII,No.3：212-224.

Lane,Frederic C.1966.*Venice and History：The Collected Papers of Frederic C.Lane.* ed.by a committee of colleagues and former students.Baltimore：The Johns Hopkins University Press.

Lane,Frederic C.1973.*Venice：A Maritime Republic.Baltimore*：The Johns Hopkins University Press.

Lane,Frederic C.and Reinhold Mueller.1985.*Money and Banking in Medieval and Renaissance Venice*,Vol.I.Baltimore：The Johns Hopkins University Press.

Longworth,Philip.1974.*The Rise and Fall of Venice*.London：Constable.

Lopez,Robert.1937."Aux origines du capitalism gènois," in *Annales d'Histoire Economique et Sociale*.In Marciana Library,Venice.

Lopez,Roberto.1955."Venezia e le grande linee dell'espansione commerciale del secolo XIII," *Civiltà veneziana del secolo di Marco Polo*：37-82.Florence：In Marciana Library,Venice.

Lopez,Roberto.1956.*La prima crisi della banca di Genova (1250-1259)*.Milan：Università L.Bocconi.

Lopez,Roberto.1957."I primi cento anni di storia documentata della banci di Genova," *Studi in onore di Armando Sapori*,Vol.I：215-253.Milan：Istituto Editoriale Cisalpino.

Lopez,Robert S.1964."Market Expansion：The Case of Genoa," *Journal of Economic History* XXIV：445-464.

Lopez,Robert S.1970."Venice and Genoa：Two Styles,One Success," *Diogenes* 71：39-47.

Lopez,Robert S.1975.*Su e giù per la storia di Genova*.Genoa：Università di

Genova,Istituto di Paleografia e Storia Medievale.

Luchaire,Julien.1954.*Les sociètès italiennes du XIIIe au XVe siècle.*Paris：A.Colin.

Luzzatto,Gino.1954.*Studi di storia econòmica veneziana.*Padua：CEDAM.

Luzzatto,Gino.1961.*An Economic History of Italy from the Fall of the Roman Empire to 1600.*Trans.by Philip Jones.London：Routledge & Kegan Paul.New York：Barnes & Noble.

Martines,Lauro,ed.1972.*Violence and Civil Disorder in Italian Cities,1200-1500.* Berkeley：University of California Press.

McNeill,William.1974.*Venice：The Hinge of Europe,1081-1797.*Chicago：University of Chicago Press.

Miozzi,Eugenio.1957-1969.*Venezia nei secoli.*4 volumes.Vols.I and II：La Città；Vol. III：La Laguna；Vol.IV：Il Salvamento.Venice：Casa Editrice Libeccio.

Morozzo della Rocca,A.Lombardo.1940.*Documenti del commercio*

*veneziano nel secoli XI-XIII.*2 volumes.Rome：Istituto Storico Italiana.In Marciana Library,Venice.

Mueller,Reinhold C.1977.*The Procuratori di San Marco and the Venetian Credit Market：A Study of the Development of Credit and Banking in the Trecento.* Baltimore and New York：Arno Press.

Musso,Gian Giacomo.1975.*Navigazione e commercio genovese con il Levante nei documenti dell'Archivio di stato de Genova (Secolo XIV-XV).*Rome：Pubblicazioni degli archivi de Stato,No.84.

Norwich,John Julius.1982.*A History of Venice.*London：Penguin Books.Distributed in New York：Knopf-Random House.This is a reissue in one volume of *Venice：The Rise to Empire.*Volume I,1977.*Venice：The Greatness and the Fall.*Volume II,1981.London：Allen Lane.

Origo,Iris.1957.*The Merchant of Prato：Francesco di Marco Datini,1335-1410.*New York：Kaopf.

Pirenne,Henri.1933-4."La fin du commerce des Syriens en Occident," *L'Annuaire de l'Institut de Philologie et d'Histoire Orientales* II：677-687.

Queller,Donald E.1986.*The Venetian Patriciate：Reality vs.Myth.*Urbana：University of Illinois Press.

Renouard,Yves.1962."Routes,ètapes,et vitesses de marche de France à Rome au XIIIe et au XIVe siècles dàprès les Itinèraires dEndes Rigaud (1254).et de Barthèlemy Bonis (1350)," *Studi in onore di Amintore Fanfani* III：403-428.Milan.

Renouard,Yves.1966.*Italia e Francia nel commercio medievale.*Rome：Le Edizioni del Lavoro (Leece,ITES).

Renouard,Yves.1968.*Les hommes d'affaires italiens du moyen age,*2nd edition.Paris：Armand Colin.

Renouard,Yves.1969.*Les villes d'Italie,de la fin du Xe siècle au dèbut du XIV siècle.* New edition by Philippe Braunstein.2 volumes.Paris：S.E.D.E.S.(Sociètè d'Edition d'Enseignement Supèrieur).pp.79-146 of Vol.I on Venice；pp.228-258 on Genoa.

Reynolds,R.L.1931."Genoese Trade in the Late Twelfth Century,Particularly in Cloth from

the Fairs of Champagne," *Journal of Economics and Business History* III：362-381.

Reynolds,R.L.1945."In Search of a Business Class in Thirteenth Century Genoa," *Journal of Economic History* Supplement 5：1-19.

Runciman,Steven.1952."Byzantine Trade and Industry," *Cambridge Economic History of Europe*,Vol.II：86-118.Cambridge：Cambridge University Press.

Sapori,A.1952.*Le marchand italien au moyen age*.Paris.A.Colin.1970.*The Italian Merchant in the Middle Ages*.Trans.by Patricia Ann Kennen.New York：Norton.

Sayous,A.E.1929."Les transformations commerciales dans l'Italie mèdièvale," *Annales d'Histoire Economique et Sociale* I：161-176.

Sayous,A.E.1931."Der Moderne Kapitalismus de Werner Sombart,et Gênes aux XIIe et XIIIe siècles," *Revue d'Histoire Economique et Sociale* XIX：427-444.

Sayous,A.E.1932."Les opèrations des banquiers en Italie et aux foires de Champagne pendant Ie XIIIe siècle," *Revue Historique* CLXX：1-31.

Sayous,A.E.1933."L'origine de la lettre de change.Les procèdès de crèdit et de paiement dans les pays cretiens de la Mèditerranèe occidentale entre le milieu du XIIe et celui du XIIIe siècle," *Revue IIistorique de Droit Francais et Etranger*,4me Sèrie,Tome XII：60-112.

Sismondi de Sismonde,J.-C.-L.1906 reprint.*History of the Italian Republics in the Middle Ages*.London：Longmans Green.Published originally in 1807-1815.

Strayer,Joseph.1969."Italian Bankers and Philip the Fair," *Economy,Society,and Government in Medieval Italy：Essays in Memory of Robert L.Reynolds*.ed.by David Herlihy：113-121.Kent,Ohio：Kent State University Press.

Studiin onore di Armando Sapori.1957.3 volumes.Milan：Istituto Editoriale Cisalpino.

Thiriet,Freddy.1969,4th edition.*Histoire de Venise*.Paris：Presses Universitaires de France.

Thrupp,Sylvia.1977.*Society and History：Essays by Sylvia Thrupp*.ed.by Raymond Grew and Nicholas Steneck.Ann Arbor：University of Michigan Press.

Villehardouin,Geoffroi de.1972 reissue.*La Conquête de Constantinople*.Paris：Firmon-Didot.

Waley.Daniel Philip.1973.*The Italian City-Republics*.New York：McGraw-Hill.

Yver,G.1903.*Le commerce et les marchands dans l'Italie mèridionale aux XIIIe et XIVe siècles*.Paris：A Fontemoing.Republished 1968.New York：B.Franklin.

Moddle

General and Mongols

al-Narshakhi,Muhammad ibn Jafar.1954.*The History of Bukhara*.Trans.by R.N.Frye. Cambridge,Massachusetts：Mediaeval Academy of America.

Balard,Michèl,ed.Gênes et l'Outre-mer.2 volumes.Tome I.1973.*Les Actes de Caffa du*

notaire Lamberto di Sambuceto 1289-1290. Paris：Ecole des Hautes Etudes en Sciences Sociales.Tome II.1980.*Actes de Kilia du notaire Antonio di Ponzo 1360*. Paris：Ecole des Hautes Etudes en Sciences Sociales.

Barfield,Thomas J.1990.*The Perilous Frontier:Nomadic Empires and China*. Oxford:Basil Blackwell.

Barthold,V.V.1928.*Turkestan Down to the Mongol Invasion*.Second edition translated from the original Russian and revised by the author with the assiatance of H.A.R.Gibb. London：Luzac and Co.

Blunt,W.1973.*The Golden Road to Samarkand*.London：Hamish Hamilton.

Bouvat,Lucien.1927.*L'Empire Mongol,2e phase*. Histoire du Monde,VIII/3.Paris：Edition de Boccard.

Boyle,John Andrew,trans.1958.Ata Malik Juvaini.*The History of the World Conqueror*.2 volumes.Cambridge,Massachusetts：Harvard University Press.Covers Mongol dynastics from Genghis Khan through M ngke (1251-1259).

Boyle,John Andrew,ed.1968. *The Cambridge History of Iran*,Vol.V.

The Seljuk and Mongol Periods.Cambridge：Cambridge University Press.

Boyle,John Andrew.trans.1971.*The Successors of Genghis Khan*.Translated from the Persian of Rashid al-Din Tabib.New York：Columbia University Press.Covers the period down to the reign of Mongke's great nephew Temur Oljeitu (1294-1307).

Boyle,John Andrew.1977.*The Mongol World Empire,1206-1370*.London：Variorum Reprints.

Brent,Peter Ludwig.1976.*The Mongol World Empire：Genghis Khan：His Triumph and His Legacy*.London：Weidenfeld and Nicolson.

Bretschneider,Emilii V.Reprinted 1910. *Mediaeval Researches from Eastern Asiatic Sources：Fragments towards the Knowledge of the Geography and History of Central and Western Asia from the 13th to the 17th Century*.2 volumes.London：K.Paul,Trench and Trübner.For Volume I,see Bretschneider (1875,1876). Vol.II consists of Part III,a lengthy explanation of a Mongol-Chinese medieval map of Central and Western Asia；and Part IV,material on the 15th and 16th centuries (not relevant here).

Bretschneider,E.V.1875.*Notes on Chinese Mediaeval Travellers to the West*.Shanghai：American Presbyterian Mission Press.This is Part I of Vol.I of *Mediaeval Researches*. It translates Chinese primary documents from 1219,1220-1221,1221-1224,and 1259. The last is an account of Hulegu's expedition to western Asia in 1253-1259.

Bretschneider,E.1876.*Notices of the Mediaeval Geography and History of Central and Western Asia Drawn from Chinese and Mongol Writings,and Compared with the Obeservations of Western Authors in the Middle Ages*.London：Trübner and Co.This is Part II of Vol.I of *Mediaeval Researches*.It translates Chinese documents about the "Mohammedans" and descriptions of expeditions by the Mongols to the west.

Chambers,James.1985.*The Devil's Horsemen：The Mongol Invasion of Europe*.New York：Atheneum Press.

Charlesworth,Martin.1924.*Trade Routes and Commerce of the Roman Empire*,Cambridge：Cambridge University Press.

Charol,Michael.1961,revised 4th imprint.*The Mongol Empire,Its Rise and Lengacy*,by Michael Prawdin (pseud.).Trans.by Eden and Cedar Paul.London：Allen & Unwin.

Cleaves,Francis W.,trans.1982.*The Secret History of the Mongols*,Part I.Cambridge,Massachusetts：Harvard University Press.

Commeaux,Charles,1972.*La vie quotidienne chez les Mongols de la conquête (XIIIe siècle)*.Paris：Hachctte.

Dawson,Christopher H.,ed.1955,reprinted 1980.*The Mongol Mission*.New York：AMS Press.

de Rachewiltz,Igor.1971.*Papal Envoys to the Great Khans*.London：Faber & Faber.

d'Ohasson,C.1834-35.*Histoire des Mongols depuis Tchinguiz-khan jusqu'à Timour Bey ou Tamerlan*.4 volumes.The Hague and Amsterdam：Les Frères van Cleef.

Grigor of Akanc' (13th century writer).1954. *History of the Nation of Archers (the Mongols)*. The Armenian text edited with an English translation and notes by Robert P.Blake and Richard N.Frye.Cambridge,Massachusctts：Havard-Yenching Institute.

Grousset,Renè.1939,reprinted 1948.*L'Empire des steppes：Attila,Genghis-Khan,Tamerlan*.Paris：Payol.

Grousset,Renè.1941. *L'Empire Mongol,Ire phase*.Histoire du Monde VIII/3.Paris：Edition de Boccard.

Grousset,Renè.1967.*Conqueror of the world.* English trans.by D.Sinor and M.MacKellar. London：Oliver and Boyd.

Guzman.G.1968."Simon of Saint-Quentin and the Dominican Mission to the Mongols.1245-1248," Doctoral Dissertation,Department of History,University of Cincinnati.

Haenisch,Erich.Trans.1941,second edition in 1948.*Die Geheime Geschichte der Mongolen：Aus einer mongolischen Neiderschrift des Jahres 1240 von der Insel Kode'e im Keluren-Fluss.* 〔The Secret History of the Mongols.〕 Translated and annotated for the first time.Leipzig：Otto Harrassowitz.

Hodgson,Marshall.1974.*The Venture of Islam*,Vol.II. *The Expansion of Islam in the Middle Periods*.Chicago：University of Chicago Press.

Joveyni, ʻAla' al-D n ʻAta Malek（1226-1283）.1912-1937.*Ta'rikh-i-Ja-hān-gusha of 'Ala' ud-Dīn 'Ata' Malik-i-Juwaynī* (composed in 1260),3 volumes,ed.by Mirza Muhammad ibn ʻAbdu'l-Wah-hab-i-l-Qazwini.London：Lauzac & Co.See Boyle (1958) for English translation.

Kwanten,Luc.1979.*Imperial Nomads：A History of Central Asia.500-1500.* Philadelphia：University of Pennsylvania Press.

Lach,D.1965.*Asia in the Making of Europe*, Vol.I.Chicago：University of Chicago Press.

Latham,Ronald,trans.1958.*The Travels of Marco Polo*.London：The Folio Society.

Lombard,M.1950."Caffa et la fin de la route mongole," *Annales：Economies,. Sociètès,Civilizations*. 5：100-103.

Lombard,M.1975.*The Golden Age of Islam*.Trans.by Joan Spencer.Amsterdam：North-

Holland Publishing Company.

Lopez,Robert.1943."European Merchants in the Medieval Indies：The Evidence of Commercial Documents." *The Joural of Economic History* 3：164-184.

Martin,H.D.1950.*The Rise of Chingis Khan and His Conquest of North China.* Baltimore：The Johns Hopkins University Press.

Morgan,D.O.1982."Persian Historians and the Mongols." pp.109-124 in *Medieval Historical Writing in the Christian and Islamic Worlds*.ed.by D.O.Morgan. London：School of Oriental and African Studies.

Morgan,David.1986.*The Mongols*.Oxford：Basil Blackwell.

Olschki,Leonardo.1943.*Marco Polo's Precursors*.Baltimore：The Johns Hopkins University Press.

Pelliot,Paul.1950. *Notes sur l'histotire de la horde d'or.* Paris：Adrien-Maisonneuve.

Pelliot,Paul and L.Hambiss,trans.1951.*Histoire des campagnes de Genghis Khan.* Leiden：E.J.Brill.A Chinese history compiled during the reign of Kubilai Khan.

Petech,L.1962."Les marchands italiens dans l'empire mongol," *Journal Asiatique* CCL,No.4：549-574.

Polo,Marco.*Travels*,various editions.See Latham (1958) and Yule,Hakluyt.

Power,Eileen.1926."The Opening of Land Routes to Cathay." in *Travel and Travellers of the Middle Ages*.ed.by Arthur P.Newton.Landon：K.Paul,Trench,Trübner & Co.

Rashid-ad-din〔Tabib〕.1836,reprinted 1968.*Jami at-Tawārikh*〔Universal History〕. Trans.from original Persian into French by Marc Etienne Quatremère under the title *Histoire des mongols en la Perse,ècritè en persan par Raschideldin*.Vol.I only."Collection Orientale：Histoire des Mongols" I.Amsterdam：Oriental Press.

Rashid al-Din Tabib (1247-1318).1971.*The successors of Genghis Khan*.New York：Columbia University Press.See Boyle (1971).

Rockhill,William W.1900.*The Journey of William of Rubruck to the Eastern Parts of the world,1253-55,as narrated by himself,with two accounts of the early journal of John of Pian de Carpine*.Translated from the Latin and edited by W.W.Rockhill. London：Hakluyt Society.Series 2.Vol.IV.No.304.

Saunders,J.J.1971. *The History of the Mongol Conquests*.London：Routledge and Kegan Paul.

Spuler,Bertold.1965.*Goldene Horde：Die Mongolen in Russland 1223-1502.* Wiesbaden：Otto Harrassowitz.

Spuler,Bertold.1972.*History of the Mongols,Based on Eastern and Western Accounts of the Thirteenth and Fourteenth Centuries*.Trans.from the German by Stuart and Helga Drummond.Berkeley：University of California Press.

Steensgaard,Niels.1973.*Carracks,Caravans and Companies： The Structural Crisis in the European-Asian Trade in the Early 17th Century.* Lund：Studentliteratur.

Waley,A.1963.*The Secret History of the Mongols and Other Pieces*.London：Allen and Unwin.

Warmington,E.H.1928.*The Commerce between the Roman Empire and India.* Cambridge：Cambridge University Press.

Wellard,James.1977.*Samarkand and Beyond：A History of Desert Caravans*.London：Constable.

Yuan-ch'ao pi-shih.*The Secret History of the Mongols*.Vol I.1982.Trans.from the Chinese by Francis W.Cleaves.Cambridge,Massachusetts：Havard-Yenching Institute.(See Cleaves,1982.) There is also a French version：*Histoire secrête des Mongols. Restitution du texte mongols et traduction francaise des Chapitres I à VI*.1949. Paris：Libraire d'Amerique et d'Orient.Posthumously published works of Paul Pelliot.

Yule,Sir Henry.trans.and ed.1913,1924,1925,and 1926.*Cathay and the Way Thither,Being a Collection of Medieval Notices of China*.New edition revised throughout in light of the recent discoveries by Henri Cordier.4 volumes.London：Hakluyt Society,Series 2.Volumes 33,37,38,and 41.Includes translations from Marco Polo.Balducci Pegolotti,Odoric de Pordenone,etc.

Arab World

Abu-Lughod,Janct.1971.*Cairo：1001 Years of the City Victorious*.Princeton：Princeton University Press.

Ahmad ibn Majid al-Najdi.1981.*Kitāb al-Fawā'id fi usul al-bahr wa'lqawā'id*.Trans.and ed.with a lengthy introduction by G.R.Tibbetts.London：Royal Asiatic Society of Great Britain and Ireland.(See Tibbetts ,1981.)

Akhbar as-Sin wa l-Hind,Relation de la Chine et de l'Inde rèdigèe en 851 (anonymous).1948.Texte etabli,traduit et commentè par Jean Sauvaget.Paris：Belles Lettres.See also earlier translations by Reinaud and by Ferrand.

al-Maqrizi.Al-Mawa'iz wa al-i'tibar fi dhikr al-khitat wa al-'athar.2 volumes.A.H.1270. Bulaq.

al-Mas'udi (d.956).1861-77. *Muruj al-Dhahab wa Ma'adin al-Jauhar*.Arabic text and French translation in C.Barbier de Meynard and Pavet de Courteille,under the title *Les Prairies d'or*.9 volumes.Paris.

al-Muqaddasi (d.1000).*Alsan al-Taqasim fi marifat al-Aqalim*.Arabic text in de Goeje,Vol. III.English trans.by G.S.A.Ranking and R.F.Azoo.Calcutta,1897-1910.Partial French trans.by Andrè Miguel.Damascus：Institut Francais de Damas.1963.

al-Yuqubi,Ahmad ibn Abi Yaqub (d.897).1937.*Les Pays*.Trans.of *Kitab al-Buldan* by Gaston Wiet.Cairo.

Ashton,Sir Leigh.1933-34."China and Egypt." *Transactions of the Oriental Ceramic Society*：62-72.

Ashtor.Eliyahu.1956,reprinted 1978."The Karimi Merchants." *Journal of the Royal Asiatic Society*：45-56.Reprinted in his *Studies on the Levantine Trade in the Middle Ages*.

Ashtor,Eliyahu.1974,reprinted 1978."The Venetian Supremacy in Levantine Trade：Monopoly or Pre-Colonialism?" *Journal of Economic History* (Rome) III：5-53. Reprinted in his *Studies on the Levantine Trade in the Middle Ages*.

Ashtor,Eliyahu.1976.*A Social and Economic History of the Near East in the Middle Ages*.Berkeley：University of California Press.

Ashtor,Eliyahu.1976,reprinted 1978."The Venetian Cotton Trade in Syria in the Later Middle Ages." Reprinted pp.675-715 in his *Studies on the Levantine Trade in the Middle Ages.*

Ashtor,Eliyahu.1978.*Studies on the Levantine Trade in the Middle Ages*.London：Variorum Reprints.Collection of French and Enlish essays reprinted from various journals,1956-1977.

Ashtor,Eliyahu.1981."Levantine Sugar Industry in the Late Middle Ages：A Case of Technological Decline," pp.91-132 in The *Islamic Middle East,700-1900：Studies in Economic and Social History*.ed.by Abraham L.Udovitch.Princeton：Darwin Press.

Ashtor,Eliyahu.1983.*Levant Trade in the Later Middle Ages*.Princeton：Princeton University Press.Primarily on Italian merchants and Mideast trade.

Aubin,J.1953."Les Princes d'Ormuz du XIIIe au XVe siècle," *Journal Archèologie* 241：80-146.

Aubin,J.1959."La ruine de Siraf et les routes du Golfe Persique aux XIe et XIIe siècles," *Cahiers de Civilisation Mèdièvale* X-XIII (July-September)：187-199.

Aubin,J.1964."Y a-t-il interruption du commerce par mer entre le Golfe Persique et l'Inde du XIe au XIVe siècles?" pp.164-173 in *Ocèan Indien et Mèditerranèe.* Sixième Colloque d'Histoire Maritime.ed.by Lourenco Marques.Paris：S.E.V.P.E.N.

Ayalon,David.1956. *Gunpowder and Firearms in the Mamluk Kingdom：A Challenge to a Medieval Society*.London：Vallentine,Mitchell.

Bowen,Richard le Baron.1949.*Arab Dhows of Eastern Arabia.* Rehoboth,Massachusetts：Privately printed.

Bowen,Richard le Baron.1951."The Dhow Sailor," reprinted from The *American Neptune* XI (July).

Brummett,Palmira.1987."Venetian/Ottoman Relations." Ph.D.Thesis ,University of Chicago.Chapter II is entitled "The Transformation of Venetian Diplomatic Policy Prior to the Conquest of Cairo (1503-1517)."

Cahen,Claude.1964-65."Douanes et commerce dans les ports mèditerranèens de I'Egypte mèdièvale d'après le Minhadj d'al-Makh-zumi." Offprint by Brill,Ledien.Originally appeared in *Journal of Economic and Social History of the Orient* 8,Part 3 (November 1964).

Cahen,Claude.1970."Le commerce musulman dans I'Ocèan Indien au moyen age." pp.179-189 in *Sociètiès et companies de commerce en orient et dans l'Ocèan Indien.* Paris：S.E.V.P.E.N.

Cambridge Economic History series on the Middle East.

Chittick,H.Neville.1974.*Kilwa：An Islanmic Trading City on the East African Coast*.2 volumes.Nairobi：British Institute in Eastern Africa.

Cook,M.A.,ed.1970.*Studies in the Economic History of the Middle East from the Rise of Islam to the Present Day*.Oxford：Oxford University Press.

Depping,G.B.1830.*Histoire du commerce entre le Levant et l'Europe depuis les croisades jusqu'à la foundation des colonies d'Amerique.*2 volumes.Paris：L'Imprimerie Royale.

Dols,Michael.1981."The General Mortality of the Black Death in the Mamluk Empire," pp.397-428 in *The Islamic Middle East,700-1900：Studies in Economic and Social History*. ed.by Abraham L.Udovitch.Princeton：Darwin Press.

Ehrenkreutz,Andrew.1981."Strategic Implications of the Slave Trade between Genoa and Mamluk Egypt in the Second Half of the Thirteenth Century," pp.335-345 in The *Islamic Middle East：700-1900：Studies in Economic and Social History*.ed.by Abraham Udovitch.Princeton：Darwin Press.

El-Messiri,Sawsan.1980."Class and Community in an Egyptian Textile Town." Ph.D.disscrtation,University of Hull (on Mehalla al-Kubra,Egypt).

Encyclopedia of Islam II. 1970.Economy,Society,Institutions.Ledien：E.J.Brill.

Ferrand,Gabriel.1913 and 1914.*Relations de voyages et texts gèographiques arabes,persans et turks relatifs à l'Extrême-Orient du VIIIe au XVIIe siècles.*2 volumes.Paris：Ernest Leroux.

Ferrand,Gabriel.1921-28.*Instructions nautiques et rouiers Arabes et Portugais des XVe et XVI siècles.*Reproduits,traduits and annotès par G.Ferrand.6 volumes.Paris：Librairie Orientaliste Paul Geuthner.

Ferrand,Gabriel,trans.and ed.1922.*Voyage du marchand arabe Sulayman en Inde et en Chine redigè en 851,suivi de remarques par Abu-Zaid Hasan (vers 916)*.Paris：Editions Bossard.Volume VII of *Les Classiques de l'Orient.*

Fischel,W.J.1958."The Spice Trade in Mamluk Egypt," *Journal of the Economic and Social History of the Orient* 1：157-174.

Goitein,Solomon.1957."The Rise of the Near Eastern Bourgeoisie in Early Islamic Times." *Journal of World History* III：583-604.

Goitein,Solomon.1958."New Light on the Beginnings of the Karimi Merchants," *Journal of the Economic and Social History of the Orient* 1：175-184.

Goitein,Solomon.1961."The Main Industries of the Mediterranean as Reflected in the Records of the Cairo Geniza," *Journal of the Economic and Social History of the Orient* 4：168-197.

Goitein,Solomon.1964a."Artisans en Mèditerrannèe orientale aux haut moyen age." *Annales* XIX：847-868.

Goitein,Solomon.1964b.*Jews and Arabs：Their Contacts through the Ages.*New York：Schocken Books.

Goitein,Solomon.1966a.*Studies in Islamic History and Institutions.*Leiden：E.J.Brill.

Goitein,Solomon.1966b."The Mentality of the Middle Class in Medieval Islam," pp.242-254 in *studies in Islamic History and Institutions.*Leiden E.J.Brill.

Goitein,Solomon.1967.*A Mediterranean Society：The Jewish Communities of the Arab World as Portrayed in the Documents of the Cairo Geniza.*Volume I,*Economic Foundations.*of particular significance.Berkeley and Los Angeles：University of California Press.See also subsequent 3 volumes published to 1983.Vol.II

on the *Community*；Vol.III on *The Family*; Vol.IV on *Daily Life*. Berkeley and Los Angeles：University of California Press.

Goitein,Solomon.1980."From Aden to India：Specimens of the Correspondence of India Traders of the Twelfth Century," *Journal of the Economic and Social History of the Orient* XXII：43-66.

Groom,N.St.J.1981.*Frankincense and Myrrh：A Study of the Arab Incense Trade.* London：Longman.

Haarmon,Ulrich.1984."The Sons of Mamluks in Late Medieval Egypt," pp.141-168 in *Land Tenure and Social Transformation in the Middle East*.ed.by Tarif Khalidi.Beirut：American University of Beirut Press.

Hamdan,Gamal.1962."The Pattern of Medieval Urbanism in the Arab World," *Geography* (Sheffield) XLVII,No.215,Part 2 (April) 121-134.

Heyd,W.1878-1879.*Geschichte des Levantehandels im Mittelalter*.2 vols.Stuttgart：J.G.Cotta.

Heyd,W.1885-1886. *Histoire du commerce du Levant au moyen age*. French translation by Furcy-Raynaud.In 2 volumes of which Vol.I is most relevant.Leipzig：Otto Harrassowitz.This was reissued in Amsterdam in 1983 by A.M.Hakkert.The French translation is very inaccurate；it is better to use the original German.

Hilal,Adil Ismail Muhammad.1983."Sultan al-Mansur Qalawun's Policy with the Latin States of Syria 1279-90,and the Fall of Acre." Cairo：American University in Cairo,Department of History.Typed thesis.

Holt,P.M.1982."Three Biographies of al-Zahir Baybars," pp.19-29 in *Medieval Historical Writing in the Christian and Islamic Worlds*.ed.by D.O.Morgan.London：School of Oriental and African Studies.

Hourani,George F.1951.*Arab Seafaring in the Indian Ocean in Ancient and Early Medieval Times*.Princeton：Princeton University Press.

Hudud al-'Alam."The Regions of the World;" a Persian Geography 372 A.H.-982 A.D.(anonymous).1937.Translated and explained by V.Minorsky.1937.Oxford：Oxford University Press.Also E.J.W.Memorial New Series XI,with preface by V.V.Barthold. ed.by C.E.Bosworth.2nd.ed.1970.London：Luzac.

Humphreys,R.Stephen.1977.*From saladin to the Mongols：The Ayyubids of Damascus,1193-1260*.Albany：The State University of New York Press.

Ibn al-Balkhi (1104-1117).1912."Description of the Province of Fars in Persia at the Beginning of the Fourteenth Century," *Journal of the Royal Asiatic Society*：1-30,3十一至339,865-889.

Ibn Battuta (died 1377).*The Travels of Ibn Battuta,A.D.1325-1354*. English trans.by Sir H.A.R.Gibb.Full edition in 4 volumes.1958-71.Cambridge：Cambridge University Press for the Hakluyt Society.See also *Voyages d'Ibn Batoutah*.1854-1874.Arbic text accompanied by a French translation by C.Defrèmery and Dr.B.R.Sanguinetti.5 volumes.Paris：Imprimerie Nationale.An English translation of the sections dealing with India,the Maldive Islands,and Ceylon is available by A.Mahdi Husain.1955. Baroda：Oriental Institute.

Ibn Battuta.Eng.trans.of selections.1919.*Travels in Asia and Africa,1325-1354*.Trans.by H.A.R.Gibb.London：G.Routledge & Sons.Reissued 1969.New York：A.M.Kelley.

Ibn Hawqal.Abu al-Qasim Muhammad.*Kitab Surat al-'Ard*.French trans.by J.H.Kramers and Gaston Wiet.1864.*Configuration de laterre*.Paris：Maison Neuve & Larose.

Ibn Hawqal (d.998).1800.*The Oriental Geography of Ebn Haukal,an Arabian Traveller of the Tenth Century*.Trans.by William Ouseley.London：Wilson & Co.

Ibn Iyas.1945.*Hisoire des mamlouks circassiens*.Trans.by Gaston Wiet.Cairo：Imprimerie de l'Institut Francais d'Archèologie Orientale.

Ibn Iyas(1448-ca.1524).1955.*Journal d'un bourgeois du Caire：Chronique d'Ibn Iyas*. Traduit et Annotè par Gaston Wiet.Paris：A.Colin.

Ibn Jubayr, Travels of.1952.Trans.by J.C.Broadhurst.London：Jonathan Cape.

Issawi,Charles.1970."The Decline of Middle Eastern Trade,1100-1850." pp.245-266 in *Islam and the Trade of Asia：A Colloquium*.ed.by D.S.Richards.Philadelphia：University of Pennsylvania Press.

Jacoby,David.1977."L'expansion occidentalc dans le Levant：les Vènetiens à Acre dans la seconde moitiè du treizième siècle," T*he Journal of Medieval History* 3：225-264. Reprinted in Jacoby (1979).

Jacoby,David.1979.*Recherches sur la Mèditerranèe orientale du XIIe au XVe siècles. Peuples,sociètès,èconomies*.London：Variorum Reprints.

Kuwabara,J.1928,1935."P'u shou-keng....A General Sketch of the Trade of the Arabs in China during the T'ang and Sung Eras," *Memoirs of the Research Department of the Toyo Bunko* II：1-79；VII：1-104.

Labib,Subhi.1965.*Handelesgeschichte Agyptens im Spatmittelalter (1171-1517)*. Wiesbaden：F.Steiner.

Labib,Subhi.1970."Les marchands Karimis en Orient et sur l'Ocèan Indien," pp.209-214 in *Sociètès et companies de commerce en orient et dans l'Ocèan Indien*.Paris：S.E.V.P.E.N.

Lamb,A.1964."A Visit to Siraf,an Ancient Port of the Persian Gulf," *Journal of the Malayan Branch of the Royal Asiatic Society* XXXVII：1-19

Lambton,A.1962."The Merchant in Medieval Islam," pp.121-130 in *A Locust's Leg,Studies in Honour of S.H Taqizade*h.London：Percy Lund,Humphries & Co.

Lapidus,Ira M.1967.*Muslim Cities in the Later Middle Ages.*〔Aleppo,Damascus,some Cairo.〕Cambridge,Massachusetts：Harvard University Press.Second edition Cambridge University Press.1984.

Le Lannous,Maurice.1970."Les grandes voies de relations entre l'Orient et l'Occident," pp.21-28 in *Sociètès et compagnies de commerceen orient et dans l'Ocèan Indien.* Paris：S.E.V.P.E.N.

Lewis,Bernard.1948-50."The Fatimids and the Route to India," IFM,XI.

Lopez,R.S.,Harry Miskimin,and Abraham Udovitch.1970."England to Egypt,1350-1500：Long-Term Trends and Long-Distance Trade," pp.93-128 in *Studies in the Economic History of the Middle East*.ed.by M.A.Cook.London：Oxford University Press.

Marques,Lourenco,ed.1964.*Ocèan Indien et Mèditerranèe*.Sixième Colloque d'Histoire

Maritime.Paris：S.E.V.P.E.N.

Martin,Esmond Bradley.1978.*Cargoes of the East：the Ports,Trade and Culture of the Arabian Seas and Western Indian Ocean*.London：Elm Tree Books.

Minorsky,M.V.1951."Gèographes et voyageurs musulmans," *Bulletin de la Sociètè Royale de Gèographie d'Egypte* XXIV：19-46.

Mollat,M.1971."Les relations de I'Afrique de I'Est avec Asie," *Cahiers d'Histoire Mondiale* XIII,No.2 (Neuchatel)：291-316.

Morley,J.A.E.1949."The Arabs and the Eastern Trade," *Journal of the Malayan Branch of the Royal Asiatic Socielý* XII：143-175.

Pauty,E.1951."Villes spontanèes et villes crèes en Islam," *Annales de l'Institut d'Etudes Orientales* IX (Algiers)：52-75.

Petry,Carl F.1981.*The Civilian Elite of Cairo in the Later Middle Ages*.Princeton：Princeton University Press.

Pirenne,Jacqueline.1970."Le dèveloppement de la navigation Egypte-Inde dans l'antiquitè," pp.101-119 in *Sociètès et compagnies de commerce en orient et dans l'Ocèan Indien*. Paris：S.E.V.P.E.N.

Prawer,J.1951."The *Assise de teneure* and the *Assise de vente*；a Study of Landed Property in the Latin Kingdom," *The Economic History Review*, 2nd series IV：77-87.

Rabie,Hassanein M.1972.*The Financial System of Egypt A.H.564-741,A.D.1169-1341*. London：Oxford University Press.

Reinaud,J.T.1845.*Relation des voyages faits par les Arabes et les Persans dans l'Inde et à la Chine dans le IXe siècle de l'ère Chrètienne*.Arabic text and French trans. of Hasan ibn Yazid Abu-Zayd al-Sirafi.Paris：Imprimeric Royale.2 volumes：Tome I,Introduction (pp.i-clxxx) and translation：Tome II.Arabic text.See also Ferrand and Sauvaget.

Richard,Jean.1976."Colonies marchandes privilegièes et marchè seigneurial：La fonde dAcre et ses 'droitures,'" reprinted in his *Orient et Occident au moyen age：contact et relations (XIIe-XVes)*.London：Variorum Reprints.

Richards.D.S.ed.1970.*Islam and the Trade of Asia：A Colloquium*.Philadelphia：University of Pennsylvania Press.

Richards.D.S.1982."Ibn Athir and the Later Parts of the *Kamil*：A Study in Aims and Methods." pp.76-108 in *Medieval Historical Writing in the Christian and Islamic Worlds*.ed.by D.O.Morgan.London：School of Oriental and African Studies.

Rodinson.Maxime.Original 1966,English trans.1974.*Islam and Capitalism*.London：Allen Lane.

Sauvaget,Jean.1934."Esquisse d'une histoire de la ville de Damas," *Revue d'Etudes Islamiques*：421-480.

Sauvaget,Jean.1940."Sur d'anciennes instructions nautiques arabes pour les mers de l'Indes," *Journal Asiatique*：11-20.

Sauvaget,Jean.1941.*Alep：Essai sur le dèveloppement d'une grande ville syrienne*. Text and Atlas in 2 volumes.Paris：Paul Geuthner.

Sauvaget,Jean.,ed.and trans.1948.*Akhbar as-Sin wa l'Hind,Relation de la Chine et de l'Inde*.Paris：Belles Lettres.

Sauvaget,Jean,ed.1949.*La Chronique de Damas d'al-Jazari,Annèes 689-698 H*.Paris：H.Champion.

Scanlon,George.1970."Egypt and china：Trade and Imitation," pp.81-95 in *Islam and the Trade of Asia：A Colloquium*.ed.by D.S.Richards.Philadelphia：University of Pennsylvania Press.

Serjeant,R.B.1963.*The Portuguese off the South Arabian Coast*.Oxford：The Clarendon Press.

Shboul,Ahmad M.H.1979.*Al-Mas'udi and His World；a Muslim Humanist and His Interest in Non-Muslims*.London：Ithaca Press.

Stern,S.M.1967."Ramisht of Siraf,A Merchant Millionaire of the Twelfth Century," *Journal of the Royal Asiatic Society*：10-14.

Teixeira da Mota,A.1964."Mèthodes de navigation et cartographie nautique dans l'Ocèan Indien avant le XVI siècle," pp.49-90 in *Ocèan Indien et Mèditerranèe*.Sixième Colloque International d'Histoire Maritime.Paris：S.E.V.P.E.N.

Tibbetts,G.R.1981.Trans.and ed.with lengthy introduction.*Arab Navigation in the Indian Ocean before the Coming of the Portuguese.The Kitab al-fawa'id fi usul al-bahr wa'l-qawa'id of Ahmad B.Majid al-Najdi*.London：Royal Asiatic Society of Great Britain and Ireland.

Toussaint,Auguste.1966.*A History of the Indian Ocean*.London：Routledge and Kegan Paul.

Tyan,Emile.1960.*Histoire de l'organisation judiciare en pays d'Islam*.2nd ed.rev. Leiden：E.J.Brill.

Udovitch,Abraham.1967."Credit as a Means of Investment in Medieval Islamic Trade," *Journal of African and Oriental Studies* 80：260-264.

Udovitch,Abraham.1970a.*Partnership and Profit in Medieval Islam*.Princeton：Princeton University Press.

Udovitch,Abraham.1970b."Commercial Techniques in Early Medieval Islamic Trade," pp.37-62 in *Islam and the Trade of Asia：A Colloquium*.ed.by D.S.Richards. Philadelphia：University of Pennsylvania Press.

Udovitch,Abraham.1979,reprinted 1981."Bankers without Banks：Commerce,Banking and Society in the Islamic World of the Middle Ages," pp.255-273 in *The Dawn of Modern Banking*.New Haven：Yale University Press.Reprinted Princeton：Program in Near Eastern Studies.

Udovitch,Abraham,ed.1981.*The Islamic Middle East,700-1900：Studtes in Economic and Social History*.Princeton：Darwin Press.

Udovitch,Abraham.1985."Islamic Law and the Social Context of Exchange in the Medieval Middle East." *History and Anthropology* I (England)：445-464.

Watson,Andrew M.1981."A Medieval Green Revolution；New Crops and Farming Techniques in the Early Islamic World," pp.29-58 in The *Islamic Middle East,700-1900：Studies in Economic and Social History.ed.by Abraham Udovitch.*

Princeton：Darwin Press.

Weissman,Keith.1986.Lecture at University of Chicago.Unpublished.

Wiet,Gaston.1955."Les marchands d'èpices sous les sultans mamlouks," *Cahiers d'Histoire Egyptienne*,sèrie VII,fasc.2 (May)：81-147.

Wiet,Gaston.1964.*Cairo：City of Art and Commerce*.Norman：University of Oklahoma Press.

Wiet,Gaston.1971. *Baghdad：Metropolis of the Abbasid Caliphate*.Trans.by Seymour Feiler.Norman：University of Oklahoma Press.

Ziadeh,Nicola A.1953.*Urban Life in Syria under the Early Mamluks*.Beirut：American Press.

Ziadeh,Nicola A.1964.*Damascus Under the Mamluks*.Norman：University of Oklahoma Press.

Asia

General and India

Abulfeda (1273-1331).1957."Abu l-Fida's Description of India (Hind and Sind)." trans.by S.Maqbul Ahmad and Muhammad Muzaffer Andarabi.*Medieval India Quarterly* II：147-170. Selections from Taqwin al-Buldan of Abu al-Fida.

al-Idrisi.1960.*India and the Neighbouring Territories in the Kitab Nuzhat al-Mushtaq fi-Khiteraq al-'Afaq of al-Sharif al-Idrisi.* Trans.and commentary by S.Maqbul Ahmad,with a forward by V.Minorsky.Leiden：E.J.Brill.

Anstey.V.1952.*The Economic Development of India*.London and New York：Longmans. Green and Co.

Appadorai,A.1936.*Economic Conditions in Southern India (A.D.1000-1500)*.2 volumes. Madras：University of Madras.

Arasaratnam,Sinnappah.1986.*Merchants.Companies,and Commerce on the Coromandel Coast,1650-1740*.Delhi：Oxford University Press.

Attman,Artur.1981.*The Bullion Flow between Europe and the East,1000-1750.* Goteborg：Kungl.Veternskaps-Och Vitterhessamhallet.

Ballard,George A.1984.*Rulers of the Indian Ocean*.New York-Delhi：Neeraj Publishing House.

Barbosa,Duarte,1867,reprinted 1970.*A Description of the Coasts of East Africa and Malabar*.ed.and trans.by Henry J.Stavely.Originally published Hakluyt Society.First Series No.II;reprinted London.

Bartholomew,J.G.1913.*A Literary and Historical Atlas of Asia*.London：J.M.Dent & Sons.

Bastin,John Sturgus.1961."The Changing Balance of the Southeast Asian Pepper Trade," *Essays on Indonesian and Malayan History* I：19-52.Singapore：Eastern Universities Press.

Bayly,C.A.1985."State and Economy in India over Seven Hundred Years," *Economic*

History Review,Second Series 38.No.4：583-596.

Beckingham,C.F.and G.W.B.Huntingford,editors〔of Francisco Alvares〕.1961.*The Prester John of the Indies*.London：Cambridge University Press,Hakluyt Society.2 volumes.

Bhattacharya,Bimalendu.1979.*Urban Developments in India Since Prehistoric Times*. Delhi：Shree Publishing House.

Bhattacharya,S.and R.Thapar,eds.1986.*Situating Indian History*.Delhi：Oxford University Press.

Byers,T.J.and H.Mukhia,eds.1985.*Feudalism and Non-European Societies*.London：Frank Cass.

The Cambridge Economic History of India.1982.Vol.I.c.1200-c.1750.ed.by T.Raychaudhuri and Irfan Habib.Cambridge：Cambridge University Press.See the chapters by Simon Digby and Burton Stein.

Chaudhuri,K.N.1985.*Trade and Civilisation in the Indian Ocean：An Economic History from the Rise of Islam to 1750*.Cambridge：Cambridge University Press.

Cortesao,A.,ed.1944.*The Suma Oriental of Tomè Pires*.2 volumes.London：The Hakluyt Society.

Dallapiccola,A.L.and S.Z.Lallemant,eds.1985.*Vijayanagara：City and Empire-New Currents of Research*.Stuttgart：Steiner Verlag.

Das Gupta,Ashin.1967.*Malabar in Asian Trade：1740-1800*.Cambridge：Cambridge University Press.Includes section on earlier period.

Digby,Simon.1982."The Maritime Trade of India," pp.125-159 in *The Cambridge Economic History of India*,Vol.1.ed.by T.Ray-chaudhuri and Irfan Habib. Cambridge：Cambridge University Press.

Elliot,Henry M.and John Dowson.Original 1867-1877.reprinted 1969.*The History of India,as Told by Its Own Historians*.8 volumes.Allahabad：Kitab Mahal.

Fritz,John M.,George Mitchell,and M.S.Nagaraja Rao.1985.*Where Kings and Gods Meet*. Tucson：University of Arizona Press.

Goitein,S.D.1954."From the Mediterranean to India：Documents on the Trade to India,South Arabia,and East Africa from the Eleventh and Twelfth Centuries," *Speculum* XXIX：181-197.

Goitein,S.D.1963."Letters and Documents on the India Trade in Medieval Times," *Islamic Culture* 37,No.3：188-205.

Gopal,Surendra.1975.*Commerce and Crafts in Gujarat：A Study in the Impact of European Expansion on Precapitalist Economy*.New Delhi：People's Publishing House.

Grewel,J.S.and Indu Banga,eds.1981.*Studies in Urban History*.Amritsar：Guru Nanak Deo University.

Habib,Irfan.1976."Notes on the Indian Textile Industry in the Seventeenth Century," *S.C.Sarkar Felicitation Volume*.New Delhi.

Habib,Irfan.1980."The Technology and Economy of Mughal India," *The Indian Economic and Social History Review* XVII：1-34.

Habib,Irfan.1982."Northern India Under the Sultanate." pp.45-101 in *The Cambridge Economic History of India*,Vol.1.ed.by T.Raycbaudhuri and Irfan Habib. Cambridge：Cambridge University Press.

Hall,D.G.E.1981.A *History of South-East Asia*.4th ed.London：The Macmillan Press.

Hall,Kenneth.1978."International Trade and Foreign Diplomacy in Early Medieval South India." *Journal of the Economic and Social History of the Orient* XXI：75-98.

Hall,Kenneth R.1980.*Trade and Statecraft in the Age of the Colas*.New Delhi：Abhinav Publications.

Heitzman,E.J.1985."Gifts of Power,Temples,Politics and the Economy in Medieval South India." Ph.D.dissertation.University of Pennsylvania.

Husayn Nainar.1942.*Arab Geographers' Knowledge of South India*.Madras：University of Madras.

Ibn Battuta.1955.*The Rehla of Ibn Battuta (India,Maldive Islands and Ceylon)*.Trans. with comments by A.Mahdi Husain.Baroda：Oriental Institute.

Indrapala,K.1971."South Indian Mercantile Communities in Ceylon,cirea 950-1250." *The Ceylon Journal of Historical and Social Studies*,New Series 1,No.2：101-113.

Karashima,N.1984. *South Indian History and Society：Studies from Inscriptions,850-1800*.Delhi：Oxford University Press.

Krishna Ayyar,K.V.1938.*The Zamorins of Calicut,From Earliest Times Down to A.D.1806*.Calicut：Norman Printing Bureau.

Krishna Ayyar,K.V.1966.*A Short History of Kerala*.Ernakulum：Pai & Co.

Krishnaswami Pillai,A.1964.*The Tamil Country under Vijayanagaru*. Annamalai Historical Series No.20.Annamalainagar：Annamalai University.

Loewe,Michael.1971."Spices and Silk：Aspects of World Trade in the First Seven Centuries of the Christian Era," *Journal of the Royal Asiatic Society of Great Britain and Ireland*.No.2：166-179.

Logan,William.Reprinted 1981.*Malabar*.2 volumes.Trivandrum：Charithram Publications.

Mahalingam,T.V.1940.*Administration and Social Life under Vijayanagar*.Madras：University of Madras.

Mahalingam,T.V.1951.*Economic Life in the Vijayanagar Empire*. Madras：University of Madras.

Mahalingam,T.V.1969.*Kancipuram in Early South Indian History*.New York & Madras：Asia Publishing House.

Miller,J.Innes.1969.*The Spice Trade of the Roman Empire,29 B.C.-A.D.641*.Oxford：The Clarendon Press.

Mines,Mattison.1984.*The Warrior Merchants：Textiles,Trade and Territory in South India*.Cambridge：Cambridge University Press.(Deals with contem-porary period but there are precedents.)

Misra,S.C.1981."Some Aspects of the Self-Administering Institutions in Medieval India Towns." pp.80-90 in *Studies in Urban History*.ed.by J.S.Grewel and Indu Banaga,Amritsar：Guru Nanak Deo University.

Mookerji,R.K.1912,2nd ed.1962.*Indian Shipping：A History of the Sea-Borne Trade and Maritime Activity of the Indians from the Earliest Times*.2nd edition. Allahabad：Kitab Mahal.

Mukhia,H.1981."Was There Feudalism in Indian History?" *Journal of Peasant Studies* VIII：273-310.

Natkiel,Richard and Antony Preston.c.1986.*The Weidenfeld Atlas of Maritime History*. London：Weidenfeld and Nicolson.

Nilakanta Sastri,K.A.A.1932a.*Studies in Cola History and Administration*.Madras：University of Madras.

Nilakanta Sastri,K.1932b."A Tamil Merchant-Guild in Sumatra," pp.314-327 in *Tijdschrift voor Indische Taal-.Land-.und Volkenkunde.*

Nilakanta Sastri,K.A.A.1938."The Beginnings of Intercourse between India and China," *Indian Historical Quarterly* 14：380-387.

Nilakanta Sastri,K.A.A.1955.*The Colas*.2nd edition.Madras：University of Madras.

Nilakanta Sastri,K.A.A.1976.fourth rev.ed. *A History of South India from Prehistoric Times to the Fall of Vijayanagar*. Madras and London：Oxford University Press.

Nilakanta Sastri,K.A.A.1978.*South India and South-East Asia：Studies in Their History and Culture*.Mysore：Geetha Book House.

Nilakanta Sastri,K.A.A.and N.Venkataramanayya,eds.1946.*Further Sources of Vijayanagara History*. 3 volumes.Madras：University of Madras.

Palat,Ravi Arvind.1983."The Vijayanagara Empire：Reintegration of the Agrarian Order of Medieval South India,1336-1565." Unpublished paper presented to Conference on the Early State and After,Montreal,revised version in *Early State Dynamics*.ed.by J.J.M.Claessen and P.van de Velde.Leiden：E.J.Brill,in press.

Palat,Ravi Arvind.1986."From World-Empire to World Economy：Changing Forms of Territorial Integration and Political Domination in Medieval South India." Presented to the Conferenee on South Asia and World Capitalism at Tufts University. Unpublished paper available from Suny-Binghamton：Fernand Braudel Center.

Pillay,K.K.1963.*South India and Ceylon*. Madras：University of Madras.

Pillay,K.K.1969.*A Social History of the Tamils*.Madras：University of Madras.

Poujade,Jean.1946.*La route des Indes at sea navires*.Paris：Payot.

Ramaswamy,Vijaya.1980."Notes on the Textile Technology in Medieval India with Special Reference to South India." *Indian Economic and Social History Review* XVII,2：227-241.

Ramaswamy,Vijaya.1985a."The Genesis and Historical Role of the Masterweavers in South Indian-Textile Production," *Journal of the Economic and Social History of the Orient* XXVIII：294-325.

Ramaswamy,Vijaya.1985b.*Textiles and Weaving in Medieval South India*.Delhi：Oxford University Press.

Raychaudhuri,Tapan and Irfan Habib,eds.1982.*The Cambridge Economic History of India*.Volume I：c.1200-c.1750. Cambridge：Cambridge University Press.

Richard,Jean.1968."European Voyages in the Indian Ocean and the Caspian Sea," *Iran*：

Journal of Persian Studies VI：45-52.
Richards,John,ed.1983.*Precious Metals in the Later Medieval and Early Modern Worlds*.Durham,North Carolina：Duke University Press.
Richards,John F.1986 unpublished."Precious Metals and India's Role in the Medieval World Economy." Paper presented to the Conference on South Asia and World Capitalism,Tufts University.
Rockhill,W.W.1913-1915."Notes on the Relations and Trade of China with the Eastern Archipelago and the Coasts of the Indian Ocean during the Fourteenth Century," in *Toung Pao* (Leiden).Part I in Vol.XIV (1913),pp.473-476；Vol.XV (1914),pp.419-447；Vol.XVI (1915),pp.61-159,234-271,374-392,435-467,604-626.
Sastry,K.R.R.1925.*South Indian Guilds*. Madras：Indian Publishing House.
Schwarlzberg,Joseph E.,ed.1978.*A Historical Atlas of South Asia*.Chicago：University of Chicago Press.
Sharma,R.S.1965.*Indian Feudalism：c.300-1200*.Calcutta：University of Calcutta.
Sharma,R.S.1985."How Feudal was Indian Feudalism?" *Journal of Peasant Studies* XII：19-43.
Singaravelu,S.1966.*Social Life of the Tamils：The Classical Period*.Kuala Lumpur：University of Malaya.
Singh,M.P.1985.*Town,Market,Mint and Port in the Mughal Empire 1556-1707：An Administrative-cum-Economic Study*.New Delhi：Adam Publishers.
Spencer,George W.1983.*The Politics of Expansion：the Chola Conquest of Sri Lanka and Sri Vijaya*.Madras：New Era Press.
Stein,Burton.1960."The Economic Function of a Medieval South Indian Temple," *Journal of Asian Studies* 9.No.2：163-176.
Stein,Burton.1965."Coromandel Trade in Medieval India," pp.47-62 in *Merchants and Scholars：Essays in the History of Exploration and Trade*.ed.by John Parker. Minneapolis：University of Minnesota Press.
Stein,Burton.1969."Integration of the Agrarian System of South India," pp.173-215 in *Land Control and Social Structure in Indian History*.ed.by R.E.Frykenberg.Madison：University of Wisconsin Press.
Stein,Burton,ed.1975.*Essays on South India*.Asian Studies Program,Hawaii：The University Press of Hawaii.See,in particular,his essay,"The State and the Agrarian Order in Medieval South India：A Historiographical Critique,"pp.64-91.
Stein,Burton.1980.*Peasant State and Society in Medieval South India*.Delhi,Oxford：Oxford University Press.
Stein,Burton.1982a."South India," pp.14-42 in *The Cambridge Economic History of India*,Vol.I.ed.by T.Raychaudhuri and Irfan Habib.Cambridge：Cambridge University Press.
Stein,Burton.1982b." Vijayanagara c.1350-1564," pp.102-124 in *The Cambridge Economic History of India*,Vol.I.ed.by T.Raychaudhuri and Irfan Habib.Cambridge：Cambridge University Press.
Stein,Burton.1985."Politics,Peasants and the Deconstruction of Feudalism in Medieval

India," *Journal of Peasant Studies* XII：54-86.

Sundaram,K.1968.*Studies in Economic and Social Conditions of Medieval Andhra,A. D.1000-1600*.Madras：Triveni Publishers.

Tibbetts,G.R.1956."Pre-Islamic Arabia and South-East Asia," *Journal of the Malayan Branch of the Royal Asiatic Society* XXIX：182-208.

Venkatarama Ayyar,K.R.1947." Medieval Trade,Craft,and Merchant Guilds in South India," *Journal of Indian History* 25：271-280.

Verma,H.C.1978.*Medieval Routes to India：Baghdad to Delhi：A Study of Trade and Military Routes*.Calcutta：Naya Prokash.

Wijetunga,W.M.K.1966."South Indian Corporate Commercial Organizations in South and Southeast Asia," *First International Conference Seminar of Tamil Studies*：494-508.Kuala Lumpur：University of Malaya Press.

Wittfogel,Karl.1957.*Oriental Despotism：A Comparative Study of Total Power*.New Haven：Yale University Press.

Zaki,Muhammad.1981.*Arab Accounts of India during the Fourteenth Century*.New Delhi：Munshiram Manohartel Publishers.

Strait of Malacca

Bartholomew,J.G.1913.*A Literary and Historical Atlas of Asia*.London：J.M.Dent & Sons.

Bastin,John and Harry J.Benda.1968.*A Short History of Modern South East Asia*.Kuala Lumpur：Federal Publications.

Bastin,John S.,R.O.Winstedt ,and Roelof Roolvink,eds,1964.*Malayan and Indonesian Studies：Essays Presented to Sir Richard Winstedt on His Eighty-Fifth Birthday*. Oxford：The Clarendon Press.

Berg,Lodewijk Willem Christian van den.1887.*Hadthramut and the Arab Colonies in the Indian Archipelago*.Partial English trans.by C.W.H.Sealy.Bombay：Government Central Press.Part II includes material on Arab immigrant groups in Sumatra but for the nineteenth century only.

Braddell,Sir Roland.Reprinted 1970.*A Study of Ancient Times in the Malay Peninsula*. Kuala Lumpur：Malayan Branch of the Royal Asiatic Society Reprint.

Bronson,Bennet.1977."Exchange at the Upstream and Downstream Ends：Notes toward a Functional Model of the Coastal States in Southeast Asia," pp.39-52 in *Economic Exchange and Social Interaction in Southeast Asia*.ed.by Karl L.Hutterer.Ann Arbor：Michigan Papers on South and Southeast Asia.No.13.

Brown,C.C.,trans.1952."Sejarah Melayu or 'Malay Annals,'" *Journal of the Malayan Branch of the Royal Asiatic Society* XXV,Parts 2 and 3：6-276.

Carey,Iskandar.1976.Orang Asli：*The Aboriginal Tribes of Peninsular Malaysia*.Kuala Lumpur：Oxford University Press.

Coedès,G.1918.'Le royaume de Crivijaya,"*Bulletin de l' Ecole Francaise d'Extrême-Orient* (Hanoi and Paris) XVIII,No.6：1-36.

Coedès,G.1968.*The Indianized States of Southeast Asia.ed.*by W.F.Vella and trans. by S.B.Cowing.Honolulu：East-west Center.Translation of *Les ètats hindouises d'Indochine et d'Indonèsie.*Paris：Edition de Boccard,1964 (first edition 1949).

Coedès,G.1966,reissued 1983.English trans.*The Making of South East Asia.*Berkeley：University of California Press paper reissue.

Cordier,Henri.1912-1932.*Bibliothèca Indosinica.*In *Etudes Asiatiques.Publications de l'Ecole Francaise d'Extrême-Orient.*4 volumes and index.Paris：Imprimerie Nationale,E.Leroux.

Cortesao,A.,ed.1944.*The Suma Oriental or Tomè Pires.*2 volumes.London：The Hakluyt Society.

Cowan,C.D.,ed.1964.*The Economic Development of South East Asia：Studies in Economic History and Political Economy.*London：Allen & Unwin.

Crawfurd,John.1820.*History of the Indian Archipelago.*3 volumes.Edinburgh：Archibald Constable.

Crawfurd,J.1856.reissued 1971.*A Descriptive Dictionary of the Indian Islands and Adjacent Countries.*Originally London.Reissued Kuala Lumpur and New York：Oxford University Press.

Di Meglio,R.R.1970."Arab Trade with Indonesia and the Malay Peninsula from the 8th to the 16th Century," pp.105-136 in *Islam and the Trade of Asia：A Colloquium.* ed.by D.S.Richards.Philadelphia：University of Pennsylvania Press.

Douglas,F.W.1949.reprinted 1980."Notes on the Historical Geography of Malaya.Sidelights on the Malay Annals," pp.459-515 in *A Study of Ancient Times in the Malay Peninsula.*ed.by R.Braddell.Kuala Lumpur：Malayan Branch of the Royal Asiatic Society Reprint.

Ferrand,G.1922."L'empire suntatranais de crivijaya," *Journal Asiatique* (Paris) XX (July-September)：1-104：(October-December)：161-246.

Hall,D.G.E.1961.*Historians of South East Asia.*London：Oxford University Press.

Hall,D.G.E.1964.reissued 1968.*A History of South-East Asia.*London and New York：St.Martin's Press.

Hall,Kenneth R.1985.*Maritime Trade and State Development in Early Southeast Asia.* Honolulu：University of Hawaii Press.

Heard,Nigel.1968.*The Dominance of the East.*London：Blandford Press.

Hutterer,Karl L.,ed.1977.*Economic Exchange and Social Interaction in Southeast Asia.Perspectives from Prehistory and Ethnography.*Ann Arbor：University of Michigan Papers on South and Southeast Asia,No.13.

Lach,D.F.1965-1977.*Asia in the Making or Europe.*Starts with Vol I,Book I.Chicago：University of Chicago Press,1965.Several not relevant.Vol.II,Book I,*The Visual Arts.*1970;Book II,*The Literary Arts.*1977.Most important for our purposes is Vol. II,Book III,*The Scholarly Disciplines.*1977.

Lim,Heng Kow.1978.*The Evolution of the Urban System in Malaya.*Kuala Lumpur：Penerbit Universiti Malaya.

MacKnight.C.C.1986."Changing Perspectives in Island Southeast Asia," pp.215-227 in

Southeast Asia in the 9th to 14th Centuries.ed.by David G.Marr and A.C.Milner. Singapore：Chong Moh.

Majumdar,R.C.1937-1938.*Hindu Colonies in the Far East*.2 volumes.Lahore：The Punjab Sanskrit Book Depot.2nd ed.1963.Calcutta：Firma K.L.Kuknopadhyay.

Majumdar,R.C.1963.*Ancient Indian Colonization in South-East Asia*.Baroda：B.J.Sandesara.

Marr,David G.and A.C.Milner,eds.1986.*Southeast Asia in the 9th to 14th Centuries*. Singapore Institute of Southeast Asian Studies and the Research School of Pacific Studies,Australian National University.Singapore：Chong Moh.

Marsden,William.3rd ed.1811,reprinted 1966.*A History of Sumarra*.Kuala Lumpur：Oxford University Press.

McCloud,Donald G.1986.*System and Process in Southeast Asia：The Evolution of a Region*.Boulder.Colorado：Westview Press.

Meilink-Roelofsz,M.A.P.1970."Trade and Islam in the Malay-Indonesian Archipelago Prior to the Arrival of the Europeans," pp.137-157 in *Islam and the Trade of Asia：A Colloquium*.ed.by D.S.Richards.Philadelphia：University of Pennsylvania Press.

Nilakanta Sastri,K.A.1940."Sri Vijaya," *Bulletin de l'Ecole Francaise d'Extrême-Orient* XL：239-313.

Nilakanta Sastri,K.A.1949.*History of Sri Vijaya*.Madras：University of Madras Press.

Nilakanta Sastri,K.A.1978.*South India and South-East Asia：Studies in Their History and Culture*.Mysore：Geetha Book House.

Nooteboom,C.1950-195l."Sumatra en de zeevaart op de Indische Oceaan," pp.119-127 in *Indonesië,vierdejaargang 1950-1951*.S'Gravenhage：van Hoeve.

Pigeaud,T.G.T.,ed.1960-63.*Java in the Fourteenth Century.A Study in Cultural History...1365 A.D.*3rd edition in 5 volumes.The Hague：M.Nijhoff.

Pires,Tomè.Sec Cortesao (1944).

Sandu,Kernial Singh and Paul Wheatley.1983.*Melaka：The Transformation of a Malay Capital c.1400-1980*.2 volumes.Kuala Lumpur：Oxford University Press for the Institute of Southeast Asian Studies.

Simkin,C.G.F.1968.*The Traditional Trade of Asia*.London：Oxford University Press.

Sopher,David E.1965.*The Sea Nomads.A Study Based on the Literature of the Maritime Boat People of Southeast Asia*.Memoirs of the National Museum,Singapore,No.5.Printed by Lim Bian Han.

Tibbetts,G.R.1956a."The Malay Peninsula as Known to the Arab Geographers," *Journal of Tropical Geography* IX：21-60.

Tibbetts,G.R.1956b."Pre-Islamic Arabia and South East Asia," *Journal of the Malayan Branch of the Royal Asiatic Society* XXIX：182-208.

Tibbetts,G.R.1957."Early Muslim Traders in South East Asia," *Journal of the Malayan Branch of the Royal Asiatic Society* XXX：1-45.

Tregonning,K.G.1962.*Malaysian Historical Sources*.Singapore：Department of History,University of Singapore.

van Leur,J.C.1955."On Early Asian Trade," *Indonesian Trade and Society：Essays in*

Asian Social and Economic History.The Hague-Bandung.

Wang,Gungwu,ed.1964.*Malaysia：A Survey*.London：Pall Mall Press and also Praeger.

Wheatley,Paul.1961.*The Golden Khersonese：Studies in the Historical Geography of the Malay Peninsula before A.D.1500*.Kuala Lumpur：University of Malaya Press.

Wheatley,Paul.1983.*Nagara and Commandery：Origins of the Southeast Asian Urban Traditions*.Chicago：University of Chicago Geography Department.

Whitmore,John K.1977."The Opening of Southeast Asia,Trading Patterns through the Centuries," pp.139-153 in *Economic Exchange and Social Interaction in Southeast Asia.Perspectives from Prehistory and Ethnography*.ed.by Karl L.Hutterer.Ann Arbor：University of Michigan Papers on South and Southeast Asia,No.13.

Winstedt,R.O.1917."The Advent of Muhammadanism in the Malay Peninsula and Archipelago," *Journal of the Straits Branch of the Royal Asiatic Society* 77：171-175.

Winstedt,R.O.1935."A History of Malaya," *Journal of the Malayan Branch of the Royal Asiatic Society* XIII：1-210.Second edition,Singapore,1962.

Winstedt,R.O.1948.*Malaya and its History*.London：Hutchinson's University Library.

Winstedt,R.O.1982.*A History of Malaya*,revised and enlarged.Kuala Lumpur：Marican and Sons.(See Winstedt,1935.)

Wolters,O.W.1967. *Early Indonesian Commerce：A Study of the Origins of Srivijaya*. Ithaca：Cornell University Press.

Wolters,O.W.1970.*The Fall of Srivijaya in Malay History*.Ithaca：Cornell University Press.

Wolters,O.W.1975."Landfall on the Palembang Coast in Medieval Times," *Indonesia* 20：1-57.

China

Allsen,Thomas.1983."The Yuan Dynasty and the Uighurs of Turfan in the 13th Century," pp.243-280 in *China among Equals：The Middle Kingdom and Its Neighbors.10th-14th Centuries*.ed.by Morris Rossabi.Berkeley：University of California Press.

Aubin,F.,ed.1970-1980.*Etudes Song.In mèmoriam Etienne Balazs*.This is a serial publication of articles.Sèrie：Histoire et Institutions.Paris：Mouton & Cie.and Ecole des Hautes Etudes.

Balazs,E.1964a."The Birth of Capitalism in China," pp.34-54 in *Chinese Civilization and Bureaucracy：Variations On a Theme*.Trans.by H.M.Wright.New Haven and London：Yale University Press.

Balazs,E.1964b.*Chinese Civilization and Bureaucracy：Variations on a Theme*.Trans. by H.M.Wright.New Haven and London：Yale University Press.

Balazs,E.1976."Une carte des centres commerciaux de la Chine a la fin du 11e siècle," pp.275-280 in Etudes Song.*In mèmoriam Etienne Balazs*.ed.by F.Aubin.Paris：Mouton.

Bulletin of Sung and Yuan Studies.Annual to 1981；continues as *Sung Studies Newsletter.*

Carter,T.F.1925,2nd ed.1955.*The Invention of Printing in China and its Spread Westward.*Second edition revised by L.C.Goodrich.New York：Ronald Press Co.

Chan,Albert.1982.*The Glory and Fall of the Ming Dynasty*.Norman：University of Oklahoma Press.

Chang,Fu-jui.1962.*Les fonctionnaires des Song：index de titres*.Paris：Mouton.

Chang,Wing-tsit.1957."Neo-Confucianism and Chinese Scientific Thought," in *Philosophy East and West* 6.An attempt to explain the failure of China to develop modern science.

Chau,Ju-Kua.1911.*Chau Ju-Kua：Chu-fan-chi* 〔*His Work on the Chinese and Arab Trade in the Twelfth and Thirteenth Centuries*〕.Translated from the Chinese by Friedrich Hirth and W.W.Rockhill.St.Petersburg：Printing Office of the Imperial Academy of Sciences.

Chou,Chin-chêng.1974.*An Economic History of China.*Trans.by Edward Kaplan. Bellingham：Program in East Asian Studies,Western Washington State College.

Dawson,Raymond S.1972,1976.*Imperial China*.London：Hutchinson.Also Harmondsworth：Penguin.

de Rachewiltz,Igor.1983."Turks in China under the Mongols：A Preliminary Investigation of Turco-Mongol Relations in the 13th and 14th Centuries," pp.281-310 in *China among Equals：The Middle Kingdom and its Neighbors,10th-14th Centuries*. ed.by Morris Rossabi.Berkeley：University of California Press.

Di Meglio,R.R.1965."Il commercio arabo con la Cina dal X secolo all'avvento dei Mongoli," *Annali Istituto Universitari Orientale di Napoli*：89-95.

Duyvendak,J.J.L.1949.*China's Discovery of Africa*.London：A.Probsthain.

Elvin,Mark.1973,*The Pattern of the Chinese Past*.Stanford：Stanford University Press.

Enoki,Kazuo.1954."Some Remarks on the Country of Ta-Sh'ih as Known to the Chinese Under the Sung," *Asia Major* IV,1,New Series：1-19.

Fairbank,John K.1957. *Chinese Thought and Institutions*.Chicago：University of Chicago Press.

Fairbank,J.et al.1973.*East Asia：Tradition and Transformation*.Boston：Houghton Mifflin.

Filesi,Teobaldo.1972.*China and Africa in the Middle Ages.*Trans.by David Morison. London：Frank Cass in association with the Central Asian Research Centre. Published originally in Italian in 1962.

Gernet,Jacques.1962.*Daily Life in China on the Eve of the Mongol Invasion,1250-1276* 〔Hangchow,China〕.Trans.by H.M.Wright.London：Allen & Unwin.

Grousset,Renè.1942.*Histoire de la Chine.*(Paris) 1952 English trans.*The Rise and Splendour of the Chinese Empire*.London：G.Bles.

Haeger,John W.,ed.1975.*Crisis and Prosperity in Sung China.*Tucson：University of Arizona Press.

Hartwell,Robert.1962."A Revolution in the Chinese Iron and Coal Industries during the

Northern Sung,960-1126 A.D.," *Journal of Asian Studies* XXI：153-162.

Hartwell,Robert.1966."Markets,Technology,and the Structure of Enterprise in the Development of the Eleventh-Century Chinese Iron and Steel Industry," *Journal of Economic History* XXVI：29-58.

Hartwell,Robert.1967."A Cycle of Economic Change in Imperial China：Coal and Iron in Northeast China.750-1350,"*Journal of the Social and Economic History of the Orient* X：102-159.

Hartwell,Robert.1982."Demographic,Political,and Social Transformations of China,750-1550," *Harvard Journal of Asiatic Studies* XXXXII：365-442.

Hermann,Albert.1966.*An Historical Atlas of China.*Chicago：Aldine Publishing Co.

Hervouet,Yves.1969.*Bibliographie des travaux en langues occidentales sur les Song parus de 1946 à 1965*.Bordeaux：Universitè de Bordeaux.

Hirth,Friedrich and W.W.Rockhill,eds.and trans.1911.*Chau Ju-Kua*.St.Petersburg：Printing Office of the Imperial Academy of Sciences.See Chau (1911).

Ho.Ping-ti.1970."An Estimate of the Total Population of Sung-Chin China," pp.34-54 in *Etudes Song.In mèmoriam Etienne Balazs*,Sèr.1,No.I.ed.by F.Aubin.Paris：Mouton & Cie.and Ecole des Hautes Etudes.

Hsiao,Chi-ching.1978.*The Military Establishment of the Yuan Dynasty*. Cambridge,Massachusetts：Harvard University Press.

Hsich,Chiao-min.1973.*Atlas of China*.ed.by Christopher Salter.New York：McGraw-Hill.

Hucker,Charles O.1975.*China's Imperial Past：An Introduction to Chinese History and Culture*.Stanford：Stanford University Press.

Hucker,Charles O.1978.*China to 1850：A Short History*.Stanford：Stanford University Press.

Hudson,G.F.1970."The Medieval Trade of China," pp.159-168 in *Islam and the Trade of Asia：A Colloquium*.ed.by D.S.Richards.Philadelphia：University of Pennsylvania Press.

Ibn Battuta.1929.*Travels in Asia and Africa,1325-1354.Selections*. Trans.by H.A.R.Gibb.Paper reprint 1983.London：Routledge and Kegan Paul.

Kahle,Paul.1956."Chinese Porcelain in the Lands of Islam." In *Opera Minora*.Leiden.1956. Also *Transactions of the Oriental Ceramic Society* (1940-41)：27-46.London：The Society.

Kato,Shigeshi.1936."On the Hang or the Association of Merchants in China," *Memoirs of the Research Department of the Toyo Bunko* VIII：45-83.

Kracke,Edward,Jr.1954-55."Sung Society：Change within Tradition," *Far Eastern Quarterly* XIV：479-488.

Kuwabara,J.1928 (Part I) and 1935 (Part II)."P'u Shou-keng....A General Sketch of the Trade of the Arabs in China during the T'ang and Sung Eras," *Memoirs of the Research Department of the Toyo Bunko* II,Part I,1-79；*Memoirs of the Research Department of the Toyo Bunko* VII：Part II,1-104.

Langlois,John J.,ed.1981.*China Under Mongol Rule*.Princeton：Princeton University Press.

Lee,James.1978."Migration and Expansion in Chinese History," pp.20-47 in *Human Migration,Patterns and Policies*.ed.by W.H.McNeill and R.Adams.Bloomington：University of Indiana Press.

Lee,Mabel Ping-hua.1921.*The Economic History of China,with Special Reference to Agriculture*.New York：Columbia University Press.

Li,Dun Jen.1978.*The Ageless Chinese*：*A History*.New York：Scribner.

Li Guohao,Zheng Mengwen,and Cao Tiangin,eds.1982.*Explorations in the History of Science and Technology in China*.Shanghai：Shanghai Chinese Classics Publishing House.

Liu,James T.C.and Peter J.Golas,eds.1969.*Problems in Asian Civilizations*：*Change in Sung China*：*Innovation or Renovation?* Lexington,Massachusetts：D.C.Heath.

Lo,Jung-Pang.1955."The Emergence of China as a Sea Power during the Late Sung and Early Yuan Periods," *Far Eastern Quarterly* XIV：489-503.

Lo,Jung-Pang.1957."China as a Sea Power,1127-1368." Ph.D.Dissertation,University of California,Berkeley.

Lo,Jung-Pang.1958."The Decline of the Early Ming Navy," *Oriens Extrêmus* V：149-168.

Lo,Jung-Pang.1969."Maritime Commerce and its Relation to the Sung Navy," *Journal of the Economic and Social History of the Orient* XII：57-101.

Lo,Jung-Pang.1970."Chinese Shipping and East-West Trade from the Tenth to the Fourteenth Century," pp.167-174 in *Sociètès et compagnies de commerce en orient et dans l'Ocèan Indien*.Paris：S.E.V.P.E.N.

Lopez,R.S.1952."China Silk in Europe in the Yuan Period," *Journal of the American Oriental Society* 72：72-76.

Ma,Laurence J.C.1971.*Commercial Development and Urban Change in Sung China (960-1279)*.Ann Arbor：University of Michigan Press.

McKnight,Brian E.1971.*Village and Bureaucracy in Southern Sung China*.Chicago：University of Chicago Press.

McNeill,William H.1982.*The Pursuit of Power*：*Technology,Armed Force,and Society Since A.D.1000*.Chicago：University of Chicago Press.

Milton,Joyee.1970. *Tradition and Revolt*：*Imperial China,Island of the Rising Sun*. New York：HBJ Press.

Morton,William S.1980.*China*：*Its History and Culture*.New York：Lippincott and Crowell.

Needham,Joseph.1954-85. *Science and Civilisation in China*.6 volumes.Cambridge：Cambridge University Press.

Needham,Joseph.1970.*Clerks and Craftsmen in China and the West*：*Lectures and Addresses on the History of Science and Technology*.Cambridge：Cambridge University Press.

Needham,Joseph.1981.*Science in Traditional China*：*A Comparative Perspective*. Collection of papers and lectures.Hong Kong and Cambridge,Massachusetts：Harvard University Press.

Pelliot,Paul.1933."Les grands voyages maritimes Chinois au debut du Xve siècle," *T'oung*

Pao XXX：235-455.

Reischauer,E.O.1940-41."Notes on T'ang Dynasty Sea Routes," *Harvard Journal of Asiatic Studies* V：142-164.

Rockhill,W.W.1913-1915."Notes on the Relations and Trade of China with the Eastern Archipelago and the Coast of the Indian Ocean during the Fourteenth Century." in *T'oung Pao* (Leiden).Vol.XIV (1913),pp.473-476；Vol.XV (1914),pp.419-447；Vol.XVI (1915).pp.61-159,234-271,374-392,435-467,604-626.

Rodzinski,Witold.1979-1983.*A History of China*.2 volumes.Oxford and New York：Pergamon Press.

Rodzinski,Witold.1984. *The Walled Kingdom：A History of China from Antiquity to the Present*.New York：Free Press.

Rossabi,Morris,ed.1983.*China among Equals：The Middle Kingdom and Its Neighbors,10th-14th Centuries*.Berkeley：University of California Press.

Sadao,Aoyama.1976."Le dèveloppement des transports fluxiaux sous les Sung," pp.281-294 in *Etudes Song*,Sèr.I,Histoire et Institutions.Trans.into French from the Japanese by F.Aubin.Paris：Mouton.

Salmon,C.and D.Lombard.1979."Un vaisseau du XIIIème s.retrouvè avee sa cargaison dans la rade de Zaitun," *Archipelago* XVIII：57-67.

Schurmann,H.F.1956.*Economic Structure of the Yüan Dynasty：Translation of Chapters 93 and 94 of the Yüan shih*.Cambridge,Massachusetts：Harvard University Press.

Sellman,Roger R.1954.*An Outline Atlas of Eastern History*.London：E.Arnold.Also includes India,Southeastern Asia.

Shiba,Yoshinobu.1970.*Commerce and Society in Sung China*.Trans.by Mark Elvin.Ann Arbor,Michigan：Center for Chinese Studies,University of Michigan.426

Shiba,Yoshinobu.1983."Sung Foreign Trade：Its Scope and Organization," pp.89-115 in *China among Equals：The Middle Kingdom and Its Neighbors,10th-14th Centuries*.ed.by M.Rossabi.Berkeley：University of California Press.

Sivin,N.1982."Why the Scientific Revolution Did Not Take Place in China-or Didn't It?" pp.89-106 in *Explorations in the History and Technology in China,Compiled in Honor of the 80th Birthday of J.Needham*.ed.by Li et al.Shanghai：Shanghai Chinese Classics Publishing Press.

Skinner,G.William.ed.1977.*The City in Late Imperial China*.Stanford：Stanford University Press.

Skoljar,Sergei A.1971."L'artillèrie de jet a l'èpoque sung," pp.119-141 in *Etudes Song*.In mèmoriam Etienne Balazs,Sèr.1,No.2.ed.by F.Aubin.Paris：Mouton.

So,Alvin.1986.*The South China Silk District*.Albany,N.Y.：State University of New York Press.

Sung Studies Newsletter.1970-1977.Ithaca,N.Y.

Tsien,Tsuen-hsuin.1982."Why Paper and Printing were Invented First in China and Used Later in Europe," pp.459-469 in *Explorations in the History of Science and Technology in China：Compiled in Honor of the 80th Birthday of Joseph*

Needham.ed.by Li et al.Shanghai：Shanghai Chinese Classics Publishing House.

Wang,Gungwu.1958."The Nanhai Trade：A Study of the Early History of Chinese Trade in the South China Sea," *Journal of the Malayan Branch of the Royal Asiatic Society* XXXI,Part 2：1-135.

Wang,Gungwu.1970." ʻPublic'and ʻPrivate'Overseas Trade in Chinese History," pp.215-225 in *Sociètès et compagnies de commerce en orient et dans l'Ocèan Indien*. ed.by M.Mollat.Paris：S.E.V.P.E.N.

Weber,Max.1951,reissued 1968.*The Religion of China：Confucianism and Taoism*. Trans.by Hans Gerth.Glencoe,Illinois：The Free Press.

Wheatley,Paul.1959."Geographical Notes on Some Commadities Involved in Sung Maritime Trade," *Journal of the Malayan Branch of the Royal Asiatic Society* XXXII (2)：5-140.

Wheatley,Paul.1971.*The Pivot of the Four Quarters：A Preliminary Enquiry into the Origins and Character of the Ancient Chinese City*.Edinburgh：Edinburgh University Press.

Wilbur,C.Martin.1943."Industrial Slavery in China during the Former Han Dynasty (206 B.C.-A.D.25)," *The Journal of Economic History* III：56-69.

Wilkinson,Endymion.1973.*The History of Imperial China：A Research Guide*. Cambridge,Massachusetts：Harvard University Press.

Wilson,A.A.,S.L.Greenblatt,and R.W.Wilson,eds.1983.*Methodological Issues in Chinese Studies*.New York：Praeger.

Worthy,Edmund.1975."Regional Control in the Southern Sung Salt Administration," pp.101-141 in *Crisis and Prosperity in Sung China*.ed.by John Haeger.Tueson：University of Arizona Press.

Yang,Lien-chêng.1952.*Money and Credit in China：A Short History*. Cambridge,Massachusetts：Harvard University Press.

Yang,Lien-chêng.1969.*Excursions in Sinology*.Cambridge,Massachusetts：Harvard University Press.